Informatik – Fachberichte

Band 34: CAD-Fachgespräch. GI–10. Jahrestagung. Herausgegeben von R. Wilhelm. VI, 184 Seiten. 1980.

Band 35: B. Buchberger, F. Lichtenberger, Mathematik für Informatiker I. Die Methode der Mathematik. XI, 315 Seiten. 1980

Band 36: The Use of Formal Specification of Software. Berlin, Juni 1979. Edited by H. K. Berg and W. K. Giloi. V, 388 pages. 1980.

Band 37: Entwicklungstendenzen wissenschaftlicher Rechenzentren. Kolloquium, Göttingen, Juni 1980. Herausgegeben von D. Wall. VII, 163 Seiten.1980.

Band 38: Datenverarbeitung im Marketing. Herausgegeben von R. Thome. VIII, 377 pages. 1981.

Band 39: Fachtagung Prozeßrechner 1981. München, März 1981. Herausgegeben von R. Baumann. XVI, 476 Seiten. 1981.

Band 40: Kommunikation in verteilten Systemen. Herausgegeben von S. Schindler und J. C. W. Schröder. IX, 459 Seiten. 1981.

Band 41: Messung, Modellierung und Bewertung von Rechensystemen. GI-NTG-Fachtagung. Jülich, Februar 1981. Herausgegeben von B. Mertens. VIII, 368 Seiten. 1981.

Band 42: W. Kilian, Personalinformationssysteme in deutschen Großunternehmen. XV, 352 Seiten. 1981.

Band 43: G. Goos, Werkzeuge der Programmiertechnik. GI-Arbeitstagung. Proceedings, Karlsruhe, März 1981. VI, 262 Seiten. 1981.

Band 44: Organisation informationstechnik-geschützter öffentlicher Verwaltungen. Fachtagung, Speyer, Oktober 1980. Herausgegeben von H. Reinermann, H. Fiedler, K. Grimmer und K. Lenk. VIII, 651 Seiten. 1981.

Band 45: R. Marty, PISA–A Programming System for Interactive Production of Application Software. VII, 297 Seiten. 1981.

Band 46: F. Wolf, Organisation und Betrieb von Rechenzentren. Fachgespräch der GI, Erlangen, März 1981, VII, 244 Seiten. 1981.

Band 47: GWAI–81 German Workshop on Artifical Intelligence. Bad Honnef, January 1981. Herausgegeben von J. H. Siekmann. XII, 317 Seiten. 1981.

Band 48: W. Wahlster, Natürlichsprachliche Argumentation in Dialogsystem. KI-Verfahren zur Rekonstruktion und Erklärung approximativer Inferenzprozesse. XI, 194 Seiten. 1981.

Band 49: Modelle und Strukturen. DAG 11 Symposium, Hamburg, Oktober 1981. Herausgegeben von B. Radig. XII, 404 Seiten. 1981.

Band 50: GI–11. Jahrestagung. Herausgegeben von W. Brauer. XIV, 617 Seiten. 1981.

Band 51: G. Pfeiffer, Erzeugung interaktiver Bildverarbeitungssysteme im Dialog. X, 154 Seiten. 1982.

Band 52: Application and Theory of Petri Nets. Proceedings, Strasbourg 1980, Bad Honnef 1981. Edited by C. Girault and W. Reisig. X, 337 pages. 1982.

Band 53: Programmiersprachen und Programmentwicklung. Fachtagung der GI, München, März 1982. Herausgegeben von H. Wössner. VIII, 237 Seiten. 1982.

Band 54: Fehlertolerierende Rechnersysteme. GI-Fachtagung, München, März 1982. Herausgegeben von E. Nett und H. Schwärtzel. VII, 322 Seiten. 1982.

Band 55: W. Kowalk, Verkehrsanalyse in endlichen Zeiträumen. VI, 181 Seiten. 1982.

Band 56: Simulationstechnik. Proceedings, 1982. Herausgegeben von M. Goller. VIII, 544 Seiten. 1982.

Band 57: GI–12. Jahrestagung. Proceedings, 1982. Herausgegeben von J. Nehmer. IX, 732 Seiten. 1982.

Band 58: GWAI–82. 6th German Workshop on Artifical Intelligence. Bad Honnef, September 1982. Edited by W. Wahlster. VI, 246 pages. 1982.

Band 59: Künstliche Intelligenz. Frühjahrsschule Teisendorf, März 1982. Herausgegeben von W. Bibel und J. H. Siekmann. XIII, 383 Seiten. 1982.

Band 60: Kommunikation in Verteilten Systemen. Anwendungen und Betrieb. Proceedings, 1983. Herausgegeben von Sigram Schindler und Otto Spaniol. IX, 738 Seiten. 1983.

Band 61: Messung, Modellierung und Bewertung von Rechensystemen. 2. GI/NTG-Fachtagung, Stuttgart, Februar 1983. Herausgegeben von P. J. Kühn und K. M. Schulz. VII, 421 Seiten. 1983.

Band 62: Ein inhaltsadressierbares Speichersystem zur Unterstützung zeitkritischer Prozesse der Informationswiedergewinnung in Datenbanksystemen. Michael Malms. XII, 228 Seiten. 1983.

Band 63: H. Bender, Korrekte Zugriffe zu Verteilten Daten. VIII, 203 Seiten. 1983.

Band 64: F. Hoßfeld, Parallele Algorithmen. VIII, 232 Seiten. 1983.

Band 65: Geometrisches Modellieren. Proceedings, 1982. Herausgegeben von H. Nowacki und R. Gnatz. VII, 399 Seiten. 1983.

Band 66: Applications and Theory of Petri Nets. Proceedings, 1982. Edited by G. Rozenberg. VI, 315 pages. 1983.

Band 67: Data Networks with Satellites. GI/NTG Working Conference, Cologne, September 1982. Edited by J. Majus and O. Spaniol. VI, 251 pages. 1983.

Band 68: B. Kutzler, F. Lichtenberger, Bibliography on Abstract Data Types. V, 194 Seiten. 1983.

Band 69: Betrieb von DN-Systemen in der Zukunft. GI-Fachgespräch, Tübingen, März 1983. Herausgegeben von M. A. Graef. VIII, 343 Seiten. 1983.

Band 70: W. E. Fischer, Datenbanksystem für CAD-Arbeitsplätze. VII, 222 Seiten. 1983.

Band 71: First European Simulation Congress ESC 83. Proceedings, 1983. Edited by W. Ameling. XII, 653 pages. 1983.

Band 72: Sprachen für Datenbanken. GI-Jahrestagung, Hamburg, Oktober 1983. Herausgegeben von J. W. Schmidt. VII, 237 Seiten. 1983.

Band 73: GI–13. Jahrestagung, Hamburg, Oktober 1983. Proceedings. Herausgegeben von J. Kupka. VIII, 502 Seiten. 1983.

Band 74: Requirements Engineering. Arbeitstagung der GI, 1983. Herausgegeben von G. Hommel und D. Krönig. VIII, 247 Seiten. 1983.

Band 75: K. R. Dittrich, Ein universelles Konzept zum flexiblen Informationsschutz in und mit Rechensystemen. VIII, 246 pages. 1983.

Band 76: GWAI–83. German Workshop on Artificial Intelligence. September 1983. Herausgegeben von B. Neumann. VI, 240 Seiten. 1983.

Band 77: Programmiersprachen und Programmentwicklung. 8. Fachtagung der GI, Zürich, März 1984. Herausgegeben von U. Ammann. VIII, 239 Seiten. 1984.

Informatik-Fachberichte 121

Herausgegeben von W. Brauer
im Auftrag der Gesellschaft für Informatik (GI)

Klaus Echtle

Fehlermaskierung durch verteilte Systeme

Springer-Verlag
Berlin Heidelberg New York Tokyo

Autor

Klaus Echtle
Institut für Informatik IV, Universität Karlsruhe
Zirkel 2, 7500 Karlsruhe 1

CR Subject Classifications (1985): C.2.2, C.2.4, D.4.5

ISBN-13: 978-3-540-16464-7 e-ISBN-13: 978-3-642-71147-3
DOI: 10.1007/978-3-642-71147-3

2145/3140–543210

Kurzfassung

Bestehen in Mehrrechnersystemen gleichzeitig hohe Zuverlässigkeits- und Reaktionsgeschwindigkeits-Anforderungen, so sind häufig Fehlertoleranz-Verfahren zu wählen, die auf statischer Redundanz (bzw. Hybridredundanz) beruhen, etwa in Form von 2-von-3-Prozeßsystemen. Dem Vorteil der einfachen Diagnose und schnellen Maskierung von Einzelfehlern beliebiger Art steht als Nachteil ein hoher Redundanzaufwand gegenüber, bedingt durch die Verdreifachung der Prozesse sowie der zugeordneten Rechner. Erfolgt die Fehlermaskierung bei der Interprozeßkommunikation, so sind Nachrichten zwischen allen drei redundanten Exemplaren von Sender- und Empfängerprozeß zu transferieren, wodurch die Belastung des Kommunikationssystems sogar auf das Neunfache steigt. Dies führt i.a. zur Entwicklung von redundanz-angepaßten Verbindungsstrukturen oder leistungsfähigerer Kommunikationssysteme.

Im Gegensatz dazu wird in dieser Arbeit ein Fehlertoleranz-Verfahren vorgeschlagen, das statische Redundanz in der Verarbeitung mit dynamischer Redundanz bei der Kommunikation kombiniert und so die Anzahl der zu transferierenden Interprozeßnachrichten auf etwa 1/3 senkt (oder konfigurationsbedingt auf eine noch niedrigere Anzahl). An die Stelle der voneinander unabhängigen Instanzen zur 2-von-3-Mehrheitsentscheidung bei jedem Empfängerexemplar (d.h. bei jedem der drei redundanten Exemplare des Empfängerprozesses) tritt eine einzige Instanz, die bei den Sendern angeordnet ist und dort den Übergang zur dynamischen Redundanz ermöglicht. Um selbst fehlertolerant zu sein, wird die Fehlermaskierungs-Instanz als verteiltes System (bezogen auf das Gesamtsystem: als verteiltes Subsystem) implementiert - bestehend aus drei sogenannten Maskierungs-Knoten, die je einem Senderexemplar zugeordnet sind und miteinander kooperieren, um eine 2-von-3-Mehrheitsentscheidung zu treffen. Der zusätzlich entstehende Interaktionsaufwand der drei Maskierungs-Knoten bleibt gering, wenn effiziente Signaturbildungs-Verfahren zur Verringerung der Nachrichtenlänge und Transferprioritäten zur Bevorzugung von Kurznachrichten existieren.

Das senderseitig angeordnete verteilte System zur Fehlermaskierung kann den Kommunikationsaufwand weiter senken, indem es für jeden Empfänger einer Interprozeßnachricht unter den fehlerfreien Senderexemplaren das auswählt, das voraussichtlich den geringsten Kommunikationsaufwand verursacht, z.B. aufgrund einer Nachbarschaft zwischen Sender und Empfänger. Durch diese Senderauswahl entsteht eine Wechselwirkung mit dem Re-/Konfigurator, der nicht mehr alle, sondern nur noch je eines der redundanten Exemplare von häufig miteinander kommunizierenden Prozessen möglichst eng benachbarten Rechnern zuordnen muß.

Das Konzept der Fehlermaskierung durch verteilte Systeme wird durch einen Maskierungs-Protokoll-Graphen formalisiert, dessen Semantik aus einem geeignet attributierten Petri-Netz abgeleitet ist. Ein Fehlertoleranz-Kriterium gestattet, die Korrektheit eines in Form dieses Graphen gegebenen Protokolls zu überprüfen und damit das Feld aller Implementierungs-Möglichkeiten von verteilten Systemen zur Fehlermaskierung abzugrenzen.

Eine programmiersprachliche Implementierung der Maskierungs-Knoten konkretisiert eines der zulässigen Protokolle. Da diesem nur schwache Annahmen über Hardware, Betriebs- und Kommunikationssystem zugrundeliegen, dürfte sich das Verfahren für Systeme aus Standardkomponenten eignen, was jedoch seine gute Kombinierbarkeit mit speziellen Einrichtungen (z.B. zum 1:x-Transfer, engl. multicasting) nicht ausschließt. Eine Protokoll-Verifikation und eine durch Simulation gewonnene quantitative Bewertung ergänzen diesen Teil der Arbeit.

Abschließend richtet sich die Betrachtung auf einige Grenzfälle der Fehlermaskierung durch verteilte Systeme. Ein spezielles Protokoll führt zu einer weiteren Senkung des redundanten Kommunikationsaufwands - jedoch um den Preis einer erhöhten Ausführungsdauer. Außerdem wird der Übergang zu n-von-m-Prozeßsystemen ($m \geq 3$) zur Tolerierung von symptom-gleichen und symptom-verschiedenen Mehrfachfehlern vollzogen.

Stichworte

Fehlertoleranz, statische Redundanz, Hybridredundanz, Fehlermaskierung, 2-von-3-System, TMR, n-von-m-System, NMR, verteiltes System, Protokoll, Kommunikation, Verifikation, Simulation, Modellierung von Fehlertoleranz-Verfahren, Petri-Netz.

Abstract

Fault-Masking by Distributed Systems

High reliability and short response times can be achieved by fault-tolerant systems, using static redundancy, for example 2-out-of-3-systems (TMR). Fault masking with inter-process communication requires messages between all redundant sender and receiver processes and thus causes a ninefold communication expense. This thesis proposes a sender-located voter and the combination of static redundant processing with dynamic redundant communication. Resulting advantages are the decrease of the number of inter-process messages to about one third (threefold communication expense) or less, as well as the selection of the most suitable links, before inter-process messages are transferred. As the failure status couldn't be determined at a single sender node, in particular not at the faulty one, the voter is realized as a distributed (sub-) system, consisting of three nodes. Its protocol represents a software implementation of fault-tolerance, which is nearly independent of the underlying hardware and communication structure. The set of correct voter-protocols is specified by a so-called voter-protocol graph, whose semantics is explained by Petri nets and corresponding attribute-transformation rules. One of the protocols is assessed quantitatively by simulation.

Keywords

Fault-Tolerance, Static Redundancy, Hybrid Redundancy, Fault-Masking, 2-out-of-3-System, TMR, n-out-of-m-System, NMR, Distributed System, Protocol, Communication, Verification, Simulation, Modelling of Fault-Tolerant Systems, Petri Nets.

Inhaltsverzeichnis

1. EINFÜHRUNG

Fehlertoleranz-Verfahren dienen der Verbesserung der Zuverlässigkeits-Eigenschaften von Rechensystemen. Sie schaffen die "Fähigkeit eines Systems, auch mit einer begrenzten Zahl fehlerhafter Subsysteme seine spezifizierte Funktion zu erfüllen" [NTG 82, Görk 84]. Damit sind hohe Anforderungen an Überlebenswahrscheinlichkeit, Verfügbarkeit [DalC 79] und Sicherheit [Schw 80] erfüllbar, wie sie hauptsächlich im Bereich der Automatisierungssysteme und z.T. der transaktionsverarbeitenden Systeme bestehen, etwa bei der Steuerung und Regelung von Produktionsanlagen [AyCD 82, Glöe 81], Laboreinrichtungen, Fahrzeugen [KDSH 81], Flugzeugen [Lüer 83], Rohstoff- oder Energieverteilnetzen, sowie bei der Buchung von finanziellen Transaktionen [PfTa 83], Büroanwendungen [BoBG 83] und verteilten Datenbanken [LeBr 82].

Die Menge der zu tolerierenden Fehler, die dazu zur Verfügung stehende strukturelle, funktionelle Informations- und Zeitredundanz [EGöM 83] und die Art der Mitwirkung des Benutzers charakterisieren neben den üblichen Leistungsanforderungen ein fehlertolerantes System. In Abhängigkeit von diesen Größen haben sich im wesentlichen drei Gruppen von Fehlertoleranz-Verfahren herauskristallisiert [Trau 84, Seif 84]:

* Vorwärts-Fehlerbehebung [Cris 80, Cris 82, Leve 83, Ada 83] ist nur bei Kenntnis der konkreten Anwendung möglich und bleibt im folgenden ausgeklammert.

* Verfahren der Rückwärts-Fehlerbehebung [AnLS 79, Tand b, BMaS 84] verwenden Ersatzprozesse und ihre zugeordneten Rechner in Form von dynamischer Redundanz. Ersatzprozesse werden nicht ausgeführt, sondern nur in gewissen Zeitabständen mit Zustandsinformation zur Rücksetzpunkt-Erstellung versorgt, wodurch der Redundanzaufwand in der Verarbeitung (Rechenkapazität) gering bleibt. Als weiterer Vorteil ist die durch wiederholtes Rücksetzen erreichbare Robustheit gegenüber fehlerhaften Eingaben zu sehen. Nachteilig wirken sich aus: der Speicherbedarf zur Abspeicherung der Rücksetzpunkte, die oft unvollständige Fehlererkennung durch Tests, der u.U. erforderliche Zusatzaufwand zur Vermeidung des Dominoeffekts [Rand 75], bzw. die Restriktionen der Interprozeßkommunikation [KaSi 80] und evtl. die größere Fehlerbehandlungs-Zeitdauer.

* Fehlermaskierungs-Verfahren [Schl 80, Wen* 78] verwenden mehrere Prozeßexemplare und ihre zugeordneten Rechner in Form von stati-

scher Redundanz. Alle Prozeßexemplare werden nebenläufig ausgeführt und ihre Ergebnisse verglichen, um z.B. eine 2-von-3-Mehrheitsentscheidung zur Fehlerdiagnose und -maskierung zu treffen. Die Vor- und Nachteile von dynamischer und statischer Redundanz verhalten sich weitgehend komplementär zueinander. Wird ein statisch redundantes System durch Rekonfigurierung dynamisch erzeugt, so spricht man von Hybridredundanz (siehe Definition in Abschnitt 3).

Fehlertoleranz-Verfahren lassen sich nicht allgemein, sondern nur im Hinblick auf konkrete Anforderungen miteinander vergleichen. Oft wird bei geringer Zeitredundanz der Fehlermaskierung, andernfalls der Rückwärts-Fehlerbehebung der Vorzug gegeben. Mit sinkenden Hardware-Kosten scheint sich diese Trennung zugunsten der Fehlermaskierung zu verschieben [z.B. Bore 84]. In manchen Systemen sind auch beide Techniken vorgesehen [Färb 82], jedoch ohne nennenswerte Wechselwirkung.

Diese Arbeit befaßt sich nur mit Fehlermaskierung aufgrund statischer Redundanz bzw. Hybridredundanz. Jedoch werden zur effizienten Nutzung dieser Redundanzart auch manche der sonst nur bei dynamischer Redundanz üblichen Verfahren eingesetzt.

1.1 Motivation

Der statische Redundanzanteil eines hybridredundanten Systems kommt in der m-fachen Anordnung aller Prozesse zum Ausdruck. Bild 1.1-1 zeigt in einem Mehrrechnersystem drei redundante Exemplare $P1_A$, $P1_B$ und $P1_C$ eines Prozesses P1, die nebenläufig zueinander ausgeführt werden; entsprechendes gilt für P2 und P3. Fehlerhafte Ergebnisse einzelner Prozeßexemplare lassen sich durch dafür vorgesehene Instanzen maskieren. Der dynamische Redundanzanteil kommt durch die Ersatz-Prozeßexemplare $P1_D$, $P2_D$ und $P3_D$ zum Ausdruck, die durch eine Rekonfigurierung ein fehlerhaftes P1-, P2- bzw. P3-Exemplar ersetzen und dadurch wieder ein fehlerfreies 2-von-3-Prozeßsystem herstellen können. Alle Prozeßexemplare sind so auf (in diesem Beispiel 6) Rechner verteilt, daß diese bei einer Rekonfigurierung gegenseitig als fremdgenutzte Redundanz [EGöM 83] zur Verfügung stehen.

Dem hohen Redundanzaufwand der verdreifachten Verarbeitung versucht man durch die Verwendung kostengünstiger Rechner zu begegnen. Da sich außerdem Hintergrundspeicher zur Erstellung von Rücksetzpunkten erübrigt, sind Mikrorechnersysteme [Görk 79, Görk 80] zur Realisierung hybridredundanter Systeme gut geeignet. Sollen jedoch Prozesse interagieren und Fehler bei der Interprozeßkommunikation maskiert werden, was i.a. eine höhere Verfügbarkeit als nur ausgaben-orientierte Maskierung ergibt, entsteht ein zusätzlicher redundanz-bedingter Aufwand: Nachrichtenverbindungen müssen zwischen allen redundanten Exemplaren der Kommunikationspartner aufgebaut werden. Bild 1.1-2 zeigt einen Nachrichtentransfer von P1 an P2. Der redundante Kommunikationsaufwand steigt quadratisch mit dem redundanten Verarbeitungsaufwand. Bei 2-von-3-Systemen steht einer dreifachen Prozeßausführung (Verarbeitung) ein neunfacher Nachrichtentransfer gegenüber. Unglücklicherweise ist Kommunikation mit einem großen Software- und Hardwareaufwand verbunden, dem nicht mit einer so raschen Kostensenkung wie bei Mikrorechnersystemen zu begegnen ist. Der relative Anteil der Kommunikationskosten an den Gesamtkosten hat wegen sinkender Rechnerkosten [Görk 80] eher zunehmende Tendenz.

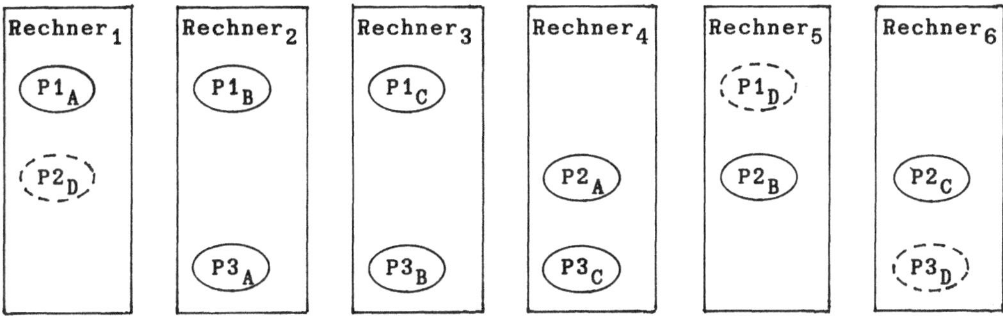

Bild 1.1-1 Hybridredundantes Mehrrechnersystem mit drei Prozessen:

3 Prozesse	je 3 statisch redundante Prozeßexemplare			Ersatz-Prozeßexemplare
P1	$P1_A$	$P1_B$	$P1_C$	$P1_D$
P2	$P2_A$	$P2_B$	$P2_C$	$P2_D$
P3	$P3_A$	$P3_B$	$P3_C$	$P3_D$

Mehrrechnersysteme lassen sich umso effizienter einsetzen, je geringer der Interaktionsanteil, d.h. je höher die Lokalität einzelner Teilaufgaben ist. Wie die in Bild 1.1-2 eingetragenen Nachrichtenverbindungen verdeutlichen, fehlt aber hybridredundanten Systemen diese Lokalität. Viele Lösungen zur Bewältigung des Kommunikationsproblems orientieren sich an der Tatsache, daß die "Nicht-Lokalität" eine bestimmte Struktur aufweist: Bei 2-von-3-Systemen verbindet ein "Bündel" von neun Nachrichten die Prozeßexemplare der Kommunikationspartner. Die Hardwarestruktur der Nachrichten-Transferwege läßt sich durch entsprechende "Bündelung" von Verbindungen an die redundante Prozeßkonfiguration anpassen. Im Extremfall entspricht jedem redundanten Nachrichtentransfer genau eine Verbindung. Eine ähnlich gute Anpassung wird durch 1:x-Transfer (engl. multicasting) erreicht, der je drei redundante Nachrichten in einer Sendeoperation zusammenfaßt (Abschnitt 3.2 enthält eine detailliertere Klassifikation dieser Ansätze). Auch die bloße Erhöhung der Transferrate, d.h. eine Leistungssteigerung des Kommunikationssystems, ist hilfreich.

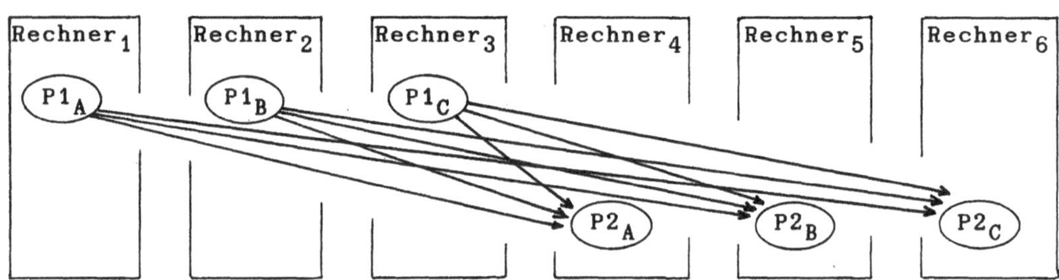

Bild 1.1-2 Nachrichtentransfer von drei redundanten P1-Exemplaren an drei P2-Exemplare in einem hybridredundanten Mehrrechnersystem. $P1_A$, $P1_B$ und $P1_C$ heißen Senderexemplare. $P2_A$, $P2_B$ und $P2_C$ heißen Empfängerexemplare.

Konzepten dieser Art sind keine prinzipiellen Grenzen gesetzt, weshalb man sie, wenn immer möglich, weiterentwickeln sollte; sie sind aber stets mit einem redundanz-bedingten zusätzlichen Realisierungsaufwand verbunden. Soweit Hardware betroffen ist, verbietet sich daher oft der Einsatz von Standardkomponenten. Aus diesen Gründen lohnt es sich, auch die gegenteilige Zielrichtung zu verfolgen und nach Verfahren zu suchen, die den hohen Kommunikationsaufwand von vornherein vermeiden. Nicht wünschenswert ist jedoch eine Konkurrenz-Situation beider Ansätze, da prinzipiell keiner den anderen ausschließt und einer gleichzeitigen Verwendung nichts im Wege steht. Insbesondere machen leistungsstärkere Kommunikationssysteme aufwandsreduzierende Verfahren nicht überflüssig; sie sollen sich ergänzen, indem sie die mit beiden Techniken erzielten Leistungsgewinne an den Benutzer weitergeben.

In welchen Bereichen besteht nun ein Spielraum, der sich beim Systementwurf zur Aufwandsreduzierung nutzen läßt ? Gewisse Mindestleistungen sind unverzichtbar von jedem System zu erbringen, das Fehler bei der Interprozeßkommunikation maskiert; sie lassen sich keinesfalls reduzieren:

* Mindestens eine fehlermaskierende Instanz ist vonnöten.

* Fehler in dieser Instanz dürfen den Erfolg der Fehlermaskierung und der Interprozeßkommunikation nicht beeinträchtigen.

* Die von mindestens zwei Senderexemplaren ausgesandten Nachrichten sind zu vergleichen, um aus ihrer Übereinstimmung Korrektheit folgern zu können.

* Jedes Empfängerexemplar muß in jedem der zu tolerierenden Fehlerfälle mindestens eine korrekte Interprozeßnachricht erhalten.

Die Suche nach Verfahren mit vermindertem Kommunikationsaufwand sollte sich möglichst nah an diesen Mindestforderungen orientieren, ohne die typischen Vorteile der statischen Redundanz, wie z.B. kurze Fehlerbehandlungsdauer, zu verlieren. Motiviert wird diese Suche durch die Diskrepanz zwischen den o.g. Mindestforderungen und dem Verhalten üblicher Verfahren. In der Regel vergleichen nämlich drei Instanzen zur Fehlermaskierung die Nachrichten von drei Senderexemplaren, wobei jedes Empfängerexemplar stets drei Interprozeßnachrichten erhält [Cart 79, VoFG 82, DeRi 82, Wen* 78]. Aus verschiedenen Bereichen der Informatik sind jedoch Mittel bekannt, die zu einer Verringerung der Diskrepanz beitragen können:

<u>Komprimierung und Absicherung:</u>

* Den Prüfcode-Verfahren wie CRC [Beth 81] ähnliche Signatur-Verfahren [Froh 77] erlauben eine Fehlererkennung bei verkürzter Nachrichtenlänge zwischen Testobjekt und -subjekt.

* Verschlüsselungs-Verfahren [Baue 82, Beth 82] verhindern mit sehr hoher Wahrscheinlichkeit nicht erkennbare Informationsverfälschungen beim Nachrichten- oder Signaturtransfer über fehlerhafte dritte Knoten, die zwischen Sender und Empfänger liegen.

<u>Architektur redundanter Systeme:</u>

* Instanzen zur Fehlermaskierung lassen sich mit innerer Redundanz versehen [z.B. Lohm 80].

* Techniken der dynamischen Redundanz führen nur bei Fehlern zur mehrfachen Ausführung einer Operation, z.B. wiederholtem Senden einer Nachricht bei negativer Quittierung.

* Verteilte Systeme aus mehreren Knoten, die ohne jederzeit übereinstimmende globale Systemsicht miteinander kooperieren [Drob 81], überblicken eine Gesamtsituation, die durch Fehlerereignisse und redundante Kommunikationsmöglichkeiten gekennzeichnet ist, besser als autonom arbeitende Knoten.

Insbesondere der letzte dieser Punkte wird das in Abschnitt 4 vorgestellte Konzept beeinflussen.

1.2 Übersicht

In dieser Arbeit wird eine neue Klasse von Fehlertoleranz-Verfahren aus der Oberklasse der Fehlermaskierungs-Verfahren vorgeschlagen. Das wesentliche Ziel besteht in einer Aufwandsverringerung bei der Interprozeßkommunikation, die sich unter bestimmten Voraussetzungen erreichen läßt. Abschnitt 2 beschreibt die Randbedingungen, die aus der Rechensystem- und Anwendungsumgebung resultieren. Sie umfassen auch die Zuverlässigkeits- und Realzeitanforderungen, die üblicherweise zum Einsatz von hybridredundanten Systemen führen. Mit der Reduzierung des Aufwands soll sich also kein gravierender Nachteil bezüglich anderer relevanter Eigenschaften verbinden. Abschnitt 2, wie auch der übrige Text, benutzt die Begriffswelt aus [EGöM 83], die sich an [LeMo 82, AnLe 82, Kope 82] anlehnt. Tabellen im Anhang zu dieser Arbeit fassen besondere Begriffsprägungen (Anhang 4), sowie die verwendeten Abkürzungen (Anhang 5) zusammen.

Abschnitt 3 richtet den Blick zunächst auf schon bekannte Verfahren zur Fehlermaskierung, erläutert ihre Funktionsprinzipien und bewertet in einem groben Vergleich Kommunikationsaufwand und ggf. entsprechende Reduzierungsmaßnahmen. Aus dieser kurzen "Bestandsaufnahme" leiten sich einige offene Fragen ab, die in Abschnitt 4.1 eine eng gefaßte Formulierung der Aufgabenstellung ergeben. Entsprechend der Leseanleitung in Bild 1.2-1 empfiehlt sich bei guten Kenntnissen von hybridredundanten Systemen und ihrer Problematik, Abschnitt 3 zu überspringen.

Die Darstellung der vorgeschlagenen Klasse von Fehlertoleranz-Verfahren stuft eine allgemeine Beschreibung, Modellierung und Bewertung in ihrer Wichtigkeit höher ein als die Demonstration einer Verfahrens-Variante durch eine Implementierung auf einem Rechensystem. Bild 1.2-2 veranschaulicht den Zusammenhang der Abschnitte 4 bis 7, welche den Kern dieser Arbeit ausmachen; sie betrachten die neuen Verfahren unter verschiedenen Aspekten. Zunächst erläutert Abschnitt 4 die zugrundeliegende Idee, verteilte Systeme innerhalb von fehlermaskierenden Instanzen zu verwenden - nicht zu verwechseln mit fehlermaskierenden Instanzen in verteilten Systemen. Die verbale Beschreibung dieses Ansatzes arbeitet heraus, welche Gegebenheiten des zugrundeliegenden Rechensystems die beschriebene Fehlermaskierungs-Methode günstig beeinflussen. Sie schließt mit einer qualitativen Bewertung ihrer Perspektiven.

Erst Abschnitt 5 grenzt die vorgeschlagene Klasse von Fehlertoleranz-Verfahren durch eine formale Definition exakt ab. Dazu wird eine spezielle Modellierung der verteilten Systeme zur Fehlermaskierung, der sogenannte Maskierungs-Protokoll-Graph, eingeführt. Seine Semantik wird durch Petri-Netze und elf Regeln zur Attribut-Abbildung erklärt.

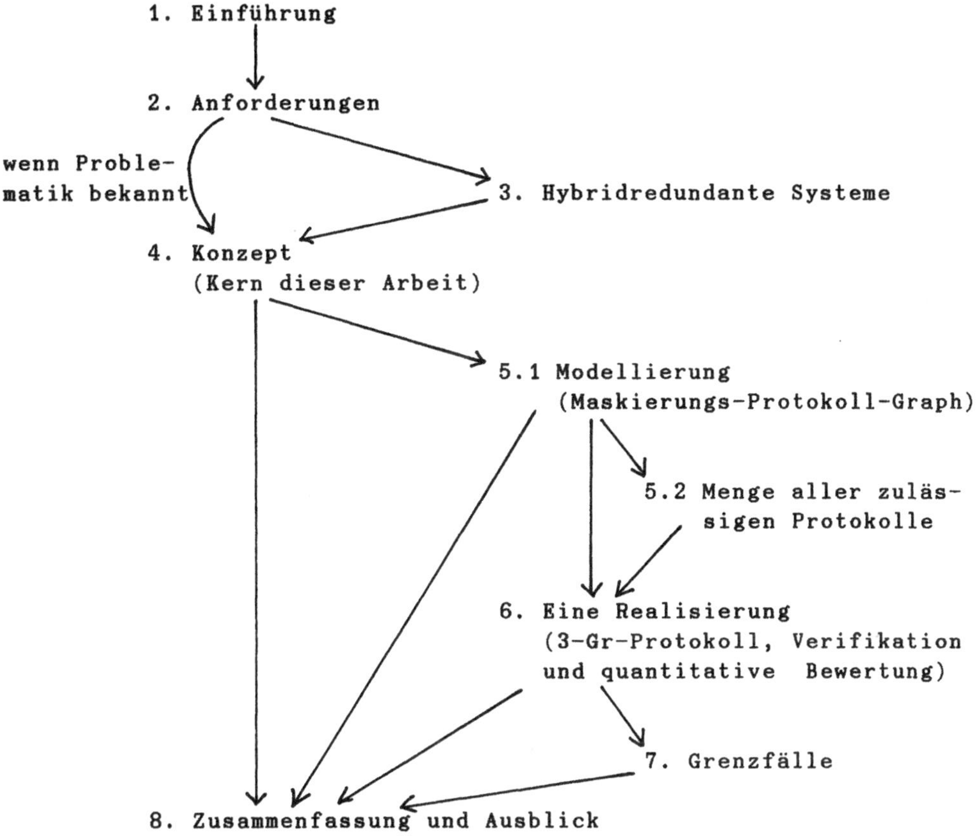

1. Einführung
2. Anforderungen
wenn Problematik bekannt
3. Hybridredundante Systeme
4. Konzept
(Kern dieser Arbeit)
5.1 Modellierung
(Maskierungs-Protokoll-Graph)
5.2 Menge aller zulässigen Protokolle
6. Eine Realisierung
(3-Gr-Protokoll, Verifikation und quantitative Bewertung)
7. Grenzfälle
8. Zusammenfassung und Ausblick

Bild 1.2-1 Leseanleitung.

4. Konzept
5. Formale Beschreibung
6. Eine Realisierung
7. Grenzfälle

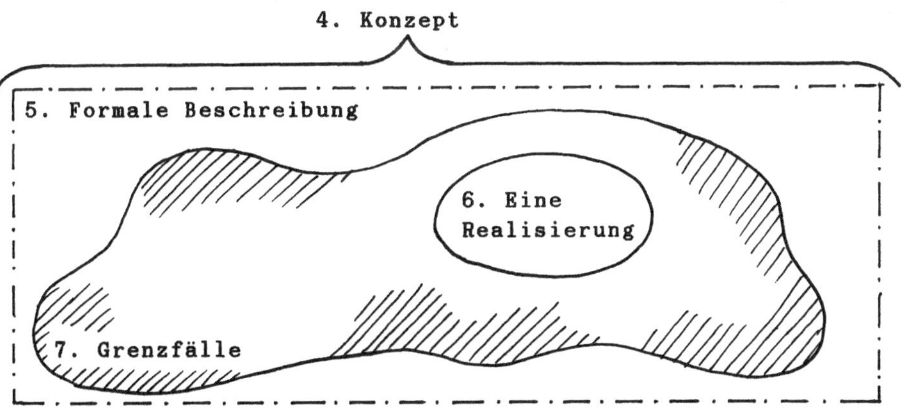

Bild 1.2-2 Zusammenhang der Abschnitte, die die Fehlermaskierung durch verteilte Systeme beschreiben.

Abschnitt 6 greift aus dem von Abschnitt 5 aufgespannten Rahmen einen (intuitiv entworfenen) Algorithmus heraus, der Fehlermaskierung durch verteilte Systeme realisiert. Er wird analog zu anderen Algorithmen für verteilte Systeme als Protokoll bezeichnet [Merl 79]. Eine zweistufige Darstellung schlägt die Brücke zur praktischen Implementierung auf einem Rechensystem: Die erste Stufe benutzt den Maskierungs-Protokoll-Graphen, die zweite eine (Pseudo-) Programmiersprache. Sie läßt sich in die Eingabe-Notation des SiRAM-Simulators [Echt 81, Echt 82, EBSV 81] übertragen. Letztere stimmt bis auf Konstrukte zur Formulierung von Prozeßverteilung und Nebenläufigkeit mit der Programmiersprache Pascal [JeWi 78] weitgehend überein. [Hess 85] weist auf der zweiten, nicht abstrahierenden Stufe die Korrektheit der Fehlermaskierung durch Verwendung des CIL-Verifikationssystems [KrDr 82, DrKr 83, KrDr 84] nach. Für das konkret angegebene Protokoll liefern Simulationsexperimente mit Hilfe des SiRAM-Simulators eine quantitative Bewertung, welche die erreichte Reduzierung des Kommunikationsaufwands aufzeigt. Damit werden die behaupteten Vorteile der Fehlermaskierung durch verteilte Systeme erst in diesem Abschnitt untermauert.

Abschnitt 7 hebt einige Einschränkungen der in Abschnitt 6 dargestellten Variante auf, um das durch die Definition in Abschnitt 5 gegebene Feld verschiedenartiger Realisierungsmöglichkeiten und seine Grenzen zu beleuchten. Verfahrens-Varianten werden in zwei Optimierungsrichtungen untersucht und jeweils durch den Maskierungs-Protokoll-Graphen dargestellt:

* Die Zusammenfassung von Nachrichten verschiedener Protokoll-Abschnitte reduziert den Kommunikationsaufwand noch stärker, erhöht aber die Ausführungsdauer.

* Für sehr hohe Zuverlässigkeitsanforderungen können verteilte Systeme auch Fehler in n-von-m-Systemen mit m>3 maskieren. Bezüglich einer bestimmten Fehlermenge wird sogar der Ausfall von mehr als m/2 der m Knoten toleriert.

Abschnitt 8 faßt die wesentlichen Verfahrensmerkmale sowie die Kriterien der vorteilhaften Anwendbarkeit zusammen. Die Arbeit schließt mit einem Ausblick auf Verfahren der Fehlermaskierung durch verteilte Systeme, die sich an bestimmte Eigenschaften von Rechen- und/oder Kommunikationssystem anpassen.

2. ANFORDERUNGEN AN DAS FEHLERTOLERANZ-VERFAHREN

Verteilte Systeme zur Fehlermaskierung sind nicht für beliebige Rechensysteme konzipiert. Dieser Abschnitt beschreibt den Bereich eines sinnvollen Einsatzes dieser Methode. Die Bereichsgrenzen werden im Hinblick auf Systemeigenschaften und Anwendungsgebiete gezogen, wobei sich jeweils mehrere Arten von Abgrenzungskriterien ergeben:

Zi Zielrichtungen (im folgenden mit Zi1, Zi2, ... bezeichnet), die von den beschriebenen Systemen oder Anwendungen verfolgt werden, sind auch durch Fehlertoleranz-Verfahren zu fördern. Da oft verschiedene Zielrichtungen einander entgegenstehen, sind Optimierungen mit Kompromissen verbunden, so daß ein Entwurfsspielraum bleibt.

So Sollbedingungen (im folgenden mit So1, So2, ... bezeichnet) sind Zielrichtungen mit nur zwei Werten (z.B. beliebige/spezielle Vermaschung von Rechnern), einem angestrebten Sollwert (hier: beliebige Vermaschung) und seinem Komplement.

Ra Randbedingungen (im folgenden mit Ra1, Ra2, ... bezeichnet), die für ein System oder eine Anwendung unverzichtbar gelten, sind auch von jedem Fehlertoleranz-Verfahren uneingeschränkt zu erfüllen.

Pa Parameter (im folgenden mit Pa1, Pa2, ... bezeichnet) sind Randbedingungen, die in verschiedener Ausprägung vorliegen können (z.B. 1-Fehler-Annahme, 2-Fehler-Annahme, ...). Sie spezifizieren insbesondere die Menge der zu tolerierenden Fehler.

Anforderungen ergeben sich auch in umgekehrter Richtung in Form von Bedingungen, die ein Fehlertoleranz-Verfahren an das benutzte Rechensystem stellt. Sie werden, falls unverzichtbar, als

Vo Voraussetzung (Vo1, Vo2, ...), sonst als

Un Unterstützung (Un1, Un2, ...)

bezeichnet und sind erst in Abschnitt 4 bei der Schilderung des Fehlertoleranz-Konzepts aufgeführt. Bild 2-1 verdeutlicht den in dieser Arbeit bestehenden Zusammenhang verschiedener Anforderungsarten. Bild 3.3-4 (Seite 48) faßt die im folgenden beschriebenen Anforderungen stichwortartig zusammen (Werden im folgenden Text in der Form "von ... bis ..." mehrere Anforderungen genannt, so beziehen sich diese Angaben stets auf die in Bild 3.3-4 dargestellte Reihenfolge).

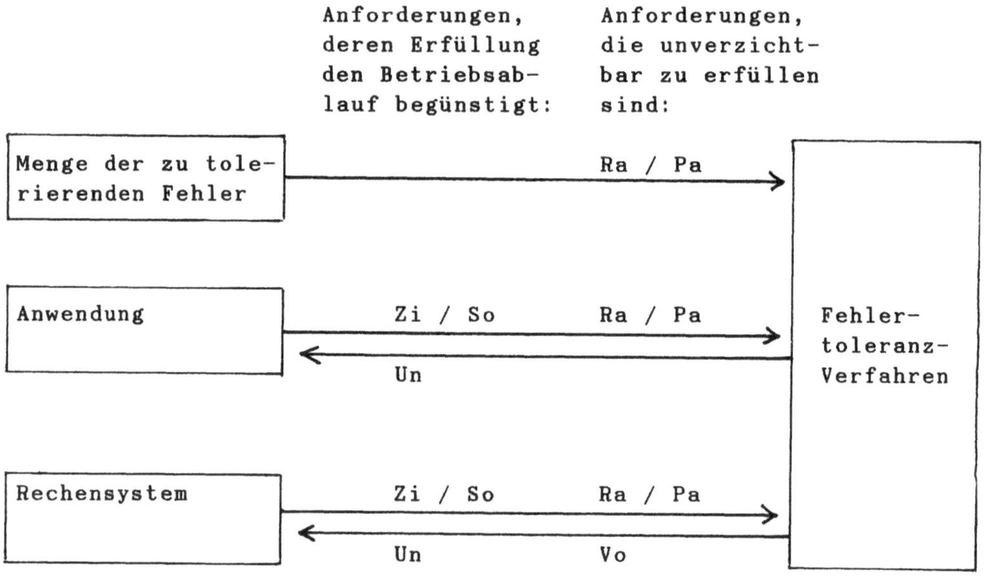

Bild 2-1 Klassifikation der Wechselwirkungen zwischen einem Fehlertoleranz-Verfahren (rechts dargestellt) und seiner Umgebung (links dargestellt). Es bedeuten:
Zi Zielrichtung, So Sollbedingung, Ra Randbedingung,
Pa Parameter, Vo Voraussetzung, Un Unterstützung.

2.1 Rechensystemumgebung

Die in Bild 2-1 dargestellten Wechselwirkungen verdeutlichen, daß es kein allgemein einsetzbares optimales Fehlertoleranz-Verfahren geben kann. Vielmehr erfordern die Praktikabilität und noch mehr die Effizienz der Verfahren eine Berücksichtigung der Eigenschaften des zugrundeliegenden Rechensystems. Diese Arbeit geht von Mehrrechnersystemen aus, wie sie üblicherweise zur Lenkung (Steuerung und Regelung) von technischen Prozessen eingesetzt werden, wenn ein einzelnes Rechensystem nicht ausreicht [AyCD 82]; dieser Abschnitt beschreibt die Rechensystemseite, der folgende die Anwendungsseite genauer.

Für den Übergang zum Mehrrechnersystem können u.a. drei Gründe den Ausschlag geben:

* Die Leistung eines einzelnen Rechners reicht nicht aus.

* Das Rechensystem soll sich an die räumliche Verteilung des technischen Prozesses anpassen, um die Entfernung zur Prozeßperipherie zu verkleinern.

* Fehlertoleranz-Verfahren erfordern Redundanztechniken auf Rechnerebene.

Besonders die beiden letztgenannten Gründe eröffnen einen Einsatzbereich für Mini- und Mikrorechner. Ihre geringen Kosten, aber auch ihre Leistungsschwäche beeinflussen die Möglichkeiten zur effizienten Fehlerbehandlung. Beispielsweise ist zu berücksichtigen, daß Magnetplattenspeicher- und Kommunikationsfunktionen teurer zu erbringen sind als die Prozeßbearbeitung durch die Einheit von Prozessor und Arbeitsspeicher. Die im folgenden angegebenen Randbedingungen und Zielrichtungen sollen diese Systemcharakteristika und Aufwandsbetrachtungen präziser, aber nicht enger fassen. Die Vielfalt der Realisierungsmöglichkeiten von Mehrrechnersystemen zur Lenkung technischer Prozesse soll keine gravierende Einschränkung erfahren. Diese Breite, verbunden mit dem Streben nach Effizienz, erhöht die Anforderungen an das Fehlertoleranz-Verfahren, da mit im Detail unbekannten Rechensystem-Varianten ein Zusammenwirken erreicht werden soll. Einige der aufgeführten Randbedingungen (Ra1, Ra2 und Ra4) formulieren daher ihre Restriktionen sinngemäß in der Art: "Es ist damit zu rechnen, daß ein Rechensystem bestimmte erschwerende Eigenschaften aufweist."

<u>Ra1</u> Prozesse können parallel zueinander ausgeführt werden.

Die auf Interaktionsfreiheit zwischen einzelnen Programmteilen beruhende Nebenläufigkeit gestattet die gleichzeitige Ausführung von Prozessen, die verschiedene Rechner bzw. Prozessoren benutzen. Globale Fehlertoleranz-Instanzen, die als eine Menge von Fehlerbehandlungs-Prozessen realisiert sind und durch lokale Ereignisse einzelner Rechner (z.B. Fehlermeldungen) aktiviert werden, lassen sich daher nicht völlig sequentialisieren.

<u>Zi1</u> Nebenläufigkeit soll durch Parallelisierung zur Leistungssteigerung beitragen.

Bei Mini- und Mikroprozessoren werden Leistungssteigerungen weniger durch Verbesserung und Erweiterung der Ausstattung als durch Vernetzung angestrebt [z.B. SwFS 77]. Geringe Hardware-Kosten unterstützen diesen Trend. Bei statisch redundanten Systemen bietet sich eine parallele Ausführung der redundanten Prozeßexemplare an. Algorithmen zur Fehlermaskierung und redundanter Interprozeßkommunikation sollten ebenfalls ihre Nebenläufigkeit in einen Zeitgewinn ummünzen.

<u>Ra2</u> Globale Funktionen können durch verteilte Systeme erbracht werden.

Die Unabhängigkeit einzelner Rechner verbietet oft, daß ein Rechner als zentralisierte Instanz eine das Gesamtsystem betreffende Aufgabe, d.h. eine globale Funktion erfüllt. Statt dessen wird eine lose Kopplung angestrebt; das Mehrrechnersystem erhält dann die Bezeichnung Rechnernetz. Die einzelnen Rechner können im Sinne eines aus mehreren Knoten bestehenden verteilten Systems [Drob 81] kooperieren. Bearbeiten verschiedene Subsysteme globale Aufgaben, so können manche von diesen verteilt und andere zentralisiert implementiert sein. Man denke an die Kombination einer zentralisierten Kommunikationsverbindung [z.B. einen Ethernet-Bus, MeBo 76] mit einer verteilten globalen Dateiverwaltung oder umgekehrt an ein verteiltes Kommunikationssystem (etwa auf der Basis einer anwendungsspezifischen Teilvermaschung) mit einer zentralisierten Dateiverwaltung. Soweit verteilte Subsysteme vorliegen, geht für Fehlertoleranz-Instanzen (wie auch für andere Instanzen) eine jederzeit konsistente Sicht des globalen Systemzustands verloren.

<u>So1</u> Nur die Anwendung soll die Anzahl der Rechner beschränken.

Im Gegensatz zu vielen Kommunikationssystemen sei keine Höchstanzahl von Verbindungsmöglichkeiten zwischen Rechnern vorgegeben, wie sie etwa durch die Anzahl der Bussteckplätze oder die Vermaschungskomplexität bedingt sein könnte. Alle Begrenzungen der Rechneranzahl seien vernachlässigbar groß (!). Bei Fehlertoleranz-Verfahren, die n-von-m-Systeme benutzen, kann daher die Rechneranzahl von dem Minimalwert m (typischerweise m=3) bis zu (anwendungsbedingt) einigen hundert variieren. Daher sollte auf Verfahren verzichtet werden, die an bestimmte Kommunikationssysteme mit begrenzter Rechneranzahl gebunden sind.

Zi2 Die Systemkonfiguration sollte sich an räumlich verteilte Aufgaben gut anpassen lassen.

Ist die Erfüllung einer Aufgabe an einen Ort gebunden, engen sich die Möglichkeiten ein, redundante Prozeßexemplare zuzuordnen. Aus der Entfernung vom Aufgabenort resultieren Kosten, die durch geschicktes Re-/Konfigurieren zu minimieren sind. Außerdem ist ein Kompromiß zu wählen zwischen möglichst enger Nachbarschaft zum Aufgabenort und räumlicher Trennung (Dislozierung), welche die Wahrscheinlichkeit einer Mehrfachauswirkung räumlich begrenzter Fehler senkt.

So2 Das Kommunikationssystem soll eine beliebige Struktur aufweisen können.

Fehlertoleranz-Verfahren sollen nicht an eine bestimmte Implementierung des Kommunikationssystems gebunden sein. Daher wird von dem in Bild 2.1-1 dargestellten Systemmodell ausgegangen, das alle Kommunikationseinrichtungen als eine Einheit betrachtet. Diese Abstrahierung besagt jedoch nicht, daß zwischen allen Sender-Empfänger-Paaren der gleiche Transferaufwand entsteht. Die nachfolgend aufgeführte Zielrichtung Zi3 gibt an, in welcher Weise Unterschiede zu berücksichtigen sind. Außerdem sei darauf hingewiesen, daß die Möglichkeiten zur Umgehung von permanenten Fehlern [PrRe 81, Schr 84] der Verbindungswege entscheidend von der strukturellen Redundanz [EGöM 83] abhängen; selbstverständlich sind solche Fehler ohne innere Redundanz des Kommunikationssystems (z.B. Doppelbusse) nicht tolerierbar. Diese Problematik betrifft jedoch die Netzwerkebene des ISO-Referenzmodells [DaZi 83] und ist nicht Gegenstand dieser Arbeit; die abstrakte Betrachtung bleibt gerechtfertigt.

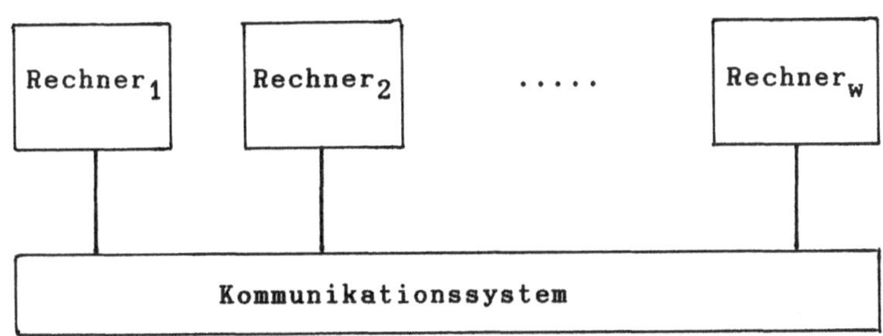

Bild 2.1-1 Modellierung des Kommunikationssystems eines Mehrrechnersystems, bestehend aus w Rechnern.

So3 Das Kommunikationssystem arbeitet nachrichtenorientiert und ist nur durch den Aufruf von Sende- und Empfangsoperatoren zugänglich. Der Nachrichtentransfer kann synchron (d.h. gegenseitiges Warten zwischen Sender und Empfänger, engl. send-wait) oder asynchron (d.h. nur der Empfänger wartet auf den Sender, engl. no-wait-send) erfolgen [Lisk 79, KMSl 81].

Pa1 Der Transferaufwand (bezüglich eines beliebigen Aufwandsmaßes) sei für jedes Sender-Empfänger-Paar bekannt und werde durch die Transferaufwandsfunktion ausgedrückt: ***TA (Sender, Empfänger)***.

Zi3 Fehlertoleranz-Verfahren sollen beim Transfer redundanter Nachrichten bezüglich einer beliebigen Transferaufwandsfunktion TA einen minimalen Transferaufwand anstreben.

Die Auswirkungen von Struktur und Technologie des Kommunikationssystems, sowie Zuteilungsstrategien für Übertragungsmedium und Betriebsmittel seien durch die Transferaufwandsfunktion TA repräsentiert, welche die Systembelastung für den Nachrichtentransfer zwischen beliebigen Sender-Empfänger-Paaren angibt. Als einfaches Maß für die Belastung könnte z.B. die Anzahl der zwischen Sender und Empfänger liegenden Drittrechner dienen, welche die Nachricht lediglich im Netz weiterleiten. Fehlertoleranz-Verfahren sollen nicht auf bestimmte Funktionen TA beschränkt bleiben, sondern in der Lage sein, bezüglich jeder statisch vorgegebenen Funktion TA einen möglichst geringen Transferaufwand zu erzielen. D.h., die Aufwandsfunktion fließt als Parameter in das Fehlertoleranz-Verfahren ein.

Für die in Abschnitt 7.2 aufgegriffene Gruppenstruktur, wie sie für ein räumlich verteiltes System mit großer Rechneranzahl typisch sein dürfte (siehe Bild 2.1-2), könnte TA lauten:

$$TA\ (U_S, W_S, P_S, U_E, W_E, P_E) = \begin{cases} 5, & \text{falls } U_S \neq U_E, \\ 1, & \text{falls } U_S = U_E \text{ und } W_S \neq W_E, \\ 0, & \text{falls } U_S = U_E \text{ und } W_S = W_E, \end{cases}$$

wobei U_S die Gruppe, W_S den Rechner und P_S den Prozeß des Senderexemplars, U_E, W_E und P_E das Entsprechende des Empfängerexemplars bezeichnet. Der Nachrichtentransfer zwischen Gruppen ist in diesem Beispiel fünfmal so aufwendig wie innerhalb einer Gruppe. Weitere Struktur-Beispiele sind in [Echt 83b] enthalten.

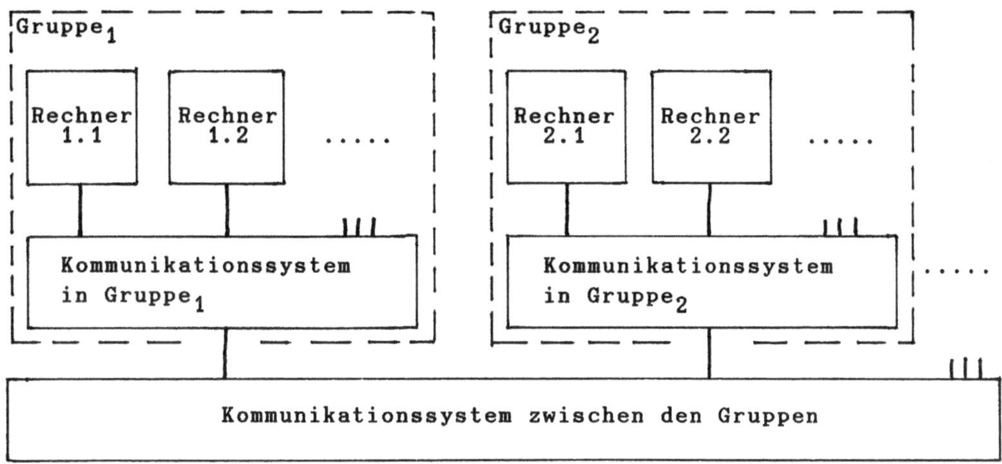

Bild 2.1-2 Gruppenstrukturiertes Kommunikationssystem.

Ra3 Hardware und Software des Mehrrechnersystems, Fehlertoleranz-Instanzen eingeschlossen, sind in globale und (darunter liegende) lokale Schichten unterteilt.

Als partielle Ordnungsrelation zwischen den Objekten verschiedener Schichten [AnLe 81, Echt 82] dient die Funktionszuordnung. Objekte niederer Schichten stellen für höhere Schichten Funktionen bzw. Betriebsmittel zur Verfügung. Die Schichtengrenzen sind als virtuelle Maschinen [Röhr 82] aufzufassen.

Bild 2.1-3 zeigt ein Beispiel für eine Schichtenstruktur, das die Zweiteilung der Schichten erkennen läßt: Voneinander unabhängige lokale Betriebssysteme sind in jedem Rechner ausgebildet. Darüber liegt zur Bearbeitung von Aufgaben, die das gesamte Mehrrechnersystem betreffen, ein globales Betriebssystem. Es besteht aus miteinander kooperierenden Objekten, die verschiedenen Rechnern zugeordnet sind. Das Kommunikationssystem als unterste globale Schicht läßt sich nach dem ISO-Referenzmodell [DaZi 83] intern in physikalische, Verbindungs-, Netzwerk-, Transport-, Sitzungs-, Darstellungs- und Anwendungsschicht unterteilen. Die nachfolgend beschriebenen Sollbedingungen bewerten die Eingliederungsmöglichkeiten von Fehlertoleranz-Instanzen in das Schichtenmodell [Seif 81], wobei So4 nach unten und So6 nach oben eine Grenze zieht. Nur für unterhalb der Fehlertoleranz-Instanz-Schicht entstandene Fehler kann eine Ausbreitung auf über der Fehlertoleranz-Instanz-Schicht liegende Schichten verhindert werden.

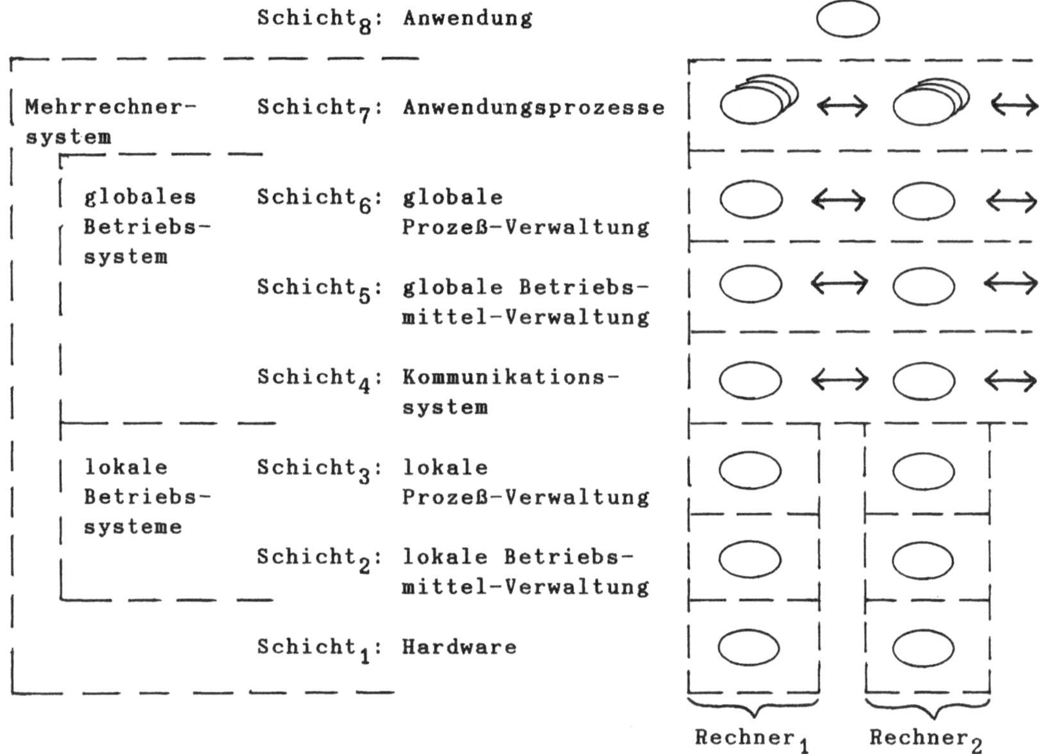

Bild 2.1-3 Schichtenstruktur eines Mehrrechnersystems. Es bedeuten: ——— Schichtengrenzen, ⬭ Objekte, ⟷ Kooperation.

So4 Für das Kommunikationssystem (Schicht 4) sowie für alle darunter liegenden lokalen Schichten sollen Standardkomponenten zur Implementierung von Fehlertoleranz-Verfahren ausreichen.

Die in So4 erwähnten Schichten definieren ein Grundsystem, das von Fehlertoleranz-Verfahren unbeeinflußt bleiben soll. Es beinhaltet die Hardware und führt somit zur software-implementierten Fehlertoleranz [DalC 84]. Damit kommen als Grundsysteme auch nicht-fehlertolerante Systeme in Betracht - abgesehen von der Notwendigkeit der Fehlerumgehung im Kommunikationssystem. Nicht exakt zu beantworten ist die Frage, was unter Standardkomponenten zu verstehen ist. Ohne Einzelheiten zu nennen, wird hier angenommen, daß bei käuflichen Systemen einige Grundfunktionen üblich sind - u.a. die im Schichtenmodell Ra3 beschriebenen. Wenn für ein Fehlertoleranz-Verfahren Standardkomponenten genügen, so sind damit zusätzliche Spezialkomponenten zur weiteren Leistungs- und/oder Zuverlässigkeitsverbesserung nicht ausgeschlossen. Beispielsweise kann die Hardware Diagnoseinformation in Signaturregistern anbieten [BüSc 80].

So5 Globale Synchronisierung zur Parallelisierung der redundanten Prozeßexemplare soll nicht vorausgesetzt werden.

Die lokalen Bereitlisten-Verwalter (engl. scheduler) und Prozeßumschalter (engl. dispatcher) [Wett 78] bewahren dann ihre Autonomie, wodurch ein globaler Zeittakt mit periodisch abwechselnden Verarbeitungs- und Ergebnisvergleichsphasen, wie bei einigen Systemen üblich [DeRi 82, Wen* 78], entfallen kann. D.h., die globale Prozeß-Verwaltung kann aus Effizienzgründen ein Coscheduling [Oust 80] redundanter Prozesse durchführen, muß es aber nicht.

2.2 Anwendungsumgebung

Die betrachteten Mehrrechnersysteme dienen vorwiegend Prozeßlenkungsaufgaben, wie z.B. der Steuerung von Fließbändern oder der Regelung von chemischen Anlagen. Aus der Notwendigkeit, in solchen Systemen Gefahren für den Menschen und Schäden für Geräte abzuwenden, ergeben sich Sicherheits- und Zuverlässigkeitsanforderungen, die bezüglich des Rechensystems als Automatisierungsmittel durch Fehlertoleranz-Verfahren zu erfüllen sind.

Die Grenze zwischen technischem Prozeß (nicht zu verwechseln mit einem Rechenprozeß) und Rechensystem wird üblicherweise bei der Prozeßperipherie gezogen, die Meßwerte als Eingabe des automatisierenden Programms erfaßt und Stellgrößen ausgibt. Ihre Fehlertoleranz-Eigenschaften sind stark anwendungsabhängig und entziehen sich einer allgemeinen Betrachtung. Die Struktur der Peripherieankopplung sollte aber gewährleisten, daß nach permanenten Rechnerfehlern die Verbindung zum technischen Prozeß erhalten bleibt - entweder über Reserveperipherie, die direkt an der Schnittstelle zum technischen Prozeß umgeschaltet werden kann (in Bild 2.2-1 bei den Peripheriegeräten $Per1_A$ und $Per1_B$ dargestellt) oder über Mehrfachankopplung eines Peripheriegeräts an verschiedene Rechner (Per2 im gleichen Bild). Bei beiden Konzepten kann die Befugnis zur Peripherieumschaltung entweder auf der Rechner- oder auf der Peripherieseite liegen.

Da die Lenkung technischer Prozesse eine Realzeitaufgabe darstellt, ergeben sich für das Rechensystem und folglich für sein Fehlertoleranz-Verfahren entsprechende Leistungsanforderungen. Sie richten sich nicht primär auf hohen Durchsatz, sondern auf die Einhaltung von hinreichend kurzen Reaktionszeiten. Bei einer Vielzahl von technischen Prozessen reicht zur Automatisierung im wesentlichen eine Menge von Regelkreisen aus, so daß die Rechner, abgesehen von der Sollwert-Vorgabe, zeitkritische Aufgaben unabhängig voneinander bearbeiten. Hier soll jedoch vom schwierigeren Problem der zeitkritischen Prozeß- und damit auch Rechnerinteraktion als Normalfall ausgegangen werden.

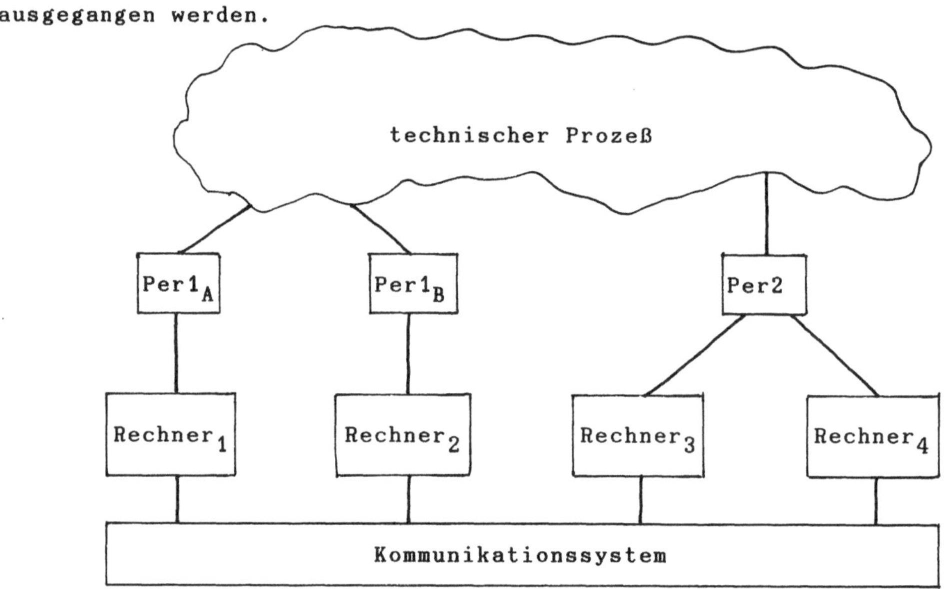

Bild 2.2-1 Ankopplung eines Mehrrechnersystems an einen technischen Prozeß über die Peripheriegeräte $Per1_A$, $Per1_B$ und Per2.

Ra4 Das Mehrrechnersystem ist zur Lenkung technischer Prozesse einsetzbar, die Rechnerinteraktionen erfordern.

Damit entfällt z.B. die Möglichkeit, "primitive Rücksetzpunkte" an den Schleifenanfängen der Regelungsprogramme anzulegen.

Ra5 Aus der Realzeitanwendung ergibt sich eine höchstzulässige Reaktionszeit und damit eine begrenzte Zeitredundanz zur Ausführung von Fehlertoleranz-Verfahren.

Kurze Zeitdauern sprechen für statische Redundanztechniken, da andernfalls große Anstrengungen unternommen werden müßten, die Wiederanlaufzeiten bei Rücksetz-Verfahren kurz zu halten.

Zi4 Die in den normalen Rechenbetrieb eingefügten Fehlertoleranz-Instanzen sollen einen möglichst geringen Zeitbedarf aufweisen.

Im Gegensatz zur Randbedingung Ra5 sind hier nicht die Maximal-, sondern die Mittelwerte der Rechenzeit für Fehlererkennung, -behandlung und ihre Vorbereitung angesprochen. Ihre Minimierung dient der Leistungssteigerung, sowie der Tolerierbarkeit von zeitlich kurz aufeinanderfolgenden Fehlern (siehe dazu die Parameter Pa2 und Pa3 im folgenden Abschnitt 2.3).

So6 Fehlertoleranz-Verfahren sollen für den Anwender und das Anwendungsprogramm transparent ablaufen.

Fehlertoleranz-Instanzen, die im Betriebssystem angesiedelt sind, gestatten dem Entwerfer des Anwendungsprogramms und dem Betreiber, vom Fehlertoleranz-Verfahren zu abstrahieren und das Grundsystem als ein System mit stark erhöhter Perfektion zu betrachten. Dadurch entfallen z.B. Anweisungen zur Festlegung von Rücksetzlinien [Tand a], die den Programmierer evtl. stark belasten. Bedingt durch hohe Softwareerstellungs-Kosten kann es für den Anwender preiswerter sein, redundante Betriebsmittel und Fehlertoleranzfunktionen beim Systemkauf zu bezahlen, als diese selbst in der Anwendungssoftware zu implementieren - obwohl dadurch unter Umständen bessere Ergebnisse zu erzielen wären.

Bezogen auf das in Bild 2.1-3 dargestellte Schichtenmodell bleibt mit den Sollbedingungen So4 und So6 für die Einordnung von Fehlertoleranz-Instanzen der Schichten-Bereich oberhalb des Kommunikationssystems und unterhalb der Anwendungsprozesse.

2.3 Menge der zu tolerierenden Fehler

Hervorgerufen durch die bereits erwähnten Sicherheits- und Zuverlässigkeitsanforderungen, aber auch aus Wirtschaftlichkeitsgründen (z.B. Vermeidung einer Betriebsunterbrechung während Wartungszeiten) ist für das betrachtete Mehrrechnersystem die Anwendung von Fehlertoleranz-Verfahren geboten. Um die Funktion dieser Verfahren spezifizieren zu können, erhebt sich die Frage, welche Fehler durch geeignete Behandlungsmaßnahmen zu tolerieren sind [Laub 81]. Aus Anwendersicht besteht zunächst der Wunsch, möglichst alle Fehler, d.h. jede Abweichung vom erwarteten Verhalten, ohne negative Folgen zu überstehen. Ein derart umfassendes Ansinnen ist aber weder durch konkrete Fehlertoleranz-Verfahren zu verwirklichen, noch kann es überhaupt formal spezifiziert werden. Zur sinnvollen Definition von Fehlertoleranz-Eigenschaften gehört die Angabe der Menge der zu tolerierenden Fehler [Syrb 84] anhand eines Fehlermodells.

Diese Arbeit verfolgt das Ziel, die Art des fehlerhaften Verhaltens einzelner Komponenten keiner Einschränkung zu unterwerfen, jedoch den Fehlerort auf eine begrenzte Anzahl von Rechnern festzulegen. Entsprechend So2 werden Fehler der Verbindungen zwischen Rechnern vom Kommunikationssystem durch Umgehungsmaßnahmen toleriert und bleiben daher in dieser Betrachtung ausgeklammert. Somit eignet sich ein rechnerbezogenes binäres Fehlermodell [Echt 84c], das nur angibt, welche Rechner von einem Fehler betroffen sind, jedoch nicht, wie sie sich dort auswirken. Bei diesem Ansatz beruht die Verifikation von Fehlertoleranz-Algorithmen auf dem spezifizierenden Fehlermodell [Echt 84c], das keine oder nur wenige Prädikate über das Verhalten fehlerhafter Objekte aufrechterhält. Z.B. ließe sich aufrechterhalten, daß Signatur- und Verschlüsselungs-Verfahren auch im Fehlerfall nicht durchbrochen werden (siehe Voraussetzungen Vo3 und Vo5 in Abschnitt 4.2). Von derartigen Sonderfällen abgesehen, kann ein fehlerhafter Rechner seine Ergebnisse etwa verfälscht, verzögert, vervielfältigt, an den falschen Empfänger oder überhaupt nicht ausgeben.

Ra6 Innerhalb eines Rechners (bzw. eines Prozessors im Falle von hardware-implementierter Fehlertoleranz) läßt sich der Fehlerort nicht immer eingrenzen.

Es wird nicht unterschieden zwischen dem Ort der Fehlerentstehung und den Objekten, auf die sich ein Fehler in vertikaler oder horizontaler Richtung bezüglich des Schichtenmodells ausgebreitet hat [Echt 84c]. Oft wird die sichere Verhinderung der horizontalen Fehlerausbreitung gefordert, auch wenn der ursächliche Fehler nicht sofort behoben wird. Daraus motiviert sich erneut die in der Einführung bereits angesprochene Verbindung der Fehlermaskierung mit der Interprozeßkommunikation.

Ra7 Fehler dürfen sich nicht auf fehlerfreie Rechner ausbreiten.

Angenommen, einer derartigen Ausbreitung kann Einhalt geboten werden, dann läßt sich weiter fordern:

Ra8 Lokale Fehler sind zu tolerieren.

Als lokal werden Fehler bezeichnet, wenn sie nicht aufgrund der Replizierung von Komponenten in mehreren Rechnern zugleich entstehen. Daraus folgt:

Ra8' Alle auf einzelne Rechner begrenzte transiente und permanente Hardwarefehler sind zu tolerieren.

Ob solche Fehler durch Fertigungsschwächen, durch umgebungsbedingte physikalische Störungen elektromagnetischer, thermischer oder mechanischer Art oder durch Alterung von Bauteilen bedingt sind, spielt keine Rolle.

Der Wegfall der Trennung zwischen Fehlerursache und -auswirkung verwischt die Hardware-Software-Grenze. Ein Prozeß, der falsche Ergebnisse aufgrund eines Rechenwerkfehlers liefert, muß von Fehlertoleranz-Instanzen genauso behandelt werden wie ein anderer, dessen falsche Ergebnisse durch einen Programmierfehler verschuldet sind. Leider sind aber nur manche Softwarefehler lokal [RaLT 78]; die übrigen verteilen sich durch Replizieren der Programme auf alle redundanten Prozeßexemplare und treten dadurch mit den gleichen falschen Ergebnissen in mehreren Rechnern auf - sind also durch Vergleich nicht erkennbar. Mit den in dieser Arbeit vorgestellten Verfahren sollen derartige Softwarefehler nicht toleriert werden. Aber aus Randbedingung Ra8 folgt:

Ra8" Lokale Softwarefehler sind zu tolerieren.

Zur Programmentwurfszeit läßt sich kein Kriterium für die Menge der lokalen Softwarefehler angeben, jedoch besteht bei manchen Programmierfehlern aufgrund unterschiedlicher Betriebsbedingungen in den einzelnen Rechnern die Hoffnung, daß sie lokal begrenzt bleiben. Daher ist es sinnvoll, die primär für Hardwarefehler konzipierten Fehlertoleranz-Verfahren ebenfalls anzuwenden. Ein Beispiel möge den Nutzen verdeutlichen: Rechner_1 bearbeite nur einen, Rechner_2 dagegen zehn Prozesse. Ein Programmierfehler des replizierten lokalen Betriebssystems, der nur im Hochlastfall, in kritischen oder schwer vorhersehbaren Situationen auftritt, beschränkt sich möglicherweise auf den stärker belasteten Rechner_2 und wird toleriert. Randbedingung Ra8" bezieht sich also auf Softwarefehler, die durch mangelnde Robustheit des Grundsystems charakterisiert sind.

Die folgenden Anforderungen befassen sich mit der Anzahl der zugleich auftretenden lokalen Fehler, die tolerierbar sein müssen.

Pa2 Bis zu r gleichzeitig zu behandelnde lokale Fehler in beliebigen Rechnern sind zu tolerieren, wobei $r \in \{0\} \cup \mathbb{N}$.

Da beliebige Rechner betroffen sein können, wird angenommen, daß derartige Fehler unabhängig voneinander, d.h. ohne gemeinsame Ursache, aber zufällig fast gleichzeitig in mehreren Rechnern auftreten - daher als bis zu r Rechnerfehler bezeichnet. Oft führt die 1-Fehler-Annahme r=1 zu einem 2-von-3-System. Allgemein läßt sich festhalten, daß r den Redundanzaufwand bestimmt. Nach Abschluß einer Fehlerbehandlung sind bei ausreichender dynamischer Redundanz wieder bis zu r Rechnerfehler tolerierbar.

Pa3 Die Menge W der w Rechner eines Mehrrechnersystems sei in u echte Untermengen $U_1 \subset W, \ldots, U_u \subset W$ partitioniert, die als Gruppen bezeichnet werden. Alle Gruppen U_i enthalten mindestens einen und höchstens h Rechner, sind paarweise disjunkt und ihre Vereinigung ergibt $U_1 \cup \ldots \cup U_u = W$.

Dann sind gleichzeitig zu behandelnde lokale Fehler in bis zu g Gruppen $U_{i_1}, \ldots, U_{i_g}$ zu tolerieren, wobei $g \in \{0\} \cup \mathbb{N}$.

Für jede Gruppe U_i wird eine gemeinsame Fehlerquelle angenommen, z.B. die Nachbarschaft zu Störquellen. Da die Fehler in mehreren Rechnern nicht mehr zufällig fast gleichzeitig entstehen, werden solche Fehler als Gruppenfehler bezeichnet. Es sei vorausgesetzt, daß Gruppenfehler und die unter Pa2 beschriebenen Rechnerfehler nicht zusammen auftreten, sondern erst nach Abschluß der Fehlerbehandlung für die jeweils andere Fehlerart, die gemäß Randbedingung Ra5 in einer vorgegebenen Zeitdauer beendet sein muß. Abgesehen von dieser zeitlichen Trennung sind alle Wertekombinationen für r und g zugelassen, z.B. ($r \in \mathbb{N}$, $g \in \mathbb{N}$) oder ($r \in \mathbb{N}$, $g=0$) oder ($r=0$, $g \in \mathbb{N}$). Mit ($r=0$, $g=0$) sind überhaupt keine Fehlertoleranz-Anforderungen verbunden. Bei vielen Anwendungen genügt die 1-Fehler-Annahme ($r=1$, $g=0$). Eine Mehrfachfehler-Annahme drückt sich durch $r \geq 2$ oder $g \geq 2$ oder ($g=1$, $h \geq 2$) aus. Abschnitt 7.2 betrachtet $r \in \{0,1,2,3\}$, $g \in \{0,1,2,3\}$. Ebenso wie r legt auch g in statisch redundanten Systemen den genauen, in hybridredundanten Systemen den Mindestwert des Redundanzaufwands fest (Anzahl zusätzlicher Rechner), wobei sich eine Zunahme von g i.a. stärker als eine Zunahme von r niederschlägt.

<u>Pa4</u> Höchstens s lokale Fehler dürfen symptomgleich sein, wobei $s \in \mathbb{N}$.

Fehler werden symptomgleich genannt, wenn die von mehreren fehlerhaften Rechnern ausgegebenen Ergebnisse, also die für eine Diagnose verwertbaren Symptome, gleich sind. Ansonsten sind die Fehler symptomverschieden, was für viele Hardwarefehler, aber, wie bereits erwähnt, nur für manche Softwarefehler zutrifft. Gegebenenfalls läßt sich die Symptomverschiedenheit durch zusätzliche lokale Diagnose-Hilfseinrichtungen fördern, etwa durch Lesen rechnerinterner Fehlerstatus-Register oder Stromausfall-Anzeigen. Symptomverschiedenheit senkt den Redundanzaufwand, weil sich fehlerhafte Gruppen mit mindestens $s+1$ Rechnern durch Ergebnisabweichung zu erkennen geben. Im Vorgriff auf Abschnitt 7.2 sei hervorgehoben, daß bei ($r=1$, $g=1$, $s=1$) der Redundanzaufwand mit der Verdreifachung der Rechneranzahl und ihre Aufteilung in mindestens zwei Gruppen beliebiger Größe ($u=2$, $h \in \mathbb{N}$) vertretbar bleibt.

Die Besonderheit der hier zugrundegelegten Menge der zu tolerierenden Fehler ist darin zu sehen, daß nicht zwischen verschiedenen Arten der Fehlerentstehung in Hardware und Software unterschieden wird und Mehrfachfehler einbezogen sind: Durch gleichzeitige Fehlerbehandlung sind innerhalb einer vorgegebenen kurzen Zeitredundanz bis zu r Rechnerfehler oder bis zu g Gruppenfehler, die lokal und in höchstens s Rechnern symptomgleich sind, zu tolerieren.

3. HYBRIDREDUNDANTE SYSTEME

Die genannten Zielrichtungen und Randbedingungen unmreißen ein Anforderungsprofil für Fehlertoleranz-Verfahren, das i.a. der Verwendung dynamischer Redundanz mit Vorwärts- oder Rückwärtsbehebung entgegensteht und statt dessen statische Redundanz in Form von n-von-m-Systemen erfordert. Insbesondere spricht für fehlermaskierende Systeme:

* die möglicherweise sehr geringe Zeitredundanz (Ra5, Zi4), die zeitraubendes Abspeichern von Rücksetzpunkten [Kim 80], Auffinden von Rücksetzlinien [MeRa 78, Wood 81] und Rücksetzen verbietet,

* die geforderte Transparenz (So6), die durch Programmierung von Konversationen [RuTi 79] oder anwendungsspezifischen Ausnahmebehandlern verletzt wird,

* die horizontale Eingrenzung der Fehlerausbreitung (Ra7) bei beliebigen lokalen Fehlern (Ra6, Ra8), die durch Tests teilweise nur schwer zu erkennen sind - etwa weil die Symptome transienter Fehler nicht bis zum Testzeitpunkt andauern oder ein Test eine geringe Fehlerüberdeckung aufweist, und

* der eventuelle Wegfall von Hintergrundspeicher (Ra4), der die Möglichkeiten zur Abspeicherung von Rücksetzpunkten begrenzt.

Diese Befürwortung der statischen Redundanz besitzt jedoch keinen allgemeingültigen Charakter und darf nicht als prinzipielle Entscheidung gegen dynamische Redundanz mißverstanden werden. Es wird nur argumentiert, daß für bestimmte Anwendungsbereiche die beschriebenen Anforderungen an ein Rechensystem zu stellen sind und daher der Einsatz fehlermaskierender Systeme angezeigt ist. Einige Vorteile der dynamischen Redundanz lassen sich einbeziehen, wenn zur Hybridredundanz übergegangen wird: Die Rekonfiguricrbarkeit eines teilweise fehlerhaften Systems verbessert die Tolerierbarkeit von Fehlern, die nicht gleichzeitig auftreten, beträchtlich. Die Zusammenfassung der Begriffsdefinitionen für "dynamisch erzeugte Redundanz" und "statische Redundanz" aus [EGöM 83] ergibt die

Definition eines hybridredundanten n-von-m-aus-p-Prozeßsystems:

Prozeßsystem, das während des Einsatzzeitraums

* aus p (teilweise passiven) Prozeßexemplaren m noch nicht als fehlerhaft erkannte auswählt ($m \leq p$),

* diese konsistent zum aktuellen Systemzustand aktiviert, so daß sie nebenläufig zueinander die spezifizierte Funktion erbringen,

* daraus ein n-von-m-Prozeßsystem erzeugt, das m-n Fehler durch Mehrheitsentscheidung und Auswahl des mehrheitlichen Ergebnisses maskiert, und

* als fehlerhaft erkannte aktive Prozeßexemplare passiviert und ausgliedert, worauf eine erneute Auswahl und Aktivierung von Prozeßexemplaren folgt.

Diese Definition schließt die rein statische Redundanz als Sonderfall $p=m$ mit ein, weshalb im folgenden nur noch von Hybridredundanz als Oberbegriff gesprochen wird. Bei $p>m$ gibt es p-m Ersatz-Prozeßexemplare, deren Existenz aber nicht explizit erkennbar sein muß. Es genügt die Möglichkeit, im Aktivierungsfall alle erforderlichen Betriebsmittel zuteilen zu können. Ersatzprozesse können schon vor [z.B. bei DeRi 82] oder erst nach Auftreten eines Fehlers einem Rechner zugeordnet sein. Im letztgenannten Fall könnte man von n-von-m-aus-∞-Prozeßsystemen sprechen.

3.1 Fehlermaskierung und Rekonfigurierung

Die seit langem bekannte Methode zur Fehlermaskierung in hybridredundanten Systemen besteht in der Verdreifachung der Funktionsausführungseinheiten und dem Hinzufügen einer Instanz, welche deren Ergebnisse vergleicht, eine 2-von-3-Mehrheitsentscheidung trifft und das mehrheitliche Ergebnis (falls eine absolute Mehrheit zustande kommt) als korrekt betrachtet und ausgibt [Neum 56, Cart 79]. Diese Anordnung (siehe Bild 3.1-1) toleriert Fehler in höchstens einer Funktionsausführungseinheit. Bei dem hier betrachteten rechnerbezogenen Fehlermodell (Ra8) ist es daher notwendig, die redundanten Funktionsausführungseinheiten, d.h. die drei redundanten Prozeßexemplare verschiedenen Rechnern zuzuordnen. Sind zwei oder mehr gleichzeitig auftretende lokale Fehler in verschiedenen Rechnern zu tolerieren, so kann von 2-von-3- (engl. TMR, d.h. triple modular redundancy) zu einem n-von-m-System (engl. NMR, d.h. N-modular redundancy) übergegangen werden (siehe Bild 3.1-2, wobei das N der englischen Bezeichnung dem m der deutschen entspricht). Sind beliebige, also auch symptomgleiche, Fehler zugelassen, so muß $n \leq m \leq 2 \cdot n-1$ gelten, damit eine Mehrheit von n fehlerfreien gegenüber höchstens $m-n \leq n-1$ fehlerhaften Prozeßexemplaren entsteht. Bei Symptomverschiedenheit s=1 (siehe Pa4) genügt n=2, um für jedes $m \geq n$ bis zu m-n Fehler zu tolerieren.

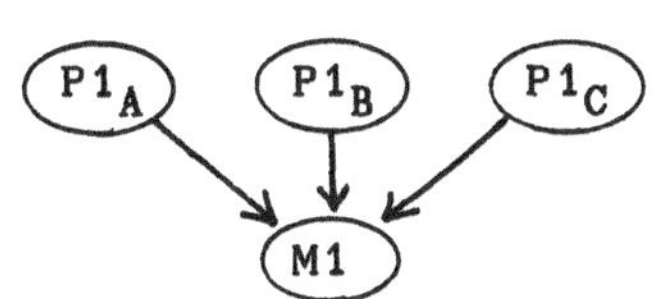

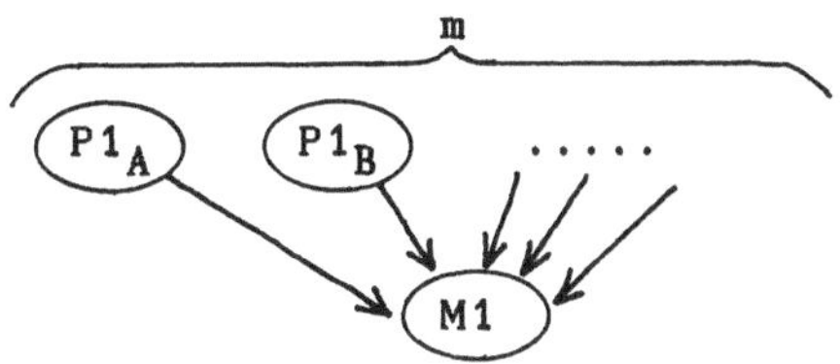

Bild 3.1-1 2-von-3-System (TMR). Bild 3.1-2 n-von-m-System (NMR).

Bezeichnungen in diesen und den folgenden Bildern:

$P1_A$, $P1_B$,... $P2_A$,...	Redundante Exemplare der Prozesse P1, P2,
M1, $M1_A$, $M1_B$,... M2,...	Fehlermaskierungs-Instanzen der Prozesse,
Pfeile	symbolisieren Ergebnis-/Nachrichtentransfer (evtl. mit Pufferung).

Mit den in [Görk 69, SySä 82] angegebenen Methoden zur Berechnung von Überlebenswahrscheinlichkeit bzw. Verfügbarkeit lassen sich fehlermaskierende n-von-m-Systeme quantitativ bewerten. Daraus werden einige über bisherige Betrachtungen [SiSw 82] hinausgehende Schlüsse für mehrfache Fehlermaskierungs-Instanzen gezogen, die für symptomgleiche und symptomverschiedene Fehler gelten. Für voneinander unabhängige lokale Fehler sei $R_P(t)$ die Überlebenswahrscheinlichkeit eines Prozeßexemplars und $R_M(t)$ die einer Fehlermaskierungs-Instanz zum Zeitpunkt t. Dann gilt für die statisch redundante Anordnung der Prozeßexemplare eines n-von-m-Systems ohne Fehlermaskierungs-Instanz:

$$R_{mP}(t) = \sum_{i=n}^{m} \binom{m}{i} \cdot (R_P(t))^{i} \cdot (1 - R_P(t))^{m-i}$$

Die Fehlermaskierungs-Instanz mit eingeschlossen ergibt sich:

$$R_{M,mP}(t) = R_M(t) \cdot R_{mP}(t)$$

Ein 2-von-3-System hat deshalb eine höhere Überlebenswahrscheinlichkeit als ein einzelnes Prozeßexemplar, wenn $R_{M,3P}(t) > R_P(t)$ [siehe auch Pfit 82]. Beweis 1 in Anhang 1 zeigt für diesen Vergleich:

$$R_{M,3P}(t) > R_P(t) \iff R_M(t) \cdot R_P(t) \cdot (3 - 2 \cdot R_P(t)) > 1$$

Diese Beziehung ist für $0.78 \approx (\sqrt{17} - 1)/4 < R_P(t) < 2 \cdot R_M(t) - 1$ immer (Beweis 2) und für $R_P(t) < 1/2$ (Beweis 3) oder $R_M(t) < R_P(t)$ (Beweis 4) nie erfüllt. Da wegen $R_M(t) \leq 1$ stets $R_{M,mP}(t) \leq R_{mP}(t)$ ist, stellt die Fehlermaskierungs-Instanz einen Zuverlässigkeitsengpaß dar. Bei Systemen Q aus q Prozessen {P1, ... , Pq} = Q, die alle als n-von-m-Prozeßsysteme realisiert sind, bietet die Verdreifachung aller Fehlermaskierungs-Instanzen [Cart 79] eine Abhilfe. Jede dieser Instanzen vergleicht die Ergebnisse aller redundanten Prozeßexemplare unabhängig von ihren redundanten Nachbar-Instanzen (siehe Bild 3.1-4). Wegen des m-fachen Vergleichs sei ein solches System als m-fach-n-von-m-System bezeichnet, für das gilt:

$$R_{mM,mP}(t) = \sum_{i=n}^{m} \binom{m}{i} \cdot (R_M(t) \cdot R_P(t))^{i} \cdot (1 - R_M(t) \cdot R_P(t))^{m-1}$$

Ein 3-fach-2-von-3-System hat wegen der Formel für $R_{mM,mP}(t)$ eine höhere Überlebenswahrscheinlichkeit als ein 2-von-3-System, wenn $R_{3M,3P}(t) > R_{M,3P}(t)$. Beweis 5 zeigt für diesen Vergleich

$$R_{3M,3P}(t) > R_{M,3P}(t) \iff 3 \cdot R_M(t) - 2 \cdot R_M(t)^2 \cdot R_P(t) + 2 \cdot R_P(t) > 3$$

Diese Beziehung ist für $R_P(t) > (\sqrt{7} - 1)/2$ und $R_M(t) > (\sqrt{7} - 1)/2 \approx 0.82$ und $R_M(t) < 1$ immer (Beweis 6) und für $R_P(t) < 3/4$ (Beweis 7) oder für $R_M(t) < 1/2$ (Beweis 8) nie erfüllt.

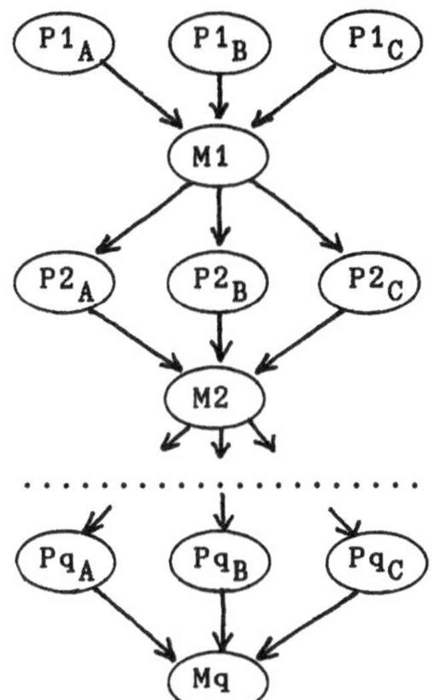

Bild 3.1-3 q Prozesse, die als 2-von-3-Prozeßsysteme realisiert sind.

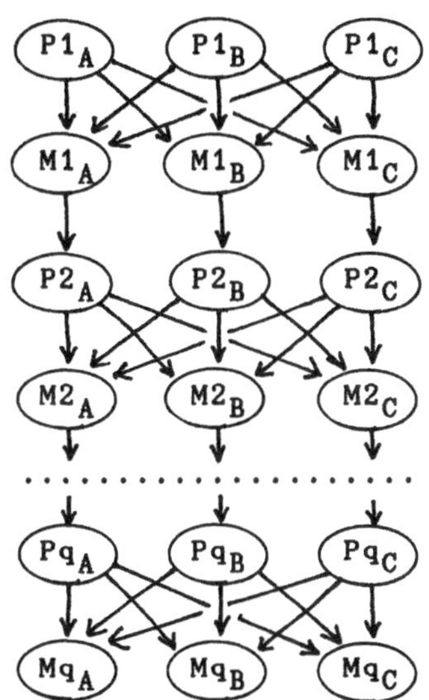

Bild 3.1-4 q Prozesse, die als 3-fach-2-von-3-Prozeßsysteme realisiert sind.

Mit 3-fach-2-von-3-Systemen lassen sich Überlebenswahrscheinlichkeiten $R_{3M,3P}(t)$ erzielen, die $R_P(t)$ und $R_M(t)$ deutlich übersteigen. Der durch

$$V_P(t) = \frac{1 - R_P(t)}{1 - R_{3M,3P}(t)} \quad \text{bzw.} \quad V_M(t) = \frac{1 - R_M(t)}{1 - R_{3M,3P}(t)}$$

gemäß [Aviz 78] definierte Zuverlässigkeitsverbesserungsfaktor verdeutlicht den Gewinn. Bild 3.1-5 zeigt $V_P(t)$, wenn für $x=R_P(t)$ und $y=R_M(t)$ eingesetzt wird, bzw. $V_M(t)$, wenn $x=R_M(t)$ und $y=R_P(t)$. Die Verbesserung der Zuverlässigkeit schlägt sich noch stärker nieder bei Systemen aus q Prozessen, die als n-von-m- (siehe Bild 3.1-3) bzw. m-fach-n-von-m-Systeme (siehe Bild 3.1-4) realisiert sind, da sich deren Überlebenswahrscheinlichkeit durch $(R_{M,mP}(t))^q$ bzw. $(R_{mM,mP}(t))^q$ berechnet und für $R_{M,mP}(t) > R_P(t) > 0$ gilt:

$$\frac{(R_{M,mP}(t))^q}{(R_P(t))^q} = \left(\frac{R_{M,mP}(t)}{R_P(t)}\right)^q > \frac{R_{M,mP}(t)}{R_P(t)} \quad \text{(Gilt für } R_{mM,mP}(t) \text{ analog)}$$

Unberücksichtigt bleibt dabei die Tatsache, daß sich die vollständige m-fache Auslegung von Prozeßexemplaren und evtl. Fehlermaskierungs-Instanzen nicht immer bis zur Ausgabe an den technischen

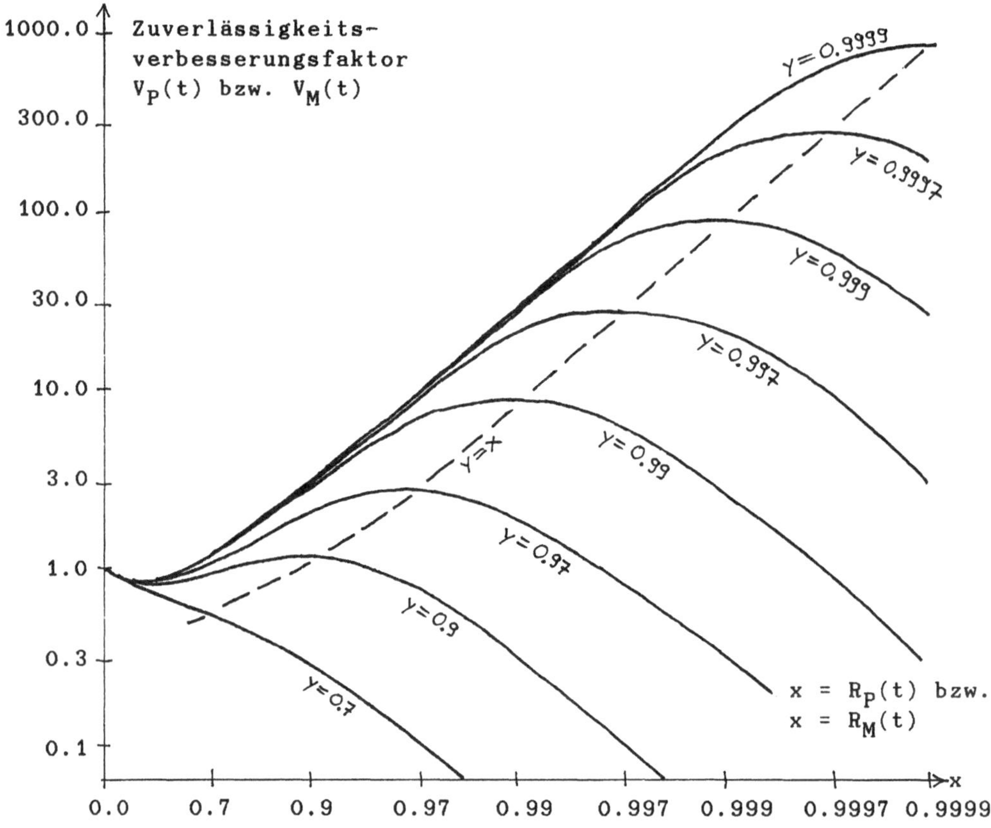

Bild 3.1-5 Zuverlässigkeitsverbesserungsfaktoren $V_P(t)$ bzw. $V_M(t)$.

Prozeß fortsetzen läßt, da oft ein nicht-redundanter Effektor (z.B. Stellmotor) zu steuern ist. Diese ausgabenseitige Verengung der Redundanz-Struktur liegt im Prinzip vieler Effektor-Arten; besondere Maßnahmen können den Verengungspunkt allenfalls weiter zum technischen Prozeß verschieben, jedoch nicht gänzlich beseitigen. Dagegen erzwingen redundant auslegbare Effektoren (z.B. Ventile, siehe Bild 3.1-6) keine Verengung. Im Gegensatz zur Ausgabe- bleibt die Eingabeseite i.a. frei von derartigen Verengungsproblemen, da sich Sensoren leicht m-fach auslegen lassen (häufige Ausnahme: Eingabe vom Bediener). Auch diversitäre Sensoren, die nach verschiedenen Methoden messen, sind realisierbar. Andererseits sind redundanten Sensoren leichte Abweichungen der gemessenen Werte zuzubilligen, die eine erste Abweichungs-Maskierungsstufe durch Auswahl des mittleren Wertes vereinheitlicht (Hier wird von Abweichungs-Maskierung statt Fehlermaskierung gesprochen, da Meßabweichungen keine Fehler im engeren Sinn darstellen). Wegen den bekannten Aussagen zum "Problem der Byzantinischen Generäle" [StDo 83, LaSP 82, FrWe

82] erfordert die Abweichungs-Maskierung entweder zwei aufeinanderfolgende 3-fach-2-von-3-Systeme (bei Ausschluß von gleichzeitigen Sensor- und Rechnerfehlern), eine zentralisierte Instanz, mindestens vier redundante Sensoren oder unverfälschbare Signaturen der Sensoren.

Fehlerhafte Zustände einzelner Prozeßexemplare offenbaren sich erst dann, wenn fehlerhafte Ergebnisse an eine Fehlermaskierungs-Instanz transferiert werden. Im Falle der oft angewandten Methode, Fehler bei der Interprozeßkommunikation zu maskieren, ist daher die Zeit bis zur Fehlererkennung anwendungsabhängig und kann beliebig groß werden. Es bleibt zwar gewährleistet, daß bis zu m-n Fehler von einem Prozeß nicht nach außen dringen, jedoch steigt mit zunehmender Zeit die Wahrscheinlichkeit, daß mehr als m-n Fehler auftreten. Das Hinzufügen von programm-internen Variableninhalten oder rechnerinterner Diagnoseinformation zu den Interprozeßnachrichten sowie das zusätzliche Senden solcher Nachrichten in langen Kommunikationspausen verkürzen die Fehler-Offenbarungsdauer. Dagegen wird diese Zeitdauer größer, wenn nicht bei jeder Interprozeßkommunikation (siehe Bild 3.1-3 oder 3.1-4), sondern erst bei der Ausgabe an die Außenwelt (siehe Bild 3.1-7) Fehler maskiert werden.

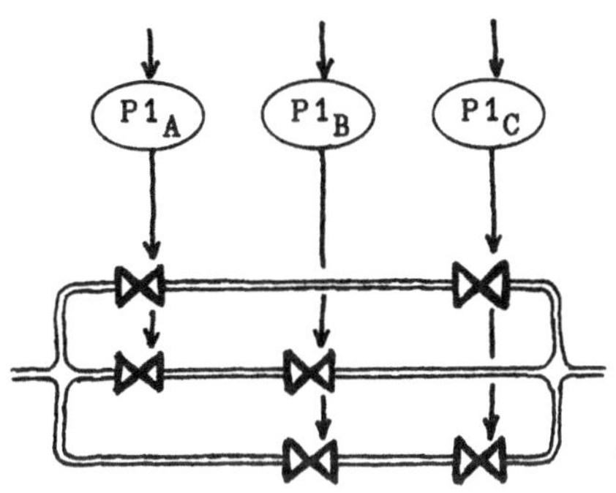

Bild 3.1-6 2-von-3-Prozeßsystem, das redundante Ventile steuert.

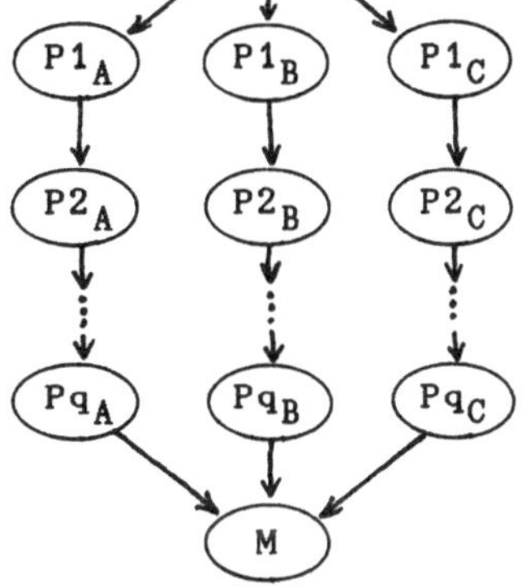

Bild 3.1-7 2-von-3-Anordnung von redundanten Systemen aus je q Prozessen.

Neben dem Ort der Fehlermaskierung ist auch der Vergleichszeitpunkt festzulegen. Jede Fehlermaskierungs-Instanz muß warten, bis mindestens n, im Fehlerfall sogar bis zu m vergleichbare Ergebnisse vorliegen. Da Ergebnisse von fehlerhaften Nachrichten beliebig lange ausbleiben können, legt eine Zeitschranke (engl. timeout) den spätesten Vergleichszeitpunkt fest, wobei nicht vorhandene Ergebnisse wie fehlerhafte zu werten sind. Wohl dürfen mehrere aufeinanderfolgende Ergebnisse einzelner Prozeßexemplare bei der Fehlermaskierungs-Instanz eintreffen, bevor das erste maskiert werden kann. Beschränkte Pufferkapazität zwischen Prozeßexemplar und Fehlermaskierungs-Instanz, sowie Realzeit-Anforderungen begrenzen jedoch das zeitliche Auseinanderlaufen der Prozeßexemplare, so daß diese zu synchronisieren sind. Da sich die Synchronisierungsmethoden bei verschiedenen Fehlermaskierungs-Verfahren stark voneinander unterscheiden, werden sie erst bei der Erläuterung (Abschnitt 3.2) und Bewertung (Abschnitt 3.3) dieser Verfahren diskutiert.

Neben der Fehlermaskierung besteht die zweite grundlegende Funktion hybridredundanter Systeme in der Rekonfigurierung, die als fehlerhaft erkannte Prozeßexemplare durch fehlerfreie ersetzt und diese einem noch fehlerfreien Rechner zuordnet (siehe Bild 3.1-8 und Definition eines n-von-m-aus-p-Prozeßsystems in der Einführung zu Abschnitt 3). Die Frage, welchen fehlerfreien Rechner der Rekonfigurator als Verlagerungsziel für das Prozeßexemplar auswählt, soll hier ausgeklammert bleiben. Sie stellt bei Berücksichtigung von Optimalitätskriterien wie Rechnerbelastung, Kommunikationsstruktur, Peripherieankopplungsmöglichkeiten usw. ein bekanntes NP-Problem dar [GaJo 79]. Rekonfigurierungs-Verfahren sind z.B. in [Maeh 82, Echt 83b] angegeben. Hier interessiert nur der Schnittstellen-Aspekt des korrekten Ineinandergreifens von Fehlermaskierung und Rekonfigurierung. Die Ausgliederung des alten und die Eingliederung des neuen Prozeßexemplars wird nämlich i.a. nebenläufig zur Fehlermaskierung ausgeführt, um durch den Geschwindigkeitsvorteil der Fehlermaskierung den oft wesentlich größeren Zeitbedarf für die Rekonfigurierung auszugleichen (siehe qualitatives Zeitdiagramm in Bild 3.1-9).

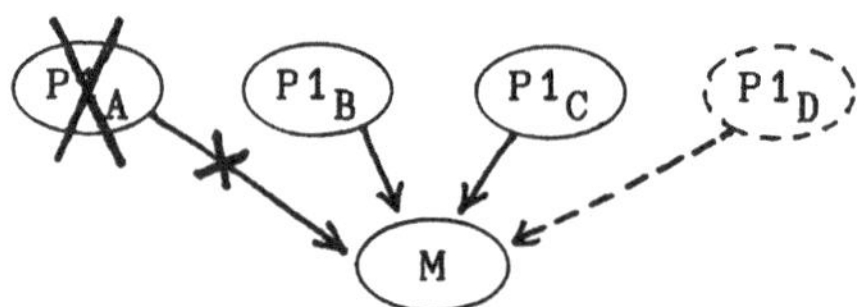

Bild 3.1-8 Rekonfigurierung, $P1_D$ ersetzt $P1_A$.

Aktionen des Rekonfigurators:
1. Erhalt der Fehlermeldung,
2. Wahl des Verlagerungsziels,
3. Erzeugung von $P1_D$,
4. Zustandskopie $P1_C$ --> $P1_D$,
5. Eingliederung von $P1_D$,
6. Ausgliederung von $P1_A$.

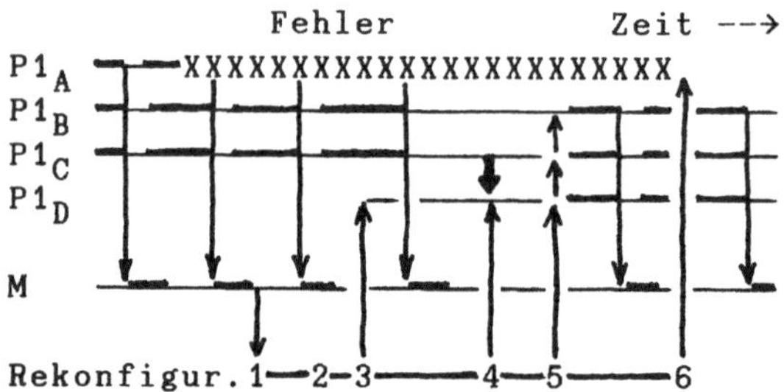

Bild 3.1-9 Zeitdiagramm für Fehlermaskierung und Rekonfigurierung (Erläuterung der Zeitpunkte 1 bis 6 links nebenstehend).

Abschließend sei betont, daß die Rekonfigurierung die in den Formeln $R_{M,mP}(t)$ und $R_{mM,mP}(t)$ aufgedeckten Schwächen statisch redundanter Systeme überwindet. Bei mit der Zeit gegen Null abnehmender Überlebenswahrscheinlichkeit einzelner Prozeßexemplare $R_P(t)$ (z.B. bei konstanter Ausfallrate) verschlechtert die Fehlermaskierung ab einem gewissen Zeitpunkt die Zuverlässigkeit, da $R_{M,mP}(t) < R_P(t)$ bzw. $R_{mM,mP}(t) < R_P(t)$ wird. Statisch redundante Systeme eignen sich daher nur bei hinreichend kurzer Betriebsdauer oder hinreichend hoher Reparaturrate. Bild 3.1-10 stellt zwei Systeme mit je 5 redundanten Prozeßexemplaren, die verschiedenen Rechnern zugeordnet sind, quantitativ gegenüber:

* ein rein statisch redundantes 5-fach-3-von-5-System (entspricht einem 5-fach-3-von-5-aus-5-System) und

* ein hybridredundantes 3-fach-2-von-3-aus-5-System.

Bei diesem Vergleich wurde die Ausfallrate einer Einheit, die aus einem redundanten Prozeßexemplar und einer redundanten Fehlermaskierungs-Instanz besteht, als konstant gleich λ und daher ihre Lebensdauer exponential-verteilt mit Parameter λ angenommen:

$$R_{M,P}(t) = e^{-\lambda \cdot t}$$

Die Überlebenswahrscheinlichkeit des statisch redundanten Systems beträgt dann:

$$R_{5M,5P}(t) = \sum_{i=3}^{5} \binom{5}{i} \cdot (e^{-\lambda \cdot t})^{i} \cdot (1 - e^{-\lambda \cdot t})^{5-i}$$

die des hybridredundanten Systems mit einer Rekonfigurierungsdauer T:

$$R_{3M,3P5}(t) = \sum_{i=2}^{3+2} \binom{5}{i} \cdot (e^{-\lambda \cdot t})^{i} \cdot (1-e^{-\lambda \cdot t})^{5-i} \cdot (e^{-\lambda \cdot T})^{(5-i) \cdot 2}$$

Der Faktor, der T enthält, liefert eine pessimistische Abschätzung für die Wahrscheinlichkeit, daß jede Rekonfigurierung erfolgreich beendet wird. Der Exponent dieses Faktors fordert, daß bei 5-i Rekonfigurierungen jeweils 2 aktive Prozeßexemplare während der gesamten Rekonfigurierungsdauer T fehlerfrei bleiben. Außerdem ist diese Abschätzung als pessimistisch zu bezeichnen, weil sie auch eine Rekonfigurierung annimmt, wenn passive Prozeßexemplare von einem Fehler betroffen sind. Zuungunsten des hybridredundanten Systems wurde angenommen, daß passive Prozeßexemplare die gleiche Ausfallrate aufweisen wie aktive. Bild 3.1-10 zeigt, daß das statisch redundante System nur für kurze Betriebsdauern überlegen ist; über einen weiten Zeitbereich ist das hybridredundante System ungefähr zehnmal besser. Für die Rekonfigurierungsdauer T wurde zuungunsten des hybridredundanten Systems T=1/(1000•λ) gesetzt, was z.B. bei λ=0.001/Std einer Rekonfigurierungsdauer T=1Std entspricht.

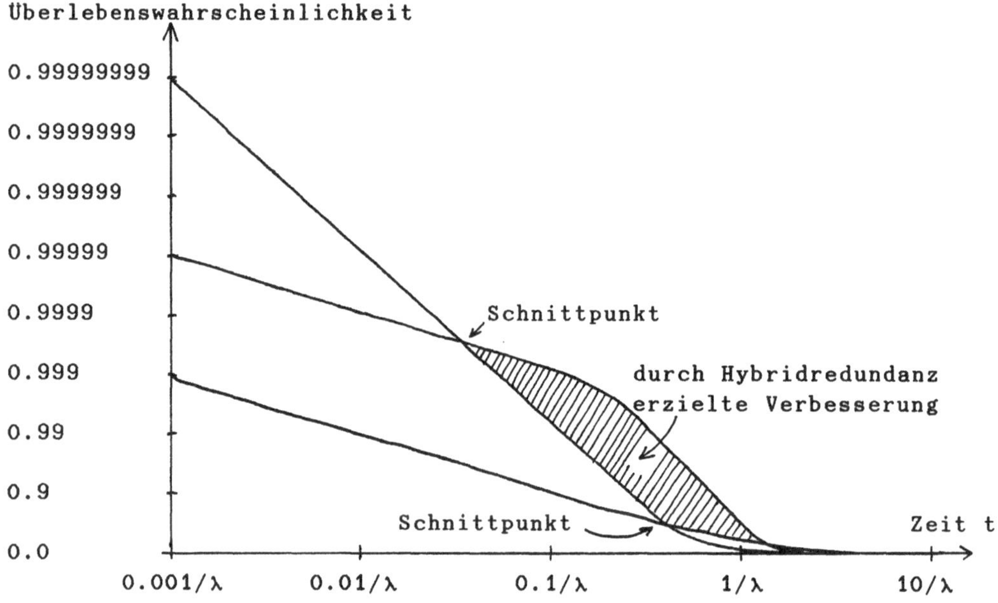

Bild 3.1-10 Vergleich von statischer Redundanz mit Hybridredundanz; λ ist die Ausfallrate einer Einheit, die aus einem redundanten Prozeßexemplar und der zugehörigen Fehlermaskierungs-Instanz besteht.

Die Schilderung hybridredundanter Systeme zeigt, daß allein die Wahl des Redundanzkonzepts viele der in Abschnitt 2 gestellten Anforderungen erfüllt. In der Einführung zu Abschnitt 3 wurde dies bereits für Ra5 und Zi4 (geringe Zeitredundanz), So6 (Transparenz), Ra7 (Fehlerbegrenzung), Ra6 und Ra8 (beliebige lokale Fehler) und Ra4 (evtl. kein Hintergrundspeicher) begründet. Außerdem begünstigt Hybridredundanz die Erfüllung folgender Anforderungen:

+ Lenkung technischer Prozesse, die Rechnerinteraktionen erfordert (Ra4): Die bei Interaktionen schwierige bzw. aufwendige Erstellung von Rücksetzlinien zwecks Vermeidung des Dominoeffekts [Rand 75] entfällt.

+ Tolerierung von Rechner- und Gruppenfehlern (Pa2, Pa3, Pa4): Diese Fehler sind sicher erkennbar, da nur Vergleiche, aber keine Tests, die i.a. keine vollständige Fehlerüberdeckung liefern, nötig sind.

+ Nutzung der Nebenläufigkeit redundanter Operationen zur Parallelität und damit zur Leistungssteigerung (Ra1, Zi1): Redundante Prozeßexemplare können bei ausreichender Rechneranzahl gleichzeitig ausgeführt werden; die Fehlermaskierung benötigt meist nur eine kurze Rechenzeit.

3.2 Bekannte Ansätze zur Fehlermaskierung in Mehrrechnersystemen

Noch unbeantwortet ist die Frage der Erfüllbarkeit von Effizienzanforderungen und ihre einschränkenden Randbedingungen, wie sie Abschnitt 2.1 durch Ra2 bis Zi3 beschreibt. Ebenso wie bei den bereits erwähnten Randbedingungen der Schichtenstrukturierung (Ra3, So4) und der Synchronisierung in verteilten Systemen (So5) reicht zu ihrer Erfüllung nicht allein die Wahl der Redundanztechnik. Die bekannten Fehlermaskierungs-Ansätze unterscheiden sich daher vorwiegend in diesen Punkten. Bekannte Ansätze in diesem Sinne sind nicht nur experimentelle oder käufliche Systeme, sondern auch in der Literatur vorgeschlagene oder modellierte Konzepte. Eine Gegenüberstellung dieser Verfahren gründet sich auf das folgende für diese Betrachtung entwickelte Klassifizierungsschema, das sich an den besagten Anforderungen Ra2 bis So5 orientiert und folgende vier Merkmale umfaßt:

E Ebene der Fehlermaskierung: Fehlermaskierungs-Instanzen können in jeder Schicht eines Mehrrechnersystems (Ra3, So4) realisiert sein, z.B. durch Hardware, durch Software oder eine Kombination daraus.

V Zu vergleichende Ergebnisse: Insbesondere bei größeren Mehrrechnersystemen mit hoher Rechneranzahl (So1) und starker räumlicher Verteilung (Zi2) gewinnt aus Effizienzgründen die Frage an Bedeutung, an welchen Stellen im System Fehler durch Ergebnisvergleich zu maskieren sind - z.B. bei jeder Interprozeßkommunikation oder bei Ausgabeoperationen.

Bemerkung: Merkmal E legt in der Schichtenstruktur eines Mehrrechnersystems den Ort der Fehlermaskierung bezüglich einer vertikalen, V bezüglich einer horizontalen Unterteilung fest.

S Synchronisierungsmethode [KSBu 84]: Viele Fehlermaskierungs-Verfahren erfordern eine globale Parallelisierung redundanter Prozeßexemplare (So5) und eine entsprechend enge Synchronisierung. Anderen Verfahren genügt eine weniger restriktive Synchronisierung.

K Art des Kommunikationssystems: In die Gegenüberstellung sind Fehlermaskierungs-Verfahren einbezogen, die kein beliebiges (So2, So3), sondern ein spezielles Kommunikationssystem benötigen. Die Bewertung richtet sich hauptsächlich nach dem redundanten Transferaufwand (Pa1, Zi3), wodurch auch einige der Verfahren mit speziellem Kommuniktionssystem günstig abschneiden.

Die im folgenden aufgeführten Unterpunkte nennen für jedes der Merkmale E, V, S und K die möglichen Alternativen zusammen mit Verfahrens-Beispielen. Dadurch entsteht ein Matrix-Schema mit E, V, S und K in den Spalten und den Realisierungs-Alternativen in den Zeilen (siehe Bild 3.3-2). Jedes Verfahrens-Beispiel taucht dadurch in jeder Spalte einmal auf, wenn seine Eigenschaften bezüglich eines Merkmals beschrieben werden. Die Verfahren sind anhand eines Kommunikationsbeispiels in Bild 3.2-1 grob skizziert; sie erhalten folgende Kurzbezeichnungen:

432 — Mikroprozessor Intel iAPX 432 mit "master" und "checker" [Pet* 83],

Stratus — Von Olivetti vertriebenes taktsynchrones System Stratus 32 [Hend 83, Bore 84],

Mira — System zur Reaktorüberwachung des IDT Karlsruhe [VoFG 82, Voge 84],

Future — Prozeßrechner mit abgestufter Fehlertoleranz der TU München [Färb 82, DeRi 82, Endl 82, Demm 84, BKDK 84],

Attempto — Experimenteller Arbeitsplatzrechner der Uni Tübingen [Dal* 83, Ris* 84],

SIFT — Flugführungssystem der SRI International [Wen* 78, Gold 80, MeSc 82, Wens 83],

YoSS — Modell einer softw.-impl. Fehlermaskierung, CMU Pittsburgh [YoSS 83],

Gunn — Fehlermaskierungs-Protokoll, Inst. of Technologie Uppsala [Gunn 83].

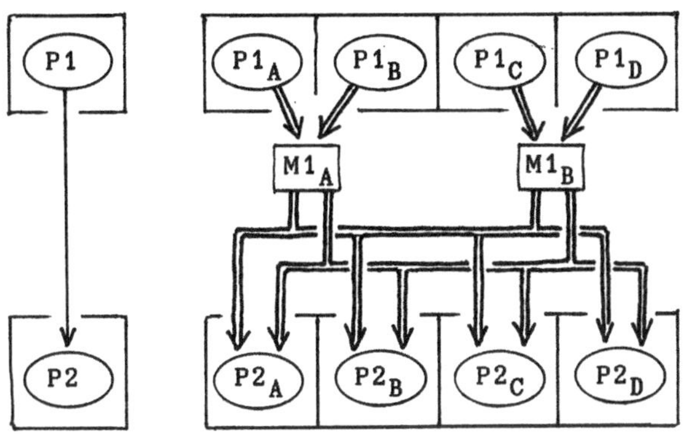

Nichtredundantes System

432 und Stratus (Taktsynchrone Prozessoren, Vergleicher sperren bei Abweichung, Doppelbus)

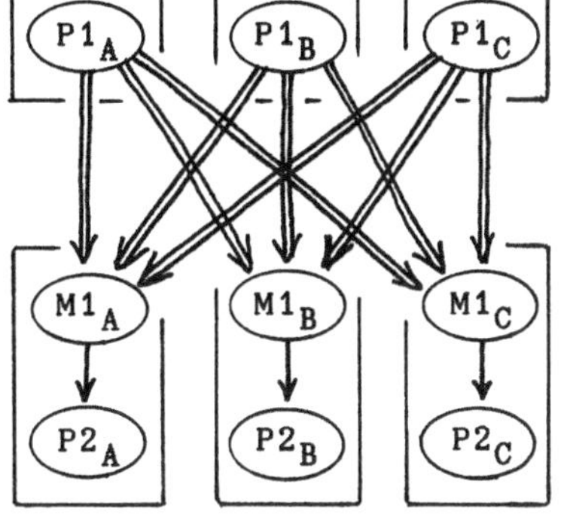

Mira (bidirektionale Verbindungen)

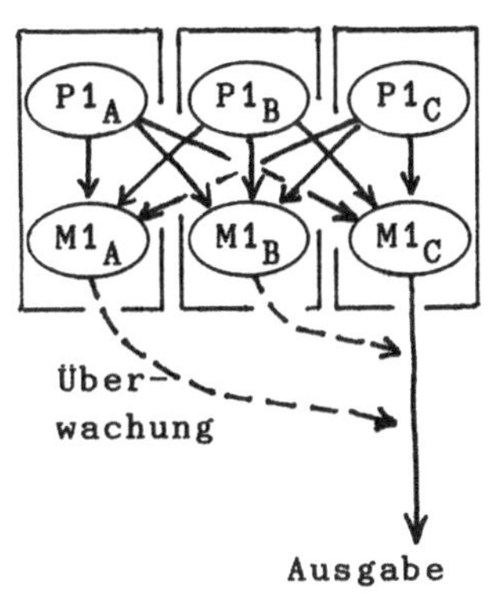

Attempto (keine Interprozeßkommunikation, Einfachbus)

SIFT, Future, YoSS (SIFT: Mehrfachbus, Future: vollvermascht, YoSS: beliebig)

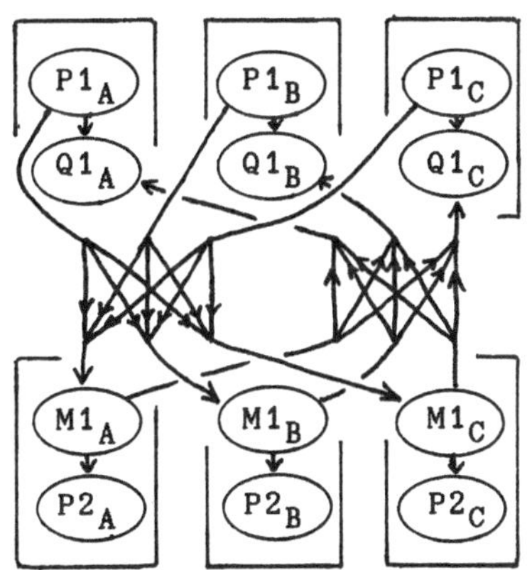

Gunn (Q1A, Q1B, Q1C maskieren Quittungen, beliebige Hardwareverbindungen)

<u>Bild 3.2-1</u> Konfigurationsbeispiele der Verfahrens-Beispiele. Eckige Kästchen symbolisieren Rechner. Doppelpfeile stellen Nachrichtenverbindungen dar, die mit Hardwareverbindungen übereinstimmen.

Die Beschreibung der Fehlermaskierungs-Ebenen (Merkmal E) beginnt mit niedrigen und schreitet zu höheren Ebenen voran:

E1 Hardwareebene (432, Stratus): Ergebnisvergleich und n-von-m-Mehrheitsentscheidung sind so einfache Funktionen, daß sie sich bei bit- oder wortweiser Fehlermaskierung gut durch ein Schaltnetz mit wenigen Gattern (14 pro Bit) realisieren lassen. Zur Maskierung von Einzelfehlern sind 2-von-3- [DaWa 78] und verdoppelte 2-von-2-Systeme (432, Stratus) bekannt.

E2 Ebene der lokalen Betriebssysteme, unterstützt durch die globale Struktur der Hardware-Verbindungen (Mira): Bestehen bidirektionale Hardware-Verbindungen zwischen allen Rechnerpaaren, die miteinander kommunizieren, insbesondere um durch Nachrichten redundante Ergebnisse auszutauschen, so spiegelt die Hardwarestruktur das Redundanzkonzept wider. An jeder Stelle im System ist aus der Verbindungsstruktur ersichtlich, welche Ergebnisse zu vergleichen sind [auch z.B. im DIRMU-Baukasten, MaMW 84]. Der Vergleich selbst wird dann zur lokalen Aufgabe, die ein lokales Betriebssystem mit seiner begrenzten Systemsicht erfüllen kann.

E3 Ebene des globalen Betriebssystems, unterstützt durch lokale Hardware (Future): Fehlt die unter E2 erwähnte spezielle Hardwarestruktur, so kann nur das globale Betriebssystem, das die redundante Prozeßkonfiguration kennt, entscheiden, wann und wo redundante Ergebnisse vorliegen, die maskierbar sind. Lokale Hardwareeinrichtungen unterstützen z.B. die Erzeugung redundanter Information (Fehlerstatusregister, Blockprüfzeichen), den nebenläufigen Empfang redundanter Nachrichten oder den Ergebnisvergleich.

E4 Ebene des globalen Betriebssystems (Attempto, SIFT, YoSS, Gunn): Diese Ebene unterscheidet sich von E3 nur durch den Wegfall der Hardware-Unterstützung, deren Aufgaben in Betriebssystem-Moduln verlagert wird, für die eine lokale Systemsicht ausreicht.

E5 Ebene der Anwendungssoftware: In Sonderfällen kann auch der Anwender auf Kosten der Transparenz (So6) Fehlermaskierungs-Instanzen implementieren, die denen der Ebene E4 ähneln.

Auf jeder der Ebenen E1 bis E5 lassen sich Fehler durch verschiedenartige Vergleichsoperationen an verschiedenen Stellen maskieren - z.B. zwischen allen Objekten einer Ebene oder nur an der Schnittstelle zur Umgebung. Mit Ausnahme von V4 werden stets deterministische Prozesse angenommen, so daß die Ergebnisse von redundanten Prozeßexemplaren im fehlerfreien Fall gleich sind. Folgende Arten des Ergebnisvergleichs sind möglich:

V1 Vergleich von booleschen Ausgangsgrößen redundanter Moduln (432, Stratus): Von redundanten Hardwaremoduln zu einem Taktzeitpunkt ausgegebene boolesche Werte lassen sich als Bitvektoren vergleichen, bei 432 und Stratus vor dem Schreiben auf den Datenbus, bei [Mänc 83, Lohm 80 als zusätzliche Beispiele] vor der Ausgabe an die Peripherie.

V2 Vergleich von Ausgabenachrichten (Attempto): An Peripheriegeräte auszugebende Nachrichten von mehreren Worten erlauben durch Vergleich mehrerer redundanter Nachrichten eine Fehlermaskierung. Falls Interprozeßkommunikation zur Erzeugung dieser Ausgabenachrichten notwendig war (nicht bei Attempto), wird nur das Prozeßsystem, nicht aber die Fehlermaskierungs-Instanz zu einer n-von-m-Anordnung vervielfacht (siehe Bild 3.1-7). Redundante Prozeßexemplare kommunizieren untereinander nicht.

V3 Vergleich von Interprozeßnachrichten (Mira, Future, SIFT, YoSS, Gunn): Das ausgabenseitige Verengungsproblem (wie etwa bei V2) liegt nicht bei rechnerinternen Nachrichten zwischen statisch redundanten Prozessen vor. Entsprechend Bild 3.1-4 vervielfachte Fehlermaskierungs-Instanzen, die je einem redundanten Empfängerexemplar zugeordnet sind (Mira, Future, SIFT, YoSS, Gunn), tolerieren durch ihre strukturelle Redundanz in einfacher Weise bis zu m-n Fehler, von denen sie auch selbst betroffen sind.

V4 Vergleich von Mengen von Ausgabe-/Interprozeßnachrichten: Bei diversitären Systemen [AvCh 78, EhKe 81, AvKe 84, Voge 84, Ande 84] kann nicht exakte Gleichheit, sondern nur Ähnlichkeit von richtigen Ergebnissen gefordert werden [Echt 84a], die sich im allgemeinen Fall nur durch Vergleich von Nachrichtenmengen überprüfen läßt. Diversität zur Softwarefehlertoleranz wird in dieser Arbeit nur am Rande berücksichtigt.

Die Synchronisierung der redundanten Prozeßexemplare untereinander beeinflußt wesentlich die Möglichkeiten zur Feststellung der globalen Systemzustände, in denen vergleichbare Ergebnisse für eine Fehlermaskierung vorliegen:

S1 Synchronisierung durch einen zentralisierten Takt (432, Stratus) ermöglicht Vergleiche in jedem Taktzyklus.

S2 Synchronisierung durch ein verteiltes Taktgenerator-System: [DaWa 78, McCS 81] beschreibt ein Hardware-Protokoll zwischen redundanten Moduln, das ein Auseinanderlaufen der lokalen Modul-Takte zuläßt, solange sich nur modul-interne Zustände ändern. Erst wenn maskierbare Ergebnisse vorliegen, werden die lokalen Takte synchronisiert.

S3 Synchronisierung durch globale Zeitscheiben (SIFT, Future): Unterwerfen sich alle Rechner einer gemeinsamen globalen Zeitaufteilung in Zeitscheiben und führen sie stets alle redundanten Prozeßexemplare bis zur gleichen Programmstelle (d.h. keine asynchronen Unterbrechungen) in der gleichen Zeitscheibe aus, so ist Fehlermaskierung am Ende jeder Zeitscheibe möglich.

S4 Synchronisierung durch prozeßspezifische Zeitscheiben [Mänc 84]: Zeitscheiben, die nicht für alle, sondern nur für je m redundante Prozeßexemplare gelten, erlauben in gleicher Weise wie bei S3 eine Fehlermaskierung bei Zeitscheibenablauf. Bezogen auf das gesamte Mehrrechnersystem läßt sich die Rechenzeit jedoch flexibler zuteilen. Bezahlt wird dieser Vorteil mit dem bei S4, S5 und S6 möglicherweise auftretenden Reihenfolgeproblem (siehe Bild 3.3-3).

S5 Synchronisierung durch Warten bei Fehlermaskierung (Gunn, Attempto): Aus Gründen einer günstigen Konfigurierung [Echt 83b] können sich die Rechnerzuordnungen von Prozeßexemplaren verschiedener redundanter Prozesse beliebig überschneiden (siehe Bild 1.1-1). Um eine gute Prozessorauslastung zu erreichen und andere in Betriebssystemen übliche Prozessorzuteilungsstrategien wie z.B. Verdrängung [Wett 78] einfach implementieren zu können, ist es sinnvoll, daß die lokalen Betriebssysteme den Prozessor nach lokalen Gesichtspunkten (etwa Prozeßprioritäten) zuteilen. Diese Autonomie der Rechner kann zu starken Zeitabweichungen zwischen redundanten Prozeßexemplaren führen, die dann bei der Fehlermaskierung aufeinander warten müssen, bis alle den gleichen Zustand erreicht haben, d.h. vergleichbare Ergebnisse vorliegen.

S6 Synchronisierung durch Warten bei drohendem Pufferüberlauf (YoSS): Eine weniger strenge Synchronisierung als bei S5 wird durch Pufferung zwischen den redundanten Prozeßexemplaren und den zugehörigen Fehlermaskierungs-Instanzen erreicht. Prozeßexemplare müssen dann nicht auf den Abschluß jeder Fehlermaskierung warten, sondern erst wenn ihr Vorsprung an erarbeiteten Ergebnissen, verglichen mit dem langsamsten der redundanten Prozeßexemplare, die Ergebnis-Speicherfähigkeit des Puffers übersteigt. Die gegenüber S5 noch größere Autonomie einzelner Rechner erfordert aber einen gewissen Sortieraufwand der Fehlermaskierungs-Instanz. Diese muß zusammengehörige Ergebnisse in den m Puffern erst suchen, etwa aufgrund einer fortlaufenden Nachrichtennumerierung. Außerdem erzwingt S6 bei der Rekonfigurierung eine zusätzliche Synchronisierung, um Konsistenz zwischen dem neu eingegliederten Prozeßexemplar und den möglicherweise zeitlich auseinandergelaufenen Prozeßexemplaren zu garantieren (siehe "Fehlerbehebungsproblem" bei den in Abschnitt 3.3 beschriebenen "nebenläufigen Verfahren").

S7 Keine Synchronisierung (Mira): Liegt der Sonderfall vor, daß zeitlich aufeinanderfolgende Interprozeßnachrichten nur Zahlen enthalten, die geringfügig voneinander abweichen, diese Abweichungen von der Spezifikation zugelassen werden und auch die von redundanten Sensoren eingelesenen Zahlenwerte geringfügig voneinander abweichen, kann eine Synchronisierung entfallen. S7 stellt eine Ausnahme dar, die auf spezielle Anwendungsfälle beschränkt bleibt.

Als letztes Merkmal zur Klassifizierung von Fehlermaskierungs-Verfahren sind verschiedene Möglichkeiten bei der Wahl des Kommunikationssystems zu nennen, die u.a. den Transferaufwand für redundante Nachrichten beeinflussen:

K1 Zentralisiertes Kommunikationssystem (Stratus, Attempto): Ein Kommunikationssystem, das zu jedem Zeitpunkt höchstens eine Nachricht transferiert, sequentialisiert alle Nachrichten, wodurch sich der globale Systemzustand in einfacher Weise beobachten läßt.

K2 Dezentrale Ein-Sender-Kommunikationssysteme (432, Mira, Future): Bei einem System aus r Rechnern sind voneinander unabhängige 1:1- (unidirektional, Mira) oder 1:(w-1)-Verbindungen (sternartig mit Sender in Sternmitte und w Empfängern an den Sternspitzen, Future) möglich, die im Gegensatz zu K1 eine hohe Parallelisierung des Nachrichtentransfers erlauben und vom Problem der Fehlerrückwirkung vom Empfänger auf den Sender frei sind. Wegen der erforderlichen Vollvermaschung ist die Verbindungskomplexität quadratisch zur Rechneranzahl. Da diese aufwendige Verbindungsstruktur kaum ihre Auslastungsgrenze erreicht, spielen Ansätze zur Verringerung des Transferaufwands keine bedeutende Rolle.

K3 Dezentrale Mehr-Sender-Kommunikationssysteme ohne 1:x-Transfer (SIFT): Parallele Busse, die unabhängig voneinander alle Rechner verbinden und jeden Rechner als Sender zulassen, stellen einen Verfügbarkeitsverbund dar, bei dem die Sender einen beliebigen fehlerfreien Bus für einen Nachrichtentransfer auswählen können (und müssen!). Durch besondere Maßnahmen ist zu verhindern, daß ein einzelner fehlerhafter Rechner alle Busse durch häufige Fehlzugriffe zu stark belastet [z.B. M3R-Busschleuse, siehe Nils 80].

K4 Dezentrale Mehr-Sender-Kommunikationssysteme mit 1:x-Transfer: Verfügen K3 entsprechende Busse zusätzlich über die Fähigkeit zum 1:x-Transfer (multicasting), d.h. gleichzeitigem Senden einer Nachricht an mehrere Rechner, so erreichen die von einem Prozeßexemplar erzeugten Ergebnisse mit einer einzigen Nachrichten-Transferoperation alle zugehörigen Fehlermaskierungs-Instanzen. Der Transferaufwand sinkt bei m solcher Instanzen auf 1/m, was bei m=3 insgesamt 3 Interprozeßnachrichten ergibt; für weitere Reduzierungsansätze bleibt noch ein Spielraum. Der globale Systemzustand ist wegen der Nebenläufigkeit der Busse nicht einfach am Kommunikationssystem beobachtbar. Jedoch ist sichergestellt, daß ein bei einer Fehlermaskierungs-Instanz eingetroffenes Ergebnis auch alle anderen zugehörigen Fehlermaskierungs-Instanzen erreicht hat - vorausgesetzt zusätzliche Fehlertoleranz-Verfahren im Kommunikationssystem garantieren in jedem Fehlerfall die 1:x-Transfer-Eigenschaft [ChaM 84].

K5 Verteilte Kommunikationssysteme (YoSS, Gunn): Sind Kommunikationssysteme selbst als verteilte Systeme implementiert, so stellen sie den Kommunikationspartnern Sende- und Empfangsoperatoren zur Verfügung, verbergen aber ihre interne Struktur, die beliebige Ring-, Bus-, teil- oder vollvermaschte Verbindungen enthalten kann. Es ist im Gegensatz zu K3 und K4 nicht Aufgabe des Senders, einen Weg zum Empfänger auszuwählen; das Routing-Verfahren des Kommunikationssystems bestimmt den Weg. Wie bereits erwähnt, berücksichtigt dieses Verfahren nur dann Fehlertoleranz-Aspekte, wenn die Umgehung fehlerhafter Knoten bei Transferwiederholung geboten ist. Aufgrund dem Sender unbekannter Nebenläufigkeit, muß dieser mit abweichenden Sende- und Empfangsreihenfolgen (d.h. sich überholenden Nachrichten) rechnen und wegen unbekannter Anzahl und Auslastung von Zwischenknoten eine kaum vorhersagbare, jedoch i.a. nach oben beschränkte Transferdauer hinnehmen.

3.3 Gemeinsame Bewertung der bekannten Ansätze

Bezüglich der vier in Abschnitt 3.2 beschriebenen Merkmale E, V, S und K sind alle Kombinationen von Alternativen denkbar, um ein Fehlermaskierungs-Verfahren zu konstruieren. Bild 3.3-1 gibt in Form eines Matrix-Schemas einen vollständigen Überblick.

Ebene	Vergleich	Synchronisierung	Kommunikationssy.
E1 Hardware	V1 Boole-Größe	S1 Zentr. Takt	K1 Zentralisiert
(432,	(432,	(432,	(Stratus,
Stratus)	Stratus)	Stratus)	Attempto)
E2 glo-Hw lok-BS		S2 Synchr. Takt	K2 1-Sender
(Mira)	V2 Ausgabe-Na	S3 glo-Zeitsch.	(432,
	(Attempto)	(SIFT,	Mira,
E3 glo-BS lok-Hw		Future)	Future)
(Future)	V3 Interproz-Na	S4 proz-Zeitsch.	
E4 glo-BS	(Mira,	S5 Warten Mask.	K3 w-Sender
(Attempto,	Future,	(Attempto,	(SIFT)
SIFT,	SIFT,	Gunn)	K4 w-Sen. mit 1:x
YoSS,	YoSS,	S6 Warten Puffer	
Gunn)	Gunn)	(YoSS)	K5 Verteilt
		S7 keine Synchr.	(YoSS,
E5 Anw-Software	V4 Na-Mengen	(Mira)	Gunn)

Bild 3.3-1 Klassifikation der Fehlermaskierungs-Verfahren.

Für jedes dieser Verfahren ließe sich angeben, inwieweit es die aus Abschnitt 2 noch offenen Anforderungen Ra2 bis So5 erfüllt. Jedoch sind manche Kombinationen mit so großen Nachteilen verbunden (man denke etwa an die Ineffizienz eines Verfahrens entsprechend E4, V1, S6, K1), daß nur die im folgenden geschilderten vier Klassen von sinnvollen Fehlermaskierungs-Verfahren üblich sind - provisorisch bezeichnet als: Hardwareverfahren, strukturabhängige Verfahren, parallele Verfahren und nebenläufige Verfahren (siehe Bild 3.3-2).

Dieser Abschnitt diskutiert die Reduzierung des Kommunikationsaufwands bei den vier genannten Klassen. Es sei vorweggenommen, daß Reduzierungs-Ansätze nur bei nebenläufigen Verfahren immer und nur bei parallelen Verfahren unter bestimmten Bedingungen sinnvoll sind.

	Ebene	Vergl.	Synchr.	Kommun.
Hardwareverfahren	E1	V1	S1/S2	K1/K2
432	E1	V1	S1	K2
Stratus	E1	V1	S1	K1
Strukturabhängige Verf.	E2	V2/V3	S3/S4	K2
Mira	E2	V3	(Ausnahme S7)	K2
Parallele Verfahren	E3/E4	V2/V3	S3/S4	K1/K2/K3/K4
Future	E3	V3	S3	K2
SIFT	E4	V3	S3	K3
Nebenläufige Verfahren	E3/E4	V2/V3	S5/S6	K5
Attempto	E3	V2	S5	K1
YoSS	E4	V3	S6	K5
Gunn	E4	V3	S5	K5

Bild 3.3-2 Einordnung der beschriebenen Beispiele von Fehlermaskierungs-Verfahren in vier Klassen.

Hardwareverfahren kombinieren E1, V1, S1/S2, K1/K2 (Der Schrägstrich symbolisiert, daß mehrere Alternativen möglich sind). Beispiele: 432, Stratus und [McCS 81].

Durch Hardware implementierte Fehlermaskierungs-Instanzen (E1) vergleichen die Ergebnisse redundanter Prozeßexemplare meist Bit für Bit oder Wort für Wort (V1), was eine Synchronisierung in engen Zeitgrenzen erzwingt (S1 oder S2). Der Sinnzusammenhang zeitlich aufeinanderfolgender Worte auf einem Leitungsbündel (etwa Datenbus) bleibt diesen Instanzen verborgen. Die Hardware-Verbindungsstruktur muß festlegen, welche Leitungsbündel redundante Ergebnis-Worte liefern, was sich bei Ein-Sender-Kommunikationssystemen (K2) direkt realisieren läßt und bei Bussystemen (K1) zu einer Fehlermaskierung vor dem Bus durch doppelte 2-von-2-Vergleiche (Prüfen auf Gleichheit, siehe 432 oder Stratus in Bild 3.2-1) führt.

Als Hauptvorteile dieser Verfahren sind
+ ihre hohe Geschwindigkeit (Ra5, Zi4) und
+ ihre Transparenz für alle Softwareschichten (So6) zu sehen.

Nachteilig wirkt sich ihre geringe Flexibilität bei der Bearbeitung von Prozeßsystemen aus mehreren Prozessen aus, da
- die Struktur der Hardware-Redundanz die Konfiguration der redundanten Prozeßexemplare bestimmt, also andere Konfigurierungskriterien [Echt 83b] einschränkt (Zi1, Zi2, So4),
- die Takt-Synchronisierung einen Zuverlässigkeitsengpaß darstellen kann (So5),

- Hybridredundanz nur durch zusätzliche Hardwarekomponenten zu realisieren ist und
- keinerlei Softwarefehler tolerierbar sind (Ra8").

Das Kommunikationssystem muß bei entsprechendem Hardwareaufwand die Struktur der Redundanz widerspiegeln, was kein beliebiges Kommunikationssystem (So4) und keine Verringerung des redundanten Transferaufwands (Pa1, Zi3) zuläßt.

<u>Strukturabhängige Verfahren</u> kombinieren E2, V2/V3, S3/S4, K2. Beispiel: Mira.

Die globale Hardwarestruktur eines Mehrrechnersystems ist ein Abbild des Redundanzkonzepts (E2), wenn sie redundante Exemplare von kommunizierenden Prozessen durch Ein-Sender-Kommunikationssysteme (K2) direkt verbindet, d.h. Hardware- und Softwarestruktur sich entsprechen. Die kurzen Übertragungszeiten der redundanz-angepaßten Hardware-Verbindungen lassen sich am besten durch enge Synchronisierung nutzen, was bei Nachrichtenvergleich (V2 oder V3) zu Zeitscheiben-Verfahren (S3 oder S4) führt. Mira verzichtet wegen Besonderheiten der Anwendung auf eine Synchronisierung (S7) und stellt damit eine Ausnahme dar.

Vorteile der strukturabhängigen Verfahren sind in

+ ihrer hohen Geschwindigkeit (Ra5, Zi4), die nur von Hardwareverfahren übertroffen wird,
+ ihrer einfachen Implementierung im Hinblick auf Hardware und Verwaltung nebenläufiger redundanter Prozeßexemplare (Ra1) und
+ in der Möglichkeit zur Tolerierung von Softwarefehlern (Ra8")

zu sehen. Der letztgenannte Vorteil trifft auch für die im folgenden geschilderten software-orientierten Verfahren zu. Von diesem Punkt abgesehen, weisen strukturabhängige Verfahren alle bei den Hardwareverfahren genannten Nachteile auf. Da das Prozeßsystem die Hardware-Verbindungsstruktur bestimmt, ist als zusätzlicher Nachteil die

- geringe Transparenz (So6)

zu erwähnen. Die erzwungene Verbindungsstruktur verursacht einen Aufwand, der sich in dieser Klasse nicht verringern läßt.

<u>Parallele Verfahren</u> kombinieren E3/E4, V2/V3, S3/S4, K1/K2/K3/K4. Beispiele: Future, SIFT, sowie Verfahren des Attempto-Betriebssystems (Das Fehlermaskierungs-Verfahren von Attempto wird jedoch zu den nebenläufigen Verfahren gerechnet).

Bezüglich des Nachrichtenvergleichs (V2 oder V3) und der Synchronisierung durch Zeitscheiben (S3 oder S4) entsprechen diese Verfahren den strukturabhängigen. Hier verwaltet jedoch die Software des globalen Betriebssystems die redundante Konfiguration (E4). Lediglich untergeordnete lokale Funktionen (z.B. Nachrichtenvergleich) können sich auf Hardwarehilfen stützen. Da die Redundanz-Struktur frei von der Hardware-Verbindungsstruktur wählbar ist, kommen verschiedenartige Kommunikationssysteme in Betracht (K1, K2, K3 oder K4).

Kennzeichnend für die parallelen Verfahren ist (im Gegensatz zu den nebenläufigen) die enge Synchronisierung durch Zeitscheiben, die eine annähernd gleichzeitige Ausführung der redundanten Prozeßexemplare gewährleistet. Zwischen der Berechnung eines Ergebnisses und der anschließenden Fehlermaskierung entstehen bei hinreichend schnellem Nachrichtentransfer nur kurze Wartezeiten. Daher scheiden i.a. verteilte Kommunikationssysteme (K5) aus, die sich nicht an Zeitscheiben binden lassen, weil ihre interne Realisierung und ihr Zeitverhalten verborgen bleiben.

+ Als vorteilhaft erweist sich gegenüber den Klassen der Hardwareverfahren und der strukturabhängigen Verfahren eine höhere Flexibilität der Redundanzstruktur, die eine beliebige Prozeß-Rechner-Konfigurierung zuläßt (So2, Ra3, So4, Zi1, Zi2).

Nachteile des Synchronisierungsverfahrens liegen im
- Aufwand zur Steuerung der Zeitscheiben (So5) und im
- Anhalteproblem [FrWe 82]:
  Redundante Prozeßexemplare sind im gleichen Zustand anzuhalten, was nur in Spezialfällen einen geringen, ansonsten einen größeren Aufwand (zusätzliches Protokoll) erfordert.

Die Beurteilung des Kommunikationsaufwands hängt von der Art des gewählten Kommunikationssystems ab:

K1 ohne 1:x-Transfer:
Bei zentralisierten Kommunikationssystemen hängt der redundante Transferaufwand nur von Anzahl und Länge redundanter Nachrichten ab, nicht jedoch vom Sender-Empfänger-Paar (Pa1) und dem Verbindungsweg, was diesbezügliche Reduzierungsansätze ausschließt. Der redundante Transferaufwand beträgt normalerweise das neunfache des Aufwands im nicht-redundanten Fall. Als einfache Reduzierungsmaßnahme könnte man die von m-n redundanten Prozeßexemplaren ausgesandten Nachrichten durch ihre Signaturen [HeLe 83] ersetzen und dadurch die Nachrichtenlänge reduzieren. Die Signaturen sind dann bei jedem Empfänger mit den bei ihm eintreffenden n vollständigen Nachrichten zu vergleichen.

K1 mit 1:x-Transfer:
Wird vom Kommunikationssystem die 1:x-Transfer-Eigenschaft [z.B. PoPr 83] wirklich fehlertolerant garantiert, dann läßt sich der normalerweise gegenüber dem nicht-redundanten Fall verdreifachte Transferaufwand mit z.T. schon bekannten Ansätzen weiter senken. In Attempto nutzen die Betriebssystemkomponenten der Rechner die Tatsache, daß sie alle Nachrichten mithören können und daraus ohne gegenseitige Kommunikation zur gleichen

Systemsicht gelangen. Ein weiterer Vorschlag: Von den redundanten Prozeßexemplaren könnte nur eines sein Ergebnis aussenden. Die anderen zugehörigen Prozeßexemplare senden ihr Ergebnis nur, wenn sie eine Abweichung zum erstgesandten feststellen. Für dieses Konzept, das im fehlerfreien Fall überhaupt keinen redundanten Transferaufwand verursacht, sind mir nur Realisierungen zum Vergleich von Ausgabenachrichten (V2) bekannt [Endl 82, Dal* 83].

K2: wurde schon bei den strukturabhängigen Verfahren diskutiert.

K3: Voneinander unabhängige Mehr-Sender-Kommunikationssysteme können durch Steigerung der Anzahl der Verbindungen (z.B. Busse) so ausgelegt werden, daß sie weder einen Leistungs- noch einen Zuverlässigkeitsengpaß darstellen. Für jede Interprozeßkommunikation zwischen redundanten Prozessen steht eine Vielzahl von Verbindungswegen offen, die i.a. einen unterschiedlichen Transferaufwand verursachen, der vom gewählten Sender-Empfänger-Paar abhängt (Pa1). Reduzierungsansätze, die von einer entsprechenden Transferaufwandsfunktion TA ausgehen, sind sinnvoll anzuwenden.

K4: Trotz der Nebenläufigkeit voneinander unabhängiger Kommunikationssysteme läßt sich ein globaler Zustand beobachten, wenn globale Zeitscheiben (S3) für das gesamte Mehrrechnersystem existieren und einzelne Rechner empfangene Nachrichten erst nach Ablauf einer solchen Zeitscheibe lesen bzw. auswerten. Jede gelesene Nachricht muß also systemweit eindeutig einer Zeitscheibe aus der Vergangenheit angehören. Die 1:x-Transfer-Eigenschaft überträgt sich dadurch von den einzelnen Kommunikationssystemen auf das gesamte System. Fehlen globale Zeitscheiben (S4), so erreichen Betriebssysteme nicht durch bloßes Mithören aller Nachrichten Konsistenz, weil zwei Rechner zwei Nachrichten von unterschiedlichen Kommunikationssystemen möglicherweise in verschiedener Reihenfolge empfangen. Sichern jedoch zusätzliche Protokolle die Konsistenz oder existieren globale Zeitscheiben, so sind die bei "K1 mit 1:x-Transfer" beschriebenen einfachen Verfahren zur Reduzierung des redundanten Kommunikationsaufwands anwendbar.

<u>Nebenläufige Verfahren</u> kombinieren E3/E4, V2/V3, S5/S6, K5. Beispiele: Attempto, YoSS, Gunn, sowie [Schn 84, reduziert nicht den Kommunikations-, sondern den Verarbeitungsaufwand durch 2-von-2-Systeme].

Nebenläufige und parallele Verfahren sind beide in der Ebene des globalen Betriebssystems angesiedelt (E3 oder E4) und vergleichen Nachrichten (V2 oder V3). Der prinzipielle Unterschied besteht darin, daß erstere die Nebenläufigkeit der redundanten Prozeßexemplare nicht zur gleichzeitigen Ausführung derselben nutzen **müssen** (Parallelisierung), aber nutzen **können**. Die lokalen Betriebssysteme bestimmen unabhängig vom Fehlertoleranz-Verfahren den Ausführungszeitpunkt autonom oder kooperativ, solange Prozeßexemplare nicht aufgrund begrenzter Nachrichten-Pufferkapazität (S5 oder S6) blockiert sind. Nebenläufigkeit besteht auch zwischen allen Nachrichten im verteilten Kommunikationssystem (K5), dessen Transferabläufe eine kommunikationssystem-interne verteilte Steuerung festlegt.

Zusätzlich zu der bei parallelen Verfahren bereits geschilderten Flexibilität weisen nebenläufige Verfahren weitere Vorteile auf:
+ Durch die Autonomie der Rechner werden diese auch dann gut ausgelastet, wenn die redundanten Prozeßexemplare beliebigen Rechnern zugeordnet sind (So5, Zi1).
+ Beliebige Kommunikationssysteme mit beliebigen Parallelisierungsmöglichkeiten und Nachrichten-Transferprioritäten sind verwendbar (So2, So3, Ra3, So4).
+ Die 1:x-Transfer-Eigenschaft wird, soweit vorhanden, nur noch zur Aufwandsreduzierung und nicht mehr zur Beobachtung eines prozeß- oder systemweiten globalen Zustands genutzt. Sie muß nicht mehr fehlertolerant garantiert werden (So1, Zi4) und kann auf beliebige Teile des Kommunikationssystems beschränkt bleiben, was sich in der Transferaufwandsfunktion TA (Pa1) niederschlägt.

Der Flexibilität stehen, bedingt durch den erhöhten Verwaltungsaufwand flexibler Systeme, als Nachteile gegenüber:
- Die bessere Auslastung der Rechner wird i.a. durch Wartezeiten zwischen Ergebnis-Berechnung und Fehlermaskierung erkauft.
- Zeitgrenzenproblem: Eine Zeitschranken-Überwachung (timeout) kann keine engen Zeitgrenzen setzen, wenn die Zeitabweichung zwischen redundanten Prozeßexemplaren in die Zeitgrenze einzurechnen ist.
- Das zeitliche Auseinanderlaufen erfordert bei den Fehlermaskierungs-Instanzen einen zusätzlichen Aufwand zur Sortierung zusammengehöriger redundanter Nachrichten (i.a. aufgrund von Senderangabe und Nachrichtennumerierung).
- Reihenfolgeproblem: Nicht bei deterministischem ("lies Nachricht von Prozeß x"), aber bei selektivem Nachrichtenempfang ("lies Nachricht, die zuerst ankommt") kann in den einzelnen redundanten Exemplaren des Empfängerprozesses eine unterschiedliche Empfangsreihenfolge entstehen, was aus Konsistenzgründen unbedingt zu vermeiden ist [Echt 84c]. Bild 3.3-3 zeigt ein Beispiel eines verbotenen Falles. Eine Abhilfe ist nur durch Einigung der Empfängerexemplare über eine gemeinsame Empfangsreihenfolge möglich, die entweder zentralisiert erfolgt oder wiederum das "Problem der byzantinischen Generäle" [StDo 83] aufwirft, das durch Einführung von Signaturen oder durch mindestens 2•n redun-

dante Prozeßexemplare lösbar ist [LaSP 82].

- Fehlerbehebungsproblem: Nach einer Rekonfigurierung steht zur Herstellung eines konsistenten Zustands des neu eingegliederten Prozeßexemplars kein explizit gespeicherter Rücksetzpunkt, sondern nur die aktuelle Zustandsinformation der noch fehlerfreien Prozeßexemplare zur Verfügung. Sind diese zeitlich auseinandergelaufen, so müssen sie vor der Eingliederung eines neuen Prozeßexemplars zunächst einen gemeinsamen Synchronisationspunkt mit übereinstimmender Nachrichtenempfangs-Reihenfolge erreichen (siehe Reihenfolgeproblem).

Da Kommunikationsstruktur und besondere Eigenschaften wie 1:x-Transfer transparent sind, scheiden die einfachen Maßnahmen zur Reduzierung des redundanten Transferaufwands, wie sie bei einigen Varianten der parallelen Verfahren erwähnt wurden, aus. Nebenläufige Verfahren wie YoSS oder Gunn führen zu 9 Interprozeßnachrichten bei 2-von-3-Systemen.

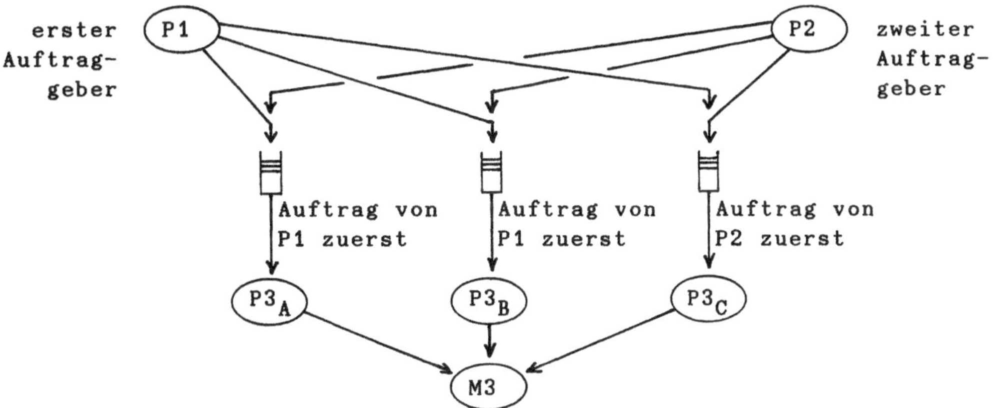

Bild 3.3-3 Reihenfolgeproblem in einem 2-von-3-System, dargestellt am Beispiel von zwei nicht-redundanten Prozessen P1 und P2, die je einen Auftrag durch eine Nachricht an den redundanten Prozeß P3 senden. $P3_C$ bearbeitet den Auftrag von P1 im Gegensatz zu $P3_A$ und $P3_B$ als zweiten und kann bei gegenseitiger Abhängigkeit bei der Auftragsbearbeitung von $P3_A$ und $P3_B$ abweichende Ergebnisse erhalten. Besteht z.B. das Ergebnis der Auftragsbearbeitungen in der Ausgabe eines lokalen Auftragszählers, so liefern $P3_A$ und $P3_B$ für den Auftrag von P1 den Wert i, für den Auftrag von P2 den Wert i+1. $P3_C$ liefert dagegen für den Auftrag von P1 den Wert i+1 und für den Auftrag von P2 den Wert i.

		Fehlermaskierungs-Verfahren allgem.	Hardwareverfahren	Strukturabhängige Verfahren	Parallele Verfahren	Nebenläufige Verfahren
Rechensystemumgebung:						
Ra1	parallele Prozesse	+	+	+	+	+
Zi1	Leistungssteigerung durch Nebenläufigk.	o	o	o	+	+
Ra2	verteilte Systeme	S	o	o	o	o
So1	hohe Rechneranzahl	V	o	o	o	+
Zi2	räumliche Verteilung	V	-	-	+	+
So2	beliebiges Kommunikationssystem	K	-	-	+	+
So3	nachrichtenorientierte Kommunikation	K	-	o	o	+
Pa1	Transferaufwandsfunktion TA	K	-	-	o	+
Zi3	geringer Transferaufwand	K	-	-	o	+
Ra3	Schichtenstruktur	E	o	o	+	+
So4	Standardkomponenten	E	-	-	+	+
So5	keine globale Parallelisierung	S	-	-	-	+
Anwendungsumgebung:						
Ra4	Lenkung technischer Prozesse	+	+	+	+	+
Ra5	Zeitredundanz	+	+	+	+	+
Zi4	geringer Zeitbedarf	+	+	+	+	+
So6	Fehlertoleranz transparent	o	+	-	+	+
Menge der zu tolerierenden Fehler:						
Ra6	mangelnde Lokalisierung	+	+	+	+	+
Ra7	Fehlereingrenzung	+	+	+	+	+
Ra8	toleriere lokale Fehler	+	+	+	+	+
	Ra8'/Ra8" lok. Hardw.-/Softwarefehler	+/o	+/-	+/+	+/+	+/+
Pa2	toleriere r Rechnerfehler	+	+	+	+	+
Pa3	toleriere g Gruppenfehler	+	+	+	+	+
Pa4	bis zu s Fehler sind symptomgleich	+	+	+	+	+

Bild 3.3-4 Stichwortartige Zusammenfassung der Anforderungen und ihre Erfüllung durch bisherige Verfahren (+ gut, o teilweise, - schlecht erfüllt). Die Erfüllung von Ra2 bis So5 ist abhängig von E Ebene, V Vergleich, S Synchronisierung bzw. K Kommunikationssystem.

Bild 3.3-4 gibt einen **Überblick** über die unterschiedliche Erfüllung der in Abschnitt 2 formulierten Anforderungen durch die vier Klassen von Verfahren. Zusammenfassend läßt sich festhalten, daß das Problem der Reduzierung des redundanten Transferaufwands

* bei Hardwareverfahren und strukturabhängigen Verfahren nicht relevant,

* bei parallelen Verfahren mit fehlertolerantem 1:x-Transfer durch einfache Maßnahmen bereits gelöst bzw. lösbar und

* bei parallelen Verfahren ohne 1:x-Transfer und bei nebenläufigen Verfahren relevant und noch ungelöst ist.

Bei den letztgenannten Verfahren spielt die Transferaufwandsfunktion TA (Pa1) die entscheidende Rolle. Ist sie für alle Sender-Empfänger-Paare konstant, lassen sich nur Nachrichtenanzahl und Länge reduzieren. Andernfalls verbinden sich die Reduzierungsbemühungen mit dem bisher noch ungelösten Senderauswahlproblem: Zwischen den redundanten Exemplaren von Sender- und Empfängerprozeß sind Sender-Empfänger-Paare mit möglichst geringer Transferaufwands-Summe so festzulegen, daß jedes Empfängerexemplar wenigstens von einem Senderexemplar durch eine Interprozeßnachricht erreicht wird.

Bisherige Verfahren wie z.B. SIFT, YoSS oder Gunn müssen das Senderauswahlproblem unberücksichtigt lassen und alle m^2 redundante Interprozeßnachrichten transferieren, weil die Fehlermaskierung beim Empfänger angesiedelt ist. Bei den Senderexemplaren erfolgt keine Fehlermaskierung, so daß lokal nicht zu entscheiden ist, welche Prozeßexemplare fehlerfrei sind. Durch eine lokale Festlegung beliebige Sender-Empfänger-Paare zu bestimmen, bei denen offen bleibt, ob die anderen Senderexemplare auch wirklich die anderen Empfängerexemplare mit Interprozeßnachrichten erreichen, ergibt keinen Sinn. So bleibt jedem Senderexemplar nur die Möglichkeit, an alle Empfängerexemplare zu senden (siehe Bild 3.1-4), was zu dem bekannten quadratischen Transferaufwand führt. Fehlerfreiheit der Ergebnisse, d.h. der Interprozeßnachrichten, können erst die Empfängerexemplare feststellen - also erst dann, wenn der Transfer bereits vollzogen ist. Nachträglich ist der bereits entstandene Aufwand aber nicht mehr reduzierbar. Einer Verlagerung der Fehlermaskierungsfunktion vom Empfänger- auf den Senderprozeß steht entgegen, daß dann Prozeßexemplar und zugehörige Fehlermaskierungs-Instanz demselben Knoten zugeordnet und möglicherweise beide von einem Fehler betroffen sind.

Bekannte Verfahren der Fehlermaskierung in Mehrrechnersystemen besitzen also entweder Kommunikationssysteme, die den hohen redundanten Transferaufwand durch entsprechend hohe Transferkapazität verkraften oder sie bauen auf einen fehlertolerant garantierten 1:x-Transfer zu Lasten der Flexibilität, der Dezentralisierbarkeit, der Nebenläufigkeit und des Fehlertoleranz-/Perfektionierungsaufwands in niedrigen Schichten. Andere Reduzierungsansätze verbieten sich bei empfängerseitiger Fehlermaskierung.

4. KONZEPT DER FEHLERMASKIERUNG DURCH VERTEILTE SYSTEME

Hybridredundante Mehrrechnersysteme, die in üblicher Weise Fehler bei der Interprozeßkommunikation durch n-von-m-Mehrheitsentscheidung maskieren, verursachen einen hohen redundanten Transferaufwand, der, wie Abschnitt 3.3 zeigt, ein speziell strukturiertes oder ein besonders leistungsfähiges Kommunikationssystem erfordert. Alternativ zu diesen Konzepten der Bewältigung des hohen Aufwands bietet sich die Aufwandsreduzierung an, die an eine Lösung des aufgezeigten Senderauswahlproblems anknüpft: Schon vor dem Transfer der Interprozeßnachrichten sind günstige Paare von fehlerfreien Sender- und Empfängerexemplaren dynamisch zu bestimmen. Diesen Ansatz verfolgt die in dieser Arbeit vorgestellte Klasse von Verfahren, die als ***Fehlermaskierung durch verteilte Systeme*** bezeichnet wird, weil ein bei den Senderexemplaren angeordnetes verteiltes System Fehler maskiert. Diese Klasse ordnet sich in folgende Hierarchie von Verfahren ein:

1. Fehlertoleranz-Verfahren
   beinhalten Fehlerdiagnose und Fehlerbehandlung.
2. Fehlerbehandlungs-Verfahren
   beruhen auf statischer (Fehlermaskierung) oder dynamischer Redundanz (Vorwärts-, Rückwärtsbehebung).
3. Fehlermaskierungs-Verfahren
   tolerieren Fehler durch n-von-m-Mehrheitsentscheidung.
4. Nebenläufige (Fehlermaskierungs-) Verfahren
   verzichten auf eine enge Synchronisierung der redundanten Prozeßexemplare.
5. Verfahren der ***Fehlermaskierung durch verteilte Systeme***
   besitzen senderseitig verteilte Systeme als Fehlermaskierungs-Instanzen, deren Funktion dieser Abschnitt 4 verbal und Abschnitt 5 formal beschreibt. Abschnitt 4.1 wird die Einordnung in den Bereich der nebenläufigen Verfahren mit der Synchronisierungsart S6 begründen.
6. Algorithmen zur Fehlermaskierung durch verteilte Systeme
   sind konkrete Protokolle (siehe z.B. Abschnitt 6) zur Implementierung der Fehlermaskierungs-Instanzen als verteilte Systeme.

Jeder dieser unter 6. genannten Algorithmen erbringt die in der einführenden Motivation (Abschnitt 1.1) genannten Mindestleistungen eines fehlermaskierenden Systems, ohne sie unnötigerweise zu übertreffen: Jeder Prozeß besitzt nur eine Fehlermaskierungs-Instanz. Diese vergleicht nicht alle, sondern in Abhängigkeit vom Fehlermodell (Pa2, Pa3, Pa4) nur manche Interprozeßnachrichten. Und schließlich erhält jedes Empfängerexemplar nicht m, sondern meist nur eine, bei Fehlern allenfalls m-n+1 Interprozeßnachrichten (abgekürzt: NI, Nachricht zur Interprozeßkommunikation). Auf der anderen Seite bedingen diese Einsparungen als zusätzliche Mittel Komprimierungs- und Absicherungsmaßnahmen, sowie Architekturkonzepte der dynamischen Redundanz und der verteilten Systeme - Aufwandsreduzierung kostet Reduzierungsaufwand.

4.1 Zielsetzung

Das Hauptziel, den redundanten Transferaufwand bei der Fehlermaskierung zu senken (Pa1, Zi3), führt zu dem Grundsatz, daß die Bilanz
* Aufwandsreduzierung einerseits und
* Zusatzaufwand für die Implementierung der Reduzierungsmaßnahmen andererseits

keinesfalls zu einer Verschlechterung, dagegen möglichst oft zu einer Verbesserung führen sollte. Insbesondere bei hohem Transferaufwand, wie ihn große Nachrichtenlängen und/oder zahlreiche Zwischenknoten zwischen Sender und Empfänger hervorrufen, ist ein Gewinn angestrebt,

* gemessen an der Transferaufwands-Summe für Interprozeßkommunikation und erforderliche Zusatzmaßnahmen,

* bei mindestens gleichguten sonstigen Eigenschaften. Die Reduzierung des Transferaufwands soll nicht zu Lasten der Menge der tolerierten Fehler (Ra8 bis Pa4), der Dauer der Interprozeßkommunikation (Ra5, Zi4), der Flexibilität der Konfigurierung, der Unabhängigkeit vom Kommunikationssystem (So4), der Transparenz (So6), der Autonomie oder der guten Auslastung der Rechner gehen.

Zu berücksichtigen ist jeweils der maximale (d.h. schlechtest-mögliche), als auch der mittlere Wert der angegebenen Größen, was zu zwei verschiedenen Verbesserungszielen führt. Beide Ziele gewinnen mit steigendem Transferaufwand an Bedeutung. Geringen Transferaufwand, etwa die Übertragung kurzer Nachrichten zwischen benachbarten Rechnern, verkraftet das Kommunikationssystem meist ohne Reduzierungsmaßnahmen.

Um in verteilten Systemen zur Fehlermaskierung das Senderauswahlproblem lösen zu können, ist die in Abschnitt 3.3 bei nebenläufigen und parallelen Verfahren ohne 1:x-Transfer beschriebene Lücke zu schließen. Diese Verfahren können ohne senderseitige Fehlermaskierung keine fehlerfreien Senderexemplare als NI-Absender auswählen und ohne fehlerfreie Senderexemplare können sie Fehler nicht senderseitig maskieren.

Bemerkung: Hier bedeutet "senderseitige Maskierung", daß Fehler vor dem Absenden einer Interprozeßnachricht maskiert werden - entweder vom Sender selbst oder von einer anderen Instanz im Auftrag des Senders.

Herkömmliche Verfahren siedeln (zwecks Trennung von Fehlerort und Fehlerbehandlungs-Instanz) die Fehlermaskierung beim Empfänger an, was die bekannte vollvermaschte Struktur der Nachrichtenverbindungen von jedem Sender- zu jedem Empfängerexemplar ergibt (siehe Bild 1.1-2). Die Nachrichtenanzahl der NI verursacht bezüglich der Anzahl m der redundanten Prozeßexemplare im Mittel und im Maximum quadratischen Aufwand $O(m^2)$. Weder der Fehlerzustand noch die Prozeßkonfiguration rufen Schwankungen hervor. Nur die Verringerung dieser Nachrichtenanzahl durch geeignete senderseitige Fehlermaskierung, nicht die Verbesserung von Zuverlässigkeits-Eigenschaften (Pa2, Pa3) ist das Ziel dieser Arbeit. Die Unterscheidung in symptomgleiche und -verschiedene (Pa4) lokale Fehler (Ra8) beeinflußt sender- und empfängerseitige Fehlermaskierung in gleicher Weise.

Eine über andere Fehlermaskierungs-Verfahren hinausgehende Zielsetzung ist die Berücksichtigung aller in Abschnitt 2 gestellten Anforderungen. Randbedingungen (Ra...) und parametrisierte Randbedingungen (Pa...) sind uneingeschränkt, Zielrichtungen (Zi...) und Sollbedingungen (So...) möglichst weitgehend zu erfüllen. Eingeschlossen sind die von jedem (Ra1, Zi1, Ra4 bis Pa4), sowie die nur von manchen Fehlermaskierungs-Verfahren erfüllten Anforderungen (Ra2 bis So5). Die in Bild 3.3-4 zusammengefaßten Bewertungszeichen sprechen daher für nebenläufige Verfahren. Aus dieser Klasse ist unter dem Gesichtspunkt der Transferaufwands-Reduzierung eine Unterklasse von Fehlermaskierungs-Verfahren zu bilden - wie es der o.g. Hierarchie entspricht. Diese Zuordnung fordert allerdings, daß die spezifizierte Zeitredundanz (Ra5) für eine Synchronisierung bei drohendem Pufferüberlauf (S6) ausreicht und daß Zeitgrenzen-, Reihenfolge- und Fehlerbehebungsproblem lösbar sind. Abschnitt 4.3 beschreibt die hier gewählten Lösungen.

Alle in Abschnitt 2 enthaltenen Anforderungen gelten nicht für die Fehlermaskierung allein, sondern für das gesamte Mehrrechnersystem - daher auch für die zur Aufwandsreduzierung implementierten Maßnahmen. Diese Bereichsausdehnung der Anforderungen führt zu Konflikten, die Kompromisse erzwingen. Es sei betont, daß die daraus resultierende eingeschränkte Erfüllung der Sollbedingungen So3, So4 und So6 nicht durch das Konzept der Fehlermaskierung durch verteilte Systeme, sondern bereits durch das Feld gegenläufiger Anforderungen begründet ist:

-So3 Einerseits soll das Kommunikationssystem nur durch Sende- und Empfangsoperator-Aufrufe mit Prozeßexemplar-Adressen zugänglich sein (So3), andererseits benötigt eine zwecks Reduzierung des Transferaufwands implementierte Instanz die Kenntnis der Transferaufwandsfunktion TA (Pa1). Diese enthält oft implizit kommunikationssystem-interne Routing-Information, jedoch i.a. in einer stark abstrahierten Form (siehe z.B. Gruppenstruktur in Bild 2.1-2).

-So4 Die für das Kommunikationssystem geforderten Standardkomponenten (So4) verfügen oft nicht über die von Ra3 geforderten Fehlerumgehungsmöglichkeiten. Bei zusätzlich implementierter Fehlerumgehung ist aber die Transferaufwandsfunktion TA (Pa1) dynamisch anzupassen.

-So6 Maßnahmen zur Aufwandsreduzierung bei der Fehlermaskierung bleiben zumindest in ihrem Zeitverhalten nicht vollständig transparent (So6). Sie sparen an der einen und benötigen an anderer Stelle Rechenzeit. Nebenläufigkeit (Zi1) in verteilten Systemen (Ra2) schließt aber deterministische Ablaufreihenfolgen aus, so daß jede Zeitabweichung zu vertauschten Aktivitäten führen kann, die nur bei korrekter Synchronisierung ohne nachteilige Folgen bleiben.

-So6 Auch die bei jedem Fehlermaskierungs-Verfahren erforderlichen Zeitschranken-Überwachungen beeinträchtigen die Transparenz (So6), weil Zeitgrenzen anwendungsabhängig festzulegen sind - bei Realzeitsystemen jedoch ohnehin aus anderen Gründen erzwungen (Ra5).

Die übrigen Sollbedingungen bleiben auch unter Reduzierungsgesichtspunkten konfliktfrei:

+So1 Mehrrechnersysteme mit hoher Rechneranzahl w (So1) verwenden meist kein Kommunikationsmittel, das alle w Rechner direkt verbindet. Die Transferaufwandsfunktion TA (Pa1) weist dann für verschiedene Sender-Empfänger-Paare stark unterschiedliche Werte auf, die eine erfolgreiche Aufwandsreduzierung versprechen.

+So2 Bezüglich des Transferaufwands optimale Sender-Empfänger-Paare lassen sich in beliebigen Kommunikationssystemen (So2) mit bekannter Transferaufwandsfunktion TA (Pa1) ohne großen Aufwand bestimmen, weil in n-von-m-Systemen höchstens m Senderexemplare als Absender in Betracht kommen.

+So5 Globale Parallelisierung redundanter Prozeßexemplare (So5) kann auch bei reduziertem Transferaufwand entfallen. Allen Entscheidungen zur Aufwandsreduzierung bleibt ein Spielraum im Rahmen der vorgegebenen Zeitredundanz (Ra5). Die Verantwortung zur rechtzeitigen Ausführung der Prozeßexemplare liegt beim Betriebssystem, das Prioritätsvorgaben folgen muß.

Bei der Implementierung von Maßnahmen zur Reduzierung des redundanten Transferaufwands (Pa1, Zi3) kristallisieren sich zwei Teilziele heraus:

1. Nachrichten größerer Länge sind z.T. durch kürzere zu ersetzen.

2. Das Senderauswahlproblem ist zu lösen, um günstige Sender-Empfänger-Paare zu erhalten.

4.2 Voraussetzungen

Die Realisierbarkeit von Fehlertoleranz-Verfahren aus der in dieser Arbeit neu vorgestellten Klasse ist an folgende zwölf Voraussetzungen geknüpft (mit Vo1, Vo2, ... bezeichnet). Bild 4.2-1 am Ende dieses Abschnitts faßt diese Voraussetzungen in einem stichwortartigen Überblick zusammen. Ihre uneingeschränkte Erfüllung wird zwar zwingend gefordert, verursacht aber keinen besonderen Aufwand. Dagegen wird Abschnitt 4.4 Anforderungen (Un1, Un2, ...) stellen, die jedoch nicht vollständig, sondern nur möglichst weitgehend zu erfüllen sind, um das Fehlertoleranz-Verfahren günstig zu beeinflussen. Die hier geforderten Voraussetzungen lauten:

Vo1 Die von Prozessen ausgegebenen Interprozeßnachrichten sind mit lückenlos aufsteigenden Sequenznummern Nr aus natürlichen Zahlen zu kennzeichnen.

Redundante Exemplare eines (deterministischen) Prozesses geben also, soweit sie fehlerfrei sind, die gleichen Nachrichten in übereinstimmender Reihenfolge mit übereinstimmenden Sequenznummern aus. Dies gestattet einer Fehlermaskierungs-Instanz zusammengehörige Interprozeßnachrichten zeitlich auseinandergelaufener Prozeßexemplare zu erkennen. Aufgrund begrenzter Pufferkapazität zwischen Prozeßexemplar und Fehlermaskierungs-Instanz genügen Sequenznummern modulo (Pufferkapazität + 2).

Vo2 Signaturen beschreiben den Fehlerzustand (fehlerfrei/fehlerhaft) von Interprozeßnachrichten.

Signaturen [LeWa 83] lassen sich anwendungsunabhängig in der gleichen Weise erzeugen wie das Blockprüfzeichen bei der Nachrichtenübertragung (z.B. cyclic redundancy check CRC). Da der Fehlerzustand einer Nachricht vom Fehlerzustand des Absenders abhängt, gibt eine in Abhängigkeit von der transferierten Information gewonnene Signatur indirekt auch über diesen Aufschluß. Zusätzliche Signaturen können darüber hinaus interne Abläufe des Absenders beschreiben und dadurch seinen Fehlerzustand direkt erfassen [EiSh 84]. Mit dem Prozessor verbundene Signaturregister müssen allerdings statt einer rechnerspezifischen Signaturerzeugung eine prozeßspezifische gewährleisten. Bei jeder Prozeßumschaltung erhalten solche Signaturregister einen definierten Wert.

Vo3 Es existiert für jede gesendete Nachricht nur eine fehlerfreie Signatur; diese unterscheidet sich auch noch beim Empfang der Nachricht von allen fehlerhaften Signaturen.

Dagegen existieren mehrere verschiedene fehlerhafte Signaturen. Die (mit sehr hoher Wahrscheinlichkeit gewährleistete) Eindeutigkeit der fehlerfreien Signatur erlaubt einer Fehlermaskierungs-Instanz, eine n-von-m-Mehrheitsentscheidung anhand der Signaturen zu treffen. Die von Interprozeßnachrichten fehlerfreier Senderexemplare gewonnenen Signaturen stimmen überein, die anderen weichen davon ab. Die Wahrscheinlichkeit einer die Entscheidung verfälschenden Gleichheit von fehlerfreier und fehlerhafter Signatur, läßt sich durch Vergrößerung der Signaturlänge beliebig weit senken. Nach [HeLe 83] genügen wenige zusätzliche Bits für eine Senkung um einige Zehnerpotenzen. Signaturen, die nur aus 0- oder 1-Bits bestehen, sind auszuschließen, da fehlerhafte Übertragungsstrecken leicht die gleichen Werte erzeugen.

Vo4 Signaturen bestehen aus wenigen Bits, im Höchstfall aus 100 Bits.

Die angegebene Höchstzahl soll nur die Größenordnung der Grenze konkretisieren. Da Nachrichten meist eine erheblich größere Länge als ihre Signaturen aufweisen, bewirkt die Signaturbildung eine Komprimierung, die den Transferaufwand verringert.

Vo5 Verschlüsselungs-Verfahren erlauben es, die Veränderung einer fehlerhaften Signatur zur fehlerfreien stets zu erkennen.

Mit Hilfe kryptographischer Techniken wird ausgeschlossen, daß bei indirektem Signatur-Transfer über einen dritten Knoten eines verteilten Systems dieser durch Signaturverfälschung Fehlerfreiheit des signaturerzeugenden ersten Knotens vortäuschen kann. Führt Signatur-Verschlüsselung stets zur Erkennung solcher Verfälschungen, kann der End-Empfänger einer Signatur nach Entschlüsselung derselben stets von einer Signatur-Mehrheit auf Fehlerfreiheit schließen. Umgekehrt kann er jedoch nicht folgern, ob eine Abweichung auf eine ursprünglich falsche oder eine beim Transfer verfälschte Signatur zurückzuführen ist.

Vo6 Wenige Maschinenbefehle genügen zur Ver- und Entschlüsselung einer Signatur (im Höchstfall 100 Maschinenbefehle).

Die Höchstanzahl wurde nur angegeben, um eine Grenze zu nennen, die Realzeitanwendungen (Ra4, Ra5) genügt. Die meisten gängigen kryptographischen Verfahren, die z.B. auf Primfaktorzerlegungen beruhen [RSA, siehe Beth 82], scheiden daher aus. Abschnitt 4.3.3 beschreibt ein einfaches Verfahren, das weit weniger als 100 Maschinenbefehle benötigt. Ebenso wie Signaturverfahren erfüllen auch Verschlüsselungs-Verfahren ihre Funktion nicht sicher, sondern nur mit einer gewissen (allerdings sehr hohen) Wahrscheinlichkeit. In der Kryptographie wird von praktischer Sicherheit gesprochen, wenn ohne Kenntnis des Schlüssels eine Entschlüsselung mit vernünftigem Aufwand verwehrt bleibt.

Vo7 Das m-Protokoll (siehe Abschnitt 4.3) genießt eine hohe Bearbeitungspriorität.

Vo8 Das m-Protokoll (siehe Abschnitt 4.3) genießt eine hohe Transferpriorität.

Die spezifizierte Zeitredundanz (Ra5) und der Wunsch nach einer möglichst schnellen Interprozeßkommunikation (Zi4) erzwingen eine schnelle Ausführung all der Maßnahmen, die zwecks Aufwandsreduzierung zusätzlich zur Interprozeßkommunikation erfolgen. Die Zeitdauern für das Warten auf Prozessor, Betriebs- und Kommunikationsmittel sind durch eine Prioritätenstaffelung gering zu halten, die "normale" Prozeßexemplare in ihrer Rechenaktivität unterbricht. Im Kommunikationssystem wird die Unterbrechung durch Stückelung der Nachrichten in Pakete und Einfügen von höher-priorisierten Paketen realisiert [OSI-Referenzmodell: Transportebene, DaZi 83].

Vo9 Das Kommunikationssystem teilt jedem fehlerfreien Empfängerrechner den Senderrechner einer Nachricht stets zutreffend mit - auch bei Fehlern im Senderrechner oder in beliebigen anderen Rechnern.

Als Senderrechner wird der Rechner des nachrichten-absendenden, als Empfängerrechner der des -empfangenden Prozesses bezeichnet. Vo9 fordert bewußt keine zutreffenden Prozeß-, sondern nur zutreffende Rechneradressen, da sich interne Strukturen fehlerhafter Rechner dem Kommunikationssystem entziehen. Vo9 schließt aus, daß sich ein Senderrechner A als B ausgibt und deshalb eine Fehlerzustands-Aussage fälschlicherweise B zugeordnet wird. Diese in fehlertoleranten verteilten Systemen häufige Voraussetzung [z.B. HaOw 83] ist in mannigfacher Weise realisierbar, z.B. durch eine vollvermaschte Hardware-Verbindungsstruktur, im Falle der Ein-Fehler-Annahme (r=1, g=0) durch bestimmte teilvermaschte Strukturen oder durch redundante Senderadressen. Für die zuletzt genannte Methode des nicht-homogenen Adreßraums gibt Abschnitt 4.3.2 eine einfache Realisierung an.

Die Voraussetzungen Vo1 (Numerierung der Nachrichten) und Vo9 garantieren, daß zur Fehlermaskierung durch verteilte Systeme sowohl synchroner (send-wait) als auch asynchroner Nachrichtentransfer (no-wait-send) möglich ist [Lisk 79, KMSl 81]: Bei asynchronem Transfer wird beim Empfänger für jeden in Frage kommenden Absender und jede Nachrichtennummer, für die Nachrichten eintreffen können, ein Pufferplatz reserviert, wobei wegen Vo9 verhindert werden kann, daß fehlerhafte Absender fremde Pufferplätze überschreiben. Bei synchronem Transfer reduziert sich die Pufferkapazität auf einen Platz pro Absender.

Vo10 Durch Rekonfigurierung kann das Kommunikationssystem bei Transferwiederholung einer Nachricht fehlerhafte Stellen des Mehrrechnersystems umgehen.

Je nach Art des Kommunikationssystems sind zwischen Sender und Empfänger liegende dritte Rechner oder andere Kommunikationsmittel, wie z.B. Bussysteme, zu umgehen. Nur für die wiederholt gesandte und alle weiteren Nachrichten wird diese bereits in früheren Abschnitten angesprochene Umgehungsfähigkeit gefordert. Die zuerst gesandte Nachricht darf verlorengehen, muß aber durch ihr Ausbleiben oder ihre Verfälschung eine Rekonfigurierung anstoßen [geändertes Routing, siehe PrRe81]. Damit können Fehler die Interaktion zweier fehlerfreier Rechner verzögern, aber nicht verhindern.

Vo11 Jeder Rechner verfügt über Uhren zur Zeitschranken-Überwachung.

Vo12 Der Entwerfer spezifiziert den spätest zulässigen Zeitpunkt jeder Interprozeßkommunikation, bezogen auf den Zeitpunkt einer globalen Auftragserteilung.

Realzeitsysteme fordern die Einhaltung gewisser Reaktionszeiten bis zur entsprechenden Ausgabe. Da aber die Fehlermaskierung bei der Interprozeßkommunikation anzusiedeln ist, benötigt jede Interprozeßkommunikation eine eigene Zeitschranke. Das Zeitintervall zwischen Ein- und Ausgabe ist in Teilintervalle für jeden Verarbeitungsschritt zwischen je zwei Interprozeßkommunikationen vom Entwerfer des Anwendungsprogramms aufzuteilen, z.B. durch entsprechende Parametrisierung von Sende- oder Empfangsoperator-Aufruf. Evtl. könnte der Compiler die Zeit aufteilen, wenn es ihm gelingt, den Kommunikationsablauf vorherzusehen, oder ihm der Programmierer geeignete Hinweise gibt. In einfachen Fällen genügt die Aufteilung in gleichgroße oder prozeßart-abhängige Zeitabschnitte.

Vo1	Sequenznummern Nr der Interprozeßnachrichten NI
Vo2	Von Interprozeßnachrichten NI abhängige Signatur
Vo3	Signatur beschreibt Fehlerzustand zutreffend
Vo4	Signatur besteht aus wenigen Bits
Vo5	Verschlüsselung verhindert nicht erkennb. Signatur-Verfälschung
Vo6	Ver- und Entschlüsselung schnell ausführbar
Vo7	Hohe Bearbeitungspriorität des m-Protokolls
Vo8	Hohe Transferpriorität des m-Protokolls
Vo9	Zutreffende Absenderangabe bei empfangenen Nachrichten
Vo10	Fehlerumgehung im Kommunikationssystem
Vo11	Uhren überwachen Zeitschranken
Vo12	Entwerfer des Anw.-Programms bestimmt Dauer der Zeitschranken

Bild 4.2-1 Voraussetzungen der Fehlermaskierung durch verteilte Systeme.

4.3 Neuer Ansatz: Fehlermaskierung durch verteilte Systeme

Aus der Erkenntnis, daß einerseits die Fehlermaskierung bereits bei den Senderexemplaren erfolgen muß, um das Senderauswahlproblem zu lösen, aber andererseits mehrere autonom arbeitende Instanzen senderseitig keine Fehler maskieren können (siehe Abschnitt 3.3), resultiert folgender Lösungsvorschlag:

Bei den Senderexemplaren wird eine einzige Fehlermaskierungs-Instanz angeordnet, deren Fehlertoleranz auf instanz-interner Redundanz beruht. Als naheliegende Realisierungsform dieser Instanz bietet sich kein zentralisiertes, sondern ein verteiltes System an, weil

+ die Senderexemplare m verschiedenen Rechnern zugeordnet sind und jedem dieser Rechner ein Knoten des verteilten Systems zur Fehlermaskierung zugeordnet werden kann,

+ das rechnerbezogene Fehlermodell (Ra8 bis Pa4) dann sicherstellt, daß stets n Knoten der Fehlermaskierungs-Instanz fehlerfrei bleiben,

+ die Knoten verteilter Systeme so kooperieren können, daß sie gemeinsam eine Aufgabe erfüllen und insbesondere das Senderauswahlproblem lösen, und

+ Algorithmen zur Erfüllung dieser Aufgabe (d.h. Protokolle) möglich sind, die Fehler in m-n Knoten tolerieren.

Eine derartige Fehlermaskierungs-Instanz sei als Maskierungs-System (abgekürzt MS), seine Knoten als Maskierungs-Knoten (abgekürzt MK) bezeichnet (siehe Bild 4.3-1). Bezogen auf das Mehrrechnersystem handelt es sich um ein verteiltes Subsystems - d.h. ein Subsystem, das die Kriterien eines verteilten Systems erfüllt:

* Knoten sind verschiedenen Rechnern zugeordnet und arbeiten nebenläufig.
* Knoten kooperieren durch Nachrichtenaustausch mit nicht-deterministischer Transferdauer.
* Knoten gewinnen ihre Systemsicht durch lokale Beobachtung und Nachrichtenempfang von anderen Knoten.
* Knoten verfügen nicht immer über die gleiche Systemsicht.
* Die Aktualität der gewonnenen Systemsicht reicht den Knoten aus, um ihre Aufgaben zu erfüllen.
* Globale Aufgaben löst ein verteiltes System durch Kooperation seiner Knoten, d.h. durch Ausführung eines Protokolls.

Das Protokoll des Maskierungs-Systems (in Abschnitt 4.3.2 als Maskierungs-Protokoll bezeichnet) ist zusätzlich zum Transfer der Interprozeßnachrichten auszuführen. Die bereits angesprochenen Aufwandsabwägungen fordern daher eine Einsparung an Interprozeßnachrichten, welche den Zusatzaufwand für Nachrichten des Maskierungs-Systems übertrifft.

Algorithmen zur Fehlermaskierung durch verteilte Systeme besitzen als wesentliches Merkmal eine zweigeteilte Redundanztechnik zur Behandlung unterschiedlicher Fehlerarten. Von statischer Redundanz der Rechner, die Prozeßexemplare bearbeiten, wird bei der Interprozeßkommunikation zu dynamischer Redundanz übergegangen, um beim Empfänger wieder zur statischen Redundanz zurückzukehren. Relativtests [EGöM 83] erkennen Fehler in Rechnern durch Vergleich mehrerer Ergebnisse, die von verschiedenen Rechnern erarbeitet wurden; Absoluttests erkennen dagegen durch Vergleich mit einer fest vorgegebenen Konsistenzbedingung (z.B. Regel zur Blockprüfzeichen-Bildung) Fehler bei der Kommunikation. Die Grenze des Fehlerüberdeckungsbereichs beider Testarten verläuft durch die Maskierungs-Knoten, die, bedingt durch ihre senderseitige Anordnung, von fast allen Fehlern der Senderexemplare betroffen sind. Bis zum Absenden der letzten Nachricht zwischen Maskierungs-Knoten sind Relativtests möglich. Erst später erkennbare Fehler werden den Kommunikationsfehlern zugerechnet und wie diese durch Absoluttests erkannt und mittels dynamischer Redundanz toleriert.

Der Zweiteilung der Fehlermenge entspricht die Zweiteilung des Protokolls, das Bild 4.3-1 zeigt. Zunächst führt das Maskierungs-System ein Maskierungs-Protokoll aus (ausgezogen gezeichnete Nachrichten), um

* Fehler durch n-von-m-Mehrheitsentscheidung zu maskieren (Relativtest),

* Sender auszuwählen, d.h. zu bestimmen, welches Senderexemplar eine Interprozeßnachricht an welches Empfängerexemplar sendet, und

* Interprozeßnachrichten zu senden.

Die zwischen Maskierungs-Knoten ausgetauschten Nachrichten werden mit NM (Nachricht zur Maskierung), die Interprozeßnachrichten mit NI (Nachricht zur Interprozeßkommunikation) bezeichnet.

Der zweite Protokollteil, das Quittierungs-Protokoll (gestrichelt gezeichnete Nachrichten) gründet sich auf dynamische Redundanz und wird von empfängerseitigen Quittierungs-Instanzen und dem senderseitigen Maskierungs-System gemeinsam ausgeführt. Die bei jedem Empfängerexemplar angeordneten Quittierungs-Instanzen bilden kein verteiltes System. Autonom

* prüfen sie die empfangene Interprozeßnachricht anhand ihrer Informationsredundanz [EGöM 83] auf Fehlerfreiheit (Absoluttest) und

* senden eine positive bzw. negative Quittierungsnachricht an einen Maskierungs-Knoten, der

* bei negativer Quittung eine zusätzliche Interprozeßnachricht an die betreffende Quittierungs-Instanz sendet.

Quittierungsnachrichten werden mit NQ (Nachricht zur Quittierung), bei positiver Quittierung mit NpQ, bei negativer mit NnQ bezeichnet. Durch Verzögerung dieser Nachricht kann eine Quittierungs-Instanz auch eine Synchronisierung mit dem Senderprozeß erreichen, etwa bei drohendem Empfangspuffer-Überlauf oder verspäteter Bearbeitung des Empfängerexemplars.

Beide Protokollteile dieser zweigeteilten Fehlertoleranz-Methode mit unterschiedlichen Redundanztechniken sind unentbehrlich: Ohne Quittierungs-Protokoll könnten fehlerhafte Maskierungs-Knoten durch Nachrichten NM den anderen Maskierungs-Knoten "versprechen", eine Interprozeßnachricht NI an ein bestimmtes Empfängerexemplar zu senden, ohne dies tatsächlich zu tun. Die anderen Maskierungs-Knoten hätten keine Kontrollmöglichkeit, müßten das "Versprechen" glauben und selbst keine NI an den betreffenden Maskierungs-Knoten senden, der dann überhaupt keine Interprozeßnachricht NI erhält. Ein Fehler hätte sich ausgebreitet und Ra7 verletzt. Als Abhilfe verschaffen Quittierungsnachrichten NQ die geforderte Kontrollmöglichkeit, die es dem noch fehlerfreien Teil des Maskierungs-Systems erlaubt, ggf. Interprozeßnachrichten NI für einzelne Empfängerexemplare wiederholt zu senden. Andererseits reicht auch die dynamische Redundanztechnik des Quittierungs-Protokolls nicht zur Fehlertoleranz aus. Eine Interprozeßnachricht NI allein erlaubt nicht die Feststellung ihres Fehlerzustands, so daß die Quittierungs-Instanzen unfähig wären, sich für eine positive (NpQ) oder negative Quittierung (NnQ) zu entscheiden. Blockprüfzeichen könnten schon anhand der fehlerhaften NI gebildet worden sein, was zu einem in sich konsistenten Fehlersymptom führt, bei dem jeder Absoluttest versagt. Nur wenn ein Maskierungs-Protokoll jeder Interprozeßnachricht NI weitere redundante Information hinzufügt, können die Quittierungs-Instanzen die Richtigkeit der n-von-m-Mehrheitsentscheidung nachprüfen. Erst ein derart den Interprozeßnachrichten NI beigefügtes unverfälschbares "Fehlerfreiheits-Zertifikat" gibt dem Quittierungs-Protokoll einen Sinn.

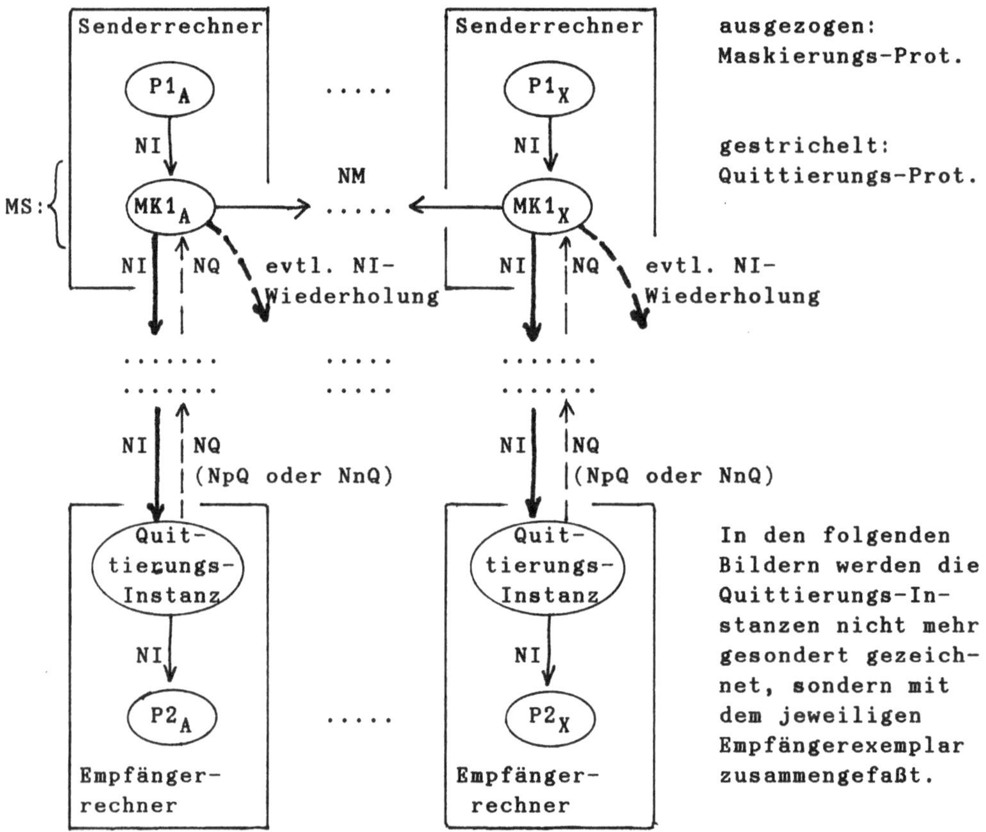

Bild 4.3-1 Das verteilte Maskierungs-System MS, bestehend aus $MK1_A$, ..., $MK1_X$, maskiert Fehler bei der Interprozeßkommunikation zwischen den Prozessen P1 und P2.

Spätestens nach (m-n)-facher NI-Wiederholung aufgrund negativer Quittierung beendet ein Empfängerexemplar den Empfang der Interprozeßnachricht erfolgreich. Zusammen mit dem erstmaligen NI-Senden im Rahmen des Maskierungs-Protokolls sind für jedes der m Empfängerexemplare höchstens m-n+1, also insgesamt m•(m-n+1) NI-Transferoperationen nötig - gegenüber m^2 bei herkömmlichen Verfahren (bezogen auf 2-von-3-Systeme: 6 NI gegenüber 9 NI). Jedoch betreffen diese Zahlen nur die Fehler, die erst während der Protokoll-Ausführung auftreten. Der überwiegende Teil der Fehler liegt i.a. schon in den Senderexemplaren vor und wird durch das Maskierungs-Protokoll toleriert, wodurch die Anzahl der NI-Transferoperationen auf m gegenüber m^2 sinkt (bezogen auf 2-von-3-Systeme: 3 NI gegenüber 9 NI). Dieser angestrebte und im Mittel annähernd erreichte Wert von nur m transferierten Interprozeßnachrichten NI verleiht dem Paar von Maskierungs- und Quittierungs-Protokoll die Bezeichnung m-Protokoll. Die detaillierten Schilderungen beider Teile des m-Protokolls (Abschnitte 4.3.2 und 4.3.3) setzen die grobe quantitative Bewertung fort, die erst in Abschnitt 6 bezüglich eines konkreten 3-Protokolls präzisiert wird.

Die Hauptvorteile der Fehlermaskierung durch verteilte Systeme lassen sich hier qualitativ erfassen und auf bestimmte Maßnahmen zurückführen:

+ Der Übergang von der statischen Redundanz in der Verarbeitung zur dynamischen Redundanz bei der Interprozeßkommunikation reduziert die Anzahl der zu transferierenden Interprozeßnachrichten NI.

+ Komprimierungsmaßnahmen, die auf Signaturbildung beruhen und in Abschnitt 4.3.3 näher erläutert sind, verkleinern die Nachrichtenlänge der NM.

+ Die senderseitige Anordnung der Fehlermaskierungs-Instanz gestattet eine Senderauswahl, um für den NI-Transfer Sender-Empfänger-Paare mit möglichst geringem Transferaufwand zu finden.

Neben dem geschilderten Verfahren der Fehlermaskierung durch verteilte Systeme ist eine weitere Methode der Fehlermaskierung bei der Interprozeßkommunikation denkbar, die ebenfalls die NI-Anzahl reduziert und eine Senderauswahl erlaubt. Unter der Annahme, daß alle Senderexemplare fehlerfrei sind, könnten Senderexemplare Sender-Empfänger-Paare für die NI autonom bestimmen und unter dieser optimistischen Annahme Interprozeßnachrichten NI absenden (im folgenden als optimistische Senderauswahl bezeichnet). Außerdem erhält jedes Empfängerexemplar m-n komprimierte Nachrichten, deren Inhalt dem der NM entspricht. Aufgrund der NI und der NM-ähnlichen Nachricht können die Empfängerexemplare positiv oder negativ quittieren und ggf. wiederholtes Senden einer NI anfordern. Für ein 2-von-3-System ist die in dieser Arbeit vorgeschlagene Methode in Bild 4.3-2 und die soeben geschilderte in Bild 4.3-3 dargestellt. Abschnitt 5 wird zeigen, daß letztere nicht zur Klasse der Verfahren der Fehlermaskierung durch verteilte Systeme gehören, jedoch einige ihrer Eigenschaften übernommen werden, indem der Signaturtransfer die Quittierungsnachrichten NQ mitbenutzt (siehe Abschnitt 7.1).

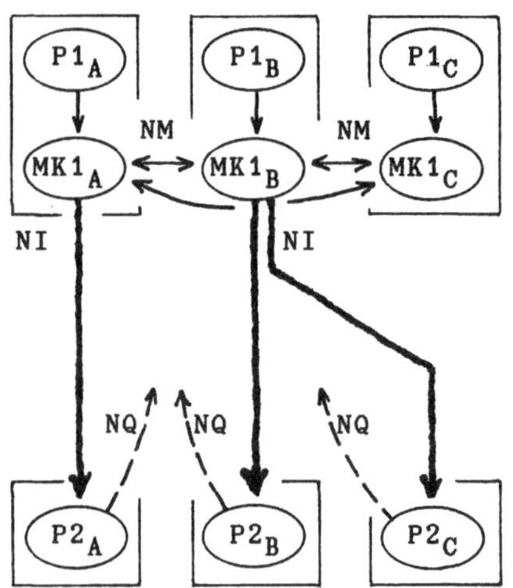

Bild 4.3-2 Beispiel der Fehlermaskierung durch verteilte Systeme

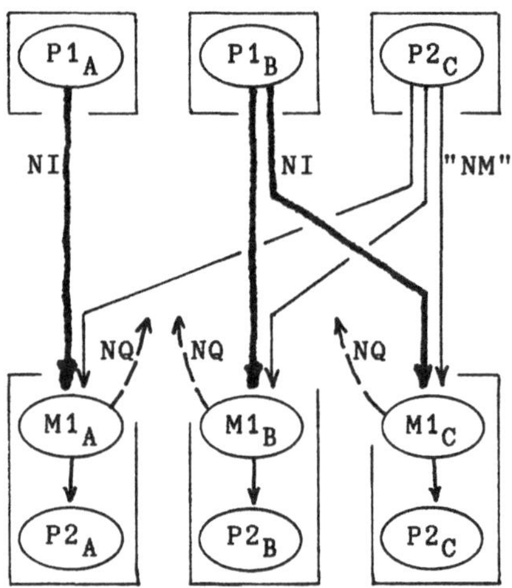

Bild 4.3-3 Beispiel der "optimistischen" Senderauswahl

Bei ungefähr gleicher NI-Anzahl weisen verteilte Systeme zur Fehlermaskierung (Bild 4.3-2) gegenüber den "optimistischen" Senderauswahl-Verfahren (Bild 4.3-3) folgende Vorteile auf:

+ Da Fehler schon vor dem NI-Transfer maskiert werden, ist eine bessere Senderauswahl möglich. Fehlerhafte Senderexmplare, deren Fehlerzustand durch Relativtests erkennbar ist, kommen nicht mehr als NI-Sender in Betracht.

+ Maskierungs-Knoten MK müssen die Senderauswahl nicht aus einer lokalen Sicht heraus entscheiden, sondern können sich durch Austausch von Nachrichten NM über die Bildung geeigneter Sender-Empfänger-Paare "unterhalten", was eine bessere Senderauswahl ermöglicht. Dazu können die ohnehin zur Fehlermaskierung erforderlichen NM mitbenutzt werden.

+ Die meisten Fehler werden schon vor dem ersten NI-Transfer und nicht erst bei Ausführung des Quittierungs-Protokolls toleriert, was, wie bereits erwähnt, die mittlere NI-Anzahl senkt.

+ Die Interprozeßnachrichten NI erhalten ein "Fehlerfreiheits-Zertifikat" und sind somit an jeder Stelle im System, falls fehlerhaft, abweisbar. Kein fehlerfreier Knoten des Kommunikationssystems muß fehlerhafte NI transferieren.

Die in den folgenden Unterabschnitten enthaltene detaillierte Beschreibung der Fehlermaskierung durch verteilte Systeme verfolgt zwei Ziele: Zunächst ist die Funktion von m-Protokollen exakt zu spezifizieren. Andererseits ist der Freiraum beim Protokoll-Entwurf aufzuzeigen, da die hier beschriebene Fehlermaskierungs-Methode verschiedene Implementierungen zuläßt, die eine Anpassung an anwendungs- oder systemabhängige Gegebenheiten erlaubt. Außerdem unterscheiden sich m-Protokolle in Abhängigkeit von n und m, d.h. indirekt von der Anzahl der Rechnerfehler r (Pa2), der Gruppenfehler g, der maximalen Rechneranzahl in einer Gruppe h (Pa3) und der maximalen Symptomgleichheit s (Pa4). Während Abschnitt 6 ein konkretes 3-Protokoll für (e=1, g=1, h>0 beliebig, s=1) nennt, enthält dieser Abschnitt nur Eigenschaften, die für die gesamte Klasse der Fehlermaskierung durch verteilte Systeme gelten.

Diese Klasse ordnet sich in die Klasse der nebenläufigen Verfahren ein und stellt sich mit folgenden Merkmalen bezüglich Ebene (E), Vergleich (V), Synchronisierung (S) und Kommunikationssystem (K) neben die in Abschnitt 3.2 genannten herkömmlichen Verfahren:

E4 Maskierungs-Knoten sind unterhalb der Ebene der Prozeßexemplare im globalen Betriebssystem angesiedelt. Hardwarehilfen (E3) dürften sich erübrigen, sind aber nicht unverträglich mit den hier vorgestellten Verfahren.

V3 Maskierungs-Knoten vergleichen Ergebnisse miteinander, wenn sie in Form von Interprozeßnachrichten vorliegen.

S6 Die Ausführung des m-Protokolls erzwingt keine Abhängigkeiten, die das zeitliche Auseinanderlaufen der redundanten Prozeßexemplare im Rahmen der zur Verfügung stehenden Zeitredundanz behindern. Erst der drohende Überlauf des Puffers zwischen Prozeßexemplar und zugehörigem Maskierungs-Knoten erfordert eine Synchronisierung.

K5 Ein verteiltes Kommunikationssystem darf alle Realisierungs-Eigenschaften nach außen verbergen, wenn nur die Transferaufwandsfunktion TA (Pa1) bekannt ist, die als einzige Information zur Reduzierung des redundanten Transferaufwands ausreicht.

4.3.1 Struktur der Interprozeßkommunikation

Eine dem m-Protokoll entsprechende fehlertolerante Interprozeßkommunikation gründet sich auf die beschriebenen Nachrichtenverbindungen zwischen Prozeßexemplaren, Maskierungs-Knoten und Quittierungs-Instanzen. Dieser Abschnitt zeigt die vorteilhafte Auswahl von Sender-Empfänger-Paaren und die damit verbundenen Möglichkeiten, den Transferaufwand zu reduzieren.

Ein einfaches Beispiel mit drei 2-von-3-Prozeßsystemen, wobei P1 Interprozeßnachrichten NI an P2 und P3 sendet, vermittelt einen Eindruck, indem es empfänger- (siehe Bild 4.3.1-1) und senderseitige Fehlermaskierung (siehe Bild 4.3.1-2) unter übereinstimmenden Bedingungen gegenüberstellt. Das Beispiel der doppelten Interprozeßkommunikation mit zwei Empfängerprozessen und insgesamt sechs Empfängerexemplaren wurde gewählt, um verschiedene Arten der Reduzierung des redundanten NI-Transferaufwands zu zeigen, die von der Konfiguration, d.h. von der Rechnerzuordnung der redundanten Prozeßexemplare, abhängen.

Bei empfängerseitiger Fehlermaskierung erhält jede der Instanzen $M1_A$, $M1_B$, ..., die den 2•3=6 Empfängerexemplaren zugeordnet sind, im fehlerfreien Fall 3 Interprozeßnachrichten NI. Den insgesamt 18 NI stehen nur 6 NI bei senderseitiger Fehlermaskierung gegenüber. Die 6 NI erhalten zudem ein noch geringeres Gewicht, wenn von einer nicht konstanten Transferaufwandsfunktion TA ausgegangen wird, die hier durch eine Gruppenstruktur bedingt sei und die in Abschnitt 2.1 genannten Werte aufweise: NI-Transfer innerhalb von Rechnern verursacht überhaupt keinen, zwischen Rechnern der gleichen Gruppe den einfachen und zwischen Gruppen den fünffachen Transferaufwand. Der letztgenannte Wert kommt durch die Benutzung von zwei gruppenlokalen und einem globalen Kommunikationssystem, sowie entsprechenden Koppeleinheiten zustande (siehe Bild 2.1-2). Empfängerseitige Fehlermaskierung verursacht zwölf solcher Zwischen-Gruppen-Nachrichten NI, senderseitige nur eine. Die Transferaufwands-Summe reduziert sich mit der angegebenen Funktion TA von 63 auf 7. Zur letztgenannten Zahl muß noch der Aufwand zum Transfer der Nachrichten NM und NQ addiert werden. Angenommen, er betrage pro NM bzw. NQ 1/10 des NI-Transferaufwands, dann ergibt sich bei NM-Transfer zwischen allen Maskierungs-Knoten 22/10=2.2. Der NQ-Transfer von jedem Empfängerexemplar zu einem Maskierungs-Knoten MK, der vom jeweiligen NI-Sender verschieden ist, beträgt ebenfalls 22/10=2.2, was die Summe 7 + 2.2 + 2.2 = 11.4 ergibt. Die Reduzierung von 63 auf 11.4 entspricht etwa 18%, also nur rund der Hälfte des Wertes von 18/6 = 1/3, der sich bei Gleichbewertung aller NI ergäbe.

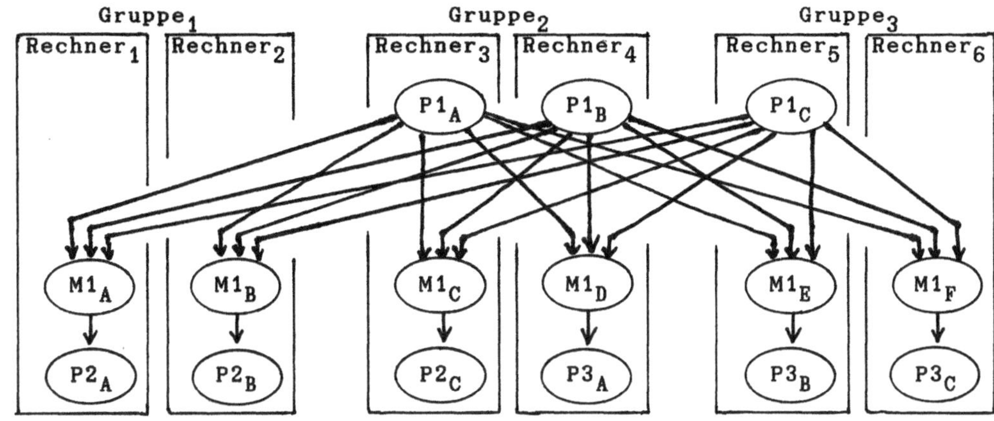

Bild 4.3.1-1 Empfängerseitige Fehlermaskierung durch autonome Fehlermaskierungs-Instanzen $M1_A$, $M1_B$, ..., $M1_F$. 18 NI, davon 3 innerhalb Rechnern, 3 innerhalb Gruppen und 12 zwischen Gruppen.
Hier gelte: innerhalb Gruppen ==> zwischen Rechnern.

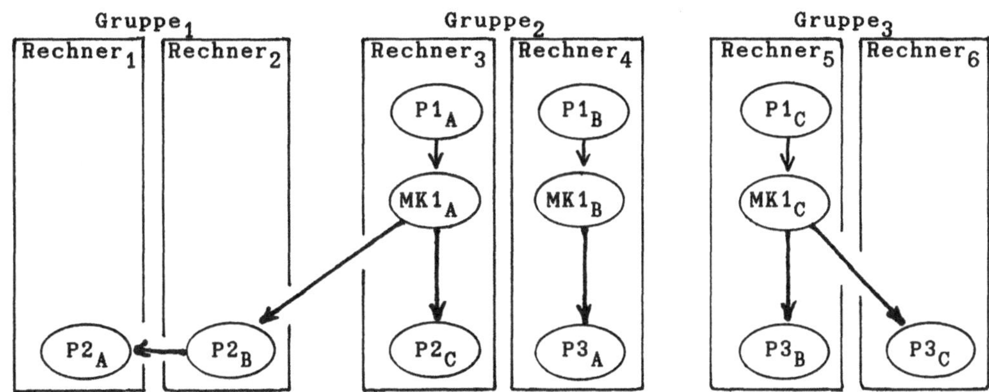

Bild 4.3.1-2 Senderseitige Fehlermaskierung durch ein Maskierungs-System MS = (MK1A, MK1B, MK1C). NM und NQ hier nicht dargestellt. 6 NI, davon 3 innerhalb Rechnern, 2 innerhalb Gruppen, 1 zwischen Gruppen.

Das angegebene Beispiel verdeutlicht die Unterscheidung in zwei Arten des Reduzierungs-Gewinns. Das Verfahren der Fehlermaskierung durch verteilte Systeme stellt eine Reduzierung auf 1/3 des NI-Transferaufwands sicher (Mindestgewinn). Die aktuelle Konfiguration des Mehrrechnersystems verspricht noch eine weitere Reduzierung, die aber von der Kommunikationsstruktur, ausgedrückt durch die Transferaufwandsfunktion TA, abhängt (TA-abhängiger Gewinn) und sich nicht allgemein quantifizieren läßt. Außerdem schmälert der NM- und NQ-Transferaufwand den Gewinn in einer Weise, die vom

Transferaufwands-Verhältnis der verschiedenen Nachrichtenarten abhängt und sich ebenfalls einer allgemeinen Beurteilung entzieht. Jedoch begründet die Erläuterung zu Un1 und Un2 in Abschnitt 4.4, weshalb Nachrichten NM und NQ oft auch bei NI-ähnlichem Transferaufwand vernachlässigbar sind. Für bestimmte Anwendungen in Gruppenstrukturen geben Simulationen Aufschluß (siehe Abschnitt 6.2).

Die bisherigen Überlegungen beziehen sich auf den fehlerfreien Fall, dessen Aufwandswerte wohl weitgehend mit den über alle Fehlerfälle gemittelten Werten identisch sein dürften, da Fehler hoffentlich selten auftreten. Dies läßt den Schluß zu, daß allein der Mindestgewinn den mittleren Transferaufwand (Pa1, Zi3, Zi4) meist deutlich verringert. Soll aber der maximale Transferaufwand (Pa1, Zi3, Ra5) reduziert werden, ist der ungünstigste Fehlerfall zu betrachten. Die größte NI-Anzahl entsteht, wenn nicht das Maskierungs-, sondern erst das Quittierungs-Protokoll Fehler toleriert, indem es Interprozeßnachrichten NI wiederholt sendet. Die Bilder 4.3.1-3, 4.3.1-4 und 4.3.1-5 zeigen die Situation des oben aufgeführten Beispiels, wenn bei Fehlermaskierung durch verteilte Systeme nach Fehlern in $Rechner_3$, $Rechner_4$ bzw. $Rechner_5$ NI-Wiederholungen nötig sind (r=1, g=0). Am ungünstigsten erweist sich der in Bild 4.3.1-3 dargestellte Fehler in $Rechner_3$ mit einem zusätzlichen Transferaufwand des Quittierungs-Protokolls von 11 gemäß der genannten Funktion TA. Im schlechtesten Fall ist also eine Reduzierung von 63 auf 11.4 + 11 = 22.4 (etwa 36%) zu befürchten, was ungefähr dem Mindestgewinn von 1/3 entspricht. Die folgenden Unterabschnitte enthalten eine Verallgemeinerung dieser Überlegungen von 2-von-3- auf n-von-m-Systeme.

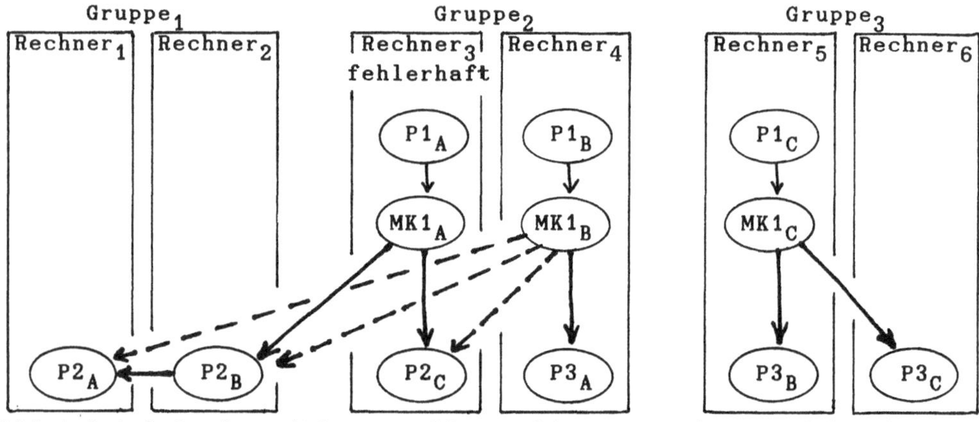

Bild 4.3.1-3 Senderseitige Fehlermaskierung bei fehlerhaftem $Rechner_3$. $MK1_B$ sendet aufgrund negativer Quittierung 3 NI (gestrichelt), davon 1 innerhalb $Gruppe_2$, 2 zwischen Gruppen.

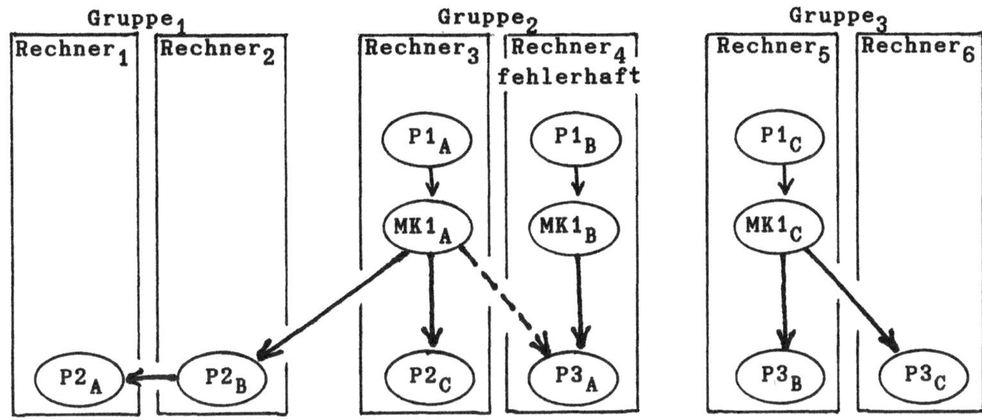

Bild 4.3.1-4 Senderseitige Fehlermaskierung bei fehlerhaftem $Rechner_4$. $MK1_A$ sendet aufgrund negativer Quittierung 1 NI (gestrichelt) innerhalb $Gruppe_2$ an $P3_A$, das von dem Fehler in $Rechner_4$ nicht notwendigerweise betroffen sein muß.

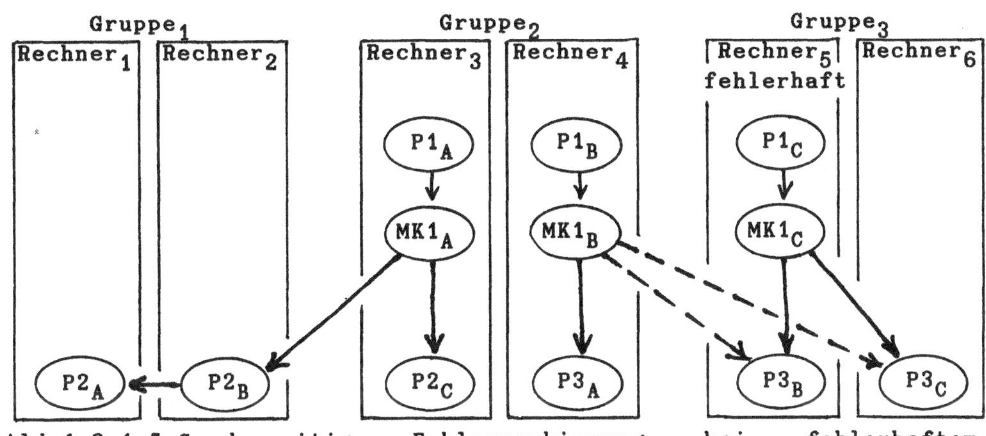

Bild 4.3.1-5 Senderseitige Fehlermaskierung bei fehlerhaftem $Rechner_5$. $MK1_B$ sendet aufgrund negativer Quittierung 2 NI (gestrichelt) zwischen Gruppen.

Die Bilder 4.3.1-2 bis 4.3.1-5 zeigen eine weitere Besonderheit der senderseitigen Fehlermaskierung. Maskierungs-Knoten können einzelne Empfängerexemplare (hier $P2_B$) mit dem Weitersenden von Interprozeß-nachrichten NI beauftragen, wenn diese zu einem zweiten Empfänger-exemplar günstiger liegen als jeder Maskierungs-Knoten. Fehler im ersten Empfängerexemplar wirken sich allerdings aufwandserhöhend aus, da sie zwei NI-Wiederholungen erzwingen können und erst durch das Quittierungs-Protokoll toleriert werden. Vo10 stellt zwar sicher, daß wiederholte NI fehlerfreie Empfängerexemplare stets erreichen können, verschließt aber dem Quittierungs-Protokoll die Möglichkeit, ebenfalls NI von einem Empfängerexemplar zum anderen weiterzureichen.

Eine noch günstigere Realisierung des indirekten NI-Transfers kann durch spezielle Fähigkeiten des Kommunikationssystems unterstützt werden. Sind pro Nachricht mehr als eine Zieladresse erlaubt, so erreicht eine einzige Zwischen-Gruppen-Nachricht NI mehrere Empfängerexemplare, etwa $P2_A$ und $P2_B$ in Bild 4.3.1-2. Erst das Kommunikationssystem der Gruppe der Empfänger spaltet die Nachricht auf, um sie zu den beiden Empfängerexemplaren zu leiten. Durch diese Art der Aufspaltung durchläuft keine Nachricht zuerst den einen, dann den anderen Empfängerrechner. Zwischen Empfängerexemplaren entstehen keine fehlerbedingten Wechselwirkungen, weshalb auch das Quittierungs-Protokoll von dieser Methode Gebrauch machen kann (siehe Bild 4.3.1-8). Im erwähnten Beispiel würde die Transferaufwandssumme selbst im ungünstigsten Fehlerfall nicht über 11.4 + 7 = 18.4 (etwa 29%) steigen. Es sei hervorgehoben, daß mehrfache Adressenangabe oder Weiterreichen der Interprozeßnachrichten NI keine Kenntnis der Kommunikationsstruktur erfordern. Die Transferaufwandsfunktion TA genügt als Entscheidungsgrundlage.

Eine Sonderstellung nimmt der 1:x-Transfer ein, weil er, falls fehlertolerant garantiert, ebenfalls den redundanten Transferaufwand erniedrigen kann (siehe Abschnitt 3.3). Verteilte Kommunikationssysteme (K5) benutzen ihn nicht zur Wahrung der Konsistenz im Fehlerfall, wohl aber zur Förderung effizienter Kommunikation [Wybr 84]. Bei empfängerseitiger Fehlermaskierung sinkt die Anzahl der zu transferierenden Interprozeßnachrichten NI von 9 auf 3 (siehe Bild 4.3.1-6), was genau dem Mindestgewinn im fehlerfreien Fall entspricht. Maskierungs-Systeme erkennen aber die durch 1:x-Transfer veränderte Funktion TA, bei der alle Maskierungs-Knoten den gleichen Transferaufwand verursachen. Sie wählen daher einen beliebigen Maskierungs-Knoten als Sender einer 1:x-transferierten NI aus; die NI-Anzahl sinkt von 3 weiter auf 1 (siehe Bild 4.3.1-7). Die mit beiden Methoden erzielbaren Reduzierungs-Gewinne von je 1/3 multiplizieren sich zu 1/3 • 1/3 = 1/9, was die gleichzeitige Anwendung von 1:x-Transfer und senderseitiger Fehlermaskierung begünstigt.

In Mehrrechnersystemen mit großer Rechneranzahl (So1) wirkt sich jedoch globaler 1:x-Transfer nachteilig aus, da er auf einem zentralisierten Kommunikationsmittel basiert. Es bietet sich seine Verwendung in Teilsystemen an; 1:x-Transfer innerhalb von Rechnergruppen mit mehrfachen Nachrichten-Zieladressen führt zu erhöhter Effizienz. Bild 4.3.1-8 zeigt die entsprechende Kommunikationsstruktur.

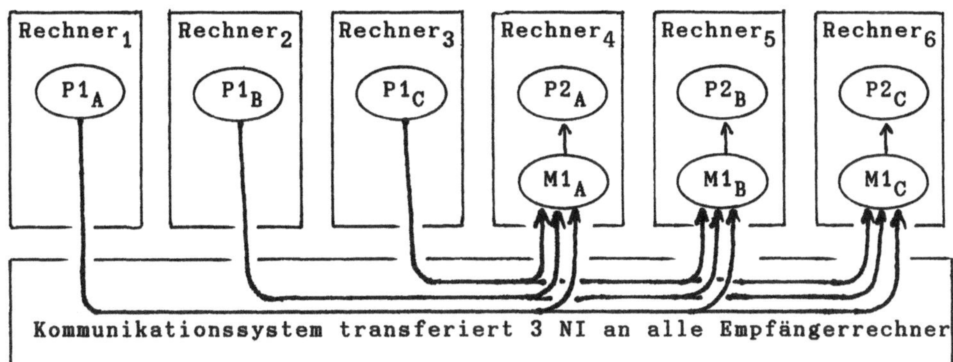

Bild 4.3.1-6 Empfängerseitige Fehlermaskierung bei 1:x-Transfer von P1 an P2. Dieses einfache Beispiel wurde gewählt, um die prinzipielle Kommunikationsstruktur zu zeigen. Bild 4.3.1-8 kehrt wieder zu dem bereits geschilderten Beispiel der doppelten Interprozeßkommunikation zurück: P1 --> P2 und P1 --> P3.

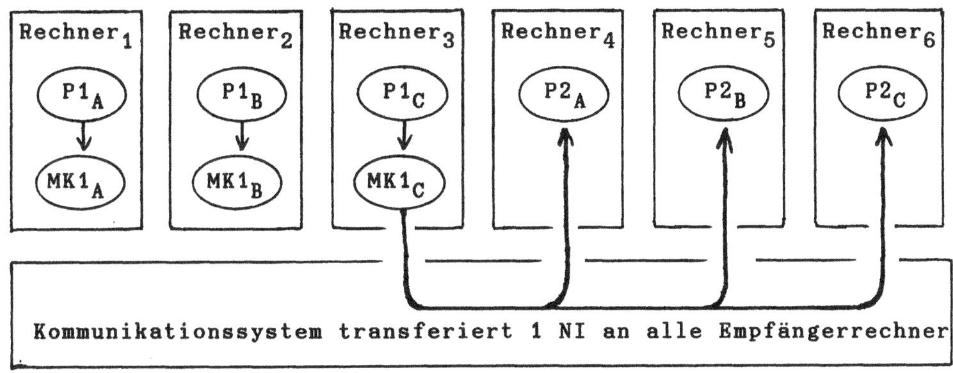

Bild 4.3.1-7 Senderseitige Fehlermaskierung bei 1:x-Transfer von P1 an P2. Die Nachrichten NM sind weggelassen.

Nach der ausführlichen Betrachtung der NI-Struktur unter dem Gesichtspunkt der Aufwandsreduzierung soll nun auf die Struktur der zusätzlichen Nachrichten eines m-Protokolls NM und NQ eingegangen werden. Zur n-von-m-Mehrheitsentscheidung in jedem Maskierungs-Knoten MK genügt die Kenntnis des Fehlerzustands aller Senderexemplare, wozu eine vollvermaschte NM-Struktur ausreicht. Es sei aus Abschnitt 6.1.1 vorweggenommen, daß meist teilvermaschte Strukturen ausreichen und außerdem diese Nachrichten NM auch alle zur Senderauswahl erforderliche Information zwischen den Maskierungs-Knoten transferieren. Im Rahmen des Quittierungs-Protokolls sendet jedes Empfängerexemplar höchstens m-n Quittierungsnachrichten NQ an Maskierungs-Knoten, die vom erstmalig NI-sendenden Maskierungs-Knoten und untereinander verschieden sind.

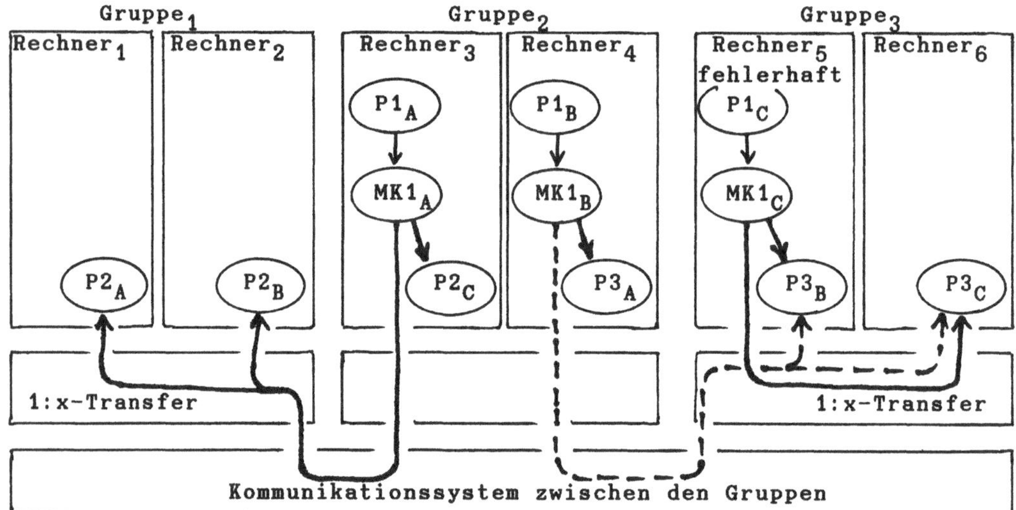

Bild 4.3.1-8 Senderseitige Fehlermaskierung einer Interprozeßkommunikation von P1 an P2 und P3. Die Kommunikationssysteme innerhalb der Gruppen bieten 1:x-Transfer. NI des Quittierungs-Protokolls sind gestrichelt gezeichnet.

Bild 4.3.1-9 skizziert mit willkürlichen Sender-Empfänger-Paaren die Struktur eines vollständigen 3-Protokolls und nimmt damit unter den graphischen Darstellungen in dieser Arbeit eine zentrale Stelle ein. Folgende Nachrichten sind zu transferieren:

NI von $P1_X$ an $MK1_X$ (rechnerintern) und von $MK1_X$ an $P2_Z$,
NM von $MK1_X$ an $MK1_Y$,
NQ von $P2_Z$ an $MK1_X$,

wobei X, Y, Z jeweils für A, B oder C stehen. Bezüglich des Fehlermodells ist wichtig, zu beachten, daß Sender- und Empfängerrechner teilweise identisch sein können, etwa wenn $P1_B$ und $P2_C$ demselben Rechner zugeordnet sind. Jedoch sind Sender- und Empfängerrechner jeweils untereinander verschieden. Die im Rahmen des Quittierungs-Protokolls möglicherweise wiederholt zu sendenden NI sind in Bild 4.3.1-9 weggelassen. Sie werden entgegengesetzt zur NQ, die sie anfordern, gesendet. Den **physikalischen** Weg aller Nachrichten in einem gruppenstrukturierten Kommunikationssystem zeigt Bild 4.3.1-10 - zwangsläufig in einer unübersichtlichen Darstellung, weil die Unterscheidung zwischen Hardware- und Prozeß-Verbindungsstruktur wegfällt.

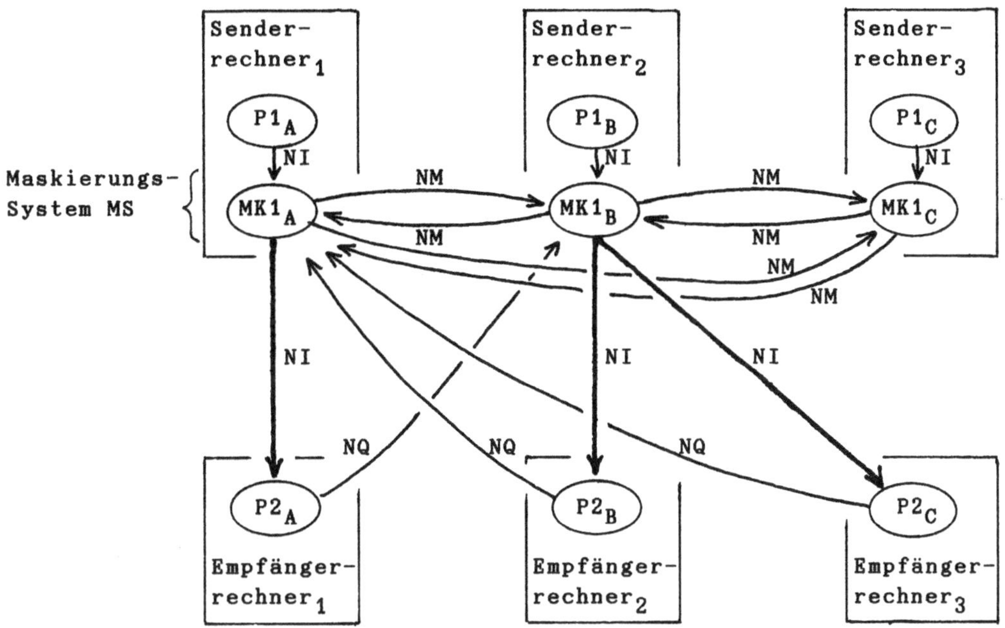

Bild 4.3.1-9 3-Protokoll der senderseitigen Fehlermaskierung durch verteilte Systeme bei der Interprozeßkommunikation von P1 an P2. Die i.a. aufwendiger zu transferierenden Interprozeßnachrichten NI sind dick ausgezogen gezeichnet.

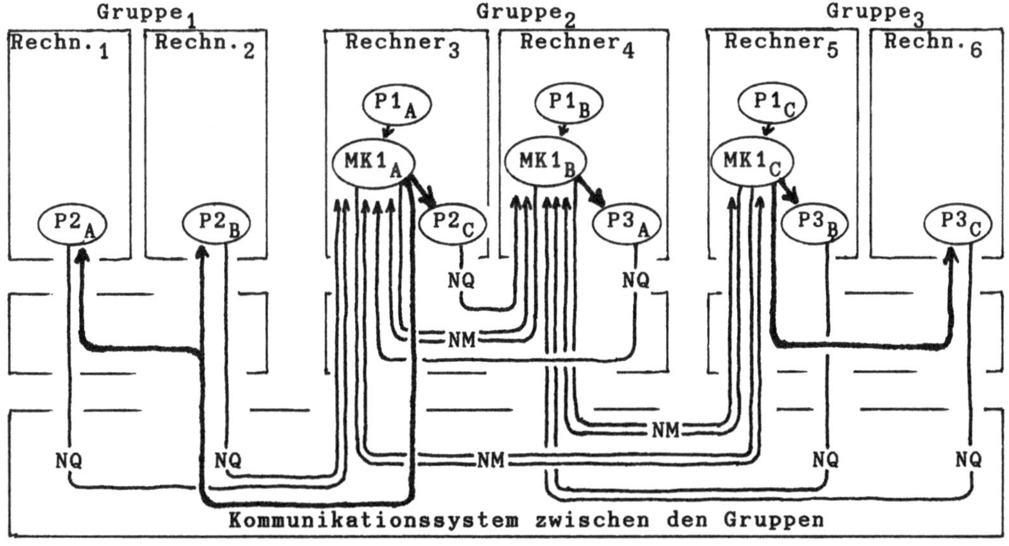

Bild 4.3.1-10 Physikalische Wege der Nachrichten eines 3-Protokolls.

4.3.2 Maskierungs-Protokoll

Die Knoten MK eines Maskierungs-Systems MS tauschen Nachrichten NM aus, um zu entscheiden, welche Senderexemplare fehlerfrei und welche davon als NI-Sender für die einzelnen Empfängerexemplare auszuwählen sind. Anschließend übernehmen die Maskierungs-Knoten die in Puffern bereitliegenden Interprozeßnachrichten NI und senden diese an die Empfängerexemplare. Diese Aufgaben nimmt ein Maskierungs-System für alle vom Senderprozeß erarbeiteten Ergebnisse, d.h. für alle von ihm erzeugten Interprozeßnachrichten, in gleicher Weise wahr. Die Regeln des NM- und NI-Transfers für ein m-Tupel von redundanten Interprozeßnachrichten NI werden als Maskierungs-Protokoll bezeichnet. Entsprechend Voraussetzung Vo1 besitzen m redundante NI die gleiche Sequenznummer Nr. Für jede Nr führen die Maskierungs-Knoten ein Maskierungs-Protokoll aus. Aufeinanderfolgende Nr führen zu aufeinanderfolgenden, voneinander unabhängigen Maskierungs-Protokollen, die sich zwar in ihrem Ablauf, nicht aber in ihrer Spezifikation oder Programmierung unterscheiden, so daß im folgenden nur ein einziges derartiges Protokoll (mit verschiedenen Realisierungs-Alternativen) beschrieben wird.

Die Unabhängigkeit aufeinanderfolgender Maskierungs-Protokolle ist nicht mit Sequentialisierung gleichzusetzen. Die Synchronisierung S6 läßt ein zeitliches Auseinanderlaufen redundanter Prozeßexemplare im Rahmen der Pufferkapazität und der Zeitredundanz zu, so daß sich bei den Knoten MK eines Maskierungs-Systems MS unterschiedlich viele NI mit aufeinanderfolgenden Nr ansammeln können. Die Implementierung der Fehlermaskierungs-Instanz als verteiltes System und die daraus resultierende Nebenläufigkeit des Maskierungs-Protokolls kann dazu führen, daß einzelne MK noch das Maskierungs-Protokoll für Nr, andere schon für Nr+1 ausführen. Bis zu m-fache zeitliche Protokoll-Überlappungen sind möglich. Maskierungs-Knoten erkennen zusammengehörige Nachrichten NI und NM, da sie die Sequenznummer Nr der NI (Vo1) auch in die entsprechenden NM eintragen. Die Programmierung der Maskierungs-Knoten ähnelt dann der eines wiedereintrittsfähigen Programms:

* Vom zugehörigen Prozeßexemplar empfangene NI, sowie die von anderen Maskierungs-Knoten empfangenen NM werden in Puffern abgelegt.

* Bei Erhalt einer NI beginnen die Maskierungs-Knoten mit der Ausführung des Maskierungs-Protokolls (z.B. indem sie NM aussenden).

* Bei Erhalt einer NM mit einer bestimmten Nr suchen Maskierungs-Knoten im NI- und NM-Puffer nach weiteren Nachrichten mit der gleichen Nr, die sie schon früher empfangen haben.

* Werden solche Nachrichten gefunden, bilden alle Nachrichten mit der betreffenden Nr den Datensatz, auf dem der Maskierungs-Knoten seine Protokoll-Aktionen ausführt.

* Werden dagegen keine gefunden, unterbleiben weitere Aktionen.

Die zentrale Aufwands-Nutzen-Anforderung an das Maskierungs-Protokoll wurde schon durch Abschnitt 4.3.1 deutlich. Fehlermaskierung durch verteilte Systeme ist nur sinnvoll, wenn der Transferaufwand zur Ausführung des Maskierungs-Protokolls gering bleibt, da dynamische Redundanz bei der Interprozeßkommunikation und geeignete Senderauswahl nur den NI-, nicht aber den NM-Transferaufwand minimieren. Die Nachrichtenanzahl des Maskierungs-Protokolls läßt sich nur bis zu einer gewissen Grenze senken, weil jeder Maskierungs-Knoten, der eine n-von-m-Mehrheitsentscheidung treffen soll, den Fehlerzustand von mindestens n Senderexemplaren kennen muß. Für jeden erkannten Fehler steigt diese Anzahl um 1, bis der Maximalwert von n+(m-n)=m erreicht ist. Entsprechend sind n-1, (n+1)-1, (n+2)-1, (n+3)-1, ... Nachrichten NM zu transferieren ("-1", weil Maskierungs-Knoten keine NM an sich selbst senden müssen).

Als sinnvolle Maßnahme, um den Transferaufwand zur Ausführung des Maskierungs-Protokolls gering zu halten, bleibt nur die Senkung des Transferaufwands für jede einzelne Nachricht NM. Dazu läßt sich die Tatsache nutzen, daß Maskierungs-Knoten letztlich nicht an dem von den Prozeßexemplaren erarbeiteten Ergebnis, sondern nur an Aussagen über deren Fehlerzustand interessiert sind. Signatur-Verfahren [Beth 81, LeWa 83] erlauben es, Fehlerzustands-Information aus Nachrichten zu gewinnen (Vo2) und diese mit sehr hoher Wahrscheinlichkeit unverfälscht auf andere Nachrichten zu übertragen (Vo3), die nur aus wenigen Bits bestehen (Vo4). Die komprimierte Information wird als Signatur bezeichnet. Geeignete Signatur-Erzeugungspolynome bilden durch Division in einem Restklassenkörper die Menge der ursprünglichen Nachrichteninhalte surjektiv auf eine Menge von Signaturen ab. Jede Signatur kann zwar das Bild von sehr vielen Nachrichteninhalten (z.B. 2^{1000}) sein, jedoch begrenzt die Anzahl der möglichen Signaturen die Wahrscheinlichkeit, daß ein fehlerhafter Nachrichteninhalt auf die gleiche Signatur wie der fehlerfreie abgebildet wird. Die Wahrscheinlichkeit dieses unerwünschten Falls, der eine Fehlererkennung ausschließt, beträgt nach [HeLe 83]

$$(2^{Ln-Ls} - 1) / (2^{Ln} - 1),$$

wobei Ln die Länge der ursprünglichen Nachricht und Ls die Länge der Signatur in Bit bezeichnet. 2^{Ln} Nachrichteninhalte werden auf 2^{Ls} Signaturen abgebildet. Die angegebene Formel setzt voraus, daß Fehler eines Rechners die Ln Bits der Nachricht unabhängig voneinander und mit gleicher Wahrscheinlichkeit betreffen. Außerdem sollen

(0-->1)- und (1-->0)-Verfälschungen gleich wahrscheinlich sein. Nach [HeLe 83] gilt für Ln-->∞ der Grenzwertübergang

$$(2^{Ln-Ls} - 1) / (2^{Ln} - 1) \quad \longrightarrow \quad 1/2^{Ls}$$

Außerdem zeigt Beweis 9 die Abschätzung

$$(2^{Ln-Ls} - 1) / (2^{Ln} - 1) \quad \leq \quad 1/2^{Ls}$$

Die folgenden Überlegungen fußen nur noch auf dieser Abschätzung. $R_S(Ls)$ sei die Wahrscheinlichkeit, daß die Fehlerzustands-Information einer Signatur der Länge Ls zutrifft. Also gilt

$$1 - R_S(Ls) = 1/2^{Ls}$$

Die Möglichkeit, durch geringe Erhöhung von Ls den Wert für $1/2^{Ls}$ stark zu senken und dabei die Nachrichtenlänge immer noch von beliebigen Ln auf Ls zu reduzieren, bewirkt eine drastische Nachrichtenkomprimierung bei weitgehendem Erhalt der Fehlerzustands-Information. Nachrichten NM transferieren daher nicht die vollständigen Ergebnisse, sondern nur deren Signaturen. Maskierungs-Knoten, die NM empfangen, vergleichen statt der vollständigen Interprozeßnachrichten nur Signaturen. Die Signaturen fehlerfreier Ergebnisse (kurz: fehlerfreie Signaturen) sind gleich, die Signaturen fehlerhafter Ergebnisse (kurz: fehlerhafte Signaturen) mit hoher Wahrscheinlichkeit $R_S(Ls)$ davon verschieden, so daß Maskierungs-Knoten eine n-von-m-Mehrheitsentscheidung treffen können. Es sei jedoch angemerkt, daß dieses Vorgehen nur gerechtfertigt ist, weil hier deterministische Prozeßexemplare betrachtet werden, die bei Fehlerfreiheit übereinstimmende Ergebnisse liefern (siehe auch Un8 in Abschnitt 4.4).

Welche Signaturlänge Ls soll ein Signaturerzeuger wählen, um die mit $1-R_S(Ls) = 1/2^{Ls}$ pessimistisch abgeschätzte Wahrscheinlichkeit nicht erkennbarer Fehler gering zu halten ? Ein sinnvoller Bezugspunkt bildet die Überlebenswahrscheinlichkeit $R_{mM,mP}(t)$ eines n-von-m-Systems, die sich durch Signaturverfahren nur unwesentlich verschlechtern soll. Andererseits können aufwendige Signaturverfahren mit großem Ls den Wert für $R_{mM,mP}(t)$ nicht steigern und bleiben daher ohne Nutzen. Die folgenden Formeln untermauern diesen Zusammenhang. Der erfolgreiche Abschluß eines Maskierungs-Protokolls setzt voraus, daß mindestens n Senderexemplare und ihre zugehörigen Maskierungs-Knoten fehlerfrei, sowie alle von diesen n Maskierungs-Knoten ausgesandten $n \cdot (m-1)$ Signaturen zutreffend sind (d.h. eine zutreffende Aussage über den Fehlerzustand des Absenders erlauben). Für jeden einzelnen der n Knoten beträgt dann die Überlebenswahrscheinlichkeit

$$R_{M,P,Sm}(t,Ls) = R_{M,P}(t) \cdot R_S(Ls)^{m-1} = R_{M,P}(t) \cdot (1 - 1/2^{Ls})^{m-1}$$

Die Wahrscheinlichkeit für den erfolgreichen Abschluß des Maskierungs-Protokolls beträgt dann:

$$R_{mM,mP,mSm}(t,Ls) = \sum_{i=n}^{m} \binom{m}{i} \cdot (R_{M,P,Sm}(t,Ls))^{i} \cdot (1-R_{M,P,Sm}(t,Ls))^{m-1}$$

Ein sinnvoller Wert für Ls könnte sich durch den Zuverlässigkeits-Verbesserungsfaktor [Aviz 78]

$$\frac{1 - R_{mM,mP}(t)}{1 - R_{mM,mP,mSm}(t,Ls)} \geq x$$

ergeben, wobei x nur eine leichte Verschlechterung, z.B. x=0.95, ausdrückt. Bild 4.3.2-1 zeigt Ls in Abhängigkeit von $R_{M,P}(t)$ für 2-von-3- und 3-von-5-Systeme. Bei x=0.95 reicht bereits eine 3-Byte-Signatur (Ls $\geq$ 23 Bit, siehe umrahmte Zahl in Bild 4.3.2-1) zur Erzielung einer Mißerfolgs-Wahrscheinlichkeit des Maskierungs-Protokolls $< 3 \cdot 10^{-10}$ im Falle von 2-von-3-Systemen aus (10^{-12} bei 3-von-5-Systemen). Eine 5-Byte-Signatur dürfte wohl für alle Anwendungsfälle genügen ($3 \cdot 10^{-20}$ bzw. 10^{-26}).

Die von einem Maskierungs-Knoten $MK1_X$ festgestellte Übereinstimmung von n Signaturen, die von n-1 anderen Maskierungs-Knoten und ihm selbst stammen, zeigt die Fehlerfreiheit von $MK1_X$. Sie berechtigt $MK1_X$, Interprozeßnachrichten NI an alle Empfängerexemplare zu senden, für die $MK1_X$ von allen Maskierungs-Knoten den geringsten Transferaufwand aufweist. Bezogen auf ein Empfängerexemplar $P2_Z$ bedeutet dies, daß das Sender-Empfänger-Paar ($MK1_X$, $P2_Z$) einen geringeren Wert TA ($MK1_X$, $P2_Z$) aufweist als alle Paare ($MK1_Y$, $P2_Z$) mit $MK1_X \neq MK1_Y$. Weisen mehrere Paare den gleichen minimalen TA-Wert auf, so bestimmt eine statisch vorgegebene Reihenfolge den NI-Sender.

Die von einem Maskierungs-Knoten $MK1_X$ festgestellte Signaturübereinstimmung liefert eine Fehlerzustands-Information bezüglich des Zeitpunkts der Signaturerzeugung in $MK1_X$: Das zugehörige Senderexemplar war zu diesem nur kurzfristig zurückliegenden Zeitpunkt fehlerfrei. Später auftretende Fehler sind zwar nicht mehr maskierbar; die jederzeit feststellbare Inkonsistenz zwischen Signatur und Nachricht erlaubt aber eine Tolerierung durch das Quittierungs-Protokoll (siehe Abschnitt 4.3.3). Diese Betrachtung zieht die bereits erwähnte Grenze zwischen statischer und dynamischer Redundanztechnik zur Tolerierung von Fehlern, die Maskierungs-Knoten betreffen.

	2-von-3-System						3-von-5-System					
$1 - R_{M,P}(t)$	$1 - R_{3M,3P,3S3}(t,Ls)$	Zuverlassigk.-Verbesserungsfaktor x in % 50	70	90	95	99	$1 - R_{5M,5P,5S5}(t,Ls)$	Zuverlassigk.-Verbesserungsfaktor x in % 50	70	90	95	99
1	1	1	1	1	1	1	1	1	1	1	1	1
10^{-01}	$2.80 \cdot 10^{-02}$	6	7	9	10	12	$8.56 \cdot 10^{-03}$	7	9	10	11	14
10^{-02}	$2.98 \cdot 10^{-04}$	9	10	12	13	16	$9.85 \cdot 10^{-06}$	11	12	14	15	17
10^{-03}	$3.00 \cdot 10^{-06}$	13	14	16	17	19	$9.98 \cdot 10^{-09}$	14	15	17	18	21
10^{-04}	$3.00 \cdot 10^{-08}$	16	17	19	20	22	$9.99 \cdot 10^{-12}$	18	19	21	22	24
10^{-05}	$3.00 \cdot 10^{-10}$	19	20	22	23	26	$1.00 \cdot 10^{-14}$	21	22	24	25	27
10^{-06}	$3.00 \cdot 10^{-12}$	23	24	26	27	29	$1.00 \cdot 10^{-17}$	24	25	27	28	31
10^{-07}	$3.00 \cdot 10^{-14}$	26	27	29	30	32	$1.00 \cdot 10^{-20}$	28	29	31	32	34
10^{-08}	$3.00 \cdot 10^{-16}$	29	30	32	33	36	$1.00 \cdot 10^{-23}$	31	32	34	35	37
10^{-09}	$3.00 \cdot 10^{-18}$	33	34	36	37	39	$1.00 \cdot 10^{-26}$	34	35	37	38	41
10^{-10}	$3.00 \cdot 10^{-20}$	36	37	39	40	42	$1.00 \cdot 10^{-29}$	38	39	41	42	44
10^{-11}	$3.00 \cdot 10^{-22}$	39	40	42	43	46	$1.00 \cdot 10^{-32}$	41	42	44	45	47
10^{-12}	$3.00 \cdot 10^{-24}$	43	44	46	47	49	$1.00 \cdot 10^{-35}$	44	45	47	48	51
10^{-13}	$3.00 \cdot 10^{-26}$	46	47	49	50	52	$1.00 \cdot 10^{-38}$	48	49	50	52	54
10^{-14}	$3.00 \cdot 10^{-28}$	49	50	52	53	56	$1.00 \cdot 10^{-41}$	51	52	54	55	57
10^{-15}	$3.00 \cdot 10^{-30}$	53	54	56	57	59	$1.00 \cdot 10^{-44}$	54	55	57	58	61

Bild 4.3.2-1 Erforderliche Signaturlänge in Bit.

Stellt ein Maskierungs-Knoten $MK1_X$ eine Abweichung zwischen seiner und der ihm durch Nachrichten NM übermittelten Signaturen fest, kann er auf einen Fehler schließen, bleibt aber im Unklaren, ob er selbst oder ein anderer Maskierungs-Knoten fehlerhaft ist. $MK1_X$ sendet daher keine Interprozeßnachricht NI aus. Der Entwurf des m-Protokolls legt nun fest, ob

* im Rahmen des Maskierungs-Protokolls andere Maskierungs-Knoten stellvertretend für $MK1_X$ Interprozeßnachrichten NI an die Empfängerexemplare senden, für die $MK1_X$ im fehlerfreien Fall als NI-Sender fungiert hätte oder

* die von $MK1_X$ auszusendenden NI nur unterdrückt wird und erst das Quittierungs-Protokoll diesen Fehler toleriert.

Keinesfalls läßt sich aber verhindern, daß ein fehlerhafter Maskierungs-Knoten $MK1_X$ unberechtigt Interprozeßnachrichten NI aussendet. Besitzen sie trotz fehlerhaftem Absender den korrekten Inhalt, so erhalten Empfängerexemplare allenfalls mehrere korrekte NI, die von fehlerhaften und fehlerfreien Maskierungs-Knoten stammen. Aufgrund der Sequenznummer können die zweite und alle weiteren NI ignoriert und damit Vervielfältigungen toleriert werden. Besitzen NI einen fehlerhaften Inhalt, so kann überall im System die Inkonsistenz zwischen Ergebnis und Signatur, die beide in der Interprozeßnachricht NI enthalten sind, festgestellt werden. Die bei den Empfängerexemplaren angeordneten Quittierungs-Instanzen quittieren fehlerhafte NI mit einer Nachricht NnQ negativ. Das Kommunikationssystem kann ebenfalls fehlerhafte NI (mit oder ohne negative Quittierung) abweisen und sich den überflüssigen Transfer der fehlerhaften Nachricht sparen.

Signaturen erlauben dem Maskierungs-System MS durch ihre geringe Nachrichtenlänge, das Maskierungs-Protokoll mit geringem Transferaufwand auszuführen. Die Erzeugung der Signaturen gemäß [LeWa 83] stellt überhaupt keinen Zusatzaufwand dar, weil Kommunikationssysteme i.a. ohnehin Blockprüfzeichen nach dem gleichen Verfahren [Beth 81] bilden. Nur die Verlagerung der signaturerzeugenden Instanz vom Kommunikationssystem zu den Senderexemplaren ist vonnöten, damit die Maskierungs-Knoten bei Erhalt einer NI sofort über die zugehörige Signatur verfügen. Bild 4.3.2-2 zeigt einen Rechner mit dem Senderexemplar $P1_A$, der Instanz zur Signaturerzeugung, dem Maskierungs-Knoten $MK1_A$ und den Nachrichtenpuffern.

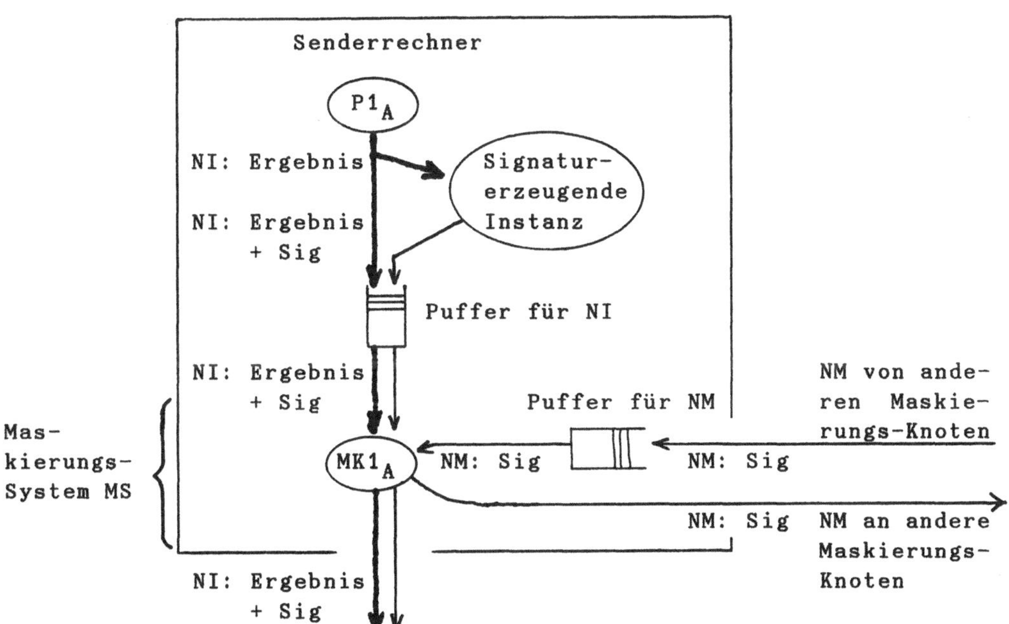

<u>Bild 4.3.2-2</u> Senderexemplar und Maskierungs-Knoten. NI (dick ausgezogen gezeichnet) transferieren ein Ergebnis zusammen mit seiner Signatur (Sig). NM transferieren stets nur die Signatur (Sig).

Wegen Vo11 verfügt jeder Rechner über Uhren, die bei Überschreitung einer vorgegebenen Zeitschranke Maskierungs-Knoten benachrichtigen. Zu diesem Zeitpunkt noch nicht eingetroffene Nachrichten NM werden dann wie solche mit fehlerhaften Signaturen gewertet. Zwei Methoden der Zeiteinstellung bieten sich an:

* m-protokoll-spezifische Zeitschranken (siehe Bild 4.3.2-3) beziehen sich auf ein Zeitintervall, das zu Beginn der Ausführung des Maskierungs-Protokolls anfängt, also

  + unabhängig vom anwendungsspezifischen Prozeßsystem gewählt werden kann.

  - Dem steht als Nachteil gegenüber, daß die Zeitintervalle i.a. sehr groß gewählt werden müssen, weil die Ausführung des Maskierungs-Protokolls aufgrund der Nebenläufigkeit in verschiedenen Knoten zu verschiedenen Zeiten beginnt. Zur maximalen Ausführungsdauer, die eigentlich überwacht werden soll, ist noch die maximale Zeitabweichung der Prozeßexemplare zu addieren. Reagiert ein Maskierungs-Knoten $MK1_B$ auf den Ablauf einer Zeitschranke mit dem Aussenden einer Nachricht NM an einen anderen Maskierungs-Knoten $MK1_C$, der das Eintreffen der NM seinerseits mit einer Zeitschranke überwacht, so muß dieses zweite Zeitintervall sogar die doppelte maximale Zeitabweichung der Prozeßexemplare enthalten. Diese Überlegung ist rekursiv und führt bei i-fachen Zeitschranken zur i-fachen Zeit-Kumulation.

* Prozeßspezifische Zeitschranken (siehe Bild 4.3.2-4) vermeiden diese Schwierigkeit,

  + indem sie sich auf den Zeitpunkt der globalen Auftragserteilung an alle m redundanten Prozeßexemplare beziehen.

  - Vom Entwerfer ist aber gemäß Vo12 die Spezifikation anwendungsabhängiger Zeitdauern zu fordern.

  Zur Feststellung des Zeitpunkts einer globalen Auftragserteilung sind Zeitabweichungen zulässig, wie sie etwa durch ein Protokoll zur Auftragserteilung auf der Basis von synchronisierten Uhren entstehen. Diese Abweichungen gehen ebenfalls in die Zeitintervalle der Uhren ein; aufgrund des gemeinsamen Anfangspunktes entfällt aber der Kumulierungseffekt.

Sowohl m-protokoll- als auch prozeßspezifische Zeitschranken setzen (reale oder virtuelle) Uhren voraus, die sich für jede Sequenznummer Nr individuell einstellen lassen. Die Zeitintervalle für aufeinanderfolgende Nr müssen sich genauso wie die m-Protokolle selbst überlappen können. Bei Intervallbeginn wird der Uhr die betreffende Nr mitgeteilt; bei Intervall-Ende gibt die Uhr dem betreffenden Maskierungs-Knoten diese Nr zurück. Dieser kann die Zeitschranken-Ablauf-Meldung der Uhr als "Pseudo-NM" anstelle der fehlenden Nachricht NM in den NM-Puffer aufnehmen und analog behandeln.

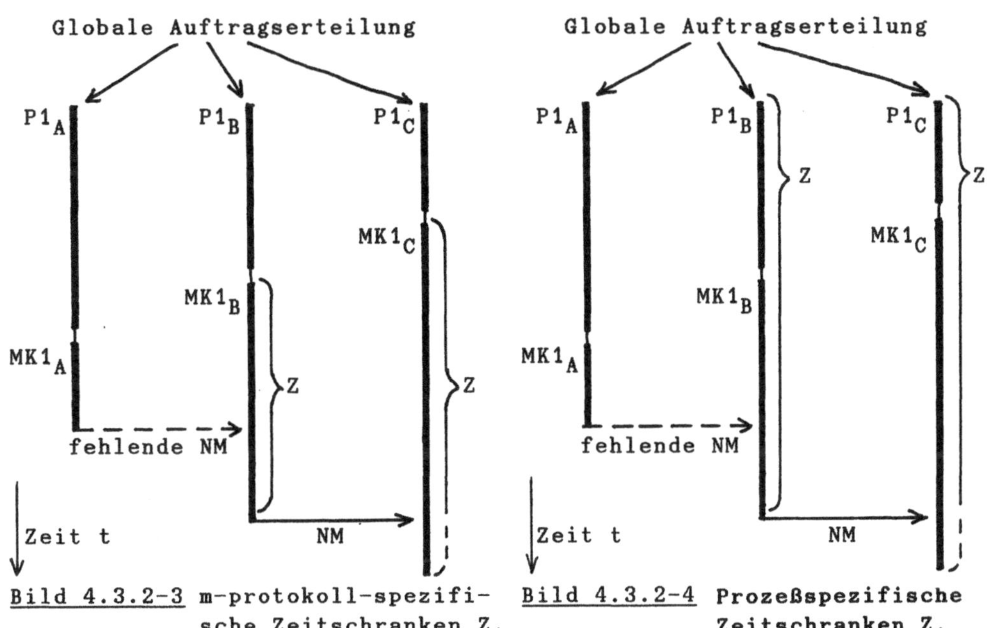

Bild 4.3.2-3 m-protokoll-spezifische Zeitschranken Z.

Bild 4.3.2-4 **Prozeßspezifische Zeitschranken Z.**

Neben der Sicherstellung des NM-Empfangs ist für eine zutreffende Bestimmung der NM-Herkunft zu sorgen, da sonst die durch n-von-m-Mehrheitsentscheidung gewonnenen Fehlerzustandsaussagen auf falsche Senderrechner bezogen werden. Voraussetzung Vo9 fordert die sichere Erfüllung dieser Eigenschaft vom Kommunikationssystem. Der Kommentar zu Vo9 in Abschnitt 4.2 nennt einige Realisierungsmöglichkeiten; hier folgt eine weitere, die sich für verteilte Kommunikationssysteme (K5) eignet und keine strukturellen Anforderungen stellt:

Ein nicht-homogener Adreßraum mit hoher Informationsredundanz [EGöM 83] läßt sich so bestimmen, daß fehlerhafte NM-Absender nur mit geringer Wahrscheinlichkeit zufällig die Adresse eines anderen Absenders in die Nachricht NM eintragen. Geheime Absenderadressen, die ausschließen, daß ein Rechner die Sende-Adresse eines anderen kennt, verringern diese Wahrscheinlichkeit zusätzlich. Empfänger erkennen dann die Herkunft einer Nachricht NM nicht an der darin eingetragenen Senderadresse X direkt, sondern erst anhand eines zu bildenden Funktionswertes f(X), den sie für alle Absender kennen. Die Funktion f ist systemweit gleich und überall bekannt. Die Umkehrfunktion f^{-1} sollte schwierig zu berechnen sein; im Idealfall ist f eine sog. Einwegfunktion [WeCa 79]. Da jedoch keine intelligenten Angreifer, sondern nur technische Fehler zu tolerieren sind, genügt es, eine zufällige Berechnung von f^{-1} zu vermeiden. Schon einfache Abbildungen, wie z.B. Polynome zweiten Grades, dürften dieser Anforderung für f genügen.

Mit der sicheren Zuordnung jeder Nachricht NM zu einem absendenden Maskierungs-Knoten, dem Ersatz fehlender NM durch Zeitschranken-Ablauf-Meldungen der Uhr und dem Rückschluß von einer Signatur auf den Fehlerzustand des Signaturerzeugers kann ein Maskierungs-Knoten stets eine zutreffende n-von-m-Mehrheitsentscheidung treffen. Der Ausführungsaufwand verringert sich, wenn von jedem anderen Maskierungs-Knoten nicht mehrere NM (wie z.B. bei fehlerhaftem NM-Absender), sondern höchstens eine empfangen wird - am einfachsten die zuerst eintreffende NM. Diese Höchstens-einmal-Semantik ("at-most-once-semantics" [Lisk 81]) führt zusammen mit der Zeitschranken-Überwachung sogar zu einer Genau-einmal-Semantik ("exactly-once-semantics"). Bild 4.3.2-5 zeigt das zeitliche Zusammenspiel aller Fehlermaskierungs-Maßnahmen anhand eines 3-von-5-System-Beispiels aus der Sicht des Maskierungs-Knotens $MK1_E$.

Haben Maskierungs-Knoten eine n-von-m-Mehrheitsentscheidung getroffen, so können sie mit der Senderauswahl beginnen, wobei Sender-Empfänger-Paare mit möglichst geringem NI-Transferaufwand für die Interprozeßnachrichten NI zu bestimmen sind. Als fehlerhaft erkannte Maskierungs-Knoten scheiden als NI-Sender aus.

Eine konsistente Senderauswahl, bei der jedes Empfängerexemplar genau eine NI erhält, erreichen die Maskierungs-Knoten, indem sie nach Abschluß der Mehrheitsentscheidung aufgrund übereinstimmender Systemsicht den gleichen Algorithmus ausführen. Er verhindert, daß Empfängerexemplare von keinem oder von mehreren Maskierungs-Knoten NI erhalten - vorausgesetzt es treten nur solche Fehler auf, die das Maskierungs-Protokoll toleriert. Bei anderen Fehlern muß das Maskierungs-Protokoll nur gewährleisten, daß fehlerfreie Maskierungs-Knoten ihre Fehlerfreiheit aufgrund Signaturvergleich feststellen und zur Fehlertoleranz im Rahmen des Quittierungs-Protokolls beitragen können.

Maskierungs-Knoten führen den Senderauswahl-Algorithmus lokal aus. Sie prüfen für jedes Empfängerexemplar, welches fehlerfreie Senderexemplar gemäß TA den geringsten Transferaufwand verursacht, wenn es diesem eine Interprozeßnachricht NI sendet. Gehört das günstigste Senderexemplar zu dem betreffenden Maskierungs-Knoten, so sendet dieser seine Interprozeßnachricht NI ab. Andernfalls erfolgt keine

Aktion. Verursachen mehrere Maskierungs-Knoten den gleichen Transferaufwand, so bestimmt unter diesen eine statisch bekannte Reihenfolge, z.B. $MK1_A$, $MK1_B$, ... , den NI-Sender. Bild 4.3.2-6 demonstriert die Einfachheit der Implementierung durch zwei verschachtelte Programmschleifen. Bild 4.3.2-7 zeigt ein Beispiel der NI-Struktur, das sich an Bild 4.3.1-2 anlehnt.

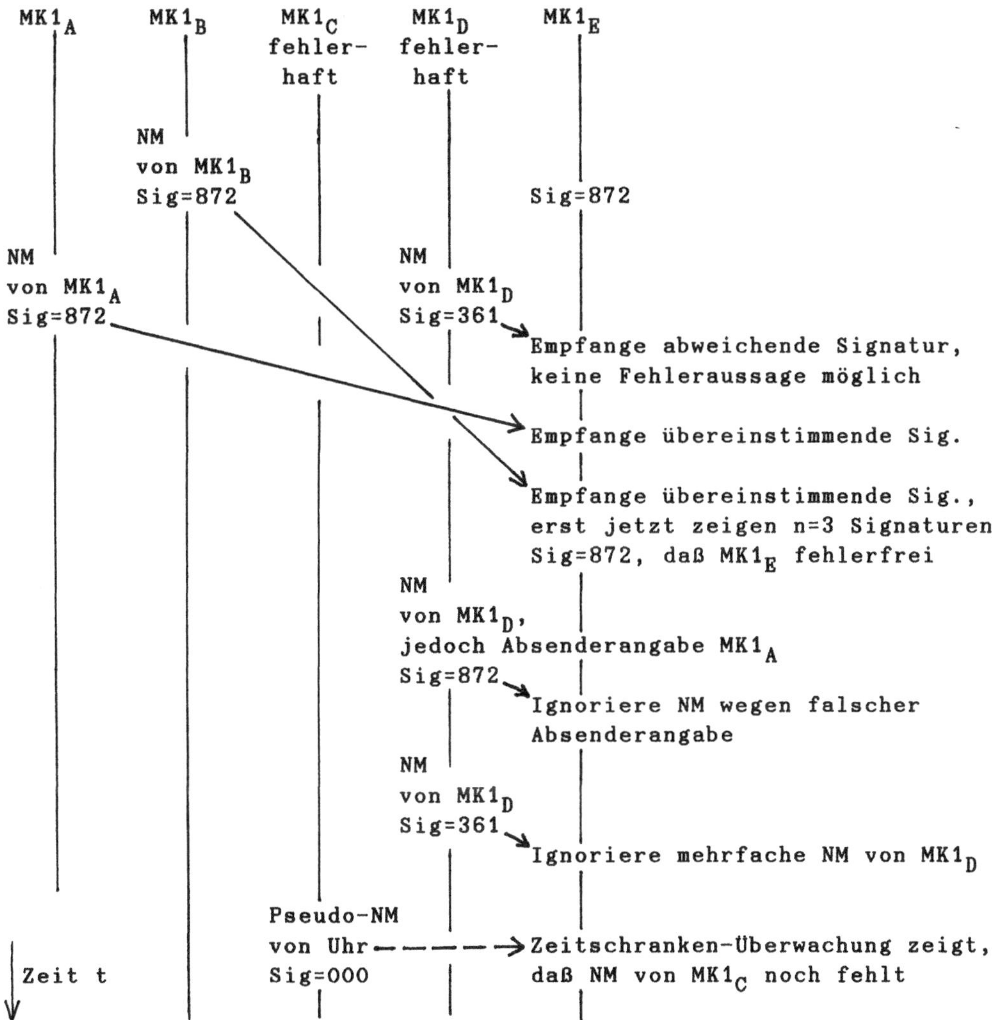

Bild 4.3.2-5 Empfang von Nachrichten NM durch den Maskierungs-Knoten $MK1_E$ in einem Maskierungs-System MS, das aus 5 Knoten besteht.

```
PROCEDURE Senderauswahl (Liste der Empfängerexemplare;
                         Liste der Senderexemplare;
                         Senderexemplar des aufrufenden MK;
                         Transferaufwandsfunktion TA);

VAR y     : ↑Empfängerexemplar; durchläuft alle Empfängerexemplare
    x     : ↑Senderexemplar;    durchsucht alle Senderexemplare
    x_min : ↑Senderexemplar;    Senderex. mit geringstem TA
    z     : REAL;               TA eines Sender-Empf.-Paares
    z_min : REAL;               Minimaler Transferaufwand TA

BEGIN
y:= erstes Empfängerexemplar;
REPEAT x:= erstes Senderexemplar;  x_min:= erstes Senderexemplar;
       z:= TA (x, y);              z_min:= z;
       REPEAT x:= nächstes Senderexemplar;
              z:= TA (x, y);
              IF  z < z_min
              THEN BEGIN x_min:= x;  z_min:= z
                   END
              FI
       UNTIL  x = letztes Senderexemplar;
       IF  x_min = Senderexemplar des aufrufenden MK
       THEN SEND_NI von diesem Senderexemplar an y;
       y:= nächstes Empfängerexemplar, bzw. NIL, falls
           kein weiteres Empfängerexemplar existiert
UNTIL  y = NIL
END PROCEDURE Senderauswahl;
```

Bild 4.3.2-6 Senderauswahl-Algorithmus, den ein beliebiger Maskierungs-Knoten MK ausführt. Bei i Empfängerprozessen mit je m redundanten Prozeßexemplaren wird die äußere Schleife $m \cdot i$ mal, die innere jeweils m mal durchlaufen. Die Anzahl aller Iterationen bei einfacher Interprozeßkommunikation beträgt in 2-von-3-Systemen demnach $3 \cdot 3 \cdot 1 = 9$. Anstatt sofort zu senden, kann die Anweisung SEND_NI u.U. die Empfängeradressen zwischenspeichern, um mehrere Zieladressen in eine einzige NI zu schreiben, die erst nach Beendigung aller Schleifendurchläufe abgesandt wird.

Die Fehlerumgehungsfähigkeit des Kommunikationssystems (Vo10) kann die Transferaufwandsfunktion TA dynamisch ändern. Die verteilte Implementierung des Maskierungs-Systems gewährleistet aber wegen Ra2 nicht, daß die neue Funktion TA allen Maskierungs-Knoten genau gleichzeitig zur Verfügung steht. Als Abhilfe gegen die drohende inkonsistente Senderauswahl ist eine Behebung (und damit Tolerierung) durch das Quittierungs-Protokoll nicht ausgeschlossen. Jedoch wirft die bei einer Rekonfigurierung notwendige Fehlerzustandsbehebung das gleiche Konsistenzproblem auf, so daß sich anbietet, dieselben Behebungsmaßnahmen in beiden Fällen anzuwenden; Abschnitt 4.3.5 wird sie detailliert beschreiben.

Einen Überblick über den zeitlichen Verlauf der Aktionen eines Maskierungs-Protokolls gibt Bild 4.3.2-8. Es besitzt aufgrund der Nebenläufigkeit der Prozeßexemplare nur beispielhaften Charakter, erlaubt aber die Feststellung der maximalen Nachrichtenanzahl im fehlerfreien und fehlerhaften Fall. Bild 4.3.2-9 vergleicht die Nachrichtenanzahl von Maskierungs-Protokoll und herkömmlichen Fehlermaskierungs-Verfahren bei sonst gleichen Randbedingungen. Die Prozeßexemplar-Anzahl m hängt z.B. nur von der Anzahl der Rechnerfehler r (Pa2), Gruppenfehler g (Pa3) und der Anzahl der symptomgleichen lokalen Fehler s (Pa4) ab (siehe Abschnitt 7.2). Die allgemein für hybridredundante Systeme in Abschnitt 3.1 angegebenen Formeln für

$$R_{mM,mP}(t), \quad V_P(t), \quad V_M(t) \quad \text{und} \quad R_{3M,3P5}(t)$$

gelten auch für die Fehlermaskierung durch verteilte Systeme.

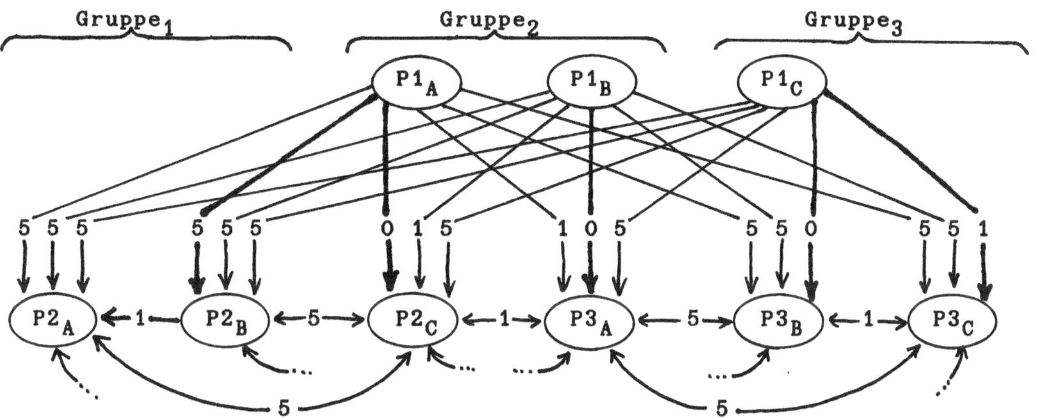

Bild 4.3.2-7 Werte der Transferaufwandsfunktion TA am Beispiel eines gruppenstrukturierten Mehrrechnersystems. TA-Werte zwischen verschiedenen Gruppen betragen 5, zwischen verschiedenen Rechnern derselben Gruppe 1, innerhalb eines Rechners 0. Alle möglichen NI-Transferwege sind eingezeichnet, die in Bild 4.3.1-2 benutzten dick ausgezogen. Die nicht vollständig gezeichneten Wege zwischen Empfängerexemplaren besitzen alle den TA-Wert 5.

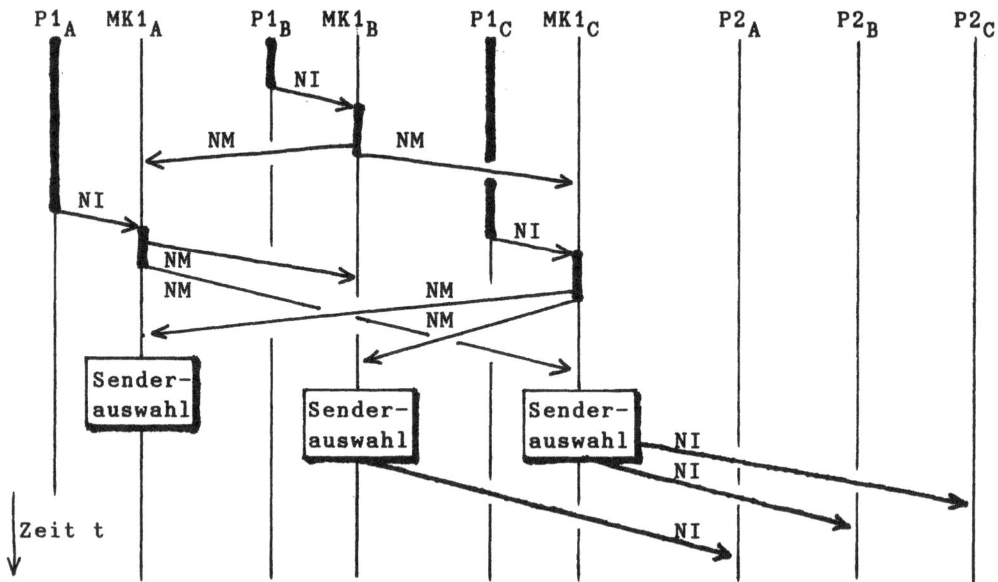

Bild 4.3.2-8 Beispiel des zeitlichen Verlaufs eines Maskierungs-Protokolls. Aktionen der Prozeßexemplare und der Maskierungs-Knoten sind durch dick ausgezogene Striche markiert. Pfeile symbolisieren Nachrichten.

	n-von-m-System			2-von-3-System		
	senderseitige Fehlermaskierung		empfängerseitige Fehlermaskierung	senderseitige Fehlermaskierung		empfängerseitige Fehlermaskierung
	falls fehlerfrei	falls fehlerhaft		falls fehlerfrei	falls fehlerhaft	
NM	$\leq m\cdot(m-1)$ häufig $<m\cdot(m-1)$	$\leq m\cdot(m-1)$	0	≤ 6 häufig <6	≤ 6	0
NI	m	m	m^2	3	3	9

Bild 4.3.2-9 Vergleich zwischen senderseitiger und herkömmlicher empfängerseitiger Fehlermaskierung. Nur die Nachrichtenanzahl, nicht die Transferaufwandsfunktion TA bestimmt die angegebenen Zahlenwerte.

4.3.3 Quittierungs-Protokoll

Der auf das Maskierungs-Protokoll folgende zweite Teil eines m-Protokolls nutzt die dynamische Redundanz des Kommunikationssystems. Er erlaubt je nach Fehlerzustand der bei den Empfängerexemplaren eintreffenden Interprozeßnachrichten NI eine positive oder negative Quittierung mit anschließender NI-Wiederholung. Die Schwierigkeit dieses Quittierungs-Protokolls liegt weniger in diesem bei vielen Systemen üblichen Quittungsbetrieb als vielmehr in der Festlegung geeigneter Informationsredundanz in der erstgesandten NI, die dem Empfängerexemplar anhand einer einzigen Interprozeßnachricht NI deren Fehlerzustand zu erkennen gibt. Die n-von-m-Mehrheitsentscheidung wird gewissermaßen nachvollziehbar. Darüber hinaus gewinnt die Frage an Bedeutung, welche Maskierungs-Knoten sinnvollerweise Quittierungsnachrichten NQ erhalten sollen, da bis zu m-n Maskierungs-Knoten fehlerhaft und daher für die NI-Wiederholung ungeeignet sein können. Dabei ist zu berücksichtigen, daß die den Sender- und Empfängerexemplaren zugeordneten Rechner, d.h. die Sender- und Empfängerrechner, nicht unbedingt disjunkt sein müssen. Ein einziger Fehler kann sich gleichzeitig auf ein Sender- und ein Empfängerexemplar auswirken.

Maskierungs-Knoten und bei den Empfängerexemplaren angeordnete Quittierungs-Instanzen führen das Quittierungs-Protokoll gemeinsam aus. Da Quittierungs-Instanzen untereinander nicht interagieren, werden sie im folgenden als Teil des jeweiligen Empfängerexemplars betrachtet und nicht mehr gesondert aufgeführt. Analog zum Maskierungs-Protokoll wird auch die Quittierung für jede Sequenznummer Nr unabhängig ausgeführt, was ebenfalls zu einer den wiedereintrittsfähigen Programmen ähnlichen Implementierung führt. Pufferung erlaubt die zeitliche Überlappung mehrerer Quittierungs-Protokolle für aufeinanderfolgende Sequenznummern. Dieser Abschnitt beschreibt nur den Ablauf für eine einzige Sequenznummer.

Empfängerexemplare besitzen eine einfache Möglichkeit, den Fehlerzustand empfangener Interprozeßnachrichten NI festzustellen. Sie bilden selbst die Signatur der NI und prüfen, ob diese mit dem in der NI enthaltenen Blockprüfzeichen übereinstimmt. Dieser Vergleich stellt i.a. keinen Zusatzaufwand dar, da ihn das Kommunikationssystem ohnehin ausführt. Der Nutzen dieses einfachen Vergleichs bleibt jedoch auf Fehler bei der Signaturerzeugung und der NI-Übertragung beschränkt. Fehler in den von den Senderexemplaren erzeugten Ergebnissen passieren diesen Test mit konsistentem Blockprüfzeichen unerkannt. Auch jede andere beim NI-sendenden Maskierungs-Knoten erzeugte Informationsredundanz weist diesen prinzipiellen Nachteil auf.

Den Empfängerexemplaren ist deshalb die getroffene n-von-m-Mehrheitsentscheidung in nachprüfbarer Weise offenzulegen. Da das Maskierungs-Protokoll an jedes Empfängerexemplar nur eine Interprozeßnachricht NI transferiert, muß diese alle zur Mehrheitsentscheidung notwendigen Signaturen enthalten. Die Gesamtzahl von m Signaturen reduziert sich dabei auf n, weil Maskierungs-Knoten nur dann NI absenden, wenn sie durch n übereinstimmende Signaturen ihre Fehlerfreiheit feststellen. Maskierungs-Knoten "legitimieren" sich also bei den Empfängerexemplaren als fehlerfreie NI-Sender, indem sie ihre eigene Signatur und die von n-1 anderen Maskierungs-Knoten erhaltenen Signaturen an die NI-Empfänger weitergeben. Bei 2-von-3-Systemen genügen n=2 fehlerfreie Signaturen als "Legitimation". Bild 4.3.3-1 stellt diesen Signaturtransfer im Rahmen beider Teile eines 3-Protokolls dar, soweit er den Maskierungs-Knoten $MK1_A$ betrifft, der NI an $P2_A$ und $P2_B$ sendet.

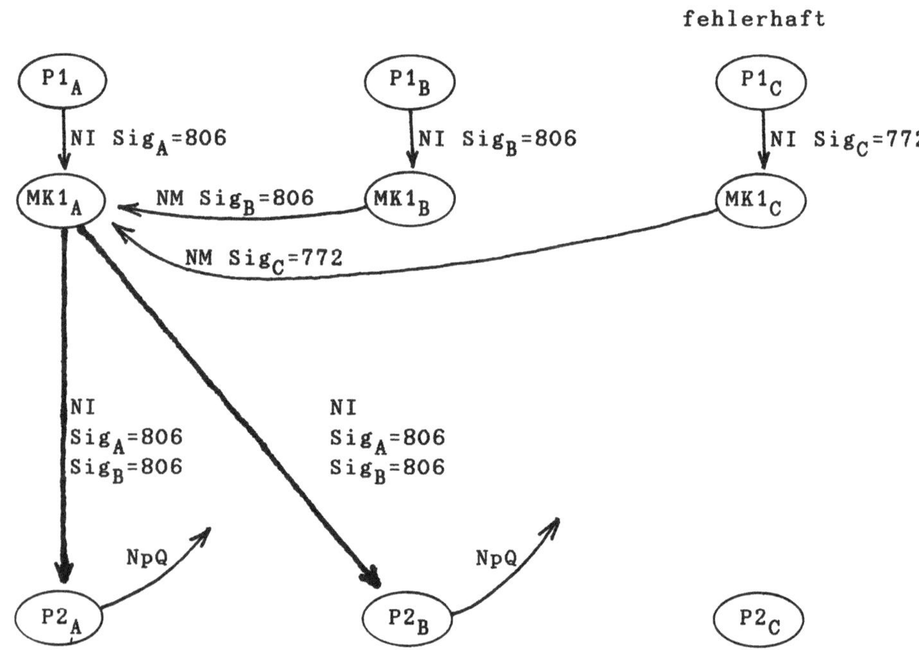

Bild 4.3.3-1 Beispiel eines Signaturtransfers bei Maskierungs- und Quittierungs-Protokoll. $P2_A$ und $P2_B$ stellen Konsistenz von NI-Information, Sig_A und Sig_B fest, die die Übereinstimmung und damit die Fehlerfreiheit der von $P1_A$ und $P1_B$ erarbeiteten Ergebnisse zeigt. $P1_A$ und $P1_B$ quittieren die erhaltene NI positiv durch NpQ.

Die n-fache Signatur in der Interprozeßnachricht NI erlaubt dem Empfängerexemplar einen n-fachen Test der Blockprüfzeichen, die

Signaturen enthalten. Zeigen alle Tests Konsistenz, so müssen mindestens n verschiedene Empfangerexemplare, d.h. die Mehrheit der Empfängerexemplare (n>s), ein fehlerfreies Ergebnis erarbeitet haben. Fehlerhafte Maskierungs-Knoten geben sich durch mindestens ein negatives Testergebnis, d.h. eine mit der NI-Information inkonsistente Signatur, zu erkennen.

Das Konzept des n-fachen Signaturtransfers verbessert zwar die Fehlerdiagnose-Möglichkeiten für den NI-Empfänger, hebt aber leider z.T. die Voraussetzung Vo9 auf: Signaturen gelangen von einem Maskierungs-Knoten über einen zweiten indirekt zum Empfängerexemplar, das nicht mehr in jedem Fehlerfall die Adresse des ursprünglichen Signatur-Absenders kennt. Ein fehlerhafter Maskierungs-Knoten könnte seine eigene fehlerhafte Signatur n-fach konsistent in eine fehlerhafte Interprozeßnachricht NI eintragen und damit die Fehlerentdeckung verhindern. Zusätzliche Maßnahmen müssen auch beim indirekten Signaturtransfer Vo9 gewährleisten. NI-Empfänger benötigen Mittel, um den wahren Signaturerzeuger sicher festzustellen.

Der Authentifizierung berechtigter signatur-sendender Maskierungs-Knoten dienen kryptographische Verfahren [Baue 82]. Jeder Maskierungs-Knoten $MK1_X$ verschlüsselt dazu seine Signatur mit einem geheimen Schlüssel SV_X, den kein anderer Maskierungs-Knoten, kein Sender- und kein Empfängerexemplar kennt. Überall im System sind jedoch weitere Schlüssel SE_A, SE_B, ... bekannt, welche die Entschlüsselung der mit SV_A, SV_B, ... verschlüsselten Signaturen erlauben. Zwecks Signaturvergleich sind dann

* bei angeblichen Signaturerzeugern X und Y durch $SE_X\ (SV_X\ (Sig_X)) = Sig_X$ und $SE_Y\ (SV_Y\ (Sig_Y)) = Sig_Y$ die Signaturen Sig_X und Sig_Y im Klartext zu gewinnen und

* die mit verschiedenen (!) Schlüsseln entschlüsselten Signaturen zu vergleichen.

Andererseits kann an keiner Stelle im System unberechtigt die Signatur eines fremden Senderexemplars gebildet werden, wenn

* die Geheimhaltung der Schlüssel SV gelingt, was das Betriebssystem durch Kapselung der Rechner, d.h. Beschränkung der Zugriffsrechte von einem Rechner auf interne Daten eines anderen Rechners, in einfacher Weise erreichen kann, und

* von den Schlüsseln SE nicht auf die Schlüssel SV geschlossen werden kann, wie es etwa bei Kryptosystemen mit öffentlichen Schlüsseln und der primzahlorientierten Schlüsselbildungsmethode RSA der Fall ist [Beth 82].

Ein m-Protokoll kann entsprechend Vo5 beliebige Arten dieser Verschlüsselung benutzen und ist bezüglich seiner Fehlertoleranz- und Leistungskenngrößen nur so gut bzw. so schlecht wie das eingesetzte Verfahren. Bild 4.3.3-2 zeigt für die in Bild 4.3.3-1 dargestellte Situation die Stellen der Ver- und Entschlüsselung.

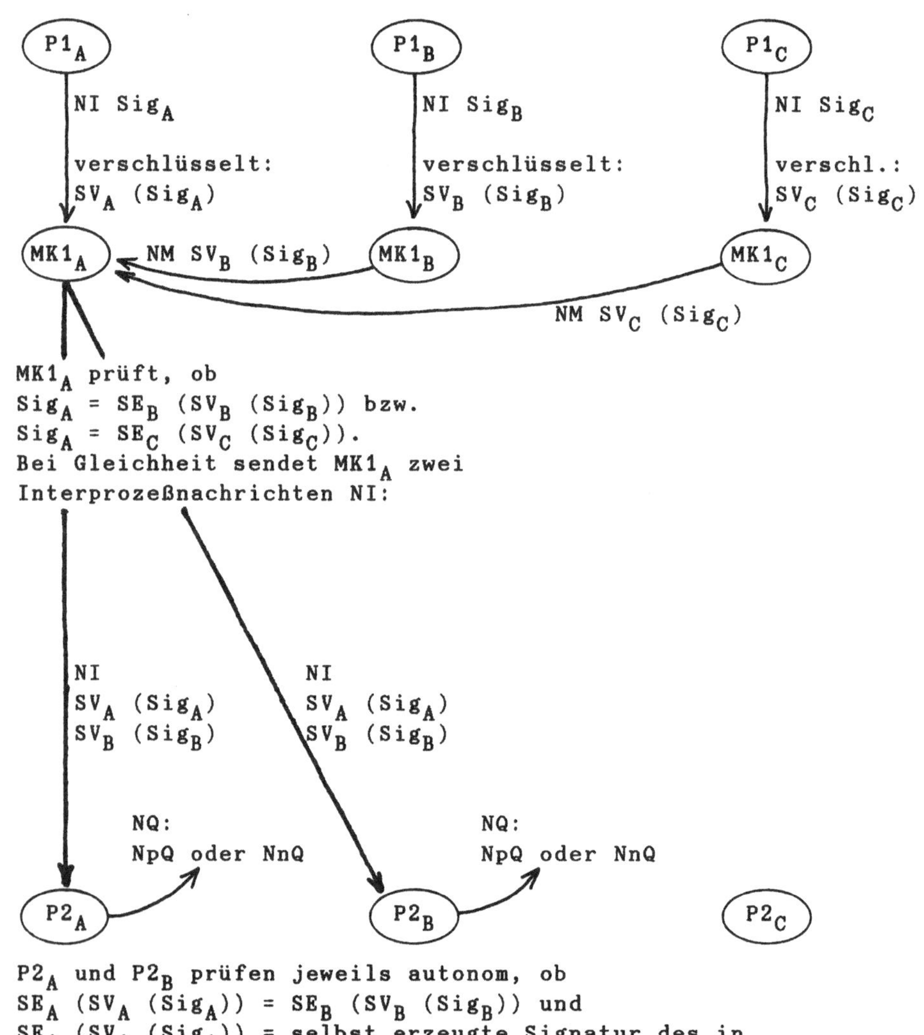

Bild 4.3.3-2 Transfer verschlüsselter Signaturen bei Ausführung des m-Protokolls.

Für RSA-Verfahren [Beth 82] sind Primzahlbildungen erforderlich, deren Aufwand den durch Voraussetzung Vo5 gegebenen Rahmen von wenigen Maschinenbefehlen sprengt. Im Gegensatz zu anderen Anwendungsgebieten verschlüsselter Signaturen soll ein m-Protokoll aber nicht intelligenten Angreifern [wie z.B. in Akl 84], sondern nur technischen Fehlern widerstehen, die nicht absichtlich, sondern nur zufällig unberechtigt entschlüsseln. Solchen Fehlern begegnet auch das im folgenden geschilderte einfache Verschlüsselungs-Verfahren mit sehr hoher Wahrscheinlichkeit:

* Maskierungs-Knoten $MK1_X$ verschlüsseln ihre Signaturen durch Multiplikation mit einem geheimen Faktor SVF_X, d.h. $SV_X\ (Sig_X) = SVF_X \cdot Sig_X$, wobei $SVF_X > 1$ und $Sig_X > 1$.

* Überall im System sind folgende $m \cdot (m-1)$ Quotienten bekannt: $SEQ_{AB} = SVF_A\ /\ SVF_B$, $SEQ_{AC} = SVF_A\ /\ SVF_C$, ...

* Sollen bei angeblichen Signaturerzeugern X und Y die verschlüsselten Signaturen $SV_X(Sig_X) = SVF_X \cdot Sig_X$ und $SV_Y(Sig_Y) = SVF_Y \cdot Sig_Y$ auf Gleichheit überprüft, d.h. $Sig_X = Sig_Y$ festgestellt werden, dann lassen sich Entschüsselung und Vergleich mit einer einzigen Divisionsoperation ausführen:

$$\frac{SV_X\ (Sig_X)}{SV_Y\ (Sig_Y)} = \frac{SVF_X \cdot Sig_X}{SVF_Y \cdot Sig_Y} \begin{cases} = \dfrac{SVF_X}{SVF_Y} = SEQ_{XY}, & \text{falls } Sig_X = Sig_Y \\ \neq \dfrac{SVF_X}{SVF_Y} = SEQ_{XY}, & \text{falls } Sig_X \neq Sig_Y \end{cases}$$

also gilt:

$$Sig_X = Sig_Y \iff SV_X\ (Sig_X)\ /\ SV_Y\ (Sig_Y) = SEQ_{XY}$$

Ein intelligenter Angreifer in der Rolle von $MK1_A$ könnte leicht von SVF_A und SEQ_{AB} auf den ihm unbekannten Verschlüsselungsfaktor SVF_B schließen, indem er $SVF_A\ /\ SEQ_{AB} = SVF_B$ bildet. Bei technischen Fehlern müßten sich jedoch mehrere unwahrscheinliche Fehlerfolgen verketten. Ein Maskierungs-Knoten $MK1_A$ müßte fehlerbedingt zufällig

a) SVF_A adressieren,
b) SEQ_{AB} adressieren,
c) den Quotienten $SVF_A\ /\ SEQ_{AB}$ bilden, um SVF_B zu erhalten,
c') oder anstelle der unter a), ... c) genannten Punkte SVF_B durch ein zufällig erhaltenes Bitmuster erraten,
d) die eigene Signatur Sig_A adressieren,
e) den durch c) oder c') erhaltenen Faktor SVF_B adressieren,
f) das Produkt $SVF_B \cdot Sig_A$ bilden und dieses
g) in der Interprozeßnachricht NI als verschlüsselte Signatur eines anderen Maskierungs-Knotens abspeichern.

Die Wahrscheinlichkeiten dieser Ereignisse hängen von verschiedenen Faktoren ab, die eine allgemeine Betrachtung erschweren. Schließt man jedoch Entwurfsfehler (typischerweise Programmierfehler) aus und legt Hardwarefehler (Ra8') zugrunde, welche die o.g. Ereignisse unabhängig voneinander hervorrufen, ist die folgende pessimistische Abschätzung möglich: Die unter a), b), d), e) und g) genannten Punkte beschreiben eine fehlerhafte Adressierung, deren Wahrscheinlichkeit bei üblichen Adreßräumen $1 - R_A \leq 10^{-3}$ betragen dürfte. Für die unter c) und f) angesprochene Wahrscheinlichkeit einer unzulässigen Befehlsausführung gilt bei üblichen Befehlssätzen $1 - R_B \leq 10^{-2}$. Das unter c') erwähnte Erraten eines geheimen Faktors SVF_X mit z Dualstellen gelingt mit einer Wahrscheinlichkeit von $1 - R_G(z) = 2^{-z}$; für z=32 ist $1 - R_G = 2.3 \cdot 10^{-10}$. Insgesamt beträgt die Wahrscheinlichkeit, daß technische Fehler dieses Verschlüsselungs-Verfahren durchbrechen, höchstens

$$\left((1-R_A)^2 \cdot (1-R_B) + (1-R_G(z)) - (1-R_A)^2 \cdot (1-R_B) \cdot (1-R_G) \right)$$

$$\cdot\ (1-R_A)^3 \cdot (1-R_B),$$

was für z=32 den sehr kleinen Wert 10^{-19} ergibt. Aber auch bei Verzicht auf kryptographische Verfahren liefert $1-R_A$ den Wert 10^{-3}, der für manche Fälle ausreichen dürfte.

Erst durch Festlegung eines Verschlüsselungs-Verfahrens ist die Information vollständig bestimmt, die in den Nachrichten NM, NI und NQ enthalten sein muß. Bild 4.3.3-3 gibt einen Überblick über die Nachrichtenformate.

Noch ungeklärt ist die Frage, an welchen Maskierungs-Knoten eine Quittierungsnachricht NQ zu senden ist. Nur fehlerfreie Maskierungs-Knoten kommen als NQ-Empfänger und damit als potentielle NI-Reservesender in Betracht. Zunächst kann der Maskierungs-Knoten $MK1_X$, von dem die erstgesandte NI stammt, als NQ-Empfänger ausgeschlossen werden. War $MK1_X$ fehlerfrei, erübrigt sich eine NI-Wiederholung; war $MK1_X$ fehlerhaft, so wünscht das Empfängerexemplar nicht den nochmaligen Empfang einer fehlerhaften Interprozeßnachricht NI. Eine Ein-Fehler-Annahme (z.B. r=1, g=0, n=2, m=3) erlaubt aber den Schluß von einem Fehler in $MK1_X$ auf die Fehlerfreiheit der beiden anderen Maskierungs-Knoten. Ein beliebiger dieser Maskierungs-Knoten kann Quittierungsnachrichten NQ empfangen und ggf. als NI-Reservesender für das betreffende Empfängerexemplar fungieren. Bild 4.3.3-4 zeigt ein Beispiel der Quittierungs-Protokoll-Struktur.

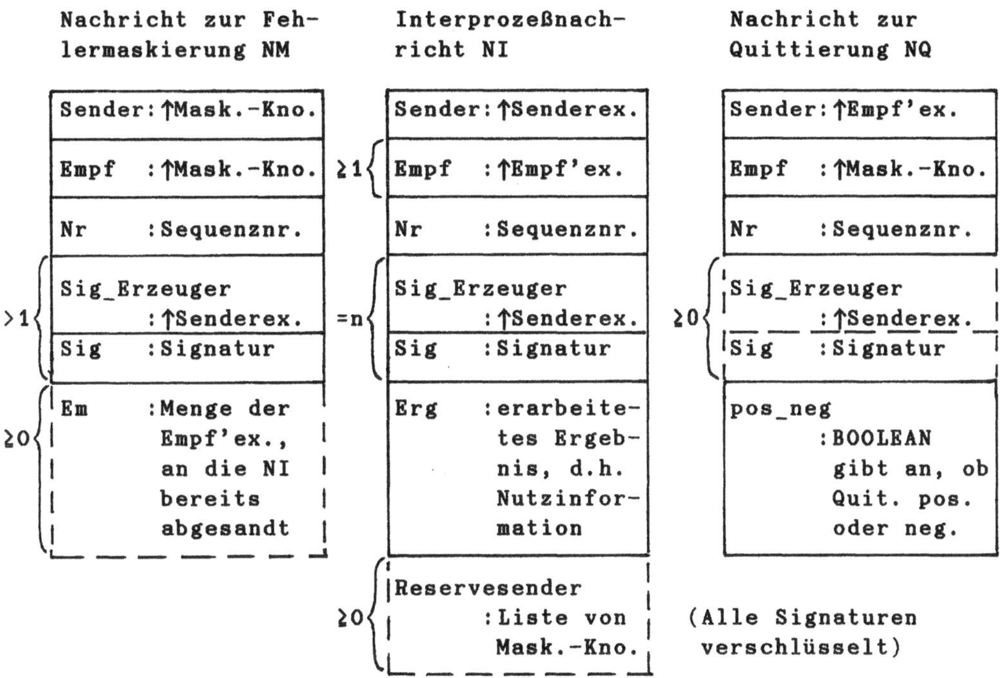

Bild 4.3.3-3 Nachrichtenformate des m-Protokolls. Die mit geschweiften Klammern gekennzeichneten Teile treten so oft auf, wie die jeweils daneben stehende Anzahl angibt. Die mit ≥0 gekennzeichneten Nachrichtenteile treten nur ausnahmsweise bei speziellen m-Protokollen auf. Beispielsweise kann über den Weg (NI, NQ) eine Signatur zwischen Maskierungs-Knoten transferiert werden (siehe Abschnitt 7.1).

Sind zwei oder mehr Fehler zu tolerieren, so kommen für ein Empfängerexemplar $P2_Y$ nach Ausschluß von $MK1_X$, von dem die erstgesandte NI stammt, noch m-1 Maskierungs-Knoten in Betracht, von denen bis zu m-n-1 fehlerhaft sein können. $P2_Y$ besitzt kein Mittel, diese sicher zu erkennen, weil $MK1_X$ entweder nur fehlerfreie Signaturen in die erstgesandte NI einträgt oder selbst fehlerhaft ist und keine sinnvolle NI sendet. Als Ausweg bleibt im Fehlerfall nur das (m-n)-fache Aussenden von Quittierungsnachrichten NQ an verschiedene Maskierungs-Knoten; mindestens einer von diesen muß fehlerfrei sein. Der Gesichtspunkt der NI-Transferaufwands-Verringerung verbietet aber ein gleichzeitiges Aussenden dieser NnQ, da sonst eine entsprechende "Flut" von wiederholten NI entsteht. Meist sind all diese NI fehlerfrei, weil Mehrfachfehler seltener als Einfachfehler auftreten. Dieser überflüssig redundante NI-Transfer ist vermeidbar, indem zunächst nur eine NnQ ausgesandt wird. Erst wenn sich die wiederholte NI (wiederum durch Signaturprüfung) als fehlerhaft erweist, sendet $P2_Y$ die zweite NnQ an einen anderen Maskierungs-Knoten und wartet dessen NI-Wiederholung ab. Nach diesem sequentiellen Schema sind maximal m-n Nachrichten NnQ und NI zu transferieren. In bekannten fehlertoleranten Systemen beträgt aber meist m-n=1 und übersteigt auch für extrem hohe Zuverlässigkeitsanforderungen selten den Wert m-n=2 [z.B. Wen* 78]. Bild 4.3.3-5 zeigt die Struktur des Quittierungs-Protokolls für ein 4-von-7-System mit m-n=3.

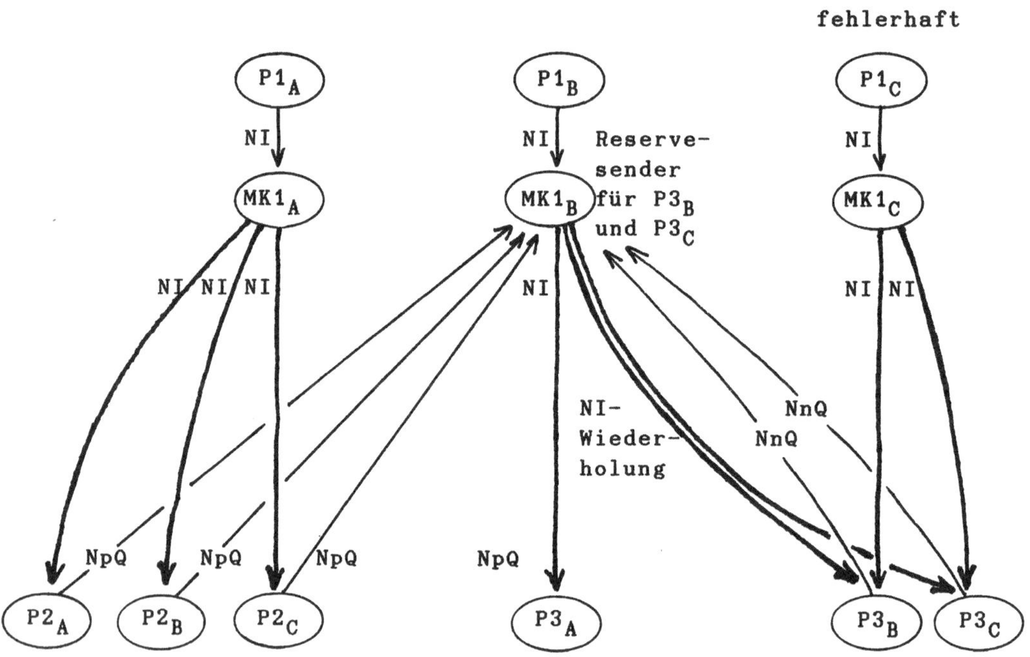

Bild 4.3.3-4 Beispiel eines Quittierungs-Protokolls eines 2-von-3-Systems entsprechend Bild 4.3.1-2.

Diese Struktur wird unverändert beibehalten, wenn manche Sender- und Empfängerrechner identisch sind, d.h. Sender- und Empfängerexemplare dem gleichen Rechner zugeordnet sind. Ist ein solcher Rechner fehlerfrei, so wird das Quittierungs-Protokoll korrekt ausgeführt; ist er fehlerhaft, so verlangt das rechnerbezogene Fehlermodell (Ra6, Ra7, Ra8) gar nicht, daß das betreffende Empfängerexemplar eine fehlerfreie Interprozeßnachricht NI erhält.

Maskierungs-Knoten müssen den Erhalt von Quittierungsnachrichten NQ durch Zeitschranken überwachen, indem sie nicht eintreffende NQ wie negative NnQ werten und eine wiederholte NI an das betreffende Empfängerexemplar senden. Für die Einstellung der Uhren und den Anfangszeitpunkt der Zeitintervalle gelten die gleichen Kriterien, die bereits für die Zeitschranken-Überwachung des Maskierungs-Protokolls genannt wurden. Bei der durch m-n>1 bedingten mehrfachen Quittierung muß jede der sequentiell aufeinanderfolgenden Nachrichten NQ und NI (siehe Bild 4.3.3-5) durch Zeitschranken überwacht werden - ausgenommen die erstgesandte NI (Maskierungs-Protokoll) und die zuletzt wiederholte NI. Andernfalls könnten fehlerhafte Maskierungs-Knoten die Sequenz der negativen Quittierungsnachrichten unterbrechen. Sowohl die Maskierungs-Knoten als auch die Empfängerexemplare benötigen daher Uhren - letztere jedoch nicht bei 2-von-3-Systemen, weil mit m-n=1 nur eine NI-Wiederholung möglich ist und zwischen der erst- und letztgesandten NI keine weiteren NI auftreten.

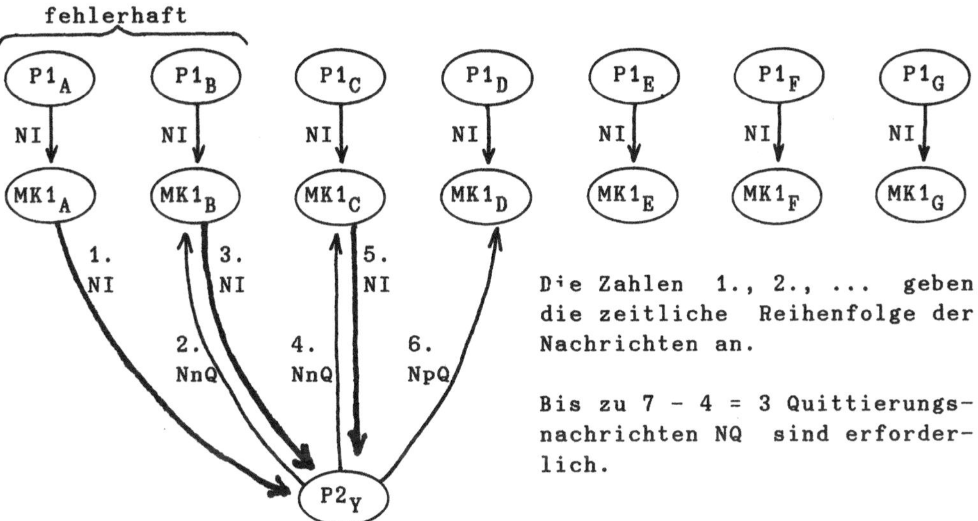

Bild 4.3.3-5 Beispiel der Quittierung durch ein Empfängerexemplar $P2_Y$ in einem 4-von-7-System.

Jede Zeitschranken-Überwachung setzt voraus, daß jeder Maskierungs-Knoten die Empfängerexemplare kennt, von denen er Quittierungsnachrichten NQ zu erwarten hat. Nur dann ist der Ablauf einer Zeitschranke als Ausbleiben bestimmter NQ interpretierbar. Diese Überlegung verbietet den Empfängerexemplaren, den Adressat ihrer Quittierungsnachrichten selbst zu wählen. Zwei Realisierungsalternativen zur Bestimmung der NQ-Empfänger und damit der potentiellen Reservesender bieten sich an:

* Die Empfängerexemplare führen selbst den Senderauswahl-Algorithmus aus, um festzustellen, welcher Maskierungs-Knoten $MK1_X$ ihnen im fehlerfreien Fall eine Interprozeßnachricht sendet. Der Re-/Konfigurator gibt außerdem statisch für jeden $MK1_X$ einen zugehörigen Reservesender $MK1_Y$ bekannt, z.B. entsprechend Bild 4.3.1-9:

  X=A ==⇒ NQ an $MK1_B$, X=B ==⇒ NQ an $MK1_A$, X=C ==⇒ NQ an $MK1_A$.

* Alternativ dazu können die Maskierungs-Knoten für jedes Empfängerexemplar die Reservesender dynamisch nach Transferaufwands-Gesichtspunkten festlegen. Dazu suchen sie bei der Senderauswahl nicht nur nach dem bestgeeigneten NI-Sender, sondern auch nach dem zweitbesten, drittbesten, usw. bis zum (m-n+1)-besten. Jeder Maskierungs-Knoten fügt diese Liste der Reservesender (siehe Bild 4.3.3-3) den von ihm ausgesandten Interprozeßnachrichten bei. Stammt die erstgesandte NI von einem fehlerhaften Maskierungs-Knoten und weicht die übermittelte Liste der Reservesender von der der fehlerfreien Maskierungs-Knoten ab, so quittiert ein Empfängerexemplar unter Umständen an den falschen Maskierungs-Knoten. Dieser ignoriert die Quittierungsnachricht, die er nicht erwartet. Der Ablauf der Zeitschranke im richtigen Maskierungs-Knoten sorgt aber für eine wiederholte NI, die bei fehlerfreiem Maskierungs-Knoten die korrekte Liste der Reservesender enthält. Ein Beispiel des Protokoll-Ablaufs für diesen tolerierbaren Fehler zeigt Bild 4.3.3-6. Nur die vom Re-/Konfigurator statisch bekannte Prozeßexemplar-Rechner-Zuordnung dient als Entscheidungsgrundlage. Dynamisch wird dieses Verfahren nur genannt, weil die aktuelle Sender-Empfänger-Beziehung berücksichtigt wird und eine statische Liste der Reservesender für alle möglichen Sender-Empfänger-Beziehungen wegen ihres quadratischen Aufwands ab einer gewissen Prozeßanzahl nicht mehr realisierbar ist. Wollte man zusätzlich den aktuellen Fehlerzustand berücksichtigen, so könnte das "Problem der byzantinischen Generäle" [StDo 83] auftreten und die Reservesender-Listen fehlerfreier Maskierungs-Knoten voneinander abweichen.

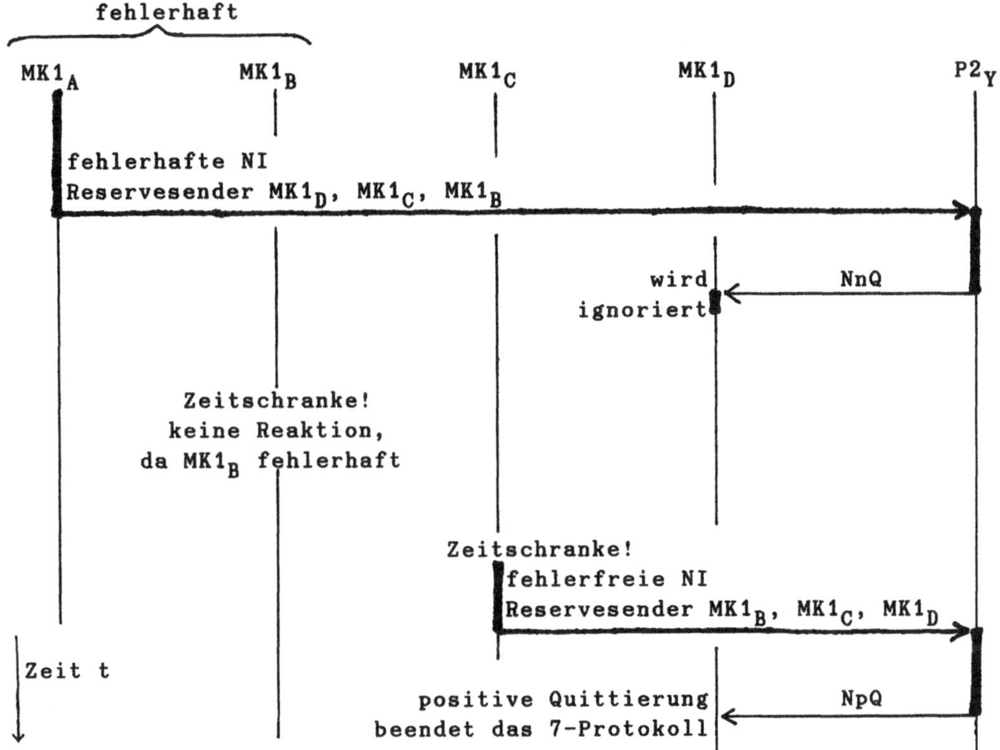

Bild 4.3.3-6 Beispiel des zeitlichen Ablaufs des Quittierungs-Protokolls. Vier Maskierungs-Knoten eines 4-von-7-Systems sind dargestellt, wobei $MK1_A$ und $MK1_B$ erst bei Ausführung des Quittierungs-Protokolls Fehler aufweisen.

Einige Varianten des Quittierungs-Protokolls reduzieren den redundanten Transferaufwand zusätzlich:

* Negative Quittierungsnachrichten NnQ können entfallen, weil Zeitschranken-Überwachungen ebenfalls, wenn nötig, zur NI-Wiederholung führen [Lamp 84 beschreibt das Prinzip des Informations-Transfers durch Nicht-Senden]. Die eingesparten NnQ werden durch eine erhöhte mittlere Protokoll-Ausführungsdauer erkauft, weil Maskierungs-Knoten häufiger auf den Ablauf der Zeitschranke warten.

* Nach m-n negativen Quittierungen bezüglich einer Sequenznummer Nr kann eine letzte positive Quittierungsnachricht NpQ entfallen, weil das Fehlermodell (Pa2, Pa3, Pa4) höchstens m-n Fehler zuläßt.

* Quittierungsnachrichten NQ können Signaturen, die Empfängerexemplare mit Interprozeßnachrichten NI erhalten, an Maskierungs-Knoten weitersenden (siehe Bild 4.3.3-3). Ein günstig entworfenes m-Protokoll kann dadurch einige Nachrichten NM einsparen. Abschnitt 7.1 nennt ein Beispiel, bei dem die Grenze zwischen Maskierungs- und Quittierungs-Protokoll derart verwischt.

Die maximale Nachrichtenanzahl eines Quittierungs-Protokolls ist in Bild 4.3.3-7 festgehalten (ohne Berücksichtigung der Transferaufwandsfunktion TA). Bei maximaler Fehleranzahl m-n erhalten m Empfängerexemplare je m-n Interprozeßnachrichten, insgesamt also m•(m-n) NI als Wiederholung zugesandt. Entsprechend viele NnQ plus einer NpQ sind nötig.

	n-von-m-System			2-von-3-System		
	senderseitige Fehlermaskierung falls fehlerfrei	senderseitige Fehlermaskierung falls fehlerhaft	empfängerseitige Fehlermaskierung	senderseitige Fehlermaskierung falls fehlerfrei	senderseitige Fehlermaskierung falls fehlerhaft	empfängerseitige Fehlermaskierung
NQ	m	$\le m \cdot (m-n+1)$ häufig $< m \cdot (m-n+1)$	0	3	≤ 6 häufig 3	0
NI	0	$m \cdot (m-n)$	0	0	3	0

Bild 4.3.3-7 Vergleich zwischen senderseitiger und herkömmlicher empfängerseitiger Fehlermaskierung bezüglich der Nachrichtenanzahl des Quittierungs-Protokolls.

4.3.4 Bestimmung der maximalen Nachrichtenanzahl

Mit der für Maskierungs- und Quittierungs-Protokoll festgestellten Nachrichtenanzahl (siehe Bilder 4.3.2-9 und 4.3.3-7) ergibt sich die in Bild 4.3.4-1 dargestellte Nachrichtenanzahl-Summe eines m-Protokolls. Wie bereits mehrfach erwähnt, reduziert ein günstig entworfenes m-Protokoll diese Anzahl. Die für den fehlerfreien Fall angegebenen Werte entsprechen ungefähr den Mittelwerten, sofern Fehler selten auftreten.

	n-von-m-System			2-von-3-System		
	senderseitige Fehlermaskierung		empfängerseitige Fehlermaskierung	senderseitige Fehlermaskierung		empfängerseitige Fehlermaskierung
	falls fehlerfrei	falls fehlerhaft		falls fehlerfrei	falls fehlerhaft	
NM und NQ	$\leq m^2$ häufig $< m^2$	$\leq m \cdot (2 \cdot m - n)$ häufig m^2	0	≤ 9 häufig < 9	≤ 12 häufig < 9	0
NI	m	$m \cdot (m-n+1)$	m^2	3	6	9

Bild 4.3.4-1 Maximal notwendige Nachrichtenanzahl eines m-Protokolls im Vergleich zur herkömmlichen empfängerseitigen Fehlermaskierung. Die beiden "Kurznachrichten" NM und NQ sind zusammengefaßt. Viele m-Protokolle erreichen die mit "häufig" gekennzeichneten Werte.

Mit der in Bild 4.3.4-1 angegebenen Nachrichtenanzahl günstiger m-Protokolle und der Annahme, daß ein NI-Transfer den x-fachen Transferaufwand eines NM- bzw. NQ-Transfers verursacht, läßt sich für x eine Grenze angeben, ab der die Transferaufwands-Summe der senderseitigen Fehlermaskierung unabhängig von weiteren Gegebenheiten geringer wird als die der empfängerseitigen. Die zusätzliche Berücksichtigung der Funktion TA für Interprozeßnachrichten NI verschiebt diese Grenze weiter zugunsten der senderseitigen Fehlermaskierung.

Bei Fehlerfreiheit ist senderseitige Fehlermaskierung günstiger

$\Longleftrightarrow \quad m^2 + x \cdot m < x \cdot m^2 \quad \Longleftrightarrow \quad x > m/(m-1)$ (Beweis 10)

Diese Beziehung ist für $x > 1.5$ immer erfüllt, da $m \geq 3$.

Bei Fehlern ist senderseitige Fehlermaskierung günstiger
$\Longleftrightarrow m^2 + x \cdot m \cdot (m - n + 1) < x \cdot m^2 \Longleftrightarrow x > m/(n-1)$ (Beweis 11)

Kann nicht von Symptomverschiedenheit ausgegangen werden (d.h. $s = m-n$, siehe Pa4), dann ist zur Sicherung einer Mehrheit $n > m/2 > 1$ erforderlich und obige Beziehung für $x > 3$ immer erfüllt (Beweis 12). Sind also Interprozeßnachrichten mindestens dreimal so aufwendig zu transferieren wie die "Kurznachrichten" NM und NQ, dann ist die Transferaufwands-Summe der senderseitigen Fehlermaskierung stets geringer als die der empfängerseitigen.

Eine zusätzliche Verbesserung, die den Einsatz der Fehlermaskierung durch verteilte Systeme schon bei $x \leq 3$ begünstigt, ist in größeren Rechnernetzen mit einer Rechneranzahl $w > m \cdot (m-n)$ zu erzielen. Da bei durch r, g und h begrenzter Fehleranzahl m-n niemals alle, sondern nur manche Prozesse den in Bild 4.3.4-1 dargestellten Maximalwert der NI-Anzahl annehmen können, steigt sogar der Mindestgewinn. Wie das folgende Beispiel zeigt, nähert sich die größtmögliche NI-Anzahl mit steigender Rechneranzahl dem für den fehlerfreien Fall bekannten Wert von m Interprozeßnachrichten NI pro m-Protokoll.

Ein Rechnernetz bestehe aus w=20 Rechnern und q=40 Prozessen, die aufgrund der Ein-Fehler-Annahme (r=1, g=0) als 2-von-3-Systeme ausgebildet sind. Insgesamt existieren $m \cdot q = 3 \cdot 40 = 120$ Prozeßexemplare, von denen je $m \cdot q/w = 6$ einem Rechner zugeordnet sind. Wird ein Rechner in der ungünstigsten Weise fehlerhaft, müssen alle 6 Prozesse, die diesem Rechner zugeordnete Prozeßexemplare besitzen, den Fehler durch ihr Quittierungs-Protokoll tolerieren, wozu sie je 6 NI benötigen. Die übrigen 34 Prozesse bleiben aber fehlerfrei und benötigen je 3 NI. Insgesamt sind also statt $40 \cdot 6 = 240$ nur $6 \cdot 6 + 34 \cdot 3 = 138$ NI erforderlich, wenn alle Prozesse eine Interprozeßnachricht aussenden. Diese NI-Anzahl liegt nur um 15% über der NI-Anzahl des fehlerfreien Falls, die $40 \cdot 3 = 120$ beträgt. Empfängerseitige Fehlermaskierung benötigte dagegen unabhängig vom Fehlerzustand $40 \cdot 9 = 360$ NI.

Die in großen Rechnernetzen mögliche Reduzierung der Transferaufwandssumme läßt sich unter folgenden Voraussetzungen formalisieren:

* Jeder der w Rechner sei mit der gleichen Anzahl von $m \cdot q/w$ Prozeßexemplaren belastet. Das m-fache der Prozeßanzahl q sei ein ganzzahliges Vielfaches der Rechneranzahl w.

* Die höchste Belastung des Kommunikationssystems entstehe, wenn alle Prozesse gleichzeitig Interprozeßnachrichten aussenden.

Gemäß Abschnitt 3.1 können bei symptomgleichen und -verschiedenen Fehlern bis zu m-n Rechner, also bis zu $(m-n) \cdot m \cdot q/w$ Prozesse fehlerhaft sein. Diese Prozesse benötigen gemäß Bild 4.3.4-1, selbst wenn alle Fehler erst durch das Quittierungs-Protokoll toleriert werden, höchstens je $m \cdot (m-n+1)$ NI. Den übrigen $q - (m-n) \cdot m \cdot q/w$ Prozessen genügen je m NI, da sie von Fehlern nicht betroffen sind. Falls $q - (m-n) \cdot m \cdot q/w > 0$ ist, sinkt also die maximale NI-Anzahl aller Prozesse von $q \cdot m \cdot (m-n+1)$ auf

$$(m-n) \cdot m \cdot q/w \cdot m \cdot (m-n+1) + (q - (m-n) \cdot m \cdot q/w) \cdot m$$

$$= q \cdot m \cdot (1 + m \cdot (m-n)^2/w)$$

Bezogen auf einen einzelnen Prozess beträgt also die maximale NI-Anzahl

* m^2 NI bei empfängerseitiger Fehlermaskierung,

* $m \cdot (m-n+1)$ NI bei senderseitiger Fehlermaskierung und beliebiger Rechneranzahl und

* $m \cdot (1 + m \cdot (m-n)^2/w)$ NI bei senderseitiger Fehlermaskierung, mindestens $w > m \cdot (m-n)$ Rechnern und Erfüllung der o.g. Voraussetzungen. Für $w \rightarrow \infty$ geht diese NI-Anzahl bei konstantem Fehlermodell (r, g, h) in den Wert m über.

Das folgende Bild 4.3.4-2 konkretisiert den Mindestgewinn in Abhängigkeit von der Rechneranzahl und zeigt deutlich, daß sich Fehlermaskierung durch verteilte Systeme insbesondere für Rechnernetze mit hoher Rechneranzahl eignet.

	Rechneranz. w	2-von-3	3-von-5	4-von-7	5-von-9
fehlerfrei	beliebig	33.33%	20.00%	14.29%	11.11%
so fehlerhaft, daß maximale NI-Anzahl	beliebig	66.67%	60.00%	57.14%	55.56%
	3	66.67%	(nicht sinnvoll bei 3 Rechnern)		
	10	43.33%	60.00% *)	57.14% *)	55.56% *)
	30	36.67%	33.33%	44.29%	55.56% *)
	100	34.33%	24.00%	23.29%	27.11%
	300	33.67%	21.33%	17.29%	16.44%

Bild 4.3.4-2 Maximale NI-Anzahl pro Interprozeßkommunikation bei steigender Rechneranzahl bezogen auf die fehlerunabhängige NI-Anzahl der empfängerseitigen Fehlermaskierung (= 100%). Nachrichten NM und NQ seien hier vernachlässigbar. Bei den mit *) markierten Werten gilt nicht $w > m \cdot (m-n)$, weshalb der Maximalwert für beliebige Rechneranzahl eingesetzt ist.

Nach Abschluß eines m-Protokolls für eine Sequenznummer Nr ist folgendes Prädikat erfüllt, das hier verbal und in Abschnitt 5.2 formal (dort Fehlertoleranz-Kriterium FT genannt) angegeben ist:

In allen spezifizierten ***Fehlerfällen***,
sowie im fehlerfreien Fall
erhalten ***alle Empfängerexemplare*** einer Interprozeßkommunikation,
wenn sie selbst fehlerfrei sind,
bezüglich TA ***transferaufwands-minimal***
mindestens ***eine fehlerfreie Interprozeßnachricht NI***
innerhalb einer spezifizierten ***maximalen Zeitdauer***.

4.3.5 Rekonfigurierbarkeit

Durch permanente Fehler einzelner Prozeßexemplare gerät ein Maskierungs-System in einen Zustand verschlechterter Fehlertoleranz, weil die nutzbare statische Redundanz abnimmt. Analog verschlechtert eine aufgrund von Fehlerumgehungsmaßnahmen im Kommunikationssystem nicht mehr zutreffende Transferaufwandsfunktion TA die Transferaufwands-Summe einer Interprozeßkommunikation. In beiden Situationen ist es zweckmäßig, durch Rekonfigurierung ein neues Maskierungs-System zu schaffen, das wieder weitgehend die Eigenschaften des ursprünglichen aufweist.

Permanent fehlerhafte Prozeßexemplare sind samt Maskierungs-Knoten auszugliedern und durch noch fehlerfreie zu ersetzen. Die Fragen, welche fehlerfreien Rechner als Verlagerungsziele für neue Prozeßexemplare auszuwählen sind [siehe z.B. KaRe 84, Schr 81, Maeh 82, Echt 83b] und welche Instanzen die Rekonfigurierung durchführen [siehe z.B. ClNi 82, Bent 82, Echt 83b], bleibt in dieser Arbeit ausgeklammert. Hier interessiert nur die Schnittstelle zwischen Rekonfigurator und Maskierungs-System. Letzteres muß dem Rekonfigurator die Eingriffsmöglichkeiten bieten, welche dieser zur Herstellung einer neuen Prozeßkonfiguration benötigt, darf aber in der Erfüllung der Fehlermaskierungs- und Senderauswahl-Aufgabe auch während der Rekonfigurierung nicht beeinträchtigt werden.

Rekonfigurierungsmaßnahmen während der Ausführung eines m-Protokolls führen zu Inkonsistenzen und sind daher zu unterlassen. Eine geeignete Schnittstelle zwischen Rekonfigurator und Maskierungs-System bietet sich jedoch durch die unabhängige Ausführung eines m-Protokolls für jede Sequenznummer Nr der Interprozeßnachrichten NI an. Für eine bestimmte Nr gilt noch die alte, für die darauffolgende Nr die neue Konfigurationsinformation. Nach diesem Konzept muß die neue Konfiguration allerdings schon vor Vernichtung der alten zur Verfügung stehen, also kurzfristig beide Konfigurationen gleichzeitig. Diese Überschneidung wirft keine besonderen Probleme auf, da es möglich ist,

* zuerst das neue Prozeßexemplar mit seinem Maskierungs-Knoten zu erzeugen und erst danach das alte fehlerhafte zu vernichten, bzw.

* über einen gewissen Zeitraum gleichzeitig die alte und die neue Transferaufwandsfunktion TA anzubieten.

Ein zwischen Rekonfigurator und Maskierungs-Knoten auszuführendes Sieben-Phasen-Protokoll (siehe Bild 4.3.5-1) kann dann

1. dem Rekonfigurator den Fehlerverdacht mitteilen,

2. Objekte der neuen Konfiguration, evtl. auch neue Schlüssel zur Signaturver- und -entschlüsselung, sowie die neue Transferaufwandsfunktion TA erzeugen,

3. mitteilen, daß die alte und die neue Konfiguration zur Verfügung steht, und gleichzeitig gewährleisten, daß alle fehlerfreien Maskierungs-Knoten höchstens eine begrenzte Anzahl von Sequenznummern bearbeiten, bevor sie eine weitere Nachricht vom Rekonfigurator erhalten,

4. abfragen, welche Sequenznummer Nr die Maskierungs-Knoten gegenwärtig bearbeiten,

5. eine einheitliche Sequenznummer, genannt Umschalt-Nr, einführen, ab der von der alten auf die neue Konfiguration übergegangen werden soll,

6. den Vollzug des Übergangs aller Maskierungs-Knoten zur neuen Konfiguration an den Rekonfigurator melden (i.a. nach Kopie der Zustandsinformation eines fehlerfreien alten Prozeßexemplars in das neu erzeugte) und

7. nicht mehr benötigte Objekte der alten Konfiguration löschen.

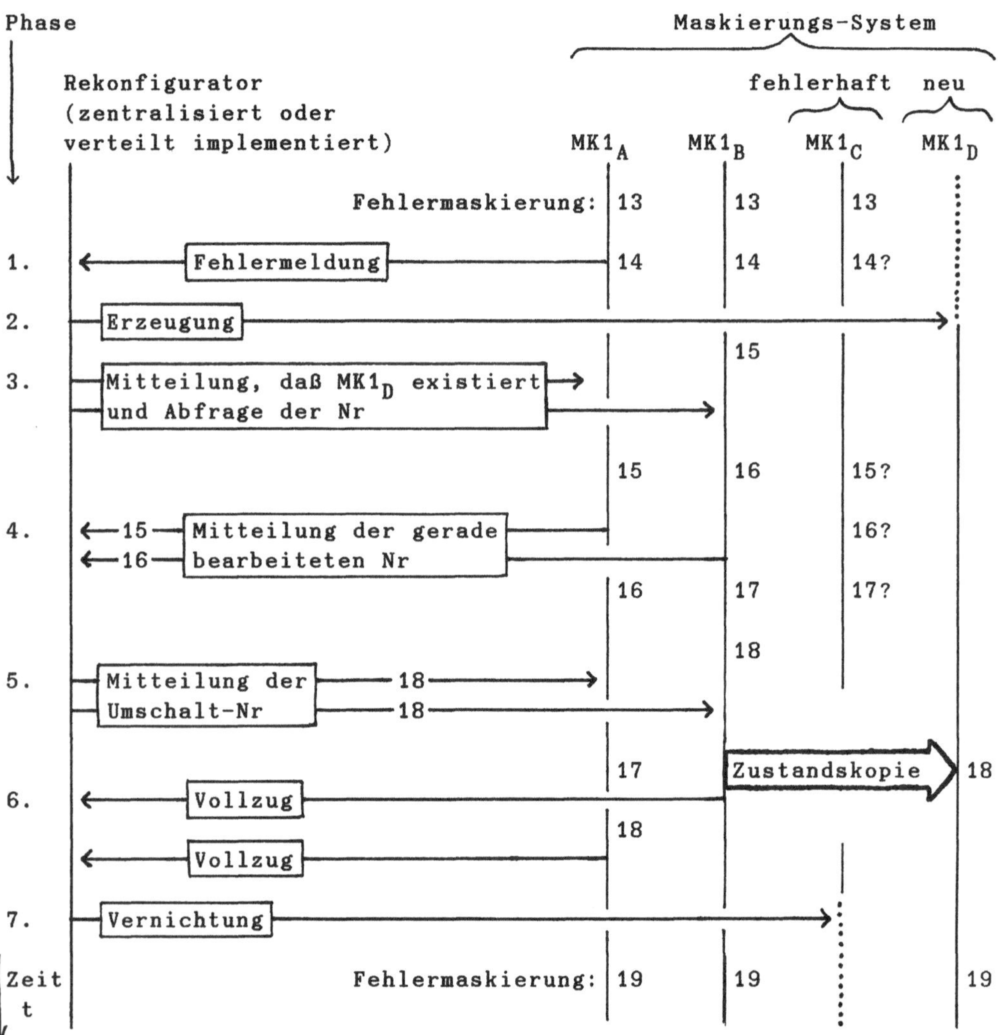

Bild 4.3.5-1 Rekonfigurierungs-Protokoll. $MK1_D$ ersetzt $MK1_C$. Die Zahlen geben die gerade durch ein m-Protokoll bearbeitete Sequenznummer Nr an. Die unbestimmten Zustände des fehlerhaften Maskierungs-Knotens $MK1_C$ sind mit "?" markiert.

In der Protokoll-Phase 4 gewinnt der Rekonfigurator die Kenntnis der gerade bearbeiteten Sequenznummern. Diese können in Abhängigkeit vom zulässigen zeitlichen Auseinanderlaufen der redundanten Prozeßexemplare (S6) bis zu einem bestimmten Höchstwert voneinander abweichen. Außerdem beschränken sich alle fehlerfreien Maskierungs-Knoten darauf, höchstens noch k weitere m-Protokolle auszuführen, bevor sie eine weitere Nachricht vom Rekonfigurator erhalten. k ist eine globale Konstante, die von der Größe der verwendeten Puffer abhängt (z.B. k=3; in Bild 4.3.5-1 ist k=1). Der Rekonfigurator legt (zentralisiert oder verteilt) eine für das Maskierungs-System einheitliche Sequenznummer fest, bei der die Maskierungs-Knoten die neue Konfiguration erstmals benutzen sollen. Diese Umschalt-Nr übersteigt alle von den Maskierungs-Knoten mitgeteilten Sequenznummern um mehr als k, z.B. um k+1. Der Rekonfigurator teilt die Umschalt-Nr allen Maskierungs-Knoten mit, die bei hinreichend großem k die Umschalt-Nr i.a. noch nicht erreicht haben, so daß kein Zeitverzug eintritt. Andernfalls warten Maskierungs-Knoten auf die Mitteilung der Umschalt-Nr. Dies gewährleistet, daß die Umschalt-Nr an keiner Stelle im System vor ihrer "offiziellen" Bekanntgabe durch den Rekonfigurator überschritten wird.

Die Wahl von k beeinflußt Leistungs- und Fehlertoleranz-Eigenschaften eines Maskierungs-Systems. Bei zu kleinem k müssen Maskierungs-Knoten anhalten und warten, bis ihnen der Rekonfigurator die Umschalt-Nr mitteilt; bei großem k wird längere Zeit mit der alten Konfiguration gearbeitet, die fehlerhafte Objekte enthält und nur eine verminderte Anzahl weiterer Fehler toleriert. 2-von-3-Systeme tolerieren in dieser Rekonfigurierungs-Phase überhaupt keine weiteren Fehler, die einen der beiden fehlerfrei verbleibenden Maskierungs-Knoten betreffen.

Bei günstigem k wird der zeitlich "stoßfreie" Übergang zur neuen Konfiguration nur an einer Stelle durchbrochen: Ein Prozeßexemplar ist anzuhalten, um seinen Zustand in das neu erzeugte Prozeßexemplar zu kopieren. Diese u.U. längerdauernde Betriebsunterbrechung ist unvermeidbar. Sie läßt sich allenfalls in mehrere kürzerdauernde Kopiervorgänge aufteilen, wenn die Veränderung des Inhalts bestimmter Speicherbereiche an irgendeinem Merkmal erkennbar ist [Wens 83]. Solche "Änderungsbits" besitzen i.a. Rechensysteme, die einen virtuellen Speicher unterstützen. Im Gegensatz zu den Prozeßexemplaren beginnen neu eingegliederte Maskierungs-Knoten ihre m-Protokoll-Ausführung in einem Grundzustand, so daß für diese eine Zustandskopie entfällt.

4.4 Qualitative Bewertung

Der reduzierte NI-Transferaufwand eines Maskierungs-Systems, das ein m-Protokoll ausführt, bewirkt gegenüber herkömmlichen Verfahren zur empfängerseitigen Fehlermaskierung im wesentlichen gleichgute Fehlertoleranz-Eigenschaften. Abschnitt 4.3 nannte quantitative Aussagen über den Reduzierungs-Gewinn nur, soweit sie in jedem Fall gewährleistet sind; die darüber hinausgehenden z.T. beträchtlichen Gewinne wurden nur anhand einiger Beispiele grob skizziert. Die detaillierten Aussagen in Abschnitt 6 sind simulativ gewonnen und können aus Aufwandsgründen nicht alle Einflußfaktoren mit all ihren Kombinationen von Parameterwerten berücksichtigen. Das weite Feld verschiedener Einflußfaktoren wird aber in diesem Abschnitt beleuchtet und qualitativ bewertet. Dadurch entsteht eine Liste mit Unterstützungsmaßnahmen, welche die Rechensystem- bzw. Anwendungsumgebung einem Maskierungs-System bieten kann (mit Un1, Un2, ... bezeichnet; siehe auch das zusammenfassende Bild 4.4-1 am Ende dieses Abschnitts). Sie sind zum Einsatz der senderseitigen Fehlermaskierung durch verteilte Systeme nicht unbedingt erforderlich, begünstigen jedoch die Realisierung derartiger Systeme, bzw. steigern den Reduzierungs-Gewinn.

Un1 Die Nachrichtenlänge einer Signatur soll wesentlich geringer sein als die des vollständigen Ergebnisses, das von redundanten Prozeßexemplaren erarbeitet wird.

Un2 Der Transferaufwand einer Nachricht soll von ihrer Länge abhängen. Bei hinreichend langen Nachrichten läßt sich diese Abhängigkeit durch eine Proportionalitätsbeziehung annähern.

Beide Unterstützungsmaßnahmen zusammen erlauben die Vernachlässigung des NM- und NQ- gegenüber dem NI-Transferaufwand. Anwendungen mit langen Interprozeßnachrichten (z.B. 1024 Bytes) gewährleisten Un1, da laut Voraussetzung Vo4 die Signaturlänge bei höchstens 100 Bits ($\approx$ 12 Bytes) meistens jedoch darunter liegt. Bei einer anwendungsbedingten Mischung längerer und kürzerer Interprozeßnachrichten NI tritt zwar ein Reduzierungs-Gewinn vorwiegend bei längeren NI ein; kürzere NI belasten aber das Kommunikationssystem ohnehin schwächer, so daß für diese NI den Reduzierungsbestrebungen eine geringere Bedeutung zukommt. Die Transferkapazität des Kommunikationssystems muß nämlich für die NI größerer Nachrichtenlänge ausgelegt sein. Nur wenn ausschließlich kurze NI transferiert werden, deren Nachrichtenlänge ungefähr mit der ihrer Signaturen übereinstimmt, bringt die senderseitige Fehlermaskierung durch verteilte Systeme kaum Vorteile.

Un3 Der Transferaufwand soll in Abhängigkeit vom Sender-Empfänger-Paar variieren.

Un4 Der Re-/Konfigurator sorge für möglichst gute Lokalität zwischen häufig miteinander kommunizierenden Prozessen in der Weise, daß mindestens ein Senderexemplar den Empfängerexemplaren benachbart ist und damit ein geringer NI-Transferaufwand entsteht.

Maskierungs-Knoten finden dann bei der Senderauswahl leichter ein Sender-Empfänger-Paar, dessen NI-Transferaufwand deutlich unter dem der anderen Paare liegt. Un3 und Un4 steigern den TA-abhängigen Gewinn (siehe Abschnitt 4.3.1).

Un5 Das Kommunikationssystem soll seine Kommunikationsmittel (z.B. das Kommunikationsmedium) nach einer fairen Strategie vergeben, bei der alle Nachrichtensender unabhängig von ihrer Nachrichtenanzahl den gleichen Anteil an der vorhandenen Transferkapazität erhalten können.

Gemäß Abschnitt 4.3.2 läßt sich nicht verhindern, daß fehlerhafte Maskierungs-Knoten unsinnige Nachrichten in großer Zahl aussenden, die das Kommunikationssystem für andere Nachrichten blockieren könnten. Da das Kommunikationssystem keine Möglichkeit besitzt, Nachrichtenvervielfältigung sicher zu erkennen, schirmt eine Gleichbehandlung aller Sender (nicht aller Nachrichten !) bei der Zuteilung von Kommunikationsmitteln am besten vor fehlerhaften Maskierungs-Knoten ab (z.B. realisiert durch zirkulierende Sendeberechtigung).

Un6 Das Kommunikationssystem soll Interprozeßnachrichten NI abweisen, die es aufgrund der beigefügten Signaturen als fehlerhaft erkennt.

Diese Entlastungsmaßnahme verlagert die Quittierungs-Instanz teilweise in das Kommunikationssystem und damit näher zu den Maskierungs-Knoten. Überflüssiger redundanter Transferaufwand entfällt für alle zwischen dem ersten fehlerfreien Knoten des Kommunikationssystems und dem Empfängerexemplar liegenden dritten Knoten (z.B. Rechner oder Buskoppler). Die NI-Abweisung erfolgt durch Nachrichtenvernichtung, evtl. mit negativer Quittierung.

Un7 Das Kommunikationssystem oder ein anderes im globalen Betriebssystem angesiedeltes Hilfssystem soll für den Nachrichtenempfang höherer Schichten (siehe Ra3) eine Höchstens-einmal-Semantik [Lisk 81] oder eine Genau-einmal-Semantik bieten.

Maskierungs-Knoten können dann davon ausgehen, daß jede durch Aufruf eines Empfangsoperators erwartete Nachricht höchstens bzw.

genau einmal empfangen wird - auch wenn fehlerbedingt keine oder zuviele Nachrichten gesendet wurden. Vervielfältigt ein fehlerhafter Sender (dessen Identität gemäß Vo9 sicher erkennbar ist) seine Nachrichten, wird i.a. die zuerst eingetroffene empfangen. Bei fehlenden Nachrichten kann die Unterbrechungsmeldung der Uhr an die Stelle der erwarteten Nachricht treten. Diese Hilfsfunktionen, die auch anderen Instanzen dienen können, vereinfachen die Implementierung der Maskierungs-Knoten.

Un8 Empfängerexemplare sollen Interprozeßnachrichten NI in der deterministischen Reihenfolge von Empfangsoperator-Aufrufen, die je genau eine Senderadresse enthalten, empfangen.

Da redundante Prozeßexemplare durch Replizieren der Programme entstehen, stimmt bei Erfüllung von Un8 die NI-Empfangsreihenfolge in allen Empfängerexemplaren überein, wodurch das in Bild 3.3-3 aufgezeigte Reihenfolgeproblem vermieden wird. Ist aber anwendungsbedingt selektives Warten auf Nachrichten verschiedener Sender unverzichtbar (d.h., es wird gewartet, bis irgendeine Nachricht ankommt), so sind die in Abschnitt 3.3 bei den nebenläufigen Verfahren erwähnten zusätzlichen Protokolle zur Herstellung einer übereinstimmenden Empfangsreihenfolge auszuführen. Das durch nebenläufige Ausführung der Senderexemplare und Benutzung eines verteilten Kommunikationssystems bedingte nicht-deterministische Verhalten ist also zulässig, muß aber für die Empfängerexemplare wieder in deterministisches zurückgeführt werden.

Un9 Die lokalen Absolutzeituhren in den einzelnen Rechnern sollen durch enge Synchronisierung möglichst geringfügig voneinander abweichen.

Un10 Globale Aufträge sollen redundante Prozeßexemplare mit möglichst geringer Zeitdifferenz erreichen.

In Abschnitt 4.3.2 wurde ausgeführt, daß (reale oder virtuelle) Uhren Zeitschranken überwachen, deren Anfangszeitpunkt sich auf eine globale Auftragserteilung bezieht. In verteilten Systemen (Ra2) existiert jedoch keine globale Gleichzeitigkeit von Ereignissen verschiedener Rechner, so daß den Zeitschranken eine Differenzzeit hinzugezählt werden muß, die umso geringer wird, je schneller das Protokoll zur Auftragserteilung ausgeführt wird und je geringer die lokalen Uhren, die den Zeitpunkt des lokalen Auftragseingangs festhalten, voneinander abweichen.

Da die Realisierung der Unterstützungsmaßnahmen Un1, ... , Un10 keine extremen Anforderungen an ein Rechensystem bzw. an die Anwendung stellt, sollte der Entwerfer diese Maßnahmen, soweit möglich, vorsehen. Rücksichten auf Festlegungen in bestimmten Systemen, die aus Kompatibilitäts-, Preis- oder anderen Gründen bevorzugt werden, können jedoch dazu zwingen, von manchen dieser Unterstützungsmaßnahmen Abstand zu nehmen und damit die Vorteile der Fehlermaskierung durch verteilte Systeme abzuschwächen.

Das vorgeschlagene Konzept der Fehlermaskierung durch verteilte Systeme harmoniert nur bedingt mit dem Einsatz diversitärer Systeme [AvKe 84]. Schwierigkeiten resultieren aus der Notwendigkeit, redundante Nachrichten übereinstimmend zu numerieren, was ein diversitäres Protokoll ausschließt und die Freiheiten des diversitären Entwurfs auf lokale Implementierungsfragen beschränkt. Außerdem erschweren Signaturbildungs- und Verschlüsselungs-Verfahren die Erkennung von ähnlichen Ergebnissen, die bei diversitären Systemen, etwa durch die Verwendung verschiedener Arithmetik, zwangsläufig entstehen. [Echt 84a] nennt einen Ansatz, der Diversität unter weitreichenden Restriktionen zuläßt.

Un1	Signatur wesentlich kürzer als Ergebnis,
Un2	mit der Nachrichtenlänge steigender Transferaufwand,
Un3	Transferaufwand hängt von Sender-Empfänger-Paar ab,
Un4	Lokalität aufgrund der Transferaufwandsfunktion TA,
Un5	faire Zuteilung der Kommunikationsmittel,
Un6	Kommunikationssystem weist fehlerhafte NI ab,
Un7	Höchstens-einmal- oder Genau-einmal-Semantik,
Un8	deterministischer Nachrichtenempfang,
Un9	eng synchronisierte Uhren,
Un10	möglichst gleichzeitige lokale Auftragserteilung.

Bild 4.4-1 Stichwortartige Zusammenfassung der Unterstützungsmaßnahmen, die Rechensystem- bzw. Anwendungsumgebung zur Begünstigung der Fehlermaskierung durch verteilte Systeme bieten können.

5. FORMALE BESCHREIBUNG DER FEHLERMASKIERUNG DURCH VERTEILTE SYSTEME

Verteilte Systeme zur Fehlermaskierung sind im wesentlichen durch ihren Protokollablauf charakterisiert, d.h. durch die Regeln des Nachrichtenaustauschs zwischen Senderexemplaren, Maskierungs-Knoten und Empfängerexemplaren (siehe dazu Bild 4.3-1 oder 4.3.1-9). Die formale Definition der in dieser Arbeit vorgestellten neuen Klasse von Fehlermaskierungs-Verfahren erfordert daher neben der Dienstspezifikation auch eine Protokollspezifikation, die den zulässigen Spielraum beim m-Protokoll-Entwurf aufzeigt, d.h. nicht ein konkretes Protokoll, sondern eine Protokoll-Menge beschreibt. Die Menge aller für die erwähnte Verfahrens-Klasse zulässigen m-Protokolle MmP läßt sich dann wie folgt angeben:

$$MmP= \left\{ x \in \text{Protokoll}: \begin{array}{l} \text{x erfüllt die} \\ \text{Protokollspezifi-} \\ \text{kation der Fehler-} \\ \text{maskierung durch} \\ \text{verteilte Systeme} \end{array} \wedge \begin{array}{l} \text{x erfüllt die Dienstspezifi-} \\ \text{kation der aufwandsreduzier-} \\ \text{ten fehlertoleranten Inter-} \\ \text{prozeßkommunikation für alle} \\ \text{zu tolerierenden Fehler} \end{array} \right\}$$

Die Dienstspezifikation ist, wie am Ende von Abschnitt 4.3.4 angegeben, in einfacher Weise formulierbar. Die Protokollspezifikation kann sich auf übliche Methoden stützen, wie z.B. endliche Automaten [z.B. Zaf* 82, DiCh 83, Rudi 83, Budk 84], Petri-Netze [z.B. Pete 77, Merl 79, Gira 82], erweiterte Petri-Netze [z.B. Noe 79, BaOc 84], reguläre Ausdrücke [EgBe 84], allgemeine attributierte Graphen [z.B. MaCo 79, RaVE 79, BhHu 80], Programmiersprachen für verteilte Systeme [z.B. Ada 83, DrKr 83] oder Spezifikationsmethoden bzw. -sprachen aufgrund eines Prädikatenkalküls [z.B. MeSc 82, HaOw 83, Lamp 83, KrDr 83, KrDr 84]. Für die hier beabsichtigte Protokollspezifikation wurde ein spezieller attributierter Graph entwickelt, dessen Attributierungsfunktionen nicht beliebige, sondern nur Fehlermaskierungs-Protokolle beschreiben.

Dieser als Maskierungs-Protokoll-Graph MPG bezeichnete Graph [Echt 84d] ist kein mächtigeres Beschreibungsmittel als die o.g. Methoden. Er nutzt vielmehr spezielle Eigenschaften der Fehlermaskierungs-Protokolle, um diese in einfacher Weise zu modellieren und darüber hinaus bezüglich der Dienstspezifikation zu verifizieren. Die einfache Modellierbarkeit beruht auf einem hohen Abstraktionsgrad, der die Übersicht für den Protokoll-Entwerfer fördert; die einfache Verifizierbarkeit [Gold 80] ermöglicht die Implementierung eines laufzeit-effizienten MPG-orientierten Verifikationssystems [Soet 84]. Abschnitt 5.1 diskutiert die Vereinfachungen des Maskierungs-Protokoll-Graphen im Vergleich zu den o.g. anderen Protokollspezifikations-Methoden und begründet damit die Schaffung des speziellen Modellierungsmittels MPG.

Ein Maskierungs-Protokoll-Graph MPG abstrahiert von Funktionen tieferer Schichten, die gemäß Vo1 bis Vo12 vorausgesetzt werden oder sich von der Ebene des Maskierungs-Systems in tiefere Schichten verlagern lassen. Ihre Verifikation bzw. wahrscheinlichkeitstheoretische Bewertung erfolgt getrennt vom Maskierungs-Protokoll-Graphen mit anderen Mitteln. Soweit die Fehlermaskierung durch verteilte Systeme für bekannte Verfahren (z.B. Signatur-Verfahren) einen modifizierten Einsatzbereich eröffnet, wurden Mittel der quantitativen Bewertung bereits in den Abschnitten 4.3.2 (Signatur-Verfahren) und 4.3.3 (Verschlüsselungs-Verfahren) angewandt.

Fehlertoleranz eines vorgegebenen m-Protokolls ist genau dann gegeben, wenn aus dem Maskierungs-Protokoll-Graphen MPG die Dienstspezifikation ableitbar ist. Abschnitt 5.1.2 beschreibt die Ableitungsregeln R1, ... ,R11; Abschnitt 5.2 beschreibt die Dienstspezifikation, die als Fehlertoleranz-Kriterium FT bezeichnet wird. Die Menge der zulässigen m-Protokolle zur Fehlermaskierung durch verteilte Systeme (Kriterium FMVS) läßt sich nun MPG-bezogen formulieren:

$$\text{MmP} = \left\{ \begin{array}{l} x \in \text{Protokoll:} \quad \text{MPG}(x) \implies \text{FMVS}, \\ \qquad\qquad \text{MPG}(x) \wedge \text{R1} \wedge \ldots \wedge \text{R11} \implies \text{FT} \end{array} \right\}$$

5.1 Modellierung der Protokolle für verteilte Systeme zur Fehlermaskierung

Der prinzipielle Ansatz zur prägnanten m-Protokoll-Modellierung besteht darin, bestimmte Protokoll-Eigenschaften nicht in ein Gesamt-Modell einzubeziehen, sondern, soweit möglich, isoliert zu betrachten. Dieses Bestreben unterstützen die nachfolgend aufgeführten m-protokoll-typischen Eigenschaften, die sich teilweise aus den Voraussetzungen (Vo1 bis Vo12) und teilweise aus den m-Protokollen selbst ergeben. Direkte Folgerungen aus Vo1, Vo2, ... sind mit Vo1', Vo2', ... bezeichnet; verlangt der Maskierungs-Protokoll-Graph zusätzlich besondere Realisierungsmöglichkeiten des m-Protokolls, so wird die Notation Vo1", Vo2", ... verwandt.

Vo1' Die von Senderexemplaren ausgesandten m redundanten Interprozeßnachrichten NI sowie die zugehörigen Nachrichten zur Maskierung NM und Quittierung NQ sind, falls fehlerfrei, an ihrer Sequenznummer Nr als zusammengehörig zu erkennen.

Ein Maskierungs-Protokoll-Graph muß daher keine Sequenz von m-Protokollen, sondern nur ein einzelnes beschreiben. Dies genügt unter folgender Annahme:

Vo1" Existiert ein korrektes m-Protokoll für eine Interprozeßnachricht NI, so existiert auch ein korrektes m-Protokoll für eine Sequenz mehrerer NI.

Die in Abschnitt 4.3.2 angesprochene Implementierungsform der Maskierungs-Knoten ähnlich einem wiedereintrittsfähigen Programm wird damit als korrekt angenommen.

Bemerkung: Die isolierte Betrachtung einzelner Eigenschaften des m-Protokolls drückt sich in zweifacher Weise aus:

1. Bestimmte Folgen von Protokoll-Aktionen werden in getrennte Maskierungs-Protokoll-Graphen **aufgespalten**. Ein einzelner MPG enthält nur die Protokoll-Aktionen für eine Interprozeßnachricht NI.

2. Von der Umgebung garantierte oder an Subsysteme mit bekanntem Verhalten delegierbare Funktionen nimmt der Maskierungs-Protokoll-Graph MPG als korrekt erfüllt an und **schließt sie von der Modellierung aus**.

Vo2/3' Senderexemplare erzeugen Signaturen, die eine zutreffende Aussage über den Fehlerzustand ausgesandter Interprozeßnachrichten NI erlauben.

Vo5' Verschlüsselungs-Verfahren bewirken, daß kein Maskierungs-Knoten die Signatur eines anderen erzeugen kann, aber an jeder Stelle im System die Übereinstimmung zweier Signaturen prüfbar ist.

Vo2/3' und Vo5' gehen von einer sicheren Fehlererkennung durch Signatur-Verfahren aus, auch wenn Signaturen über dritte (evtl. fehlerhafte) Rechner zu einem Empfänger gelangen, der sie auswertet. Die tatsächliche Fehlerüberdeckung wurde bereits in Abschnitt 4.3.2 auf analytischem Weg bestimmt.

Zi3" Die Senderauswahl-Entscheidung legt für jedes Empfängerexemplar den Maskierungs-Knoten als NI-Sender fest, der gemäß der Funktion TA (Pa1) den minimalen Transferaufwand verursacht.

Ausnahmsweise wird nicht von einer Voraussetzung, sondern von einem korrekt implementierten Senderauswahl-Algorithmus (siehe Bild 4.3.2-6) ausgegangen.

Vo3/5" Die Quittierungs-Instanzen der Empfängerexemplare arbeiten autonom. Sie kommunizieren nicht untereinander, sondern nur mit Maskierungs-Knoten.

Abschnitt 4.3.3 begründet, weshalb die Quittierungs-Instanzen aufgrund verschlüsselter (Vo5) Signaturen (Vo3) den Fehlerzustand empfangener Interprozeßnachrichten NI durch Absoluttest autonom feststellen. Zusammen mit Zi3" (korrekter Senderauswahl-Algorithmus) eröffnet Vo3/5" eine weitere Abstraktionsmöglichkeit: Der Maskierungs-Protokoll-Graph MPG unterscheidet die Empfängerexemplare, die Interprozeßnachrichten NI vom selben (fehlerfreien) Maskierungs-Knoten erhalten, nicht voneinander, sondern modelliert sie als Prozeßgruppe. Die zeitlichen Abweichungen einzelner Empfängerexemplare kommen ggf. durch vergrößerte Zeitintervalle zum Ausdruck, die das Auftreten von Ereignissen in einer solchen Prozeßgruppe beschreiben (siehe miD und maD in Abschnitt 5.1.1).

Vo4/6" Von einem Maskierungs-Knoten ausgesandte Nachrichten NM oder NI enthalten die gesamte Zustandsinformation des Maskierungs-Knotens zum Sendezeitpunkt, soweit sie sich auf das m-Protokoll für die betreffende Sequenznummer Nr bezieht.

Diese teilweise überflüssige Information kann den Nachrichten beigefügt werden, weil die Zustandsinformation der Maskierungs-Knoten nur aus den Werten weniger einfacher Variablen besteht (wenige Bytes).

Un7" Das Kommunikationssystem oder ein Subsystem der Maskierungs-Knoten garantiert eine Höchstens-einmal-Semantik [Lisk 81] beim Nachrichtenempfang. Der Empfänger ignoriert nicht zu erwartende Nachrichten. Bei fehlerbedingter Nachrichten-Vervielfältigung wird nur die zuerst eintreffende Nachricht erwartet.

Ausnahmsweise wird nicht von einer Vorausetzung, sondern von einer Unterstützungsmaßnahme ausgegangen, die, wenn nicht vom Kommunikationssystem, dann von einer besonderen Implementierungsform der Maskierungs-Knoten gewährt werden kann (daher Un7" statt Un7').

Vo7/8' Betriebs- und Kommunikationssystem räumen dem m-Protokoll eine so hohe Priorität ein, daß für jede Protokoll-Aktion und jeden Nachrichtentransfer eine maximale Dauer definiert werden kann, die fehlerfreie Rechner niemals überschreiten. Diese Dauer schließt Warte- und Ausführungszeiten ein.

Vo9' Verfälschungen von Nachrichten-Absenderangaben sind erkennbar.

Vo10' Fehlerhafte Rechner können den Nachrichtentransfer zwischen fehlerfreien Rechnern zwar verlangsamen (begrenzt durch den von Vo7/8' gegebenen Rahmen), aber nicht verhindern.

Un7", Vo7/8', Vo9' und Vo10' vereinfachen die Modellierung fehlerhafter Systeme durch den Maskierungs-Protokoll-Graphen MPG, indem sie die Aktionen fehlerfreier Rechner schützen und damit die Anzahl der im MPG zu berücksichtigenden Wechselwirkungen begrenzen: Fehler wirken sich nicht mehr zwischen beliebigen Stellen des MPG aus.

Mit den in Vo1' bis Vo10' (bezogen auf obige Reihenfolge) beschriebenen besonderen Eigenschaften der m-Protokolle, lassen sich diese durch einen Graphen MPG modellieren, der im wesentlichen die Abfolge der (lokalen) Protokoll-Aktionen und der auszutauschenden Nachrichten beschreibt. Damit entspricht die statische Struktur des Maskierungs-Protokoll-Graphen MPG nicht dem statischen Programm des m-Protokolls (wie etwa bei Petri-Netzen üblich), sondern dem dynamischen Protokollablauf [ähnlich den Occurence Nets in GeSt 79]. Jeder Knoten des MPG (nicht zu verwechseln mit den Knoten eines Rechnernetzes) entspricht dem Ereignis, daß eine Protokoll-Aktion, d.h. ein Programmabschnitt, ausgeführt, bzw. eine Nachricht transferiert wird. Durchläuft ein Prozeß, etwa in einer Programmschleife, einen Abschnitt mehrmals, so handelt es sich wegen des mit jedem Schleifendurchlauf verbundenen Zeitfortschritts nicht um dieselben, sondern um verschiedene Ereignisse, die durch verschiedene Knoten des MPG zu modellieren sind. Ein Maskierungs-Protokoll-Graph ist daher mit den Begriffen von [Neum 75] ein zyklenfreier, schlingenfreier, schlichter, schwach zusammenhängender, gerichteter Graph. Die Knoten dieses Graphen MPG werden als Ereignisse bezeichnet, um die erwähnte Verwechslungsmöglichkeit mit den Knoten eines Rechnernetzes auszuschließen. Die gerichteten Kanten des MPG (Pfeile genannt) verbinden Ereignisse, die sequentiell ausgeführten Abschnitten entsprechen. Sie führen vom früheren zum späteren Ereignis. Sind zwei Ereignisse fehlerfreier Rechner durch ein Element der transitiven Hülle der Pfeile verbunden, so treten sie zeitlich nacheinander, andernfalls nebenläufig mit unbestimmter zeitlicher Reihenfolge auf.

Attributierungsfunktionen des MPG ordnen jedem Ereignis Aussagen über sein dynamisches Verhalten zu [Noe 79 beschreibt einige der möglichen Arten attributierter Netze]. Da zu einem MPG außerdem noch ein Konfigurations- und ein Fehlermodell gehören, gibt erst Abschnitt 5.1.1 eine zusammenfassende MPG-Definition an. Mit dem beschriebenen Konzept wird klar, daß Vereinfachungsgründe eine den m-Protokollen angepaßte Modellierung nahelegen, die hier nicht durch Modifikation eines bestehenden Modells, sondern wegen besserer Benutzerfreundlichkeit als eigenständiges Modell realisiert wurde. Für den Maskierungs-Protokoll-Graphen spricht:

+ Sich wiederholende m-Protokoll-Ausführungen lassen sich getrennt modellieren (Vo1', Vo1").

+ Die Zyklenfreiheit des Modells erleichtert die Verifikation beträchtlich (keine Schleifeninvarianten).

+ Mehrere Exemplare des Empfängerprozesses lassen sich zusammenfassen (Vo3/5", Programmiersprachen stellen i.a. dafür keine Operatoren zur Verfügung).

+ Fest vorgegebene Nachrichtenarten (V04/6") und Attributierungsfunktionen verringern den zu betrachtenden Zustandsraum, lassen aber trotzdem ein formales Kalkül zu.

+ Das Kalkül bezieht sich nicht auf den globalen, sondern nur auf den lokalen Zustandsraum der Prozeßexemplare bzw. Maskierungs-Knoten.

+ Die lokale Betrachtung erfordert keine explizite Protokollspezifikation der Interaktionen zwischen Prozeßexemplaren bzw. Maskierungs-Knoten. Es genügen die Kanten des Maskierungs-Protokoll-Graphen (Vo7/8', Vo9', Vo10').

+ Die Dienstspezifikation ist fest vorgegeben und für alle m-Protokolle gleich.

+ Die Attributierungsfunktionen beinhalten ein rechnerbezogenes binäres Fehlermodell, das beliebiges spezifikations-abweichendes Verhalten fehlerhafter Rechner zuläßt (Ra7 bis Pa4), indem es von internen Abläufen fehlerhafter Rechner abstrahiert (Vo2/3', Vo5').

+ Fehlerbedingte "wilde" Sprünge oder andere Wechselwirkungen zwischen beliebigen Teilen des Graphen müssen wegen der Höchstens-einmal-Semantik (Un7") nicht betrachtet werden.

Die Regeln R1 bis R11 (siehe Abschnitt 5.1.2) stellen das Kalkül des Maskierungs-Protokoll-Graphen dar und konkretisieren hauptsächlich den Signaturtransfer durch Nachrichten NM und NI als wesentliches Mittel zur Beurteilung von Fehlersituationen. Entsprechend dem Fehlertoleranz-Zweck bestimmt im wesentlichen die Fehlersituation (neben den Kommunikations- und Zeitbeziehungen) den Ablauf eines m-Protokolls. Wegen der Zyklenfreiheit des MPG lassen sich R1 bis R11 in der durch die Pfeile des MPG gegebenen Reihenfolge auf die Ereignisse anwenden (gemäß einer beliebigen Totalordnung, die der Halbordnung der Pfeile entspricht). Das dynamische Verhalten eines m-Protokolls ergibt sich also durch den Schluß von Vorgänger- auf Nachfolger-Ereignisse. Fehlertoleranz liegt vor, wenn die Aussagen über die jeweils letzte Aktion der Empfängerexemplare das Fehlertoleranz-Kriterium FT erfüllen. Ein Protokoll zur Fehlermaskierung durch verteilte Systeme ist dann ein Element aus MmP, der Menge der zulässigen m-Protokolle.

5.1.1 Ablaufmodell

Das Ablaufmodell legt die statische Struktur des Maskierungs-Protokoll-Graphen fest, die den dynamischen Ablauf eines m-Protokolls modelliert. Dazu sind gewisse Eigenschaften der Protokoll-Aktionen zu definieren und zeitliche Abhängigkeiten durch Pfeile festzulegen.

Ereign = {Anf} ∪ Aktion ∪ Nachr

Ereign Ereignisse, d.h. Knoten des Maskierungs-Protokoll-Graphen.

Anf Globales Anfangsereignis, z.B. Auftragserteilung an die Senderexemplare.

Aktion Protokoll-Aktionen, die unteilbar ausgeführt werden [Rand 79b], z.B. Sende- oder Empfangsoperatoren.

Nachr Zu transferierende Nachrichten.

Aktion = SeProz ∪ Mask ∪ Quitt ∪ EmProz

SeProz Aktionen der Senderexemplare, Erzeugung einer Interprozeßnachricht NI und ihrer Signatur.

Mask Aktionen des Maskierungs-Systems MS, realisiert durch Maskierungs-Knoten MK.

Quitt Aktionen der den Empfängerexemplaren zugeordneten Quittierungs-Instanzen.

EmProz Aktionen der Empfängerexemplare, die Interprozeßnachrichten NI nach Beendigung der Quittierung durch die zugehörige Quittierungs-Instanz erhalten.

Nachr = NM ∪ NI ∪ NQ

NM Nachrichten NM des Maskierungs-Protokolls.

NI Interprozeßnachrichten NI.

NQ Nachrichten NQ zur positiven (NpQ) oder negativen (NnQ) Quittierung im Rahmen des Quittierungs-Protokolls.

Pfeile ⊂ Ereign X Ereign

Pfeile Pfeile als Teilmenge des Kreuzprodukts der Ereignisse verbinden voneinander abhängige Ereignisse:
Ist (a,b) ∈ Pfeile, dann folgt b zeitlich nach a und verfügt über die gesamte Zustandsinformation von a.

Zur einfacheren Handhabung der Pfeile seien für jedes Ereignis die Menge der Vorgänger- und Nachfolger-Ereignisse durch folgende Hilfsfunktionen definiert:

Vorg: Ereign --> Potenzmenge (Ereign), wobei

$\forall$ a, b $\in$ Ereign: a $\in$ Vorg (b) $\Longleftrightarrow$ (a,b) $\in$ Pfeile $\vee$ a=Anf

Nafo: Ereign --> Potenzmenge (Ereign), wobei

$\forall$ a, b $\in$ Ereign: a $\in$ Nafo (b) $\Longleftrightarrow$ (b,a) $\in$ Pfeile

Folgende Hilfsfunktion führt auch zu den indirekten Vorgängern eines Ereignisses, zu denen durch ein Element der transitiven Hülle der Pfeile eine Verbindung besteht:

alleVorg: Ereign --> Potenzmenge (Ereign), wobei

$\forall$ a, b $\in$ Ereign: a $\in$ alleVorg (b) $\Longleftrightarrow$
$\exists$ a_1, ... ,a_i $\in$ Ereign: a $\in$ Vorg (a_1) $\wedge$ ... $\wedge$ a_i $\in$ Vorg (b)

Rech = SeRech $\cup$ EmRech

Rech Rechner des Mehrrechnersystems.
SeRech Rechner, dem ein Senderexemplar zugeordnet ist (in den Beispielen mit A, B, C, ... bezeichnet).
EmRech Rechner, dem Empfängerexemplare zugeordnet sind (in den Beispielen mit F, G, H, ... bezeichnet).

ReZu:	SeProz	--> SeRech,
	Mask	--> Rech,
	Quitt $\cup$ EmProz	--> EmRech

Die Funktion ReZu ordnet jeder Aktion einen Rechner zu. Der MPG modelliert Senderrechner (SeRech) und Empfängerrechner (EmRech) als getrennte Objekte, berücksichtigt aber in seinem Fehlermodell, daß diese Rechnermengen in der Realität nicht disjunkt sein müssen. Ein einzelner Fehler betrifft evtl. einen Sender- und einen Empfängerrechner gleichzeitig. Die Empfängerrechner und die ihnen zugeordneten Aktionen (Quittierungs-Instanzen und Empfängerexemplare) bezeichnen nicht einzelne Rechner bzw. Protokoll-Aktionen, sondern Rechner- und Aktions-Mengen, die alle Empfängerexemplare zusammenfassen, die von einem bestimmten Maskierungs-Knoten mit dem geringsten Transferaufwand gemäß TA zu erreichen sind (In den Beispielen entsprechen sich (A,F), (B,G), (C,H), ...). Nachrichten an eine Rechnermenge zu senden bedeutet, sie an jeden Rechner der Menge zu senden - evtl. mittels einer der in Abschnitt 4.3.1 erwähnten Mehrfachadressen-Verfahren. Nachrichten von einer Rechnermenge zu empfangen bedeutet, sie in einer Programmschleife in beliebiger Reihenfolge von allen Rechnern dieser Menge zu empfangen. Zeitschranken-Überwachungen können diese Programmschleife wie beim Empfang einzelner Nachrichten abbrechen.

Im Zusammenhang mit der Rechnerzuordnung der Aktionen sind die Möglichkeiten einzuschränken, Ereignisse mit Pfeilen zu verbinden:

1. $\forall$ a, b $\in$ Aktion: ReZu (a) $\neq$ ReZu (b) $\Longrightarrow$ (a,b) $\notin$ Pfeile
   $\forall$ a $\in$ Nachr: Vorg (a) $\in$ Aktion $\wedge$ Nafo (a) $\in$ Aktion

Aktionen verschiedener Rechner dürfen nicht direkt, sondern nur über Nachrichten verbunden werden. Vorgänger- und Nachfolger-Ereignisse von Nachrichten müssen Aktionen sein.

2. $\forall$ a $\in$ Ereign: $\exists$ x $\in$ Rech: $\forall$ b $\in$ Vorg (a) $\cap$ Aktion: ReZu (b) = x
   $\forall$ a $\in$ Ereign: $\exists$ x $\in$ Rech: $\forall$ b $\in$ Nafo (a) $\cap$ Aktion: ReZu (b) = x

Alle Aktionen aus der Menge der Vorgänger-Ereignisse eines Ereignisses müssen demselben Rechner angehören. Das gleiche gilt für die Aktionen der Nachfolger-Ereignisse.

3. $\forall$ a $\in$ Ereign: Vorg (a) = $\emptyset$ $\Longleftrightarrow$ a = Anf
   $\forall$ a $\in$ EmProz: Nafo (a) = $\emptyset$

Genau bei der Aktion Anf ist die Menge der Vorgänger-Ereignisse leer. Mindestens bei allen Aktionen aus EmProz ist die Menge der Nachfolger-Ereignisse leer.

Alternativ auszuführende Aktionen bilden die Zweige von Verzweigungen. Diese modellieren nicht-deterministische Programmverzweigungen, wie z.B. den selektiven Nachrichtenempfang ("empfange die Nachricht, die zuerst ankommt", siehe z.B. Erläuterungen zu Un8 in Abschnitt 4.4). Jede Verzweigung umfaßt noch eine weitere Aktion, gemeinsamer Zweig genannt. Dieser wird stets zusammen mit einem der Zweige ausgeführt.

Sei v $\in$ Verzweig mit v = (gemZw (v), Zweige (v)), dann gilt:

gemZw (v) $\in$ Aktion und Zweige (v) $\subset$ Aktion und

$\forall$ a $\in$ {gemZw (v)} $\cup$ Zweige (v): $\exists$ x $\in$ Rech: ReZu (a) = x

Verzweig Menge der Verzweigungen.
gemZw (v) Aktion, die den gemeinsamen Zweig der Verzweigung v bildet.
Zweige(v) Aktionen, welche die Zweige der Verzweigung v bilden.

Bedingungen können in Abhängigkeit von der Attributierung eines Ereignisses die nachfolgend auftretenden Ereignisse angeben. Sie modellieren insbesondere deterministische Programmverzweigungen in Abhängigkeit eines Signaturvergleichs, der über den Fehlerzustand Auskunft gibt. Für alle a $\in$ Mask $\cup$ Quitt existieren je eine Bedingungsformel BeF_a, eine Gültigkeitsfunktion BeG_a und eine Bedingungsfunktion Bed_a:

BeF_a: Attributierungen (a) --> {wahr, falsch}

BeG_a: Nafo (a) --> {wahr, pos_a, neg_a}

Bed_a: Nafo (a) X Attributierungen (a) --> {wahr, falsch}, mit:

$$Bed_a (b, y) = \begin{cases} \text{falls } BeG_a (b) = \text{wahr:} & \text{wahr} \\ \text{falls } BeG_a (b) = pos_a\text{:} & BeF_a (y) \\ \text{falls } BeG_a (b) = neg_a\text{:} & \neg BeF_a (y) \end{cases}$$

Ein Nachfolger-Ereignis b eines Ereignisses a tritt nur ein, wenn die Bedingungsfunktion Bed_a (b, Attributierung (a)) den Wert wahr liefert. Die Bedingungsfunktion wurde in Bedingungsformel und Gültigkeitsfunktion aufgespalten, um den Protokoll-Modellierer durch pos_a oder neg_a zur expliziten Angabe von Nachfolger-Ereignissen zu zwingen, die alternativ auftreten. Andernfalls müßte ein Verifikationssystem selbst feststellen, daß eine Bedingungsformel die Negation einer anderen ist.

Die folgenden vier Bilder zeigen jeweils links graphische Symbole des Maskierungs-Protokoll-Graphen MPG für

Nachrichten (Bild 5.1.1-1), Aktionen (Bild 5.1.1-2),
Verzweigungen (Bild 5.1.1-3), Bedingungen (Bild 5.1.1-4)

und jeweils rechts daneben entsprechende Petri-Netze, welche die Ausführungs-Reihenfolgen von Nachrichten, Aktionen usw. definieren. Transitionen schalten, sobald alle ihre Eingangsstellen besetzt sind. Bei Verzweigungen kann evtl. eine von mehreren Transitionen schalten (nicht-deterministisches Verhalten). Die mit BeF_a (bzw. $\neg BeF_a$) bezeichneten Transitionen schalten, wenn die Attributierung von a BeF_a erfüllt (bzw. nicht erfüllt). Der Protokollablauf eines MPG ergibt sich aus der Verbindung der Petri-Netze für jedes Ereignis des Graphen zu einem Gesamt-Petri-Netz.

Das Fehlermodell des Maskierungs-Protokoll-Graphen MPG dient zur Beschreibung der Menge der zu tolerierenden Fehler und der horizontalen Fehlerausbreitung [Echt 84c]. Jeder Fehlerfall ist durch die Menge der fehlerhaften Rechner charakterisiert. Über Fehlerursache, betroffene Komponenten innerhalb eines Rechners und Art des fehlerhaften Verhaltens werden außer Vo2/3', Vo5', Vo9' und Vo10' keine

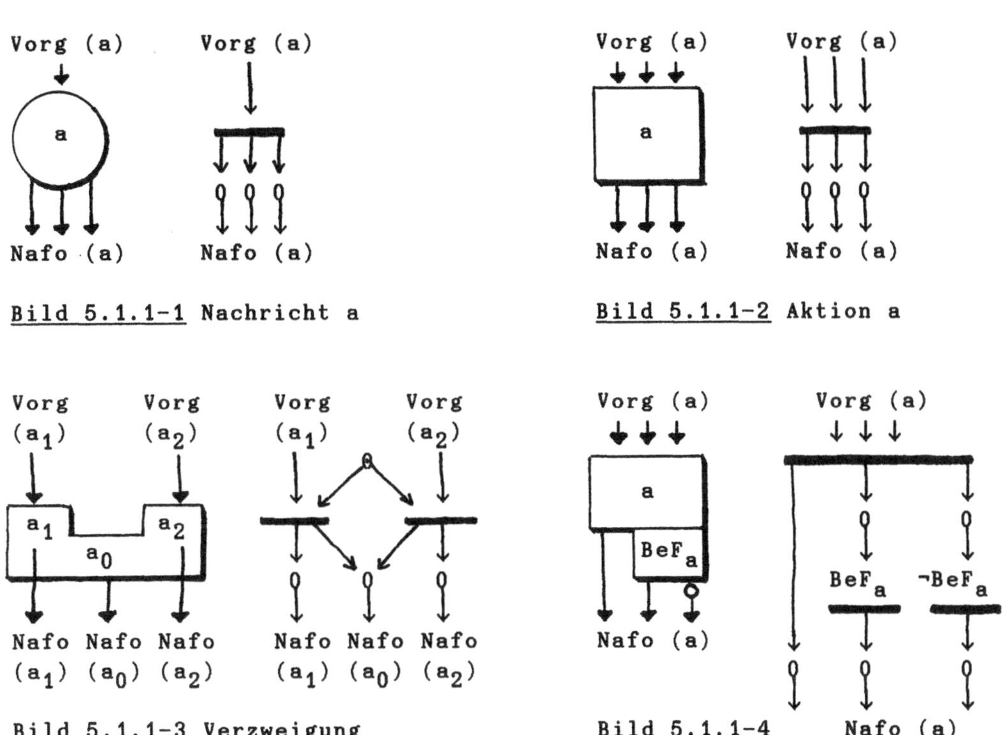

Bild 5.1.1-1 Nachricht a

Bild 5.1.1-2 Aktion a

Bild 5.1.1-3 Verzweigung (a_0, {a_1, a_2})

Bild 5.1.1-4 Bedingung BeF_a

Annahmen gemacht. Die Regeln R6 und R7 in Abschnitt 5.1.2 modellieren daher die horizontale Fehlerausbreitung, indem sie fehlerhaftes Verhalten nicht innerhalb von Rechnern, sondern ausschließlich an den durch Nachrichtenaustausch gegebenen Schnittstellen zwischen Rechnern spezifizieren. Die getrennte Angabe der zu tolerierenden Fehlerfälle für die Menge der Sender- und der Empfängerrechner (SeFehler bzw. EmFehler) reduziert den Aufwand der Notation. Die leere Rechner-Menge Ø bezeichnet den fehlerfreien Fall.

SeFehler ⊂ Potenzmenge (SeRech)	Fehler der Senderrechner.
EmFehler ⊂ Potenzmenge (EmRech)	Fehler der Empfängerrechner.

Es gilt: Ø ∈ SeFehler, Ø ∈ EmFehler,

∀ x ∈ SeFehler, ∀ y ∈ EmFehler: Der Fehlerfall x ∪ y muß innerhalb der Zeit **maxDauer** toleriert werden.

Mit den bisher angegebenen Mengen und Funktionen ist die MPG-Struktur vollständig definiert. Die im folgenden eingeführten ***Attributierungsfunktionen*** beschreiben das Protokoll-Verhalten, indem sie für jede Aktion und jede Nachricht die Prädikate angeben, die nach Ausführung der Aktion, bzw. nach dem Transfer der Nachricht gelten. Da die Knoten des Maskierungs-Protokoll-Graphen Ereignisse darstellen, die höchstens einmal auftreten, entfällt im Gegensatz zu Petri-Netzen die Unterscheidung zwischen Aussagen über Marken (Prädikate genannt) und über Transitionen (Attribute genannt). Alle dynamischen Eigenschaften lassen sich in Form von Attributen den Ereignissen zuordnen. Rückwirkungen von einem Ereignis auf Vorgänger-Ereignisse sind wegen der zyklenfreien MPG-Struktur ausgeschlossen. Bild 5.1.1-5 veranschaulicht, wie sich die Attributwerte eines Ereignisses ausschließlich aus den Attributwerten der (direkten) Vorgänger-Ereignisse gewinnen lassen. Dazu sind die Regeln R1 bis R11 im MPG "von oben nach unten", d.h. vom Ereignis Anf bis zu den Ereignissen aus EmProz anzuwenden, um dann "unten" zu prüfen, ob das Fehlertoleranz-Kriterium FT erfüllt ist.

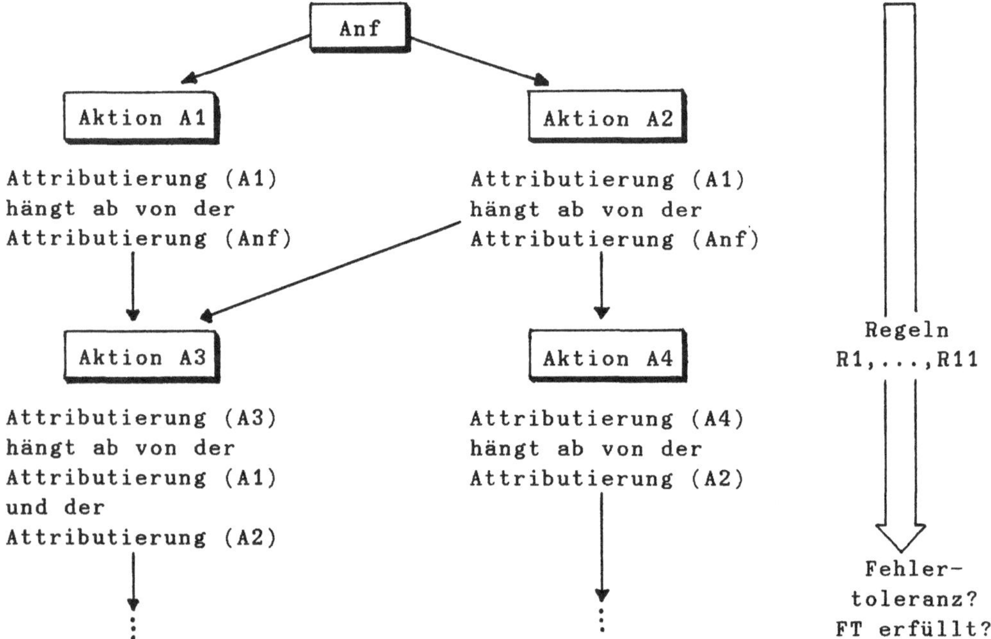

<u>Bild 5.1.1-5</u> Prinzip der Anwendung der Regeln R1 bis R11, um die Attributierungen der Aktionen und Nachrichten zu bestimmen. In diesem und den folgenden Bildern wird einer Aktions-Bezeichnung als erster Buchstabe die entsprechende Rechnerbezeichnung (A, B,... , F, G,...) vorangestellt.

Die einzige vom Protokoll-Modellierer vorzugebende Attributierung besteht in der Einführung eines Zeitbegriffs. Jeder Aktion werden eine minimale und eine maximale Ausführungsdauer, jeder Nachricht eine minimale und eine maximale Transferdauer zugeordnet (was in den Petri-Netzen der Bilder 5.1.1-1, ... ,5.1.1-4 den Schaltdauern der zugehörigen Transition entspräche). Der Modellierer legt die Zeitintervall-Unter- und -Obergrenze fest:

miD, maD: Ereign $\longrightarrow \{0\} \cup \mathbb{R}^+ \cup \{\infty\}$	Minimale bzw. max. Dauer.
$\forall$ a $\in$ Ereign: miD(a) $\leq$ maD(a)	

Die folgenden sieben Attribute der Ereignisse beschreiben das dynamische Protokoll-Verhalten. Sind für ein Ereignis mehrere Kombinationen von Attributwerten möglich, so werden diese in einer disjunktiven Form dargestellt (siehe folgende Gleichung). Jede darin auftretende Konjunktion wird als Fall bezeichnet. Fälle werden in der Notation a) und Attribute nicht in der Funktionsschreibweise "Attribut (Fall)", sondern in der Notation b) geschrieben, wenn die Fallbezeichnung bekannt ist, bzw. c), wenn eine neue Fallbezeichnung zu erzeugen ist:

a) <Ereignisbezeichnung> . <Fallbezeichnung durch eine nat. Zahl>
b) <Ereignisbezeichnung> . <Fallbezeichnung> . <Attributbezeichnung>
c) <Ereignisbezeichnung> ! <Attributbezeichnung>

Folgende Gleichung beschreibt die Attributierung eines Ereignisses a $\in$ Ereign mit k Fällen:

$$(a.1.Attr_1 \in Werte_{1,1} \wedge \dots \wedge a.1.Attr_7 \in Werte_{1,7}) \vee \dots$$
$$\dots$$
$$\dots \vee (a.k.Attr_1 \in Werte_{k,1} \wedge \dots \wedge a.k.Attr_7 \in Werte_{k,7})$$

wobei Attr... für ein Attribut und Werte... für eine Menge möglicher Attributwerte steht. Die Attributierungsfunktion Attr... ordnet einem Fall a.i die gesamte Menge $Werte_{i,\dots}$ zu. Das tatsächliche Verhalten eines Ereignisses ist durch genau ein Element dieser Menge, d.h. genau einen der Werte des durch die Menge vorgegebenen Bereichs, charakterisiert. Da jedoch nur Aussagen über mögliches Verhalten, nicht jedoch über konkretes Verhalten im Einzelfall interessieren, sind diese Werte nicht explizit anzugeben.

Die Menge aller Fälle eines Ereignisses a wird mit a*, die Menge {1, ... , cardinal (a*)} mit a# und die Vereinigung aller Fälle von allen Ereignissen mit * bezeichnet. Die sieben Attributierungsfunktionen, die jedem Fall Attributwerte zuordnen, lauten:

SFe: * --> Potenzmenge (SeFehler)

Die Attributierungsfunktion SFe gibt die Fehlerfälle der Senderrechner an, auf die die übrigen Attributwerte eines Falles zu beziehen sind (d.h. sie trifft die Fehlerfallunterscheidung: "Wenn ... fehlerhaft, dann ...; wenn ... fehlerhaft, dann ...; ..."). Die Fehlerfälle bilden eine Teilmenge der Menge aller zu tolerierenden Fehler der Senderrechner. Folgende Gleichung besagt, daß Fehlerfälle entsprechend Abschnitt 2.3 durch ein rechnerbezogenes binäres Fehlermodell anzugeben sind, wobei a.i für einen Fall, y für eine Menge fehlerhafter Senderrechner, x für einen beliebigen Senderrechner, <u>ff</u> für das Prädikat "ist fehlerfrei" und <u>fh</u> für "ist fehlerhaft" steht:

$$\text{SFe (a.i)} = \text{a.i.SFe} = \{ y_1, \dots, y_k \} \iff$$
$$(\forall x \in y_1: x\ \underline{fh} \wedge \forall x \in \text{SeRech} \setminus y_1: z\ \underline{ff}) \vee \dots\dots$$
$$\dots\dots \vee (\forall x \in y_k: x\ \underline{fh} \wedge \forall x \in \text{SeRech} \setminus y_k: x\ \underline{ff}).$$

EFe: * --> Potenzmenge (EeFehler)

EFe gibt analog zu SFe die Fehlerfälle der Empfängerrechner an.

Sig: * --> Potenzmenge (SeKnot)

Die Attributierungsfunktion Sig gibt für jeden Fall eines Ereignisses a die Menge der fehlerfreien Signaturen an, die bei Auftreten von a in dem Rechner ReZu (z) bekannt sind und an nachfolgende Aktionen oder Nachrichten weitergegeben werden können. Gemäß folgender Gleichung ist eine Signatur y mit dem Namen des Signaturerzeugers zu bezeichnen:

$$\text{a.i.Sig} = \{ y_1, \dots, y_k \} \iff$$
$$\text{Signatur des SeRech } y_1 \text{ ist bekannt} \wedge \dots \wedge \dots y_k \text{ bekannt.}$$

Em: * --> Potenzmenge (EmKnot)

Die Attributierungsfunktion Em gibt für jeden Fall eines Ereignisses die Menge der Empfängerexemplare an, für die schon ein NI-sendender Maskierungs-Knoten ausgewählt wurde. Gemäß folgender Gleichung ist ein Empfängerexemplar x mit dem Namen des zugehörigen Empfängerrechners zu bezeichnen. Da laut Vo3/5" alle Empfängerexemplare, an die derselbe Maskierungs-Knoten Interprozeßnachrichten NI sendet, zusammenfassend modelliert werden, repräsentiert jedes y eine Menge von Empfängerexemplaren, bestehend aus einem, mehreren oder überhaupt keinem Element:

$$a.i.Em = \{ x_1, \ldots, x_k \} \iff$$

$$\text{NI-Sender für } x_1 \text{ ausgewählt} \wedge \ldots \wedge \text{NI-Sender für } x_k \text{ ausgewählt.}$$

$miZ: * \longrightarrow \{0\} \cup \mathbb{R}^+ \cup \{\infty\}$,	$maZ: * \longrightarrow \{0\} \cup \mathbb{R}^+ \cup \{\infty\}$

Die beiden Attributierungsfunktionen miZ und maZ bilden für jeden Fall eines Ereignisses das Zeitintervall, in dem das Ereignis auftritt. miZ gibt die untere, maZ die obere Intervallgrenze bezüglich der absoluten globalen Zeit an. Da Ereignisse nicht den Anfangs-, sondern den Endzeitpunkt einer Aktion oder eines Nachrichtentransfers bezeichnen, besteht folgender Zusammenhang zwischen dem Anfangszeitpunkt t_1 einer Aktion, ihrer Ausführungsdauer und ihrem Endzeitpunkt t_2 (siehe auch Regel R5 in Abschnitt 5.1.2):

$$\forall\, i \in a\#: \quad a.i.miZ \leq t_2 \leq a.i.maZ,$$

$$\forall\, i \in a\#: \text{Sei } t_1 \in [t_{1_{min}}, t_{1_{max}}] \Longrightarrow a.i.miZ = t_{1_{min}} + miD\,(a) \wedge \\ a.i.maZ = t_{1_{max}} + maD\,(a)$$

$$Weg: * \longrightarrow \text{Potenzmenge}\left(\begin{array}{l} \{x: \exists v \in Verzweig: x \in Zweige(v) \vee x = gemZw(v)\} \\ \cup \\ \{x: \exists b \in Aktion: \quad x = pos_b \quad \vee x = neg_b \} \end{array} \right)$$

Die Regeln R1 bis R11 in Abschnitt 5.1.2 sind zwar so formuliert, daß sie sich nicht auf den globalen, sondern nur auf den lokalen Zustandsraum einzelner Ereignisse beziehen. Um jedoch bei der Attributierung eines Ereignisses berücksichtigen zu können, daß

1. bei früher durchlaufenen Verzweigungen nicht mehrere Zweige gleichzeitig ausgeführt und
2. bei früheren Bedingungsfunktionen nicht zugleich die Bedingungsformel und ihr Komplement erfüllt werden konnten,

wird diese Weg-Information (durchlaufene Zweige und erfüllte Bedingungsformeln) den Ereignissen durch die Attributierungsfunktion Weg beigefügt. x ∈ Weg (a.i) hat folgende Bedeutung:

$\exists\, v \in Verzweig: x \in Zweige(v) \Longrightarrow$ Zweig x wurde ausgeführt,
$\exists\, v \in Verzweig: x = gemZw(v) \Longrightarrow$ kein Zweig wurde ausgeführt,
$\exists\, a \in Aktion: x = pos_a \Longrightarrow Bed_a$ wurde erfüllt,
$\exists\, a \in Aktion: x = neg_a \Longrightarrow Bed_a$ wurde nicht erfüllt.

Mit den eingeführten Mengen und Funktionen läßt sich die Definition eines Maskierungs-Protokoll-Graphen MPG als 27-Tupel angeben:

$$\text{MPG} = \begin{pmatrix} \text{Anf, SeProz, Mask, Quitt, EmProz, NM, NI, NQ, Pfeile,} \\ \text{SeRech, EmRech, ReZu, Verzweig, BeF..., BeG..., Bed..., miD,} \\ \text{maD, SeFehler, EmFehler, SFe, EFe, Sig, Em, miZ, maZ, Weg} \end{pmatrix}$$

Die vergröbernde Zusammenfassung zu einem 5-Tupel erleichtert die Übersicht: (Ereignisse, Pfeile, Rechner, Fehlermodell, Attribute).

Um den Maskierungs-Protokoll-Graphen MPG und die Regeln zu veranschaulichen, gibt Bild 5.1.1-6 einige Aktionen des MPG für das in [Echt 83c] beschriebene Maskierungs-Protokoll in einer vereinfachten Variante an.

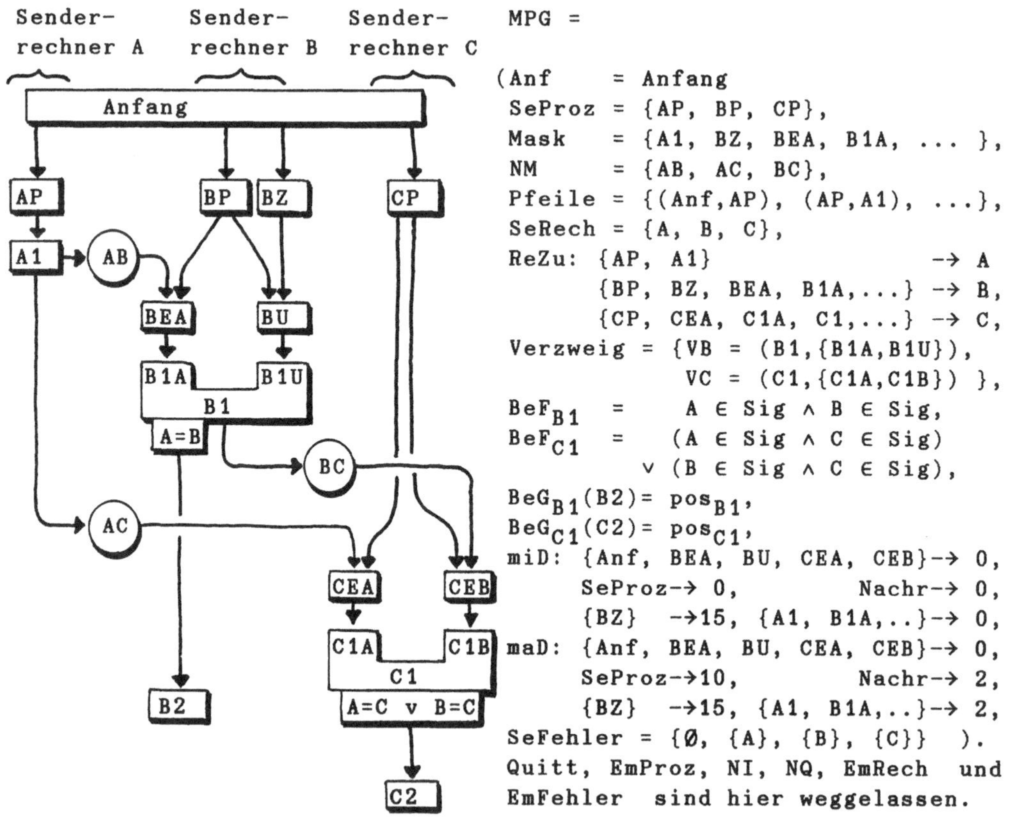

Bild 5.1.1-6 MPG-Beispiel (gekürzt).

Bild 5.1.1-6 zeigt folgenden Protokoll-Teil: Drei Senderexemplare, modelliert durch die Aktionen AP, BP und CP werden auf den Rechnern A, B und C ausgeführt. B verfüge über die Zeitschranken-Überwachung BZ. Die übrigen Aktionen gehören zum Maskierungs-System MS, das aus den drei Maskierungs-Knoten $MK1_A$, $MK1_B$ und $MK1_C$ besteht, die im MPG mit den Namen der zugehörigen Senderrechner, also mit A, B und C, bezeichnet werden. Aktion A1 sendet zwecks Fehlermaskierung die Nachrichten AB und AC an die beiden Nachbarknoten, welche die Nachrichten mit den Aktionen BEA bzw. CEA empfangen. Die Verzweigung (B1, {B1A, B1U}) ermöglicht eine Zeitüberwachung: Trifft die Nachricht AB nicht rechtzeitig ein, so kann trotzdem unter der Annahme, daß A fehlerhaft ist, mit B1U und B1 fortgefahren werden. Durch die Verzweigung (C1, {C1A, C1B}) empfängt C die Nachricht, die zuerst bei C ankommt (AB oder BC). Signatur-Vergleich ist nun bei B1 zwischen A und B, bei C1 zwischen A und C bzw. B und C möglich.

Bemerkung: Bild 5.1.1-6 zeigt, daß ein MPG die Interaktionen der Maskierungs-Knoten durch Nachrichtenaustausch modelliert, indem ein Pfeil von einer Aktion des Senders zur Nachricht und ein weiterer Pfeil von der Nachricht zu einer Aktion des Empfängers führt. Diese einfache Modellierung erfaßt nur deshalb die über den fehlerfreien Ablauf hinausgehenden Fehlereffekte der Protokollausführung, weil die Voraussetzungen aus Abschnitt 5.1 verhindern, daß

Un7" fehlerhafte Sender durch Nachrichtenvervielfältigung den Empfänger selbst oder dessen Nachrichtenempfang von anderen Kommunikationspartnern stören,

Vo9' fehlerhafte dritte Rechner sich unzulässigerweise als berechtigter Nachrichtenabsender authentifizieren können und

Vo10' fehlerhafte dritte Rechner die zwischen fehlerfreien Rechnern ausgetauschten Nachrichten verfälschen.

Damit beschränkt sich die horizontale Fehlerausbreitung auf den direkten Nachrichtentransfer zwischen Sender und Empfänger und entspricht der dargestellten Pfeil-Struktur des Maskierungs-Protokoll-Graphen.

5.1.2 Regeln zur Attributierung von Ereignissen

Nach erfolgter MPG-Modellierung eines Fehlermaskierungs-Protokolls sind die Attributierungsfunktionen SFe, EFe, Sig, Em, miZ, maZ und Weg zunächst unbekannt. Die Regeln R1 bis R11 erlauben nun (ausgehend von der Aktion Anf, den gerichteten Kanten des MPG folgend) die Bestimmung aller Attribute. Da die Regeln für ein Ereignis a ∈ Ereign nur die Attributwerte der Vorgänger-Ereignisse Vorg (a) benutzen und Zyklenfreiheit vorliegt, werden die Empfängerexemplar-Aktionen (EmProz) mit linearem Aufwand O (cardinal (Ereign)) erreicht - beschränkte Fall- und Vorgängeranzahl vorausgesetzt:

$\exists\ k_1, k_2 \in \mathbb{N}: \forall\ a \in \text{Ereign}: \ a\# \leq k_1 \ \wedge \ \text{cardinal (Vorg (a))} \leq k_2.$

Diese Charakterisierung der Regeln verspricht ein einfaches MPG-verarbeitendes Programm zur Bestimmung der Attributwerte, das durch die Implementierung von ***MoFA*** [Soet 85] realisiert wurde.

Um die Grundzüge der im folgenden Text formal notierten Regeln R1 bis R11 zu veranschaulichen, sollen zunächst einige Beispiele schildern, wie die Regeln die drei Attributierungsfunktionen miZ und maZ, sowie Sig beeinflussen. Die Beispiele zeigen die Veränderungen der Attributwerte beim Schluß von Vorgänger- auf Nachfolger-Ereignisse. Zu den absoluten Zeitintervallen [miZ, maZ] vor Ausführung einer Aktion ist das relative Zeitintervall der Ausführungsdauer [miD, maD] zu addieren, um das absolute Zeitintervall nach Ausführung der Aktion zu erhalten. Dazu werden jeweils die Intervall-Unter- und -Obergrenzen getrennt addiert (siehe z.B. Aktion A2 in Bild 5.1.2-1). Sind mehrere Aktionen Vorgänger einer weiteren, dann ist zusätzlich das Maximum der absoluten Zeitintervalle der beiden Vorgänger zu bilden, indem Regel R2 die Maxima der Intervall-Unter- und -Obergrenzen berechnet. Dieses Vorgehen entspricht dem in Bild 5.1.1-2 dargestellten Petri-Netz, das festlegt, daß eine Aktion erst begonnen werden kann, nachdem alle Vorgänger-Aktionen beendet sind. In Bild 5.1.2-1 folgt A4 auf A2 und A3.

Die Attributierungsfunktion Sig gibt an, welche Signaturen bei Ausführung einer Aktion bekannt sind. Ausgehend von einer leeren Signaturmenge, werden zusätzliche Signaturen in die Funktion Sig aufgenommen, wenn ein Senderexemplar eine Signatur erzeugt, d.h. eine Aktion a ∈ SeProz durchlaufen wird, oder andere Knoten durch Nachrichten Signaturen mitteilen. In beiden Fällen sind die Menge der bisherigen und die Menge der neu aufzunehmenden Signaturen zu vereinigen. Ansonsten überträgt eine Aktion a wegen Vo4/6" alle ihr bekannten Signaturen auf Nachfolger-Ereignisse b ∈ Nafo (a) (siehe Bild 5.1.2-2). Vo2/3' und Vo5' rechtfertigen diese Signaturausbreitung über die transitive Hülle der Pfeile des Maskierungs-Protokoll-Graphen, indem sie korrekte Signaturerzeugungs- und Verschlüsselungs-Verfahren annehmen, die garantieren, daß eine bei einem Empfänger fehlerfrei ankommende Signatur einen Schluß auf die Fehlerfreiheit des Signaturerzeugers zuläßt.

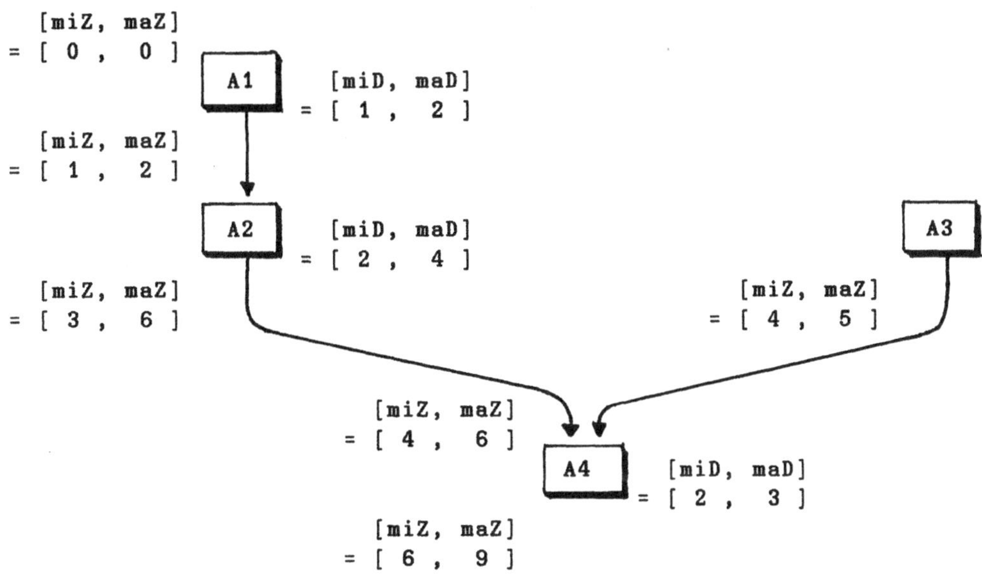

<u>Bild 5.1.2-1</u> Anwendung der Regeln, um von den Attributierungsfunktionen miZ und maZ der Vorgänger-Aktionen auf miZ und maZ der Nachfolger-Aktionen zu schließen.

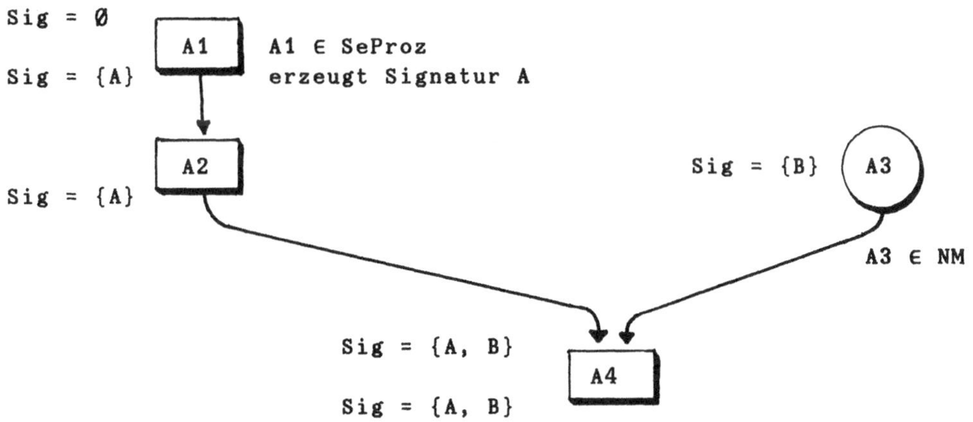

<u>Bild 5.1.2-2</u> Anwendung der Regeln, um von den Attributierungsfunktionen Sig der Vorgänger-Aktionen auf Sig der Nachfolger-Aktion zu schließen.

Um nicht unmittelbar von der Attributierung eines Ereignisses auf die eines anderen schließen zu müssen, sei zur Vereinfachung der Regeln für jedes Ereignis a ∈ Ereign ein Hilfsereignis a' eingeführt, das nicht die Vollendung, sondern den Beginn der entsprechenden Aktion bzw. des entsprechenden Nachrichtentransfers ausdrückt. Die Beschreibung der Regeln verwendet folgende Notation für die Attributwerte eines Falles i eines Ereignisses a, bzw. eines Hilfsereignisses a':

$$\left\{\begin{array}{ll} \text{a.i:} & \text{SFe} = \ldots \\ & \text{EFe} = \ldots \\ & \ldots \quad \ldots \end{array}\right\} \quad \text{anstatt:} \quad \{\text{ a.i }\} \text{ mit: } \begin{array}{l} \text{a.i.SFe} = \ldots, \\ \text{a.i.EFe} = \ldots, \\ \ldots\ldots\ldots \quad \ldots \end{array}$$

und

$$\left\{\begin{array}{ll} \text{a'.i:} & \text{SFe} = \ldots \\ & \text{EFe} = \ldots \\ & \ldots \quad \ldots \end{array}\right\} \quad \text{anstatt:} \quad \{\text{ a'.i }\} \text{ mit: } \begin{array}{l} \text{a'.i.SFe} = \ldots, \\ \text{a'.i.EFe} = \ldots, \\ \ldots\ldots\ldots \quad \ldots \end{array}$$

Regel R1 besagt, daß die Aktion Anf alle Fehlerfälle einschließt und zum Zeitpunkt 0 beendet ist.

<u>R1:</u>

$$\text{Anf*} = \left\{\begin{array}{llll} \text{Anf.1:} & \text{SFe} = \text{SeFehler}, & \text{EFe} = \text{EmFehler} & \\ & \text{Sig} = \emptyset, & \text{Em} = \emptyset, & \\ & \text{miZ} = 0, & \text{maZ} = 0, & \text{Weg} = \emptyset \end{array}\right\}$$

Die Regeln R2, R3 und R4 formulieren nun die Attributabbildungen von Vorgänger-Ereignissen b ∈ Vorg (a) auf den Beginn der nachfolgenden Aktion a bzw. des nachfolgenden Nachrichtentransfers a. R2, R3 und R4 bestimmen also a'. Weitere Regeln vollziehen dann den Übergang vom Hilfsereignis a' auf das Ereignis a. Handelt es sich bei a um eine nicht-verzweigte Aktion oder eine Nachricht, so ist R2 anzuwenden. Bei Verzweigungen (a_0, {a_1, ... ,a_l}) bestimmt dagegen R3 die Attributierung von a_1', ... ,a_l' und R4 die Attributierung von a_0'. Alle drei Regeln verwenden zwar unterschiedliche, den Eingängen angepaßte Formeln, besagen jedoch übereinstimmend:

1. Es ist der Durchschnitt der Fehlermengen zu bilden.
2. Signatur- und Empfängermengen sind zu vereinigen.
3. Bei Minimal- und Maximalzeiten ist jeweils das Maximum zu bilden.
4. Die Mengen der ausgeführten Zweige sind zu vereinigen.
5. Tritt bei der Attributierung eines Zweigs der Fall auf, daß ein anderer Zweig derselben Verzweigung ausgeführt wird, so bleibt ersterer gesperrt - ausgedrückt durch die Notation Minimalzeit miZ = ∞.

<u>R2:</u> $a \in \text{Ereign}, \quad \text{Vorg}(a) = \{b_1, \ldots, b_l\}$

$\forall\, v \in \text{Verzweig}: a \neq \text{gemZw}(v) \wedge a \notin \text{Zweige}(v)$

$$\Longrightarrow \quad a'{*} = \bigcup j_1 \in b_1\#, \ldots\ldots, j_l \in b_l\#:$$

$$\left\{\begin{array}{lll} a'!: & SFe = & b_1.j_1.SFe \cap \ldots \cap b_l.j_l.SFe \\ & EFe = & b_1.j_1.EFe \cap \ldots \cap b_l.j_l.EFe \\ & Sig = & b_1.j_1.Sig \cup \ldots \cup b_l.j_l.Sig \\ & Em = & b_1.j_1.Em \cup \ldots \cup b_l.j_l.Em \\ & miZ = & \max\,(b_1.j_1.miZ, \ldots, b_l.j_l.miZ) \\ & maZ = & \max\,(b_1.j_1.maZ, \ldots, b_l.j_l.maZ) \\ & Weg = & b_1.j_1.Weg \cup \ldots \cup b_l.j_l.Weg \end{array}\right\}$$

<u>R3:</u> $(a_0, \{a_1, \ldots, a_l\}) \in \text{Verzweig}, \quad \text{Vorg}(a_0) = \emptyset, \quad \text{Vorg}(a_i) = \{b_i\}$

$$\Longrightarrow \quad \forall\, i \in \{1, \ldots, l\}:$$

$$a_i'{*} = \bigcup \; j_1 \in b_1\#, \ldots, j_l \in b_l\#, \quad k \in \{0, \ldots, l\},$$

$$\min(b_1.j_1.miZ, \ldots, b_l.j_l.miZ) = \infty \qquad \text{bei } k=0,$$

$$\min(b_1.j_1.miZ, \ldots, b_1.j_1.miZ) \geq b_k.j_k.miZ < \infty \text{ bei } k>0:$$

$$\left\{\begin{array}{lll} a_i'!: & SFe = & b_1.j_1.SFe \cap \ldots \cap b_l.j_l.SFe \\ & EFe = & b_1.j_1.EFe \cap \ldots \cap b_l.j_l.EFe \\ & & \\ & Sig = & b_i.j_i.Sig \\ & Em = & b_i.j_i.Em \\ & & \\ & miZ = & \left\{\begin{array}{l} \text{falls } k=i: \; b_i.j_i.miZ \\ \text{falls } k \neq i: \; \infty \end{array}\right. \\ & maZ = & \left\{\begin{array}{l} \text{falls } k=i: \; \min\,(b_1.j_1.maZ, \ldots, b_l.j_l.maZ) \\ \text{falls } k \neq i: \; \infty \end{array}\right. \\ & & \\ & Weg = & b_1.j_1.Weg \cup \ldots \cup b_l.j_l.Weg \cup \{A_k\} \end{array}\right\}$$

<u>R4:</u> $(a_0, \{a_1, \ldots, a_l\}) \in \text{Verzweig}$

$$\Longrightarrow \quad a_0'{*} = \left\{\begin{array}{l} x : \; x \in \bigcup i \in \{1, \ldots, l\}: a_i'{*} \\ \quad \wedge \; (x.miZ < \infty \; \vee \; a_0 \in x.Weg) \end{array}\right\}$$

Regel R3 erlaubt für jeden Zweig a_i nur ein Vorgänger-Ereignis b_j und für den gemeinsamen Zweig a_0 überhaupt kein Vorgänger-Ereignis. Diese Beschränkung vermeidet eine noch unübersichtlichere formale Darstellung dieser Regel. Sie läßt sich jedoch durch eine geeignete Protokoll-Modellierung leicht umgehen, wie Bild 5.1.2-3 für eine Verzweigung mit einem gemeinsamen Zweig A0 und zwei Zweigen A1 und A2 zeigt, die je zwei Vorgänger-Ereignisse besitzen.

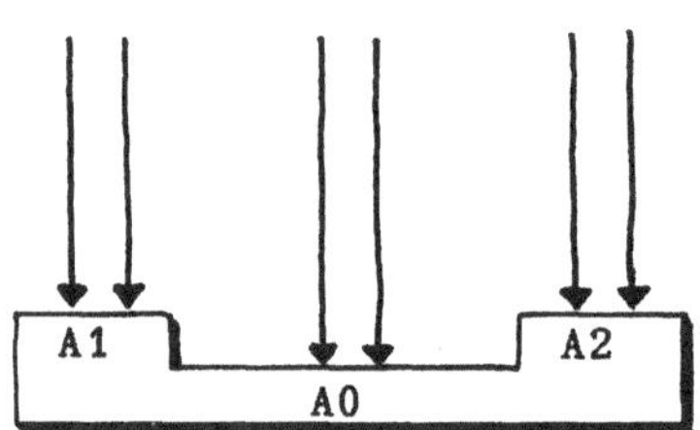

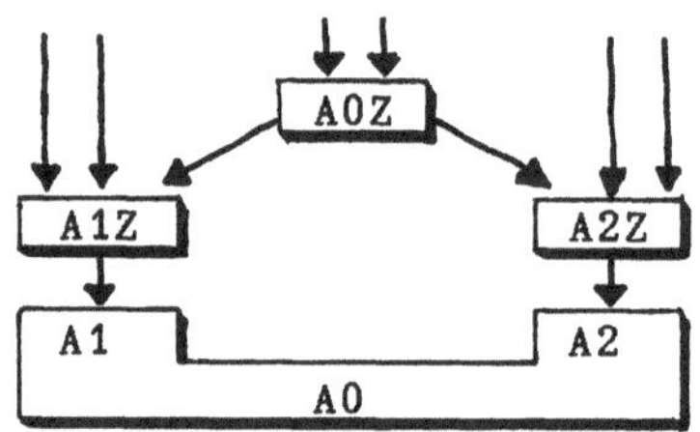

Bild 5.1.2-3 Die links und die rechts dargestellten MPG-Ausschnitte modellieren das gleiche Protokoll-Verhalten. Die rechts zusätzlich eingeführten Ereignisse A0Z, A1Z und A2Z ermöglichen eine Verzweigung mit nur einem Vorgänger-Ereignis pro Zweig.
Für A0Z, A1Z und A2Z ist miD = 0 und maD = 0.

Die Behandlung des Weg-Attributs sei an folgendem Beispiel veranschaulicht (siehe Bild 5.1.2-4): Von den beiden Zweigen B1 und B2 einer Verzweigung (B0, {B1, B2}) führen Pfeile (direkt oder indirekt) zu den Zweigen C1 und C2 einer weiteren Verzweigung (C0, {C1, C2}). Um gemäß Regel R3 C1'* und C2'* zu bestimmen, sind alle Kombinationen der Fälle von B1 und B2 zu bilden. Nicht alle diese Kombinationen treten jedoch wirklich auf, weil nur entweder B1 oder B2 oder keiner der beiden Zweige ausgeführt wird. Dieser gegenseitige Ausschluß von B1 und B2 ist bei C1 und C2 noch erkennbar, wenn das Weg-Attribut für jeden Fall angibt, welcher Zweig von (B0, {B1, B2}) ausgeführt wurde. Die Kombinationen mit widersprüchlichen Zweig-Angaben (z.B. B1 und B2) lassen sich dann streichen.

Bild 5.1.2-4 zeigt unter jedem der Zweige B1, B2, C1 und C2 die für diese Zweige erzeugten Fälle B1.1, B1.2, ... ,B2.1, B2.2, ..., C1.1, C1.2, ... mit den jeweiligen Attributwerten für miZ und Weg. Die übrigen Attribute sind weggelassen. Aus Vereinfachungsgründen entfällt hier auch die Unterscheidung zwischen Ereignissen und Hilfsereignissen. Für jeden der neu erzeugten Fälle ist am linken Bildrand die Kombination der Fälle der Vorgänger-Ereignisse sowie der Wert für k (siehe Regel R3) angegeben, der zu den beiden (in derselben Zeile notierten) Fallerzeugungen führt. Für die Kombinationen, die keine Fälle erzeugen, wird begründet, welche der in

Regel R3 enthaltenen Bedingung sie verletzen.

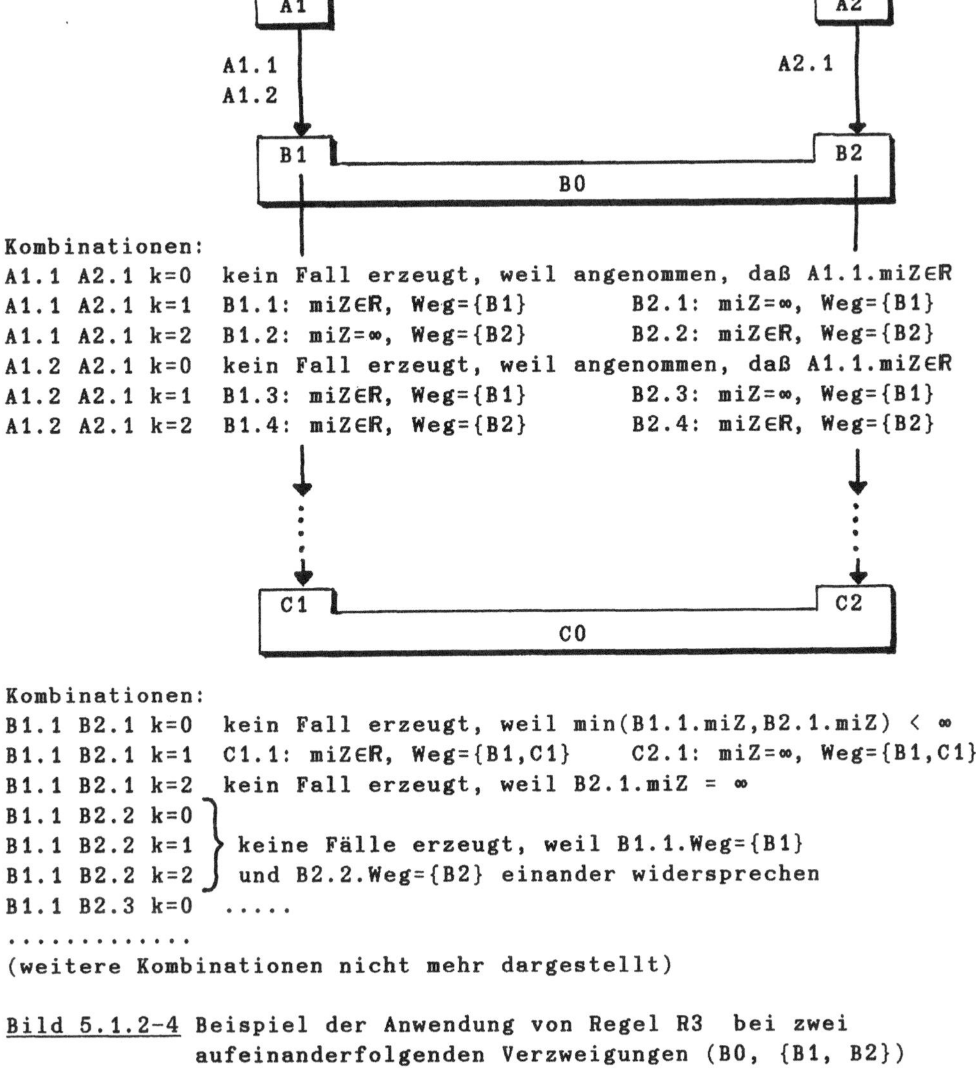

Bild 5.1.2-4 Beispiel der Anwendung von Regel R3 bei zwei aufeinanderfolgenden Verzweigungen (B0, {B1, B2}) und (C0, {C1, C2}).

Beim Übergang vom Beginn einer Aktion (Hilfsereignis a') auf ihr Ende (Ereignis a) besteht eine bijektive Abbildung der Fälle, die Regel R5 ausdrückt. Sie modelliert vier Eigenschaften einer Aktion:

1. Falls der Rechner ReZu (a) fehlerhaft ist, kann über die Aktion a außer Vo5' keine Aussage gemacht werden.
2. Ist a ein Senderexemplar, d.h. a ∈SeProz, dann erzeugt a eine neue Signatur mit dem Namen des Rechners ReZu (a).
3. Falls eine Interprozeßnachricht direkt nach Ausführung der Aktion a abgesandt wird, d.h. $\exists$ b ∈ NI: (a,b) ∈ Pfeile, ist der Rechner des Empfängerexemplars in die Menge Em aufzunehmen.
4. Die Ausführung der Aktion a benötigt eine Zeitdauer, die mindestens miD (a) und höchstens maD (a) beträgt.

<u>R5:</u> a ∈ Aktion

$$\Longrightarrow \quad a^* = \bigcup\, i \in a'^{\#}:$$

$$\left\{ \begin{array}{lll} a!: & SFe & = \{\, y \in a'.i.SFe : ReZu\ (a) \notin y \,\} \\ & EFe & = \{\, y \in a'.i.EFe : ReZu\ (a) \notin y \,\} \\ & Sig & = \left\{ \begin{array}{ll} \text{falls } a \in SeProz: & a'.i.Sig \cup \{ReZu\ (a)\} \\ \text{sonst:} & a'.i.Sig \end{array} \right. \\ & Em & = a.i.Em \cup \left\{ \begin{array}{l} x \in EmRech : \exists\, b \in Nafo\ (a) \cap NI: \\ \exists\, c \in Nafo\ (b): ReZu\ (c) = x \\ \wedge\ Bed_a\ (b,\ Attributierung\ (a')) \end{array} \right\} \\ & & \\ & miZ & = a'.i.miZ + miD\ (a), \quad maZ = a'.i.maZ + maD\ (a) \\ & Weg & = a'.i.Weg \end{array} \right\}$$

Beim Transfer einer Nachricht a ∈ Nachr bleiben die unter 1. bis 3. genannten Punkte ohne Bedeutung. Da jedoch Regel R5 fehlerhaftes Verhalten einer Aktion nicht modelliert, betrachten die Regeln R6 und R7 an den Schnittstellen zwischen Rechnern alle möglichen Fehlerauswirkungen von einem fehlerhaften Absender auf die ausgesandte Nachricht a:

5. Verlust von korrekter Signaturinformation,
6. Verlust oder beliebige Erzeugung von Information über Empfänger, die angeblich schon eine Interprozeßnachrichten NI erhalten haben,
7. Verfrühung, Verspätung oder Unterlassung des Absendens.

Die Erzeugung zusätzlicher Nachrichten ist auf der betrachteten Ebene nicht zu behandeln, weil Un7" annimmt, daß tiefere Schichten derartige Fehler tolerieren. Die Regeln R6 und R7 unterscheiden sich nur darin, daß R6 die von Senderrechnern und R7 die von Empfängerrechnern abgesandten Nachrichten behandelt.

R6: $a \in \text{Nachr}, \; \exists\, b \in \text{Vorg}\ (a){:}\ \text{ReZu}\ (b) \in \text{SeRech}$

$$\Longrightarrow \; a* = \bigcup\ i \in a'\#:$$

$$\left\{ \begin{array}{lll} a!{:}\ \text{SFe} = \{y \in a'.i.\text{SFe}{:}\ \exists\, b \in \text{Vorg}\ (a){:}\ \text{ReZu}\ (b) \notin y\} & & \\ \qquad \text{EFe} = a'.i.\text{EFe}, & \text{Sig} = a'.i.\text{Sig}, & \text{Em} = x'.i.\text{Em} \\ \qquad \text{miZ} = a'.i.\text{miZ} + \text{miD}\ (a), & \text{maZ} = a'.i.\text{maZ} + \text{maD}\ (a) & \\ \qquad \text{Weg} = a'.i.\text{Weg} & & \end{array} \right\}$$

$$\cup \; \bigcup\ i \in a'\#, \; \text{fhSig} \subset a'.i.\text{Sig}, \; \text{fhEm} \subset \text{EmRech}:$$

$$\left\{ \begin{array}{lll} a!{:}\ \text{SFe} = \{y \in \text{SeFehler}{:}\ \exists\, b \in \text{Vorg}\ (a){:}\ \text{ReZu}\ (b) \in y\} & & \\ \qquad \text{EFe} = a'.i.\text{EFe}, & \text{Sig} = \text{fhSig}, & \text{Em} = \text{fhEm}, \\ \qquad \text{miZ} = 0, & \text{maZ} = \infty, & \text{Weg} = \emptyset \end{array} \right\}$$

R7: $a \in \text{Nachr}, \; \exists\, b \in \text{Vorg}\ (a){:}\ \text{ReZu}\ (b) \in \text{EmRech}$

$$\Longrightarrow \; a* = \bigcup\ i \in a'\#:$$

$$\left\{ \begin{array}{lll} x!{:}\ \text{EFe} = \{y \in a'.i.\text{EFe}{:}\ \exists\, b \in \text{Vorg}\ (a){:}\ \text{ReZu}\ (b) \notin y\} & & \\ \qquad \text{SFe} = a'.i.\text{SFe}, & \text{Sig} = a'.i.\text{Sig}, & \text{Em} = a'.i.\text{Em} \\ \qquad \text{miZ} = a'.i.\text{miZ} + \text{miD}\ (a), & \text{maZ} = a'.i.\text{maZ} + \text{maD}\ (a) & \\ \qquad \text{Weg} = a'.i.\text{Weg} & & \end{array} \right\}$$

$$\cup \; \bigcup\ i \in a'\#, \; \text{fhSig} \subset a'.i.\text{Sig}, \; \text{fhEm} \subset \text{EmRech}:$$

$$\left\{ \begin{array}{lll} x!{:}\ \text{EFe} = \{y \in \text{EmFehler}{:}\ \exists\, b \in \text{Vorg}\ (a){:}\ \text{ReZu}\ (b) \in y\} & & \\ \qquad \text{SFe} = a'.i.\text{SFe}, & \text{Sig} = \text{fhSig}, & \text{Em} = \text{fhEm}, \\ \qquad \text{miZ} = 0, & \text{maZ} = \infty, & \text{Weg} = \emptyset \end{array} \right\}$$

Regel R5 klammert durch SFe = ... und EFe = ... die Fehlerfälle aus, in denen ein Rechner fehlerhaft ist. D.h., rechnerinterne Aktionen werden stets fehlerfrei modelliert, weil sich rechnerinternes fehlerhaftes Verhalten nicht auf den Protokollablauf auswirkt und daher nicht von Interesse ist. Erst wenn ein fehlerhafter Rechner durch Aussenden von Nachrichten mit seiner Umgebung interagiert, sind Fehler zu modellieren [Echt 84c], um festzustellen, ob die Nachrichtenempfänger die horizontale Fehlerausbreitung eingrenzen oder nicht. Von fehlerhaften Rechnern ausgesandte Nachrichten können beliebiges Fehlerverhalten zeigen, wie etwa aus Sig = ..., miZ = ... und maZ = ... in den jeweils unteren Zeilen der Regeln R6 und R7 hervorgeht. Dieses fehlerhafte Verhalten steht in keinem Zusammenhang mit den Aktionen, die der sendende Rechner im fehlerfreien Fall ausführt, wodurch das Weglassen der rechnerinternen Fehlermodellierung zusätzlich motiviert wird. Eine Ausnahme bildet lediglich Vo5': Fehlerhafte Rechner können wegen den angewandten Verschlüsselungsverfahren keine fehlerfreien Signaturen anderer Rechner erzeugen.

Während sich R6 und R7 im jeweils oberen Teil auf den fehlerfreien Fall beziehen, beschreiben die jeweils unteren Teile alle Arten möglichen fehlerhaften Verhaltens:

* Jedes Zeitintervall [miZ, maZ] = [t_1, t_2] dehnt sich auf [0, ∞] aus und modelliert dadurch Verfrühung, Verspätung und Unterlassung des Absendens.

* Jede Weg-Information, die durchlaufene Zweige und erfüllte Bedingungsfunktionen angibt, geht verloren; Weg = ∅.

* Fehlerhaft sendende Rechner können von beliebigen Empfängerexemplaren (zutreffend oder nicht) behaupten, daß sie schon eine Interprozeßnachricht erhalten haben. fhEm ist eine beliebige Teilmenge der Menge aller Empfängerrechner.

* Entsprechendes gilt für die Verfälschung der Signaturen. Jedoch können Signaturen nur verlorengehen. Wegen Vo5' kann ein fehlerhafter sendender Rechner keine zusätzlichen Signaturen erzeugen, die mit fehlerfreien Signaturen anderer Rechner übereinstimmen. fhSig durchläuft daher nicht alle Teilmengen der Menge der Senderrechner, sondern nur die Teilmengen der Menge der in a' schon vorhandenen Signaturen.

Bild 5.1.2-5 veranschaulicht R5 und R6 durch ein Beispiel, das den Nachrichtentransfer von Rechner A an Rechner B zeigt. Bezüglich vier Senderrechnern A, B, C und D und zwei Empfängerrechnern F und G sei als Menge der zu tolerierenden Fehler SeFehler = {∅, {A}, {B}, {C,D}} und EmFehler = {∅} zugrundegelegt. Für alle Ereignisse a sei miD (a) = 1 und maD (a) = 2. Bei fehlerfreiem sendenden Rechner A entstehen durch Anwendung der Regel R6 für die Nachricht AB die Fälle AB.1 und AB.10. Die Betrachtung der Fehlermöglichkeiten in A führt dagegen zu den übrigen Fällen AB.2, AB.3, ... Während R6 den Übergang vom Hilfsereignis AB', das den Nachrichtentransfer-Beginn modelliert, auf AB vollzieht, übernimmt Regel R2 alle Fälle von AB, um das Hilfsereignis B1' zu attributieren; also ist AB* = B1'*. Bild 5.1.2-5 verzichtet daher auf die Darstellung von B1'* und zeigt statt dessen die Fälle, die Regel R5 aus B1'* für B1 erzeugt. R5 streicht den Fall AB.10 = B1'.10, weil dieser B als fehlerhaft annimmt (Hinweis zu Bild 5.1.2-5: Nicht dargestellte Attributwerte einzelner Fälle stimmen mit denen des in der Zeile darüber angegebenen Falles überein).

```
Rechner A  [A1]                                        Rechner B
              \--> (AB) ------------------------------> [B1]

                 AB.1:SFe={Ø},   EFe={Ø},-->   B1.1:SFe={Ø},   EFe={Ø},
                      Sig={A},   Em ={F},           Sig={A},   Em ={F},
                      miZ= 3 ,   maZ= 6 ,           miZ= 4 ,   maZ= 8 ,
AB'.1:                Weg={AE}                      Weg={AE}
   SFe={Ø},
   EFe={Ø},      AB.2:SFe={{A}},EFe={Ø},-->    B1.2:SFe={{A}},EFe={Ø},
   Sig={A},           Sig= Ø ,   Em = Ø ,           Sig= Ø ,   Em = Ø ,
   Em ={F},           miZ= 0 ,   maZ= ∞,            miZ= 0 ,   maZ= ∞,
   miZ= 2,            Weg= Ø                        Weg= Ø
   maZ= 4,
   Weg={AE}      AB.3: ... Em ={F}    ...-->   B1.3: ... Em ={F}    ...
                 AB.4: ... Em ={G}    ...-->   B1.4: ... Em ={G}    ...
                 AB.5: ... Em ={F,G}  ...-->   B1.5: ... Em ={F,G}  ...
                 AB.6: Sig={A}, Em =Ø...-->    B1.6: Sig={A}, Em =Ø...
                 AB.7: ... Em ={F}    ...-->   B1.7: ... Em ={F}    ...
                 AB.8: ... Em ={G}    ...-->   B1.8: ... Em ={G}    ...
                 AB.9: ... Em ={F,G}  ...-->   B1.9: ... Em ={F,G}  ...

                AB.10:SFe={{B}},EFe={Ø},-->    AB.10 ergibt wegen R5
                      Sig={A},   Em ={F},      kein Fall für B1,
Ab'.2:                miZ= 6 ,   maZ= 8 ,      weil AB.10.SFe={B} und
   SFe={{B}},         Weg={AU}                 ReZu(B1) ∈ AB.10.SFe
   EFe={Ø},
   Sig={A},     AB.11:SFe={{A}},EFe={Ø},-->  B1.10:SFe={{A}},EFe={Ø},
   Em ={F},           Sig= Ø ,   Em = Ø ,           Sig= Ø ,   Em = Ø ,
   miZ= 5,            miZ= 0 ,   maZ= ∞,            miZ= 0 ,   maZ= ∞,
   maZ= 6,            Weg= Ø                        Weg= Ø
   Weg={AU}
                AB.12: ... Em ={F}    ...-->  B1.11: ... Em ={F}    ...
                AB.13: ... Em ={G}    ...-->  B1.12: ... Em ={G}    ...
                (weitere Fälle entsprechend AB.5, ... und B1.5, ...)
```

Bild 5.1.2-5 Anwendung der Regeln R6 (AB'* --> AB*), R2 (nicht dargestellt AB* --> B1'*) und R5 (B1'* --> B1*).

Das Beendigungs-Ereignis einer Aktion a tritt unabhängig davon ein, ob eine Bedingungsfunktion Bed_a erfüllt ist oder nicht. Daher sei ein weiteres Hilfsereignis a"(b) eingeführt, das nur eintritt, wenn die Funktion Bed_a (b, Attributierung (a)) den Wert wahr liefert (b sei ein Nachfolger-Ereignis von a). Die in endlicher Zeit möglichen Fälle von a"(b) stellen somit die Teilmenge von a* dar, für die die angegebene Bedingung Bed_a gilt. Regel R8 behandelt das Weg-Attribut in einer Bild 5.1.2-4 entsprechenden Weise. Der Unterschied besteht nur darin, daß Weg keine ausgeführten Zweige, sondern erfüllte bzw. nicht erfüllte Bedingungsformeln BeF_a bezeichnet (Notation: pos_a bzw. neg_a).

<u>R8:</u> a ∈ Aktion, b ∈ Nafo (a)

==> a"(b)* = ⋃ i ∈ a#:

$$\left\{\begin{array}{lll} \text{a"(b)!: SFe = a.i.SFe, EFe = a.i.EFe, Sig = a.i.Sig, Em = a.i.Em} & & \\ & & \\ \text{falls } Bed_a \text{ (b, Attributierung (a)):} & \text{miZ = a.i.miZ,} & \text{maZ = a.i.maZ} \\ \text{sonst:} & \text{miZ} = \infty, & \text{maZ} = \infty \\ & & \\ \text{falls } BeG_a \text{ (b) = wahr:} & \text{Weg = a.i.Weg} & \\ \text{sonst falls } BeF_a \text{ (Attributierung (a)):} & \text{Weg} = \{pos_a\} \cup \text{a.i.Weg} & \\ \text{sonst:} & \text{Weg} = \{neg_a\} \cup \text{a.i.Weg} & \end{array}\right\}$$

Insbesondere bei Anwendung der Regeln R2, R3, R6 und R7 kann die Anzahl der Fälle stark zunehmen, teilweise ohne in entsprechendem Maß zusätzliche Informationen über das Protokoll-Verhalten zu liefern. Beispielsweise unterscheiden sich in Bild 5.1.2-5 die Fälle B1.2 und B1.10, B1.3 und B1.11, ... überhaupt nicht. Die nachfolgend definierten Regeln R9, R10 und R11 führen zu einer verringerten Fallanzahl, indem sie gestatten, Fälle zu streichen oder zu neuen Fällen zusammenzufassen. R9 nennt fünf mögliche Gründe, einen Fall a.i ersatzlos aus a* zu entfernen:

- Die Menge der Fehlerfälle ist leer.
- Die minimale Zeit ist größer als die maximale.
- Es existiert ein anderer Fall mit den gleichen Attributwerten.
- Verschiedene Zweige der gleichen Verzweigung wurden ausgeführt.
- Es wurde sowohl eine Bedingung als auch ihre Negation erfüllt.

Unterscheiden sich zwei Fälle nur um belanglose Abweichungen, so kann sie Regel R10 durch einen einzigen Fall ersetzen, wodurch sich die Fallanzahl weiter reduziert. Betragen z.B. die Zeitintervalle

[A1.1.miZ, A1.1.maZ] = [20, 35],

[A1.2.miZ, A1.2.maZ] = [21, 37],

so kann an die Stelle von A1.1 und A1.2 der Fall A1.3 treten mit

[A1.3.miZ, A1.3.maZ] = [20, 37].

Derartige Zusammenfassungen fügen dem wahren Protokoll-Verhalten noch weitere unmögliche Fälle hinzu - im o.g. Beispiel etwa die Attribute von A1.1 für die Zeit [35, 37]. Diese Abschwächung der

Protokoll-Beschreibung ist zulässig, wenn sie zur Erfüllung des Fehlertoleranz-Kriteriums FT hinreicht. Dies zeigt sich jedoch erst am Ende eines Protokolls, also bei der Attributierung der Empfängerexemplar-Aktionen. Deshalb müssen Heuristiken über die Anwendung von Regel R10 entscheiden. Bei ***MoFA*** bestimmt der Benutzer des Verifikationssystems in jedem Einzelfall, ob R10 anzuwenden ist. R10 ist jedoch stets entbehrlich, wenn nur eine i.a. unnötig große Anzahl von Fällen hingenommen wird.

Sei $a \in$ Ereign, $z \in \{a', a, a''\} \Longrightarrow \forall\, i,j \in z\#$: Regel R9 $\wedge$ Regel R10.

<u>R9:</u> $z* \setminus z.i$ ersetzt $z*$

$\Longleftarrow \quad z.i.SFe = \emptyset \quad \vee \quad z.i.EFe = \emptyset \quad \vee \quad z.i.miZ > z.i.maZ$

$\vee \quad (\exists\, j \in z\#: j \neq i \wedge z.j = z.i)$

$\vee \quad \exists\, (b_0, \{b_1,...,b_l\}) \in Verzweig,\ k_1, k_2 \in \{0,...,l\},\ k_1 \neq k_2: \{A_{k_1}, A_{k_2}\} \subset z.i.Weg$

$\vee \quad \exists\, b \in Aktion: \{neg_b, pos_b\} \subset z.i.Weg$

<u>R10:</u> $(z* \cup z!) \setminus (z.i \cup z.j)$ ersetzt $z* \Longleftarrow z.i.Sig = z.j.Sig \wedge z.i.Em = z.j.Em \wedge$

$$\left\{ \begin{array}{llll} z!: & SFe = z.i.SFe \cup z.j.SFe, & EFe = z.i.EFe \cup z.j.EFe \\ & Sig = z.i.Sig, & Em = z.i.Em \\ & miZ = min(z.i.miZ, z.j.miZ), & maZ = max(z.i.maZ, z.j.maZ) \\ & Weg = y.i.Weg \cap y.j.Weg & \end{array} \right\}$$

Ohne jeden Informationsverlust sind zwei Fälle zusammenfaßbar, wenn ihre durch miZ und maZ gegebenen Zeitintervalle direkt aneinandergrenzen oder sich überlappen und die übrigen Attribute beider Fälle übereinstimmen. Regel R11 erlaubt diese Art der Fallumwandlung in zwei Richtungen:

1. Mehrere Fälle lassen sich zu solchen mit einem umfassenden Zeitintervall zusammenfassen (Im Gegensatz zu R10 sind aber disjunkte Zeitintervalle nicht zusammenfaßbar).

2. Ein Fall läßt sich in mehrere Fälle aufspalten, die zusammengenommen das ursprüngliche Zeitintervall überdecken.

R11: Sei $a \in$ Ereign, $z \in \{a', a, a''\}$,
$i \in z\#$, $j \in z\#$, $k \in (z \cup z!)\#$, $l \in (z \cup z!_1 \cup z!_2)\#$

$\forall x \in \{SFe, EFe, Sig, Em, Weg\}: x.i.z = x.j.z = x.k.z = x.l.z,$

$$[z.i.miZ, z.i.maZ] \cup [z.j.miZ, z.j.maZ] = [z.k.miZ, z.k.maZ] \cup [z.l.miZ, z.l.maZ]$$

$\Longrightarrow (z* \cup z.k \cup z.l) \setminus (z.i \cup z.j)$ ersetzt $z*$

R11 läßt sich (im Gegensatz zu R10) zur Zusammenfassung von Fällen durch ein automatisches System anwenden, das alle Fälle paarweise prüft, ob sie die Zeit-Voraussetzungen bei Gleichheit aller übrigen Attribute erfüllen. Die Aufspaltung von Fällen zwecks Zerlegung des Zeitintervalls kann dagegen nur der Benutzer eines Verifikationssystems vornehmen - etwa wenn er zeigen möchte, daß die angestrebte Fehlertoleranz je nach Ereignis-Zeitpunkt mit verschiedenen Mitteln erreicht wird. Beträgt z.B. bei einem Fall A1.1
[A1.1.miZ, A1.1.maZ] = [5, 9],
so könnte ein Signaturvergleich zur Fehlererkennung führen, wenn A1 im Zeitintervall [5, 7] beendet ist. Bei späterer Beendingung von A1 könnte dagegen eine Zeitschranken-Überwachung die weiteren Fehlertoleranz-Maßnahmen bestimmen. Um das Ansprechen der Zeitschranken-Überwachung auf bestimmte Fälle der Ereignisse zurückzuführen, läßt sich der Fall A1.1 in die Fälle A1.2 und A1.3 aufspalten, wobei
[A1.2.miZ, A1.2.maZ] = [5, 7],
[A1.3.miZ, A1.3.maZ] = [7, 9].

5.2 Bestimmung der Menge aller zulässigen Protokolle anhand eines Fehlertoleranz-Kriteriums

Maskierungs-Protokoll-Graphen MPG modellieren alle Protokolle zur Fehlermaskierung bei der Interprozeßkommunikation. Die Struktur des Graphen, die Regeln R1 bis R11 und die Attributierungsfunktionen lassen aber den Erfolg der beabsichtigten Fehlertoleranz-Maßnahmen unberücksichtigt. Um den Maskierungs-Protokoll-Graphen auf die tatsächlich fehlertoleranten Protokolle einzugrenzen, ist noch ein Fehlertoleranz-Kriterium FT zu definieren, das sich an dem durch die Regeln R1 bis R11 bestimmten Protokoll-Verhalten orientiert. Bevor also FT überprüft werden kann, sind besagte Regeln für alle Ereignisse eines Protokolls anzuwenden; Bild 5.1.1-5 zeigt die zweckmäßige Reihenfolge. Das Fehlertoleranz-Kriterium FT bezieht sich zwar nur auf die zuletzt auszuführenden Empfängerexemplar-Aktionen a ∈ EmProz, jedoch hängt die Attributierung dieser Aktionen von der Attributierung aller anderen Aktionen ab und erfaßt damit das gesamte Protokoll-Verhalten.

Für das in Bild 5.1.1-6 dargestellte Beispiel seien die durch Anwendung der Regeln erzeugten Fälle konkret wiedergegeben. Platzgründe beschränken die Darstellung auf die Attribute SFe, Sig, miZ, maZ und Weg und zwingen zum Überspringen einiger Regelanwendungen.

R1: $\text{Anf*} = \left\{ \begin{array}{lll} \text{Anf.1: SFe} = \text{SeFehler}, & & \text{Sig} = \emptyset \\ \text{miZ} = 0, & \text{maZ} = 0, & \text{Weg} = \emptyset \end{array} \right\}$

R2,
R5: $\text{AP*} = \left\{ \begin{array}{lll} \text{AP.1: SFe} = \{\emptyset, \{B\}, \{C\}\}, & & \text{Sig} = \{A\} \\ \text{miZ} = 0, & \text{maZ} = 10, & \text{Weg} = \emptyset \end{array} \right\}$

R2,
R5,
R6: $\text{AB*} = \left\{ \begin{array}{l} \text{AB.1:} \\ \text{SFe}=\{\emptyset,\{B\},\{C\}\} \\ \text{Sig}= \{A\} \\ \text{miZ}= 1,\ \text{maZ}=14 \\ \text{Weg}= \emptyset \end{array} \right\} \cup \left\{ \begin{array}{l} \text{AB.2:} \\ \text{SFe}=\{\{A\}\} \\ \text{Sig}= \emptyset \\ \text{miZ}= 0,\ \text{maZ}=\infty \\ \text{Weg}= \emptyset \end{array} \right\} \cup \left\{ \begin{array}{l} \text{AB.3:} \\ \text{SFe}=\{\{A\}\} \\ \text{Sig}= \{A\} \\ \text{miZ}= 0,\ \text{maZ}=\infty \\ \text{Weg}= \emptyset \end{array} \right\}$

Für BP, BZ, BEA und BU sind R2 und R5 in analoger Weise anzuwenden. Dann lassen sich mit R3 B1A'* und B1U'* aus BEA* und BU* erzeugen:

$$B1A'* = \left\{\begin{array}{l} B1A'.1: \\ \quad SFe = \{\emptyset, \{C\}\} \\ \quad Sig = \{A, B\} \\ \quad miZ = 1,\ maZ = 14 \\ \quad Weg = \{B1A\} \end{array}\right\} \cup \left\{\begin{array}{l} B1A'.2: \\ \quad SFe = \{\{A\}\} \\ \quad Sig = \{B\} \\ \quad miZ = 0,\ maZ = 15 \\ \quad Weg = \{B1A\} \end{array}\right\} \cup \left\{\begin{array}{l} B1A'.3: \\ \quad SFe = \{\{A\}\} \\ \quad Sig = \{A, B\} \\ \quad miZ = 0, maZ = 15 \\ \quad Weg = \{B1A\} \end{array}\right\}$$

$$\cup \left\{\begin{array}{l} B1A'.5: \\ \quad SFe = \{\{A\}\} \\ \quad Sig = \{B\} \\ \quad miZ = \infty,\ maZ = \infty \\ \quad Weg = \{B1U\} \end{array}\right\} \cup \left\{\begin{array}{l} B1A'.6: \\ \quad SFe = \{\{A\}\} \\ \quad Sig = \{A, B\} \\ \quad miZ = \infty,\ maZ = \infty \\ \quad Weg = \{B1U\} \end{array}\right\}$$

R4 liefert B1* und R8 liefert anschließend B1"(B2)* - mit R9 und R10 zusammengefaßt zu den drei folgenden Fällen:

$$B1''(B2)* = \left\{\begin{array}{l} B1''(B2).1: \\ \quad SFe = \{\emptyset, \{A\}, \{C\}\} \\ \quad Sig = \{A, B\} \\ \quad miZ = 1,\ maZ = 17 \\ \quad Weg = \{B1A, pos_{B1}\} \end{array}\right\} \cup \left\{\begin{array}{l} B1''(B2).2: \\ \quad SFe = \{\{A\}\} \\ \quad Sig = \{B\} \\ \quad miZ = \infty,\ maZ = \infty \\ \quad Weg = \{B1A, neg_{B1}\} \end{array}\right\} \cup \left\{\begin{array}{l} B1''(B2).3: \\ \quad SFe = \{\{A\}\} \\ \quad Sig = \{B\} \\ \quad miZ = \infty,\ maZ = \infty \\ \quad Weg = \{B1B, neg_{B1}\} \end{array}\right\}$$

Bei jeder Attributierung einer Aktion kann zwar die maximal mögliche Fallanzahl bei einigen Regeln stark ansteigen. Dieses Beispiel zeigt aber, daß wegen den zusammenfassenden Regeln R9, R10 und R11 die tatsächliche Fallanzahl i.a. deutlich niedriger liegt; für C2 ergeben sich 9 (hier nicht mehr dargestellte) Fälle.

Das Fehlertoleranz-Kriterium FT besagt, daß nach Beendigung eines Fehlermaskierungs-Protokolls alle fehlerfreien Empfängerexemplare innerhalb der vorgegebenen Zeitdauer maxDauer eine fehlerfreie Interprozeßnachricht NI erhalten haben müssen. Für alle Fehlerfälle aus SeFehler und EmFehler, in denen das Empfängerexemplar nicht selbst fehlerhaft ist, müssen mindestens n übereinstimmende Signaturen gefunden werden, was wegen Vo2/3' ein Korrektheits-Kriterium darstellt (bei 2-von-3 Systemen ist n=2).

<u>FT:</u> $\forall$ a $\in$ EmProz, $\forall$ i $\in$ a#:

$$\text{cardinal (a.i.Sig)} \geq n \quad \wedge \quad \text{a.i.maZ} \leq \text{maxDauer}$$

Dieses Kriterium erfüllen alle Fehlermaskierungs-Protokolle, die Fehler bei der Interprozeßkommunikation zwischen Sender- und Empfängerexemplaren in der Weise tolerieren, daß entsprechend Randbedingung Ra7 eine Fehlerausbreitung von Sender- auf Empfängerrechner unterbunden wird.

Um die Menge aller Fehlermaskierungs-Protokolle auf m-Protokolle, d.h. auf Protokolle zur Fehlermaskierung durch verteilte Systeme einzuschränken, muß zusätzlich folgendes Kriterium FMVS erfüllt sein. FMVS orientiert sich nur an der statischen Pfeilstruktur des Maskierungs-Protokoll-Graphen MPG, so daß die FMVS-Überprüfung keine der Regeln R1 bis R11 erfordert. FMVS setzt die korrekte Implementierung von Maßnahmen voraus, die Vo1' bis Vo10' gewährleisten.

<u>FMVS:</u> $\forall$ a $\in$ NM: Vorg (a) $\subset$ Mask $\wedge$ Nafo (a) $\subset$ Mask (2)

$\wedge$ $\forall$ a $\in$ NI: Vorg (a) $\subset$ SeProz $\wedge$ Nafo (a) $\subset$ Mask

$\vee$ Vorg (a) $\subset$ Mask $\wedge$ Nafo (a) $\subset$ Quitt (3)
$\wedge$ cardinal (alleVorg (a) $\cap$ SeProz) $\geq$ n (1)

$\vee$ Vorg (a) $\subset$ Quitt $\wedge$ Nafo (a) $\subset$ EmProz

$\wedge$ $\forall$ a $\in$ NQ: Vorg (a) $\subset$ Quitt $\wedge$ Nafo (a) $\subset$ Mask (3)

$\wedge$ $\forall$ a $\in$ Mask: ReZu (a) $\in$ SeRech (2)

Die Aussagen über Vorgänger- und Nachfolger-Ereignisse stellen sicher, daß die Nachrichten-Struktur mit der in Bild 4.3-1 dargestellten m-Protokoll-Struktur übereinstimmt. Außerdem muß vor jedem Absenden einer Interprozeßnachricht NI die Anzahl der von verschiedenen Senderexemplaren stammenden Signaturen mindestens n betragen. Andernfalls könnten die Quittierungs-Instanzen der Empfängerexemplare nicht durch Absoluttest den Fehlerzustand der erhaltenen NI beurteilen. FMVS enthält die drei wesentlichen Kennzeichen der Fehlermaskierung durch verteilte Systeme (die bei der formalen FMVS-Darstellung in Klammern angegebenen Zahlen verweisen auf die entsprechenden Kennzeichen):

(1) Die Fehlermaskierungs-Instanz ist ein verteiltes (Sub-) System.

(2) Die Fehlermaskierungs-Instanz ist senderseitig angeordnet.

(3) Von statisch redundanter Verarbeitung wird zu dynamisch redundanter Interprozeßkommunikation übergegangen.

Beliebige andere fehlertolerante Protokolle zur Fehlermaskierung erfüllen zwar FT, nicht aber FMVS. Verfahren der empfängerseitigen Fehlermaskierung lassen sich folgendermaßen charakterisieren:

EFM: NM = ∅, NQ = ∅, Quitt = ∅,

$\forall$ a $\in$ NI: Vorg (a) $\subset$ SeProz $\wedge$ Nafo (a) $\subset$ Mask
$\vee$ Vorg (a) $\subset$ Mask $\wedge$ Nafo (a) $\subset$ EmProz,

$\forall$ a $\in$ Mask: ReZu (a) $\in$ EmRech.

Die beiden Kriterien FMVS und EFM überdecken wohl viele gebräuchliche, nicht aber alle Fehlermaskierungs-Protokolle. Bild 5.2-2 veranschaulicht die Menge aller durch den Maskierungs-Protokoll-Graphen modellierbaren Fehlermaskierungs-Protokolle durch eine Punktmenge; jeder Punkt entspricht einem Protokoll. FMVS und EFM beschreiben aufgrund der unterschiedlichen Nachrichtenstruktur disjunkte Protokoll-Mengen: Bei FMVS geht jeder NI mindestens eine NM voraus, EFM verbietet dagegen NM. FT ist jedoch unabhängig von FMVS und EFM zu sehen. Nur die schraffierte Fläche entspricht der Menge der für die Fehlermaskierung durch verteilte Systeme zulässigen m-Protokolle MmP (siehe Definition am Anfang von Abschnitt 5).

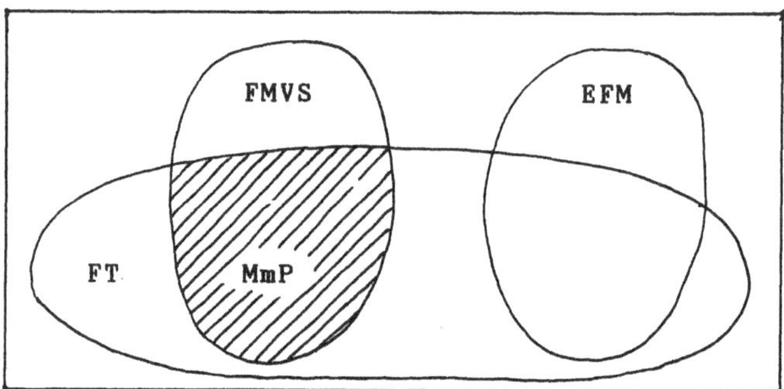

Bild 5.2-2 Menge aller Fehlermaskierungs-Protokolle und die durch FMVS, EFM und FT definierten Teilmengen.

Für jedes Protokoll x ∈ MmP gelten nicht nur die in FT und FMVS explizit angegebenen Prädikate, sondern alle am Ende von Abschnitt 4.3.4 festgestellten Eigenschaften:

In allen spezifizierten Fehlerfällen, (1)
sowie im fehlerfreien Fall (2)
erhalten alle Empfängerexemplare einer Interprozeßkommunik., (3)
wenn sie selbst fehlerfrei sind, (4)
bezüglich TA transferaufwands-minimal (5)
mindestens eine fehlerfreie Interprozeßnachricht NI (6)
innerhalb einer spezifizierten maximalen Zeitdauer. (7)

Für die mit Nummern versehenen Einzelaussagen dieses Satzes wird nun begründet, weshalb sie sich aus der MmP-Zugehörigkeit eines Fehlermaskierungs-Protokolls folgern lassen:

(1) Der Maskierungs-Protokoll-Graph MPG verlangt die Spezifikation der Menge der zu tolerierenden Fehler (SeFehler und EmFehler). Die Regeln R1 bis R11 bestimmen für jeden dieser Fehlerfälle die Attributierung aller Ereignisse und damit auch das Verhalten der Empfängerexemplare, die das Fehlertoleranz-Kriterium erfüllen müssen.

(2) Die MPG-Definition fordert, daß SeFehler und EmFehler den fehlerfreien Fall enthalten (∅ ∈ SeFehler, ∅ ∈ EmFehler)

(3) Das Fehlertoleranz-Kriterium FT bezieht sich auf alle Fälle der Empfängerexemplar-Aktionen.

(4) Regel R5 entfernt beim Übergang von a' nach a einer Empfängerexemplar-Aktion a alle Fehlerfälle, die den Rechner ReZu (a) als fehlerhaft annehmen, so daß nur noch die verbleibenden Fälle FT erfüllen müssen.

(5) Zi3" unterstellt einen korrekten Senderauswahl-Algorithmus, der die Transferaufwandsfunktion TA ausreichend berücksichtigt.

(6) Das Kriterium FMVS läßt nur Interprozeßnachrichten NI als einzige Nachrichtenart zu, welche die Empfängerexemplare empfangen. FT fordert, daß mit mindestens einer dieser NI soviele fehlerfreie Signaturen (n in n-von-m-Systemen) beim Empfängerexemplar angekommen sind, daß dieses durch Absoluttest zutreffend beurteilen kann, ob diese NI fehlerfrei ist.

(7) FT fordert von allen Fällen a.i jeder Empfängerexemplar-Aktion a, daß ihre Attributierung a.i.maZ die vorgegebene Zeitdauer maxDauer nicht übersteigt.

Die beiden folgenden Bilder stellen die MPG-Struktur der empfängerseitigen Fehlermaskierungs-Verfahren, die FT und EFM erfüllen (siehe Bild 5.2-3), und die m-Protokolle aus MmP (siehe Bild 5.2-4) einander gegenüber. Beide Maskierungs-Protokoll-Graphen zeigen die für 2-von-3-Systeme in der jeweiligen Verfahrensklasse typischen Merkmale. Bei EFM werden nur NI von den Sender- zu den Empfängerexemplaren transferiert. Dagegen zerfällt ein m-Protokoll in zwei Teile, das Maskierungs- und das Quittierungs-Protokoll, die im Maskierungs-Protokoll-Graphen aufeinanderfolgen - auch wenn einzelne Aktionen beider Protokollteile zeitlich überlappend ausgeführt werden. Während im Rahmen des Maskierungs-Protokolls alle Maskierungs-Knoten miteinander kommunizieren, spaltet sich das Quittierungs-Protokoll in voneinander unabhängige Paare von Empfängerexemplaren und Maskierungs-Knoten auf (siehe Abschnitt 4.3.3). Abschnitt 6.1.1 gibt für ein konkretes m-Protokoll einen vollständigen Maskierungs-Protokoll-Graphen an.

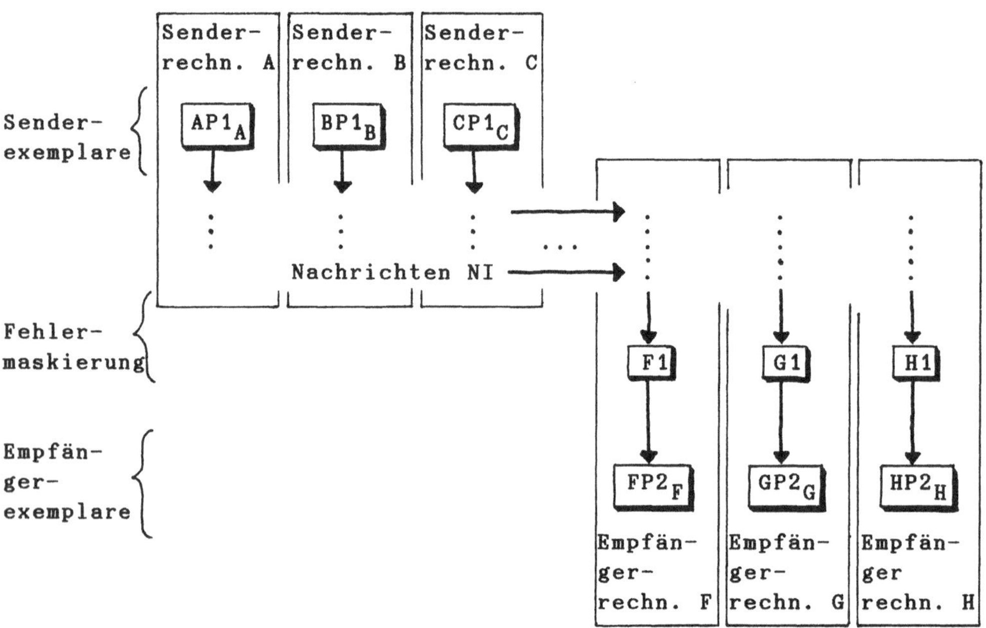

Bild 5.2-3 Maskierungs-Protokoll-Graph MPG eines Protokolls zur empfängerseitigen Fehlermaskierung.

Die Definition der Regeln R1, ... R11 und des Fehlertoleranz-Kriteriums FT wurde so gewählt, daß das Verifikationssystem MoFA weitgehend automatisch die Korrektheit eines m-Protokolls zeigen kann. Nur bei Regel R10 und teilweise R11 sind Benutzereingriffe vorgesehen. R10 und teilweise R11 fördern die Verständlichkeit des

Korrektheitsbeweises für den menschlichen Leser, indem sie die Anzahl der Fallunterscheidungen zu reduzieren gestatten. Derartig vereinfachende Benutzereingriffe sind zwar sinnvoll, aber nicht zwingend. Da sie außerdem die Aussagen über einzelne Ereignisse abschwächen, kann der Korrektheitsbeweis bei unbedachten Benutzereingriffen mißlingen. Niemals führen aber Benutzereingriffe eine unzutreffende Erfüllung des Fehlertoleranz-Kriteriums FT herbei, die eine nicht vorhandene Fehlertoleranz vortäuscht.

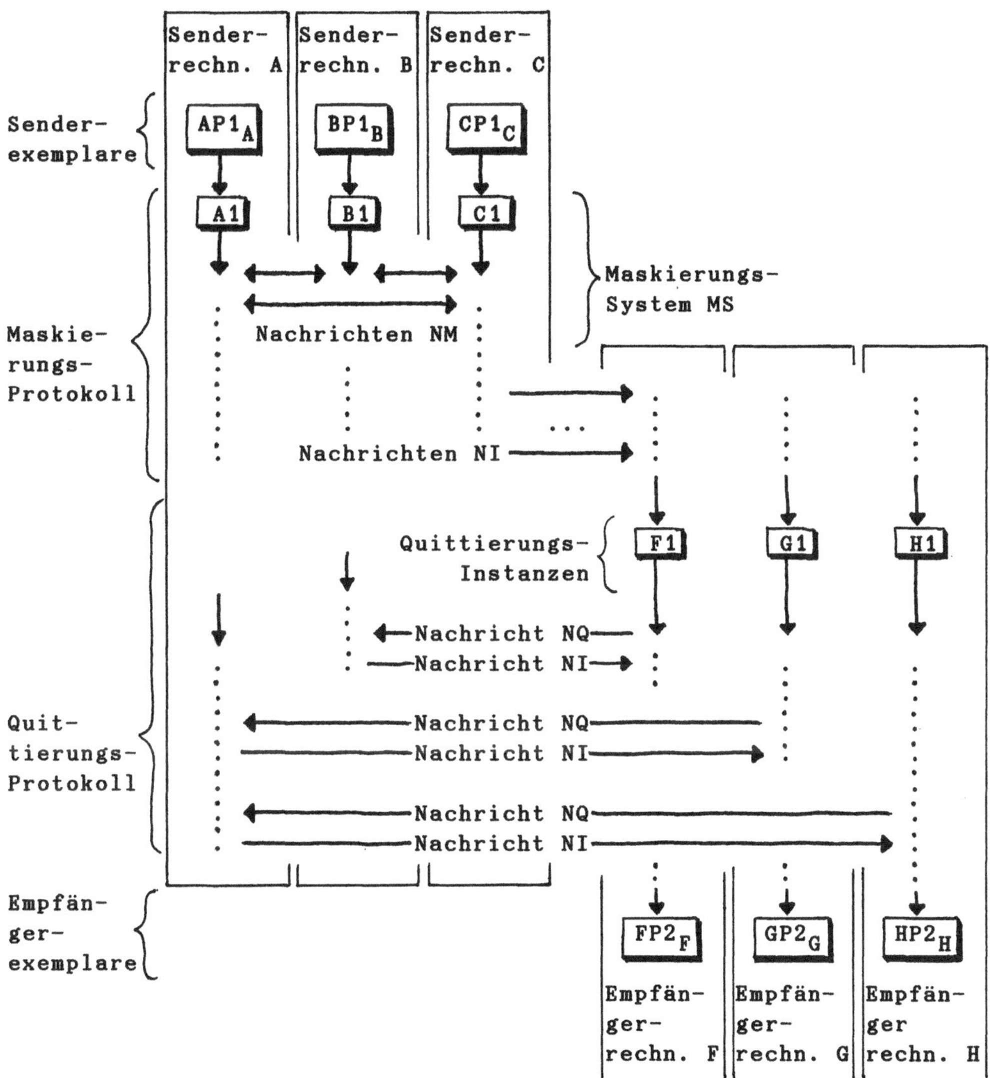

<u>Bild 5.2-4</u> Maskierungs-Protokoll-Graph MPG eines m-Protokolls.

6.

EIN ALGORITHMUS ZUR REALISIERUNG DER FEHLERMASKIERUNG DURCH VERTEILTE SYSTEME

Die Fehlermaskierung durch verteilte Systeme fügt zu den bekannten Fehlermaskierungs-Protokollen die Klasse der m-Protokolle hinzu. Die beiden Kriterien FMVS und FT (siehe Abschnitt 5) definieren diese Klasse in Form der Menge MmP. Die Abschnitte 4.1, 4.3.1 und 4.3.4 erläuterten die Vorteile der m-Protokolle, die sich in einem Mindest- und einem TA-abhängigen Gewinn niederschlagen. Noch unbeantwortet ist allerdings die Frage, ob MmP überhaupt ein einziges Protokoll enthält. Die beschriebenen Beispiele einer m-Protokoll-Grobstruktur, sowie einzelner Verfahrensschritte lassen zwar eine Vielzahl von m-Protokollen vermuten; jedoch zeigt erst der FMVS- und FT-Beweis eines vollständig durch den Maskierungs-Protokoll-Graphen spezifizierten m-Protokolls, daß MmP $\neq \emptyset$. Mit diesem Existenzbeweis der m-Protokolle verbinden sich weitere Bestrebungen:

* Die Herleitung der MmP-Zugehörigkeit mehrerer m-Protokolle soll die Möglichkeiten beim m-Protokoll-Entwurf umreißen. Während dieser Abschnitt nur ein "typisches" 3-Protokoll enthält, dringen weitere m-Protokoll-Entwürfe in Abschnitt 7 bis an einige der mittels m-Protokollen erreichbaren Grenzen vor.

* Neben der MPG-Modellierung soll eine programmiersprachliche Notation die Implementierung eines m-Protokolls konkretisieren und den Ablauf bei der Tolerierung bestimmter Fehlerfälle zeigen.

* Simulative Bewertungsmethoden sollen den in Abschnitt 4.3.1 anhand von Konfigurationsbeispielen angedeuteten TA-abhängigen Gewinn, sowie die im Mittel tatsächlich benötigte NM-, NI- und NQ-Anzahl über einem hinreichend großen Stichprobenumfang quantifizieren.

6.1 Protokoll

Für die Fehlermaskierung durch verteilte Systeme wurde ein m-Protokoll intuitiv entworfen, das dem in Abschnitt 4 geschilderten Konzept entspricht: Die Protokoll-Struktur gliedert sich in Maskierungs- und Quittierungs-Protokoll, die beide (wie ein wiedereintrittsfähiges Programm) aufeinanderfolgende Sequenznummern Nr unabhängig voneinander, aber ggf. zeitlich überlappend bearbeiten. Um den "Normalfall" eines m-Protokolls zu treffen, wurden gute Kompromisse beim Entwurf des Nachrichtenaustauschs innerhalb des Maskierungs- und des Quittierungs-Protokolls angestrebt. Allen sich zur Optimierung bietenden Zielrichtungen Zi1, Zi2, ... sollte etwa in gleicher Weise Rechnung getragen werden, ohne bezüglich der Rechensystem- und Anwendungsumgebung Annahmen zu machen, die über die in Abschnitt 2 beschriebenen Rand- und Sollbedingungen hinausgehen. Das entworfene Maskierungs-System erzielt dann im Sinne eines anwendungs-transparenten allgemein verwendbaren Subsystems unter verschiedenen Umgebungsbedingungen die für m-Protokolle typischen Gewinne.

Diese Erwägungen hielten die für simulative Untersuchungen unerläßliche Umgebungsmodellierung so allgemein wie möglich. Ein gruppenstrukturiertes Mehrrechnersystem (siehe Bild 2.1-2) wurde als typische Netzstruktur für die in So1 geforderte hohe Rechnerzahl angesehen. Die Gruppenstruktur läßt eine besondere Menge der zu tolerierenden Fehler zu: Mittels 2:1-Gruppenzuordnung der redundanten Prozeßexemplare werden auch Mehrfachfehler toleriert, die alle Rechner einer Gruppe betreffen. Diese auf symptomverschiedene Fehler beschränkte Fähigkeit, mit nur m=3 Prozeßexemplaren zwei Fehler derselben Gruppe zu tolerieren, gab dem hier vorgestellten m-Protokoll die Bezeichnung 3-Gr-Protokoll. [Echt 83a] beschreibt einen erheblich, [Echt 83c, Echt 84b] einen geringfügiger abweichenden Vorläufer des 3-Gr-Protokolls.

Das Streben nach allgemeiner Anwendbarkeit des 3-Gr-Protokolls führt zu folgenden Werten der parametrisierten Randbedingungen:

Pa1 Die Transferaufwandsfunktion TA orientiert sich an der zugrundegelegten Gruppenstruktur (siehe auch Bild 2.1-2). Nachrichten innerhalb Rechnern verursachen keinen, zwischen Rechnern der gleichen Gruppe den einfachen, zwischen verschiedenen Gruppen den vierfachen Transferaufwand, erhöht um die zweifache Anzahl der benutzten Zwischen-Gruppen-Verbindungen. Abschnitt 6.2 beschreibt diese Funktion TA formal.

Pa2 Es sind r=1 Rechnerfehler zu tolerieren, wozu ein 2-von-3-System ausreicht (n=2, m=3).

Pa3 Die erwähnte besondere Gruppenzuordnung der redundanten Prozeßexemplare toleriert unter Beibehaltung von (n=2, m=3) einen Gruppenfehler bei beliebig großer Rechneranzahl pro Gruppe (g=1, h≥2).

Pa4 Die maximale Anzahl der symptomgleichen Fehler s spielt bei r=1 keine Rolle. Gruppenfehler, die mehr als ein Prozeßexemplar betreffen, fordern dagegen Symptomverschiedenheit. Also ist in jedem Fall s=1.

Abschnitt 4 beschreibt die Merkmale der gesamten Klasse der m-Protokolle und führt bei manchen Teilschritten der Fehlermaskierung durch verteilte Systeme Entwurfsalternativen explizit auf. Das 3-Gr-Protokoll wählt davon folgende aus:

* Nicht m-protokoll-spezifische, sondern prozeßspezifische Zeitschranken legen die maximale Dauer einzelner Protokoll-Aktionen fest, da diese gemäß Abschnitt 4.3.2 eine geringere Protokollausführungsdauer **maxDauer** erlauben. Wegen Voraussetzung Vo12 kann davon ausgegangen werden, daß der Entwerfer bzw. Anwender entsprechende Zeitgrenzen vorgibt.

* Für jedes Empfängerexemplar seien die Reservesender statisch bekannt. Bei nur m=3 Senderexemplaren kommen ohnehin nur jeweils zwei Reservesender in Frage, die sich in ihrem Transferaufwand dann merklich unterscheiden (um mindestens das sechsfache), wenn das Empfängerexemplar der Gruppe angehört, der zwei Senderexemplare zugeordnet sind (siehe Bild 6.1-1). Gerade in diesem Fehlerfall führt aber die dynamische Reservesender-Festlegung ohne Berücksichtigung des aktuellen Fehlerzustands zu dem Reservesender, der in der gleichen Gruppe wie der erstsendende Maskierungs-Knoten liegt (siehe Abschnitt 4.3.3) - also bei Gruppe_2-Fehlern (bezogen auf Bild 6.1-1) zum falschen Reservesender $P1_B$, so daß eine zweite NI-Wiederholung erforderlich wäre. Dagegen führt eine geeignete statische Festlegung schon bei der ersten Wiederholung stets zum richtigen Reservesender $P1_A$.

* Als einfaches Verschlüsselungs-Verfahren, das die in Voraussetzung Vo6 vorgegebene Aufwandsgrenze weit unterschreitet, finden Signatur-Multiplikationen mit geheimen Faktoren SVF_X, wie in Abschnitt 4.3.3 beschrieben, Verwendung.

* Um Nachrichten zu sparen, sendet jedes Empfängerexemplar pro Sequenznummer genau eine Nachricht NpQ zur positiven Quittierung. Zeitschranken-Überwachungen ersetzen die negative Quittierung.

* Nachrichten zur Quittierung (hier nur NpQ) tragen keine Signaturinformation.

* Empfängerexemplare empfangen Interprozeßnachrichten nur in deterministischer Reihenfolge, nicht jedoch selektiv; Unterstützungsmaßnahme Un8 werde stets gewährt. Erfordert eine bestimmte Anwendung dennoch selektiven Nachrichtenempfang, so ließen sich zusätzliche Protokolle zur Herstellung einer übereinstimmenden Empfangsreihenfolge bei den Empfängerexemplaren einfügen [z.B. Echt 83a], ohne das 3-Gr-Protokoll zu beeinträchtigen.

* Die in Un7 bzw. Un7" geforderte Höchstens-einmal-Semantik beim Nachrichtenempfang werde vom Kommunikationssystem oder von einem anderen Subsystem gewährleistet.

* 1:x-Transfer, sowie die Nachrichtenweiterleitung über dritte Knoten werden nur soweit berücksichtigt, wie die Transferaufwandsfunktion TA diese Fähigkeiten des Kommunikationssystems modelliert.

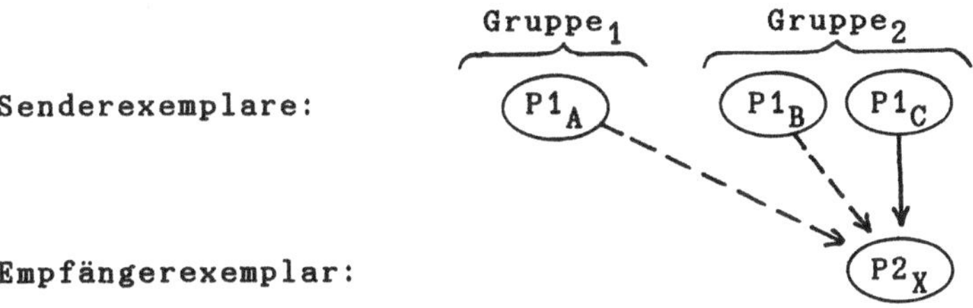

Bild 6.1-1 Gruppenzuordnung der Prozeßexemplare, die eine statische Festlegung der Reservesender für ein Empfängerexemplar $P2_X$ begünstigt. $P1_C$ sendet die erste NI. $P1_A$ und $P1_B$ sind mögliche Reservesender.

6.1.1 Protokoll-Spezifikation

Ein Maskierungs-Protokoll-Graph MPG dient als Mittel zur formalen Spezifikation des 3-Gr-Protokolls. Der MPG-Beschreibung geht aber eine vergröbernde Übersichtsdarstellung voran, um die wesentlichen Protokoll-Eigenschaften zu betonen und das Verständnis des Maskierungs-Protokoll-Graphen zu fördern. Bild 6.1.1-1 zeigt die Nachrichten-Struktur, die Bilder 6.1.1-2 und 6.1.1-4 den zeitlichen Ablauf des Maskierungs- bzw. Quittierungs-Protokolls.

Die Bezeichnungen in Bild 6.1.1-1 lehnen sich an den Maskierungs-Protokoll-Graphen an, indem sie die Empfängerexemplare $P2_A$, $P2_B$ und $P2_C$ zu Mengen $P2_F$, $P2_G$ und $P2_H$ zusammenfassen und unter den zugehörigen Empfängerrechnern F, G und H jeweils die Rechnermenge verstehen, für welche die Maskierungs-Knoten der Senderrechner A, B bzw. C den geringsten Transferaufwand verursachen. Die erwähnte 2:1-Gruppenzuordnung realisiert der Re-/Konfigurator stets in der Weise, daß $P1_B$ und $P1_C$ (und damit auch die zugehörigen Rechner B und C) der gleichen Gruppe angehören (hier $Gruppe_2$ genannt). Dagegen wird für $P1_A$ ein Rechner A aus einer davon verschiedenen $Gruppe_1$ gewählt. Diese Konfiguration bestimmt die Menge der zu tolerierenden Fehler der Senderrechner:

SeFehler = { Ø, {A}, {B}, {C}, {B,C} }

Die leere Menge bezeichnet den fehlerfreien Fall, die drei Mengen {A}, {B} und {C} einzelne Rechnerfehler. Gruppenfehler schlagen sich in {A}, wenn sie $Gruppe_1$ betreffen, und in {B,C} nieder, wenn sie $Gruppe_2$ betreffen. Für die Empfängerrechner gelten die gleichen Konfigurierungsbedingungen wie für die Senderrechner; jedoch ist die Gruppenstruktur unbekannt, so daß bei den Empfängerrechnern beliebige Doppelfehler auftreten können:

EmFehler = { Ø, {F}, {G}, {H}, {F,G}, {F,H}, {G,H} }

Sind für weitere Mehrfachfehler nur bestimmte Arten fehlerhaften Verhaltens zugelassen, so könnte man auch die Tolerierung dieser Fehler anstreben. Z.B. wäre es sinnvoll, das Ergebnis von $P1_C$ an die Empfängerexemplare zu senden, wenn fehlerhafte Prozeßexemplare $P1_A$ und $P1_B$ (die verschiedenen Gruppen zugeordnet sind) überhaupt kein Ergebnis liefern. Da für diesen Fehlerfall jedoch keine gemeinsame Fehlerursache erkennbar ist, sieht das 3-Gr-Protokoll dafür (auch aus Aufwandsgründen) keine besondere Fehlerbehandlung vor. Einen größeren Nutzen weist statt dessen ein m-Protokoll auf, das beliebige Arten von Doppelfehlern beliebiger Rechner toleriert (siehe Abschnitt 7.2). Bemerkung: Nur bestimmte Arten fehlerhaften Verhaltens zuzulassen, widerspricht außerdem dem binären Fehlermodell des Maskierungs-Protokoll-Graphen MPG.

Bild 6.1.1-1 zeigt alle Nachrichten des 3-Gr-Protokolls - ausgezogen gezeichnete sind immer (falls die Rechnermenge des Senders oder des Empfängers nicht leer ist), gestrichelt gezeichnete nur bei bestimmten Fehlerfällen zu transferieren. Das Maskierungs-Protokoll benötigt keine vollvermaschte Verbindungsstruktur der Nachrichten NM, da schon die Übereinstimmung von zwei Signaturen deren Fehlerfreiheit anzeigt. Die 2-von-3-Mehrheitsentscheidung spaltet sich in eine Anzahl paarweiser Signaturvergleiche auf, die lokal durchführbar sind und von keinem Maskierungs-Knoten eine aktuell zutreffende globale Systemsicht erfordern. Wird im Rahmen des Maskierungs-Protokolls ein Fehler festgestellt, so sendet $MK1_C$ stellvertretend für $MK1_A$ bzw. $MK1_B$ eine Interprozeßnachricht NI an F bzw. G. $MK1_A$ übernimmt bei Bedarf das stellvertretende NI-Senden für $MK1_C$, bzw. für $MK1_B$ und $MK1_C$ bei $Gruppe_2$-Fehlern (gestrichelt gezeichnete NI). Damit garantiert der Senderauswahl-Algorithmus für alle vom Maskierungs-Protokoll zu tolerierenden Fehler (siehe Abschnitt 4.3) eine eindeutige NI-Sender-Auswahl, die mehrfaches NI-Senden von fehlerfreien Maskierungs-Knoten an dasselbe Empfängerexemplar ausschließt.

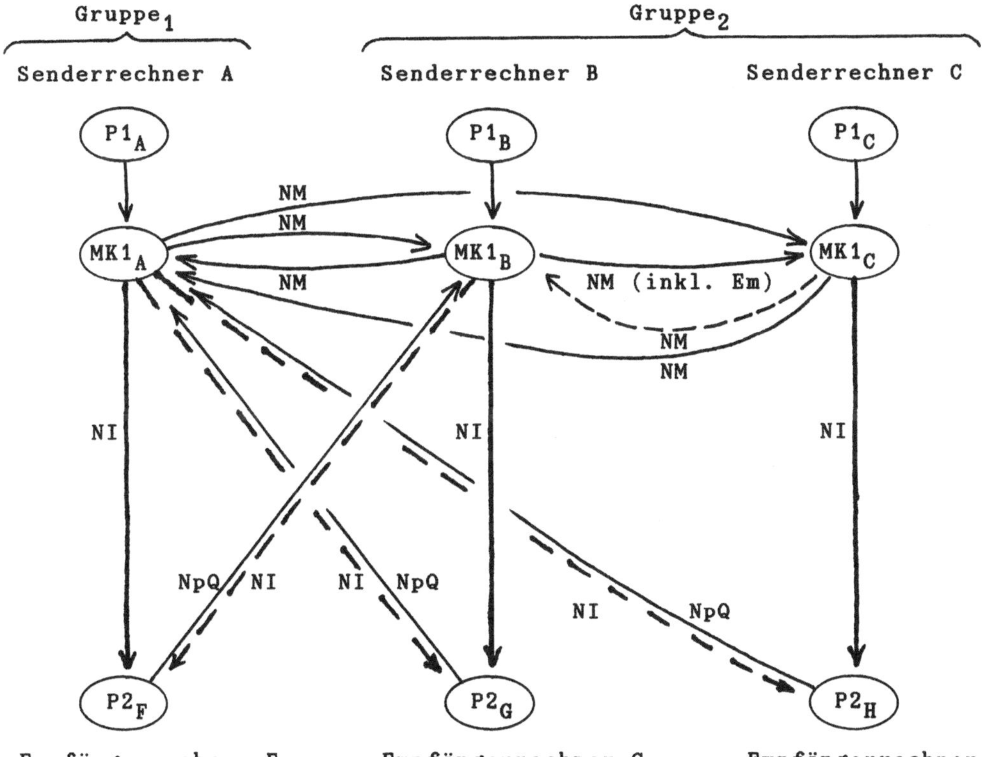

Bild 6.1.1-1 Nachrichtenstruktur des 3-Gr-Protokolls.

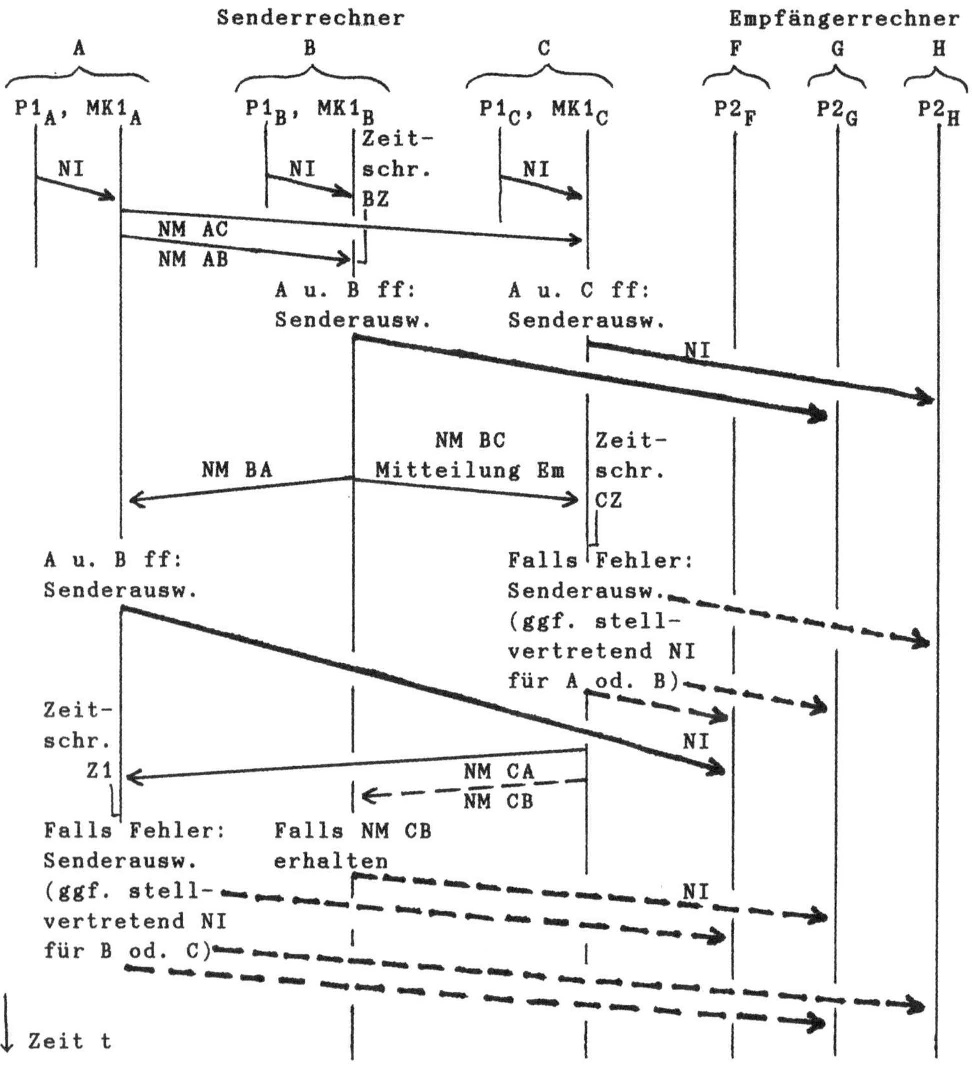

Bild 6.1.1-2 Grobes Zeitdiagramm des 3-Gr-Maskierungs-Protokolls. Gestrichelt gezeichnete Nachrichten werden nur im Fehlerfall gesendet.

Das in Bild 6.1.1-2 dargestellte grobe Zeitdiagramm zeigt, daß sich die Senderauswahl nicht an den Austausch aller Nachrichten NM anschließt, sondern zum frühestmöglichen Zeitpunkt erfolgt. Sobald ein Maskierungs-Knoten durch NM-Empfang feststellt, daß seine Signatur mit der empfangenen übereinstimmt, erkennt er seine Fehlerfreiheit und kann sofort entsprechend dem Senderauswahl-Algorithmus Interprozeßnachrichten NI aussenden.

Nachrichten NM, die erst nach (lokal) abgeschlossener Senderauswahl abgesandt werden, können neben der Signatur des Absenders auch dessen Senderauswahl-Entscheidung, d.h. dessen Systemsicht, dem Empfänger mitteilen. Der Empfänger erkennt ggf. fehlerbedingte Inkonsistenzen und kann durch stellvertretendes NI-Senden die Tolerierung solcher Fehler vom Quittierungs- in das Maskierungs-Protokoll vorverlagern. Nur die Nachricht NM von $MK1_B$ an $MK1_C$ benutzt diese Technik, indem $MK1_B$ den Wert seiner MPG-Attributierungsfunktion Em mitteilt, der angibt, ob $MK1_B$ eine Signaturübereinstimmung mit $MK1_A$ festgestellt und eine Interprozeßnachricht an die Empfängerrechner-Menge G gesandt hat.

Die Einzelheiten des Nachrichtenaustauschs werden nun ausführlich beschrieben und der Maskierungs-Protokoll-Graph MPG des 3-Gr-Protokolls angegeben (siehe Bild 6.1.1-3). Im folgenden Text verweisen Angaben in Klammern auf die entsprechenden Ereignisse des MPG. Aktionsbezeichnungen beginnen mit dem Rechnernamen A, B, C (für Senderrechner), F, G oder H (für Empfängerrechner) als erstem Buchstaben, gefolgt von einer Ziffer oder von einer der Zeichenfolgen "P1" (für Senderprozeß), "P2" (für Empfängerprozeß), "Z" (für Zeitschranken-Überwachung des Maskierungs-Protokolls) oder "QZ" (für Zeitschranken-Überwachung des Quittierungs-Protokolls). Nachrichtenbezeichnungen beginnen mit zwei Buchstaben, die den Rechner des Senders und des Empfängers benennen.

Das 3-Gr-Maskierungs-Protokoll beginnt, indem A seine Signatur durch Nachrichten NM an B (AB) und C (AC) absendet (A1) oder, falls A dies fehlerbedingt unterläßt, eine Zeitschranken-Überwachung (BZ, B1Z) an die Stelle des NM-Empfangs (AB, B1A) in B tritt. Erhält B eine Signatur von A, so erfolgt bei Signaturübereinstimmung von A und B eine Senderauswahl (B1) mit dem Ziel, eine Interprozeßnachricht NI an G zu senden (BG). B verursacht für G den geringsten Transferaufwand. Unabhängig von der Art des Protokoll-Beginns setzt B das Maskierungs-Protokoll fort (B2) und sendet seine Signatur an die beiden Nachbarn A (BA) und C (BC).

C empfängt die bei ihm zuerst eintreffende Nachricht NM, die von A (AC, C1) oder B (BC, C2) stammen kann. Das Fehlermodell SeFehler stellt sicher, daß A und B nicht gleichzeitig fehlerhaft sind und daher nicht beide NM ausbleiben, wodurch sich in C eine Zeitschranken-Überwachung für diesen Nachrichtenempfang erübrigt. Stellt C eine Signaturübereinstimmung fest (C1, C2), so sendet C nach der Senderauswahl eine Interprozeßnachricht NI an H (C4, CH).

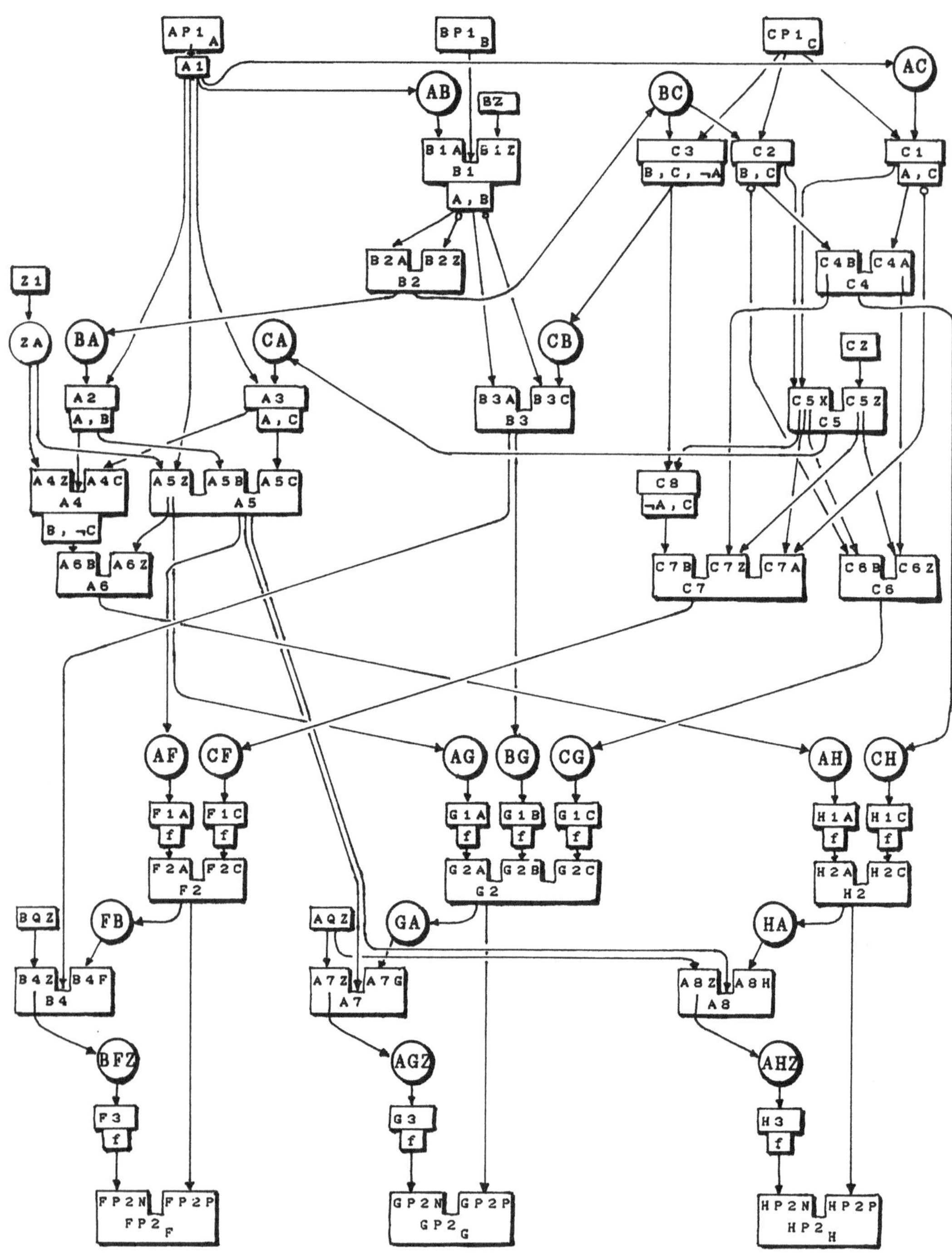

<u>Bild 6.1.1-3</u> MPG des 3-Gr-Protokolls.
"Anf" ist Vorgänger aller Ereignisse ohne Vorgänger-Pfeile. f bedeutet: A,B $\vee$ B,C $\vee$ A,C $\vee$ A,Z.

Im Gegensatz zu C kann A nicht erwarten, daß mindestens eine Nachricht NM bei ihm eintrifft, weil SeFehler den Fehlerfall {B,C} enthält. A überwacht daher den NM-Empfang (A2, A3) durch eine Zeitschranke (Z1, ZA, A4Z, A5Z). Bei rechtzeitigem NM-Erhalt von B (BA, A2) oder C (CA, A3) versucht A ebenfalls bei Signaturübereinstimmung den Empfängerrechner F, für den er den geringsten Transferaufwand verursacht, mit einer Interprozeßnachricht NI zu erreichen (A5, AF). Mit diesen wenigen Aktionen hat das Maskierungs-Protokoll bei Fehlerfreiheit seine Aufgabe bereits erfüllt und allen Empfängerrechnern F, G und H Interprozeßnachrichten NI zugesandt. Die weiteren Aktionen des Maskierungs-Protokolls regeln das stellvertretende NI-Senden bei Fehlern.

Zunächst besitzt C durch Empfang der als zweite ankommenden NM (AC, BC) die Möglichkeit, eine vollständige 2-von-3-Mehrheitsentscheidung zu treffen, indem die noch ausstehenden Vergleiche nachgeholt werden (C2, C3). Eine Zeitschranken-Überwachung (CZ) wertet nicht ankommende NM wie fehlerhafte (C5Z). C sendet nun im Fehlerfall Interprozeßnachrichten NI stellvertretend für A an F (C7, CF) oder stellvertretend für B an G (C6, CG).

Eine besondere Situation entsteht, wenn C von A eine fehlerfreie NM (AC) erhält, aber B in seiner NM (BC) bei ebenfalls fehlerfreier Signatur durch $G \notin Em$ mitteilt, daß B keine Signaturübereinstimmung (B1) mit A gefunden hat. C kann nicht entscheiden, ob Fehler in A oder in B diese Inkonsistenz verursachen. In jedem Fall sendet C eine Interprozeßnachricht NI stellvertretend für A (C3, C8, C7). Andernfalls unterbleibt die Tolerierung des folgenden Fehlverhaltens: A ist fehlerhaft, verfügt aber über die richtige Signatur und sendet diese rechtzeitig an C, dagegen verfälscht oder verspätet an B. B kann keine NI stellvertretend für A senden, weil B noch nicht über mindestens zwei fehlerfreie Signaturen verfügt. C sieht aber keine Veranlassung, einen Fehler anzunehmen, weil C von A (AC) und B (BC) nur NM mit fehlerfreien Signaturen erhält.

Nach Abschluß seiner Aktionen des Maskierungs-Protokolls (C5) sendet C eine Nachricht NM (CA) normalerweise nur an A, in der nachfolgend beschriebenen Situation aber auch an B: Schließt C aus den empfangenen Signaturen und aus der ($G \notin Em$)-Mitteilung von B, daß A fehlerhaft, aber B fehlerfrei ist und noch keine Signaturübereinstimmung finden konnte (C3), so steht die Interprozeßnachricht NI an G (BG) noch aus. C könnte diese stellvertretend für B senden. Günstiger ist jedoch im Hinblick auf den Transferaufwand, wenn C den fehlerfreien und aufgrund des Fehlermodells Ra8 für die Dauer dieser m-Protokoll-Ausführung fehlerfrei bleibenden (!) Maskierungs-Knoten des Rechners B durch eine Nachricht NM (CB) mit dem NI-Senden beauftragt. Die in den Bildern 6.1.1-1 und 6.1.1-2 gestrichelt eingezeichnete NM ersetzt also zusammen mit der NI von $MK1_B$ an $P2_G$

die aufwendigere NI von $MK1_C$ an $P2_G$ in einem bestimmten Fehlerfall. Da diese NM ansonsten wegfällt und bei Hinnahme einer vergrößerten Transferaufwands-Summe sich gänzlich erübrigt, kann von einem Maskierungs-Protokoll gesprochen werden, das mit fünf Nachrichten NM auskommt (AB, AC, BA, BC, CA).

Nachdem A bereits die erste NM mit einer Zeitschranke überwacht hat, erfordert auch der möglicherweise ausbleibende zweite NM-Empfang diese Maßnahme (Z1, ZA). A kann daher ggf. stellvertretend für B (A5Z, AG) oder C (A6, AH) Interprozeßnachrichten NI senden.

Da das Fehlermodell SeFehler auch den Doppelfehler {B,C} beinhaltet, kann A möglicherweise nur falsche bzw. überhaupt keine Signaturen durch Nachrichten NM erhalten. Bei dem zugrundegelegten Fehlermodell SeFehler zeigen drei voneinander abweichende Signaturen sicher an, daß der Doppelfehler {B,C} aufgetreten ist. In der Realität könnten auch beliebige andere Mehrfachfehler aufgetreten sein, die das Fehlermodell nicht zuläßt, z.B. {A,B}. Dies führt zu der Interpretation, daß das 3-Gr-Protokoll bei Widerspruch zur Ein-Fehler-Annahme eines 2-von-3-Systems von dem aufgrund der Gruppenstruktur wahrscheinlichsten Doppelfehler ausgeht. A schließt aus der 2:1-Gruppenzuordnung auf seine eigene Fehlerfreiheit und sendet Interprozeßnachrichten NI an alle Empfängerexemplare (A5, A5Z, A6). Ohne zusätzliche Maßnahmen würde diese NI nur die Signatur von A enthalten, so daß die Empfängerexemplare durch Absoluttest den Fehlerzustand dieser NI nicht bewerten könnten.

Aus diesem Grund benötigt der Maskierungs-Knoten $MK1_A$ eine Uhr zur Zeitschranken-Überwachung, die bei Erreichen der vorgegebenen Zeitgrenze selbst eine unabhängige Signatur erzeugt, die sich den NI beifügen läßt. Der Absoluttest der Empfängerexemplare erlaubt dann eine zutreffende Fehleraussage, weil A diese Signatur nicht vor Ablauf der Zeitgrenze erzeugen kann, aber für B und C vor diesem Zeitpunkt ausreichend Gelegenheit bestand, bei Fehlerfreiheit selbst Interprozeßnachrichten zu senden. Der Maskierungs-Protokoll-Graph MPG modelliert die Uhren-Signaturerzeugung durch Zuordnung der Uhr zu einem zusätzlichen (Pseudo-) Rechner Z, der bei Ablauf der Zeitschranke die Nachricht ZA stets fehlerfrei an A sendet. In der Realität könnte man als Uhren-Signatur die von zwei unabhängigen lokalen Uhren in A (bei Fehlerfreiheit übereinstimmend) ermittelte globale Absolutzeit verwenden. Verzichtet man auf die Tolerierbarkeit des Doppelfehlers {B,C}, so erübrigen sich diese Zusatzmaßnahmen: Uhren-Signaturen entfallen.

Es empfiehlt sich nicht, Uhren-Signaturen auch zur Tolerierung von Einzelfehlern zu verwenden, da sie es nicht gestatten, Signaturübereinstimmung festzustellen, sondern stets das Verstreichen einer gewissen Wartezeit erzwingen. Nur wenn innerhalb dieser Wartezeit

Nachrichten ausbleiben, kann auf bestimmte Fehler geschlossen werden.

Das 3-Gr-Quittierungs-Protokoll benutzt statisch festgelegte Paare, bestehend aus Maskierungs-Knoten und Empfängerexemplar: Bei Erhalt einer fehlerfreien Interprozeßnachricht NI (F1A, F1C, G1A, G1B, G1C, H1A bzw. H1C) sendet das Empfängerexemplar eine Nachricht zur positiven Quittierung NpQ (bei F: F2, FB; bei G: G2, GA; bei H: H2, HA) an den zugehörigen Maskierungs-Knoten. Andernfalls fungiert dieser Maskierungs-Knoten nach Ablauf einer Zeitschranken-Überwachung (AQZ bzw. BQZ) als Reservesender der NI. Bild 6.1.1-1 zeigt die Paare ($MK1_A$, $P2_G$), ($MK1_A$, $P2_H$) und ($MK1_B$, $P2_F$), die bei jedem Fehlerfall aus SeFehler sicherstellen (d.h. auch beim Doppelfehler {B,C}), daß für jedes Empfängerexemplar entweder der NI-Sender mit dem geringsten Transferaufwand oder der Reservesender eine fehlerfreie Interprozeßnachricht NI sendet. Aus Bild 6.1.1-4 geht das zeitliche Verhalten der Reservesender $MK1_A$ und $MK1_B$ hervor, die erst dann wiederholte NI (gestrichelt gezeichnet) an ein Empfängerexemplar senden (bei F: B4Z, BFZ; bei G: A7Z, AGZ; bei H: A8Z, AHZ), wenn vor dem Ablauf der Zeitschranken-Überwachung AQZ bzw. BQZ von diesem keine Nachricht NpQ eingetroffen ist.

Die Definition des Maskierungs-Protokoll-Graphen MPG des 3-Gr-Protokolls lautet folgendermaßen (durch Punkte abgekürzte Definitions-Teile gehen aus Bild 6.1.1-3 eindeutig hervor):

Anf	=	Anf,
SeProz	=	{$AP1_A$, $BP1_B$, $CP1_C$, Z1},
Mask	=	{A..., B..., C...},
Quitt	=	{F..., G..., H...},
EmProz	=	{FP2F, GP2G, HP2H},
NM	=	{ZA, AB, AC, BA, BC, CA, CB},
NI	=	{AF..., AG..., AH..., BF..., BG..., CF..., CG..., CH...},
NQ	=	{GA, HA, FB},
Pfeile	=	{.....},
SeRech	=	{Z, A, B, C},
EmRech	=	{F, G, H},
Rech	:	A... --> A, ...,
Verzweig	=	{.....},
BeF...	:	..... --> .....,
BeG...	:	..... --> .....,
Bed...	:	..... --> .....,
SeFehler	=	{ Ø, {A}, {B}, {C}, {B,C} },
EmFehler	=	{ Ø, {F}, {G}, {H}, {F,G}, ...}

miD	:	{Anf}	--> 0,
		SeProz	--> 0,
		EmProz	--> 0,
		Mask ∪ Quitt	--> 1,
		NM ∪ NQ	--> 1,
		NI	--> 1,
		{BZ}	--> 314,
		{CZ}	--> 334,
		{ZZ}	--> 351,
		{AQZ}	--> 474,
		{BQZ}	--> 471,
maD	:	SeProz	--> 300,
		Mask ∪ Quitt	--> 3,
		NM ∪ NQ	--> 10,
		NI	--> 100,
		übrige Ereignisse:	
			miD = maD

Die Anwendung der Regeln R1 bis R11 bestimmt die übrigen Attributierungsfunktionen SFe, EFe, Sig, Em, miZ, maZ und Weg (siehe Abschnitt 6.1.2). Die Zeiten miD und maD sind rechensystem-abhängig und wurden hier bezüglich beliebigen Zeiteinheiten willkürlich gewählt. Mit den großen Spielräumen zwischen miD und maD kann das 3-Gr-Protokoll eine maximale Ausführungsdauer von maxDauer = 581 erreichen, also 81 Zeiteinheiten mehr als zur Ausführung der unbedingt erforderlichen Operationen (SeProz, 1 NI-Transfer im Maskierungs-Protokoll, 1 NI-Transfer im Quittierungs-Protokoll) benötigt wird.

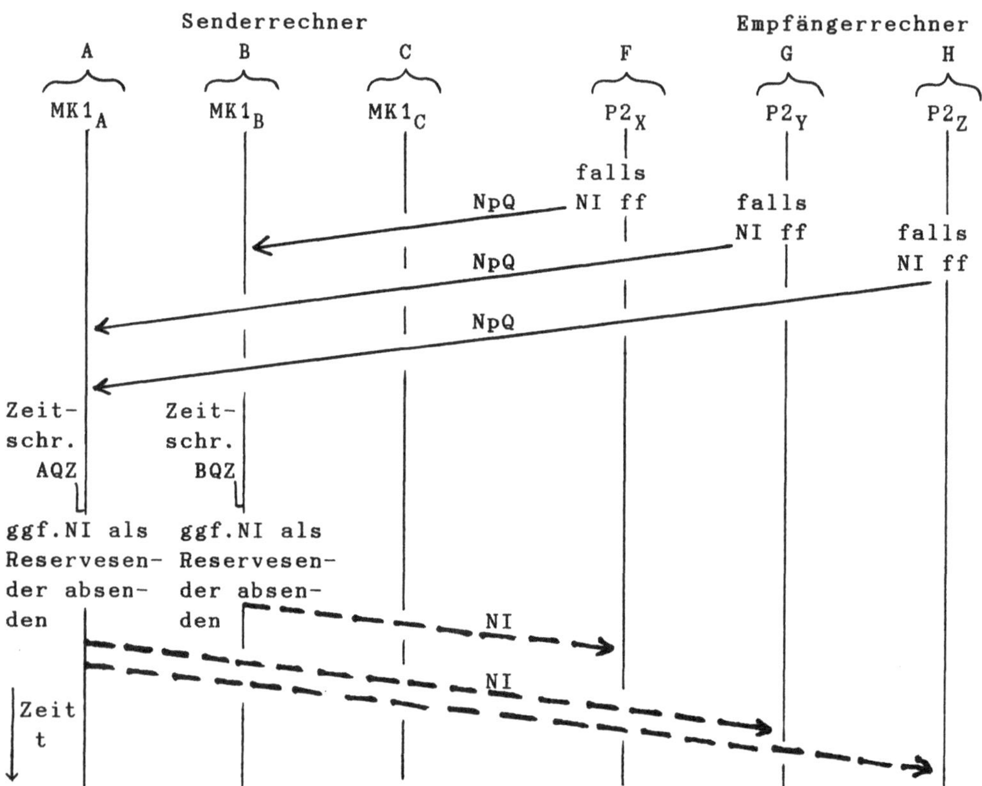

Bild 6.1.1-4 Grobes Zeitdiagramm des 3-Gr-Quittierungs-Protokolls. Gestrichelt gezeichnete Nachrichten NI werden nur bei negativer Quittierung durch fehlerhafte oder ausbleibende NpQ gesendet.

6.1.2 Implementierung und Verifikation

Eine Implementierung des 3-Gr-Protokolls läßt sich gewinnen, indem die Aktionen des Maskierungs-Protokoll-Graphen MPG in entsprechende Anweisungen einer Programmiersprache übertragen und zusätzlich die in Vo1' bis Vo10' beschriebenen Maßnahmen getroffen werden. Das nachfolgend aufgeführte Programm behält die MPG-Struktur weitgehend bei und abstrahiert von den an Subsysteme delegierbaren Aufgaben, wie etwa das Auffinden zusammengehöriger Nachrichten anhand der Sequenznummer Nr. Abweichungen gegenüber dem MPG treten nur an den Stellen auf, an denen der MPG mehrere Empfängerexemplare als Prozeßmenge zusammenfassend modelliert. Die 3-Gr-Protokoll-Implementierung nennt statt dessen jeden Prozeß explizit und behandelt Kommunikationen mit Prozeßmengen in Programmschleifen, die mit je einem Prozeß kommunizieren. Der Programmnotation dient zur Förderung der Übersicht eine einfache Pseudoprogrammiersprache. Anhang 3 erklärt ihre Syntax und Semantik und enthält alle globalen Vereinbarungen bezüglich des Prozeßsystems. Als einzigen wesentlichen Unterschied zu realen Programmiersprachen für nebenläufige Systeme wie Simula [Rohl 73], Concurrent Pascal [HePi 79], Modula-2 [Wirt 82], Ada [Ada 83] oder CSP [Hoar 78] ist die Einführung eines Konstrukts zur nachrichten-orientierten Kommunikation mit selektivem Nachrichtenempfang zu sehen.

Folgende Entsprechungen zum Maskierungs-Protokoll-Graph MPG seien erwähnt:

* Der MPG vergleicht zwei Signaturen A und B durch die Abfrage "{A,B} ⊂ Sig". Das Pseudoprogramm ruft zu diesem Zweck die Funktion "A == B" auf.

* Die bezüglich TA optimalen Sender-Empfänger-Paare werden mit Hilfe der Funktion "alleP2_X" gefunden, wobei X für eine Menge von Maskierungs-Knoten steht, z.B. "alleP2_{A,C}". Der Funktionswert liefert die Menge der Empfängerexemplare, für die Maskierungs-Knoten aus X den geringsten Transferaufwand verursachen. "alleP2_{A}" entspricht dem Senderauswahl-Algorithmus von A im fehlerfreien Fall.

* Die von fremden Maskierungs-Knoten empfangene fehlerfreie Signatur, die ausgesandten Interprozeßnachrichten NI neben der eigenen Signatur beigefügt wird, trägt die Bezeichnung "Sig2".

* Die in der Nachricht NM von B an C enthaltene Mitteilung, ob B schon eine Interprozeßnachricht abgesandt hat, d.h. G ∈ Em, wird so realisiert, daß B an C seine eigene Signatur "SigB", sowie die

von A empfangene "SigB' = SigA" sendet.

* Die Variable "whP2" gibt die Menge der Empfängerexemplare an, an die im Rahmen des Quittierungs-Protokolls ggf. wiederholte Interprozeßnachrichten NI zu senden sind. Entsprechend Bild 6.1.1-1 gilt für $MK1_A$: whP2 = alleP2_{B,C}, für $MK1_B$: whP2 = alleP2_{A} und für $MK1_C$: whP2 = Ø.

* Zeitschranken beenden die REPEAT-Schleifen des Quittierungs-Protokolls, indem sie "ProtEnde:= TRUE" setzen. Allen in der Menge whP2 noch verbleibenden Empfängerexemplaren werden dann Interprozeßnachrichten als Wiederholung zugesandt.

* Die Quittierungs-Instanzen der Empfängerexemplare unterscheiden nicht zwischen Maskierungs- und Quittierungs-Protokoll. Sie empfangen eintreffende Interprozeßnachrichten NI solange, bis sie durch signatur-vergleichenden Absoluttest eine fehlerfreie NI erhalten haben, die sie dann mit NpQ positiv quittieren.

<u>Notation des 3-Gr-Protokolls in einer Pseudoprogrammiersprache:</u>

```
FUNCTION alleP2_{X,...} : Menge_P2;

VAR Send    : Senderexemplar;      [ Durchläuft alle Senderexem. P1 ]
    minSend : Senderexemplar;      [ P1 mit minimalem NI-TA         ]
    minTA   : REAL;                [ Minimaler Transferaufwand TA   ]
    Empf    : Empfängerexemplar;   [ Angegebene Empfängerex.{X,...} ]
    alleP2  : Menge_P2;            [ Funktionswert                  ]

BEGIN
alleP2:= Ø;
FOR  Empf ∈ {P2_A, P2_B, P2_C}          [ Alle Elemente der Menge ]
DO   minSend:= P1_A;  minTA:= TA (P1_A, E);
     FOR  Send ∈ {P1_A, P1_B, P1_C}    [ Alle Elemente der Menge ]
     DO   IF   TA (Send, Empf) < MinTA
          THEN minSend:= Send;  minTA:= TA (Send, Empf)
          FI
     DONE;
     IF   Senderrechner (minSend) ∈ {X,...}
     THEN alleP2:= alleP2 ∪ Empf
     FI
DONE;
alleP2_{X,...} := alleP2
END FUNCTION alleP2_{X,...};
```

```
FUNCTION Sig1 == Sig2 : BOOLEAN;

VAR X, Y : Ort der Signaturerzeugung;

BEGIN
X:= Sig1↑.Erzeuger;  Y:= Sig2↑.Erzeuger;
(Sig1 == Sig2) := (Sig1/Sig2 = SEQ_XY) OR (Sig2 = Uhrensignatur)
END FUNCTION Sig1 == Sig2;
```

```
PROCESS P1_X (Nr) AT X;   [ Senderexemplar des Prozesses P1 ]
                          [ X steht für A, B oder C         ]
BEGIN
SEND_ZSchr t_X  --> XZ;
SEND_ZSchr tQ_X --> XQZ;  [ Nur falls X=A oder X=B          ]
....
.... Erarbeite Ergebnis Erg_X des Prozesses P1
....
SigX:= (SVF_X • Signatur (Erg_X),  X);

SEND_NI Erg_X, SigX --> MK1_X
END PROCESS P1_X (Nr);
```

```
PROCESS XYZ (Nr) AT X;    [ Zeitschranken-Überwachung:              ]
                          [ X steht für A, B oder C                 ]
                          [ Y steht für Q oder kein Zeichen         ]
                          [ Die Kombination (X=C, Y=Q) entfällt ]
VAR  tY_X : REAL;         [ Zeitdauer ]

BEGIN
RECEIVE_ZSchr tY_X <-- P1_X;  WAIT tY_X;
IF   Y_X = M_A
THEN SEND_UntS Uhrensignatur --> MK1_X
ELSE SEND_Unt                --> MK1_X
FI
END PROCESS XYZ (Nr);
```

```
PROCESS  MK1_A (Nr) AT A   [ Maskierungs-Knoten des Senderrechners A ]

VAR ErgA      : Ergebnis; [ Vom Senderprozeß erarbeitetes Ergebnis   ]
    SigA      : Signatur; [ Signatur dieses Ergebnisses              ]
    SigB      : Signatur; [ Durch NM von MK1_B empfangene Signatur   ]
    SigC      : Signatur; [ Durch NM von MK1_C empfangene Signatur   ]
    SigU      : Signatur; [ Durch Unt empfangene Uhrensignatur       ]
    Sig2      : Signatur; [ Beim NI-Absenden verwendete Zweitsignat.]
    ZM_A      : Uhr;      [ Zeitschranke des Maskierungs-Protokolls ]
    ZQ_A      : Uhr;      [ Zeitschranke des Quittierungs-Protokolls]
    ZQ_A      : Uhr;      [ Zeitschranke des Quittierungs-Protokolls]
    WhP2      : Menge_P2; [ P2-Exemplare, die NI-Wiederh. benötigen ]
    ProtEnde  : BOOLEAN;  [ Ende der Protokollausführung für Nr      ]

BEGIN
RECEIVE_NI ErgA, SigA <-- P1_A;  ProtEnde:= FALSE;

[ Maskierungs-Protokoll: ]

SEND_NM SigA --> MK1_B, MK1_C;

CASE RECEIVE_NM   SigB <-- MK1_B,
     RECEIVE_NM   SigC <-- MK1_C,
     RECEIVE_UntS SigU <-- AZ
OF
MK1_B: IF   SigA == SigB
      THEN Sig2:= SigB;  SEND_NI ErgA, SigA, Sig2 --> alleP2_{A};
           CASE RECEIVE_NM   SigC <-- MK1_C,
                RECEIVE_UntS SigU <-- AZ
           OF
           MK1_C: IF   NOT (SigA == SigC)
                 THEN SEND_NI ErgA, SigA, Sig2 --> alleP2_{C}
                 FI
           AZ:   SEND_NI ErgA, SigA, Sig2 --> alleP2_{C}
           ESAC
      ELSE CASE_RECEIVE_NM   SigC <-- MK1_C,
                RECEIVE_UntS SigU <-- AZ
           OF
           MK1_C: IF   SigA == SigC
                 THEN Sig2:= SigC;
                      SEND_NI ErgA, SigA, Sig2 --> alleP2_{A}
                 ELSE RECEIVE_UntS SigU <-- AZ;  Sig2:= SigU;
                      SEND_NI ErgA, SigA, Sig2 --> alleP2_{A,B,C}
                 FI
           AZ:   Sig2:= SigU;
           SEND_NI ErgA, SigA, Sig2 --> alleP2_{A,B,C}
           ESAC
      FI
```

```
MK1_C: IF   SigA == SigC
       THEN Sig2:= SigC;  SEND_NI ErgA, SigA, Sig2 --> alleP2_{A}
       ELSE CASE RECEIVE_NM   SigB <-- MK1_B,
                 RECEIVE_UntS SigU <-- AZ
            OF
            MK1_B: IF   SigA == SigB
                   THEN Sig2:= SigB;
                        SEND_NI ErgA, SigA, Sig2 --> alleP2_{A,C}
                   ELSE RECEIVE_UntS SigU <-- AZ;
                        Sig2:= SigU;
                        SEND_NI ErgA, SigA, Sig2 --> alleP2_{A,B,C}
                   FI
            AZ:    Sig2:= SigU;
            SEND_NI ErgA, SigA, Sig2 --> alleP2_{A,B,C}
            ESAC
       FI

AZ:    Sig2:= SigU;
ESAC

SEND_NI ErgA, SigA, Sig2 --> alleP2_{A,B,C}

[ Quittierungs-Protokoll: ]

WhP2:= alleP2_{B,C};
REPEAT CASE RECEIVE_NpQ <-- WhP2,
            RECEIVE_Unt <-- AQZ
       OF
       x ∈ WhP2:              [ Existiert Element x der Menge WhP2 ]
                  WhP2:= WhP2 \ {x}
       AQZ:       SEND_NI ErgA, SigA, Sig2 --> WhP2;  ProtEnde:= TRUE
       ESAC
UNTIL  ProtEnde
END PROCESS MK1_A (Nr);
```

```
PROCESS  MK1_B (Nr)  AT B [ Maskierungs-Knoten des Senderrechners B ]

VAR ErgB     : Ergebnis; [ Vom Senderprozeß erarbeitetes Ergebnis   ]
    SigB     : Signatur; [ Signatur dieses Ergebnisses               ]
    SigA     : Signatur; [ Durch NM von MK1_A empfangene Signatur    ]
    SigC     : Signatur; [ Durch NM von MK1_C empfangene Signatur    ]
    Sig2     : Signatur; [ Beim NI-Absenden verwendete Zweitsignat.]
    ZM_B     : Uhr;      [ Zeitschranke des Maskierungs-Protokolls ]
    ZQ_B     : Uhr;      [ Zeitschranke des Quittierungs-Protokolls]
    WhP2     : Menge_P2; [ P2-Exemplare, die NI-Wiederh. benötigen ]
    ProtEnde : BOOLEAN;  [ Ende der Protokoll-Ausführung für Nr    ]

BEGIN
RECEIVE_NI ErgB, SigB <-- P1_B;  ProtEnde:= FALSE;

[ Maskierungs-Protokoll: ]

CASE  RECEIVE_NM  SigA <-- MK1_A,
      RECEIVE_Unt      <-- BZ
OF
MK1_A: IF   SigB == SigA
       THEN Sig2:= SigA;  SEND_NI ErgB, SigB, Sig2 --> alleP2_{B}
       FI
BZ:    [ keine Aktion ]
ESAC;
SEND_NM SigB --> MK1_A;  SEND_NM SigB, SigA --> MK1_C;

[ Rest des Maskierungs-Protokolls und Quittierungs-Protokoll: ]

WhP2:= alleP2_{A};
REPEAT CASE RECEIVE_NM  SigC <-- MK1_C,
            RECEIVE_NpQ      <-- WhP2,
            RECEIVE_Unt      <-- BQZ
       OF
       MK1_C:     IF   SigB == SigC
                  THEN Sig2:= SigC;
                       SEND_NI ErgB, SigB, Sig2 --> alleP2_{B}
                  FI
       x ∈ WhP2:              [ Existiert Element x der Menge WhP2 ]
                  WhP2:= WhP2 \ {x}
       BQZ:       SEND_NI ErgA, SigB, Sig2 --> WhP2;  ProtEnde:= TRUE
       ESAC
UNTIL  ProtEnde
END PROCESS MK1_B (Nr);
```

```
PROCESS  MK1_C (Nr)  AT C [ Maskierungs-Knoten des Senderrechners C ]

VAR ErgC  : Ergebnis;     [ Vom Senderprozeß erarbeitetes Ergebnis   ]
    SigC  : Signatur;     [ Signatur dieses Ergebnisses              ]
    SigA  : Signatur;     [ Durch NM von MK1_A empfangene Signatur   ]
    SigB  : Signatur;     [ Durch NM von MK1_B empfangene Signatur   ]
    SigB' : Signatur;     [ SigB==SigB' bedeutet: MK1_B hat NI abges.]
    Sig2  : Signatur;     [ Beim NI-Absenden verwendete Zweitsignat.]
    ZM_C  : Uhr;          [ Zeitschranke des Maskierungs-Protokolls  ]

BEGIN
RECEIVE_NI ErgC, SigC <-- P1_C;

[ Maskierungs-Protokoll: ]

CASE  RECEIVE_NM SigA         <-- MK1_A,
      RECEIVE_NM SigB, SigB'  <-- MK1_B
OF
MK1_A: IF   SigC == SigA
      THEN Sig2:= SigA;  SEND_NI ErgC, SigC, Sig2 --> alleP2_{C}
           CASE RECEIVE_NM  SigB, SigB' <-- MK1_B,
                RECEIVE_Unt             <-- CZ
           OF
           MK1_B: IF   SigC == SigB
                  THEN IF   NOT (SigB == SigB')
                       THEN SEND_NI ErgC, SigC, Sig2 --> alleP2_{A};
                            SEND_NM SigC --> MK1_B
                       FI
                  ELSE SEND_NI ErgC, SigC, Sig2 --> alleP2_{B}
                  FI
           CZ:    SEND_NI ErgC, SigC, Sig2 --> alleP2_{B}
           ESAC
      ELSE RECEIVE_NM SigB, SigB' <-- MK1_B;
           IF   SigC == SigB
           THEN Sig2:= SigB;
                SEND_NI ErgC, SigC, Sig2 --> alleP2_{A,C};
                IF   NOT (SigB == SigB')
                THEN SEND_NM SigC --> MK1_B
                FI
           FI
      FI
```

```
MK1_B: IF   SigC == SigB
       THEN Sig2:= SigB;  SEND_NI ErgC, SigC, Sig2 --> alleP2_{C};
            IF   SigB == SigB'
            THEN CASE RECEIVE_NM  SigA <-- MK1_A,
                      RECEIVE_Unt SigU <-- CZ
                 OF
                 MK1_A: IF   NOT (SigC == SigA)
                        THEN SEND_NI ErgC, SigC, Sig2 --> alleP2_{A}
                        FI
                 CZ:    SEND_NI ErgC, SigC, Sig2 --> alleP2_{A}
                 ESAC
            ELSE SEND_NI ErgC, SigC, Sig2 --> alleP2_{A};
                 SEND_NM SigC --> MK1_B
            FI
       ELSE RECEIVE_NM SigA <-- MK1_A
            IF   SigC == SigA
            THEN Sig2:= SigA;
                 SEND_NI ErgC, SigC, Sig2 --> alleP2_{B,C}
            FI
       FI
ESAC;
SEND_NM SigC --> MK1_A

[ Kein Quittierungs-Protokoll. ]

END PROCESS MK1_C (Nr);




PROCESS P2_X (Nr)  AT Y;    [ Empfängerexemplar, Prozeß P2                ]
                            [ (X,Y) steht für (A,F), (B,G) oder (C,H)    ]

VAR  Erg  : Ergebnis;       [ In einer empfangenen NI enth. Ergebnis     ]
     Sig1 : Signatur;       [ Erste  Signatur einer empfangenen NI       ]
     Sig2 : Signatur;       [ Zweite Signatur einer empfangenen NI       ]

BEGIN
REPEAT RECEIVE_NI Erg, Sig1, Sig2 <-- MK1_A, MK1_B, MK1_C
UNTIL  Sig1 == Sig2;
IF   P2_X ∈ alleP2_{A}      [ P2X Element der Menge alleP2_{A} ?         ]
THEN SEND_NpQ --> MK1_B
ELSE SEND_NpQ --> MK1_A
FI;
....
.... Setze Prozeß P2_X mit dem empfangenen Ergebnis Erg fort
....
END PROCESS P2_X (Nr);
```

Die Verifikation der 3-Gr-Protokoll-Implementierung wurde auf zwei verschiedenen Ebenen vorgenommen. Die Modellierung durch den Maskierungs-Protokoll-Graphen MPG gestattet, wie in Abschnitt 5 beschrieben, die Erfüllung der Kriterien FMVS und FT nachzuweisen. Beweis 13 in Anhang 1 zeigt anhand der MPG-Struktur FMVS. Beweis 14 wurde mit Hilfe des MoFA-Systems [Soet 84] geführt, das FT durch automatische Anwendung der Regeln R1 bis R11 herleitet. Die Korrektheit des Protokolls bezüglich der in FT geforderten Fehlertoleranz-Fähigkeit ist damit für alle Rechensystemumgebungen gezeigt, die Vo1' bis Vo10' gewährleisten. Die korrekte Implementierung einzelner Aktionen des MPG mit einer Programmiersprache könnten dann Einzelbeweise für jede Aktion getrennt zeigen. Aufgrund der Verwendung einer MPG-nahen Pseudoprogrammiersprache dürfte die Übereinstimmung mit dem Maskierungs-Protokoll-Graphen MPG so plausibel erscheinen, daß sie das Weglassen der (einfacheren) Einzelbeweise rechtfertigt.

Statt dessen führt [Hess 85] zur Verifikation einer programmiersprachlichen Implementierung einen MPG-unabhängigen Beweis mit Hilfe des CIL-Systems durch. CIL definiert eine Programmiersprache für verteilte Systeme [DrKr 83], sowie eine Spezifikationssprache zur Dienst- und Protokoll-Spezifikation [KrDr 82, KrDr 83]. Mit Hilfe des CIL-Beweisers, der nach dem Resolutionsprinzip [Robi 65] arbeitet und durch Vorgabe einer Beweisidee eine interaktive Führung verlangt [KrDr 84], wird die Erfüllung der Dienstspezifikation gezeigt, hier also die Erfüllung des Kriteriums FT. Das CIL-System wurde gewählt, weil es im Gegensatz zu anderen Verifikationssystemen zur Formulierung von Nebenläufigkeit zwischen nachrichten-austauschenden Prozessen eine Programmiersprache, eine schichtenstrukturierte Spezifikationssprache sowie einen dafür ausgelegten Beweiser besitzt. Aus Aufwandsgründen führt [Hess 85] den FT-Beweis nur für das (wohl kompliziertere) Maskierungs-Protokoll durch (Das Quittierungs-Protokoll wird nicht verifiziert).

Die doppelte Verifikation des 3-Gr-Protokolls mit Hilfe des MoFA- und des CIL-Systems dient letztlich auch zur Validierung des MoFA-Systems. Die Zwischenergebnisse dieser Systeme sind vergleichbar, weil beide nicht nur die Korrektheitsaussage, sondern ebenfalls die für einzelne Protokoll-Aktionen gültigen Prädikate liefern.

Beweis 14 in Anhang 1 zeigt aus Platzgründen nicht alle von MoFA erzeugten Attribute, sondern nur die für einige relevante Protokoll-Aktionen gültigen Attributwerte. Der mit Hilfe des CIL-Systems erbrachte Beweis ist in [Hess 85] enthalten. Die folgenden Bemerkungen beziehen sich nur auf die Übertragung des 3-Gr-Protokolls in die "CIL-Welt". [Hess 85] verwendet ein CIL-Programm, das sich bis auf folgende Vereinfachungen mit dem obigen Pseudoprogramm deckt:

* Von dem Senderauswahl-Algorithmus wird abstrahiert und statt dessen eine feste Zuordnung transferaufwands-minimaler Sender-Empfänger-Paare angenommen.

* Signatur = TRUE bedeutet: fehlerfreie Signatur.
  Empfänger = TRUE bedeutet: In der NM von B an C ist G $\in$ Em.

* Die Ausführungsdauer einzelner Protokoll-Aktionen bleibt unberücksichtigt. Ein Intervall-Einteilung der Zeit legt nur fest, welche Zeitschranken-Überwachungen bereits ihre vorgegebene Zeitgrenze erreicht haben.

* Die Aktionen des Quittierungs-Protokolls entfallen.

Die CIL-Spezifikation der unterhalb den Maskierungs-Knoten liegenden Schichten beschreibt ein Grundsystem mit den üblichen Nachrichten-Transferoperationen. Die nach Ausführung eines Empfangs-Operators gültigen Prädikate werden gemäß dem in [Echt 84c] beschriebenen Konzept auf zwei verschiedenen Wegen hergeleitet: Ein fehlerfreier Absender übergibt an den Empfänger die aktuell gültigen Werte der Variablen, die das Programm des Absenders als Nachrichteninhalt festlegt. Bei fehlerhaftem Absender bleibt dessen Programm dagegen unberücksichtigt. Eine Fehler-Spezifikation ähnlich Regel R6 gibt an, ob der Empfänger überhaupt rechtzeitig eine Nachricht erhält und wenn ja, wie der Inhalt dieser Nachricht verfälscht ist. Dieses Fehlermodell gibt keine Verfälschungen konkret an, sondern nennt die Prädikate, die beim Nachrichtenempfang trotz Verfälschung noch gelten. Sind beliebige Verfälschungen zugelassen, entfallen diese Prädikate ganz. Bestimmte Fehlerarten sind jedoch auszuschließen, weil das in [Hess 85] zugrundegelegte Fehlermodell nur Fehler der Maskierungs-Knoten berücksichtigt, die schon das Maskierungs-Protokoll toleriert:

* $MK1_A$ sendet an $MK1_C$ die falsche, an $MK1_B$ eine beliebige Signatur.

* $MK1_B$ sendet an $MK1_C$ die falsche, an $MK1_A$ eine beliebige Signatur.

* $MK1_C$ sendet an $MK1_A$ die falsche Signatur.

* Zusätzlich und alternativ zu jeder der drei ganannten Signatur-Verfälschungsmöglichkeiten wird noch eine Nachrichten-Verspätung spezifiziert (Die Uhren zur Zeitschranken-Überwachung sind in der Spezifikation des Empfangs-Operators enthalten, so daß jeder Empfangsaufruf terminiert - entweder mit Nachrichtenempfang oder mit Erreichen der Zeitgrenze).

6.1.3 Erläuterung der Fehlerbehandlung anhand einiger Beispiele

Die Beschreibung einiger Beispiele veranschaulicht nun konkrete Abläufe des 3-Gr-Protokolls, die vorgegebene Fehler tolerieren. Das rechnerbezogene binäre Fehlermodell (Ra6, Ra8 bzw. SeFehler und EmFehler) wird stärker detailliert, indem nicht nur angegeben wird, welcher Rechner einen Fehler aufweist, sondern wie sich ein fehlerhafter Rechner und die ihm zugeordneten Prozeßexemplare und Maskierungs-Knoten verhalten.

Alle Bilder dieses Abschnitts zeigen auf einer nach unten gerichteten Zeitachse die Namen der im Maskierungs-Protokoll-Graphen MPG durchlaufenen Aktionen und Nachrichten. Senderexemplare sind weggelassen. Empfängerexemplare sind jeweils direkt rechts neben dem Maskierungs-Knoten gezeichnet, der für sie den geringsten Transferaufwand verursacht. Nachrichten NM und NQ sind dünn, die i.a. aufwendiger zu transferierenden Interprozeßnachrichten NI dick ausgezogen gezeichnet.

Der fehlerfreie Fall ist in Bild 6.1.3-1 dargestellt. $MK1_C$ empfängt, bedingt durch verschiedenlange Transferdauern die Nachricht BC zufällig vor der Nachricht AC. Ansonsten entspricht der Ablauf der Protokoll-Struktur aus Bild 6.1.1-1 (ohne die dort gestrichelt gezeichneten NI des Quittierungs-Protokolls).

Bild 6.1.3-2 zeigt einen fehlerhaften Maskierungs-Knoten $MK1_C$, der überhaupt keine Nachrichten aussendet. Der Ablauf der Zeitschranken-Überwachung Z1 in $MK1_A$ stellt das Fehlen der Nachricht CA und damit den Fehler in $MK1_C$ fest. $MK1_A$ übernimmt stellvertretend für $MK1_C$ das Senden von Interprozeßnachrichten NI an $P2_B$ und $P2_C$. Der Maskierungs-Knoten $MK1_B$ sendet dagegen, obwohl fehlerfrei, überhaupt keine Interprozeßnachricht NI ab, weil er selbst für keines der drei Empfängerexemplare $P2_A$, $P2_B$ und $P2_C$ den geringsten Transferaufwand verursacht.

Bild 6.1.3-3 veranschaulicht die Tolerierung einer Inkonsistenz zwischen den beiden fehlerfreien Maskierungs-Knoten $MK1_B$ und $MK1_C$. Sie wird von einem fehlerhaften $MK1_A$ hervorgerufen, der zwar die korrekte Signatur an $MK1_C$, aber überhaupt keine Nachricht NM an $MK1_B$ sendet. $MK1_B$ beginnt seine Teilnahme am Maskierungs-Protokoll mit Ablauf der Zeitschranken-Überwachung BZ und stellt den Fehlerzustand zutreffend fest, kann aber aufgrund fehlender fremder Signaturen keine Interprozeßnachricht NI stellvertretend für $MK1_A$ an $P2_A$ senden. $MK1_C$ könnte zwar eine NI an $P2_A$ senden, sieht dazu aber keine Veranlassung, weil die von $MK1_A$ erhaltene Signatur fehlerfrei war. Erst die mit der Nachricht BC übertragene Information G ∉ Em veranlaßt $MK1_C$ zu stellvertretendem NI-Senden. Außerdem gibt die nur ausnahmsweise zu sendende Nachricht CB dem Maskierungs-Knoten $MK1_B$ Gelegenheit, die Interprozeßnachricht BG2 mit zwei Signaturen an $P2_B$ zu senden.

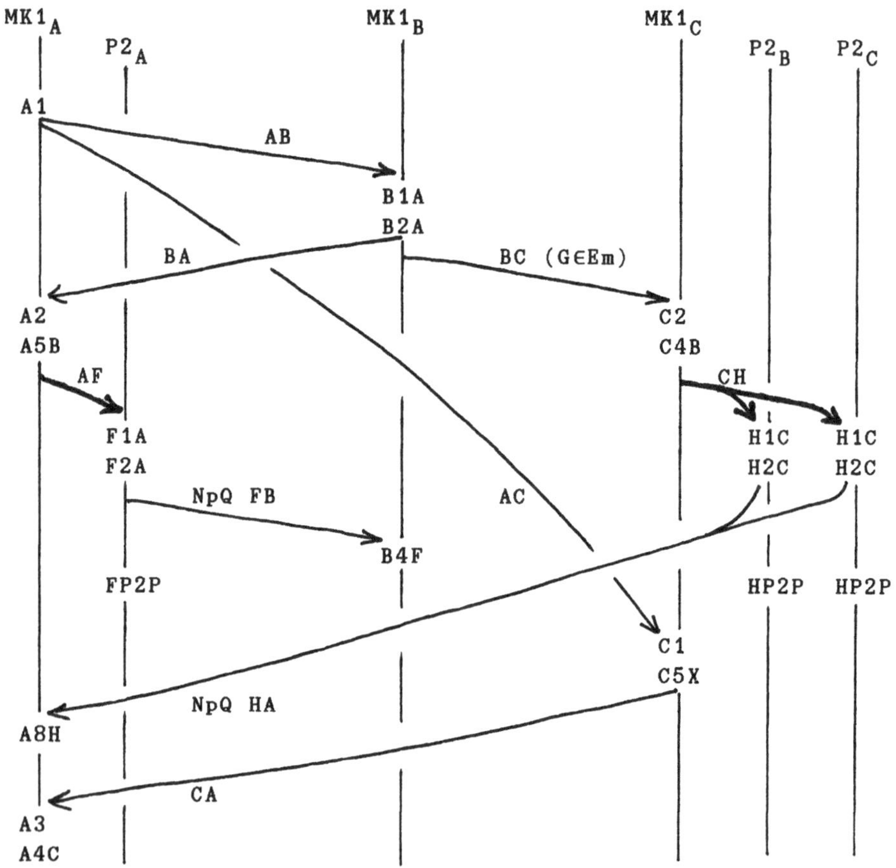

Bild 6.1.3-1 3-Gr-Protokoll im fehlerfreien Fall.
F = {A}, G = Ø, H = {B, C}.

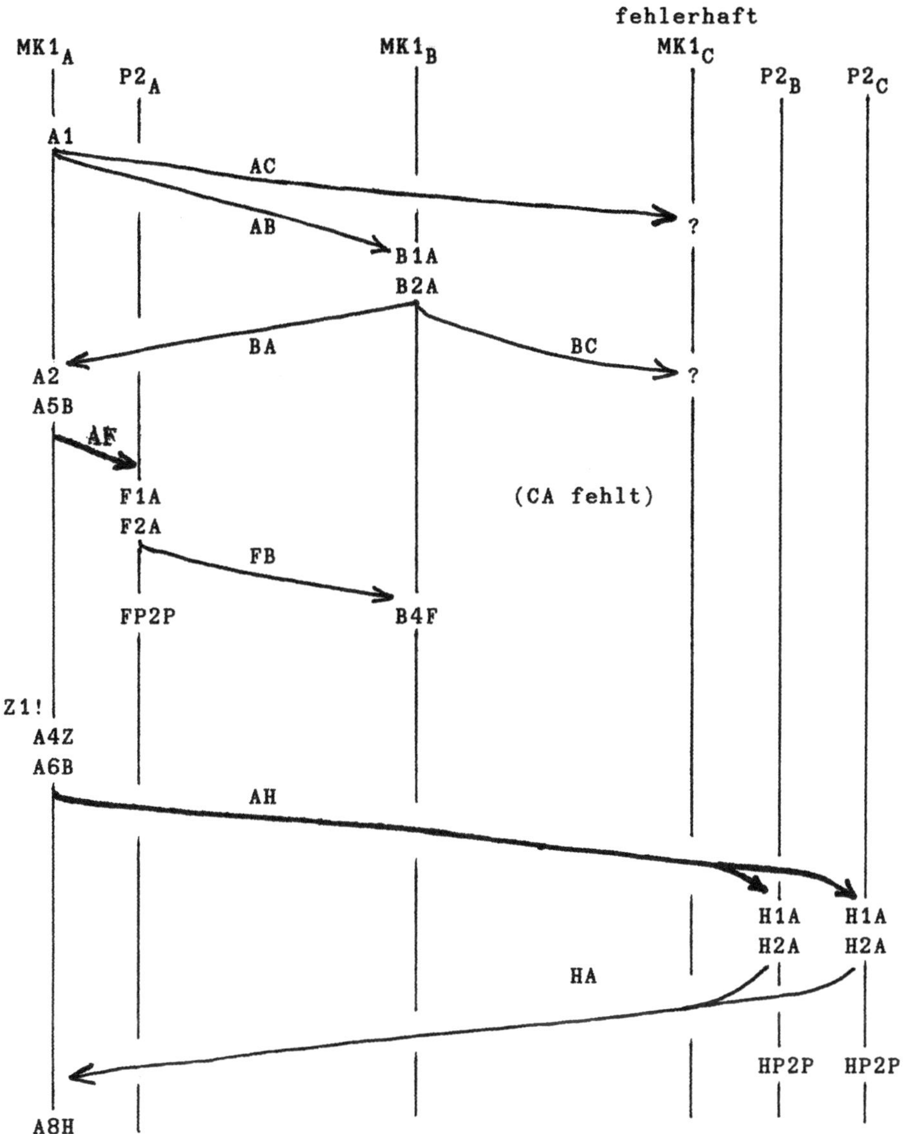

Bild 6.1.3-2 3-Gr-Protokoll bei Fehler in $MK1_C$.
F = {A}, G = Ø, H = {B, C}.

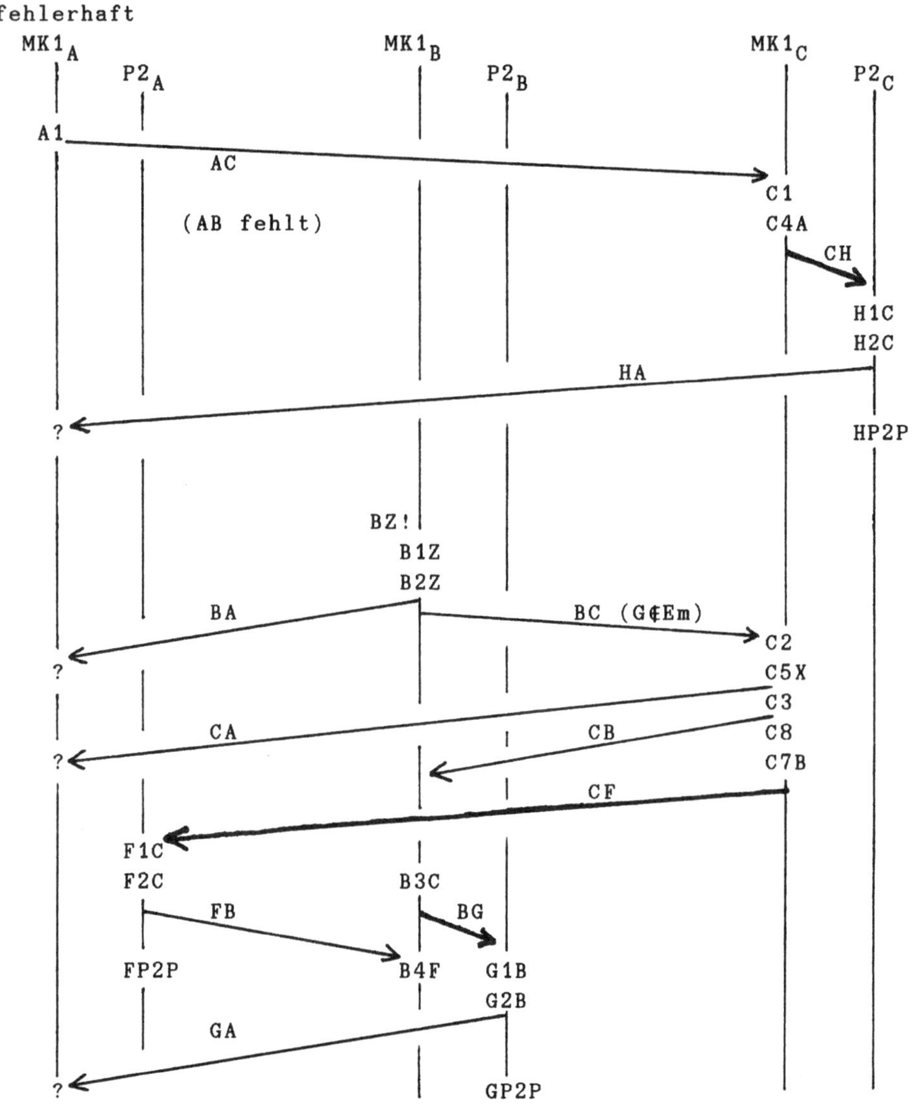

Bild 6.1.3-3 3-Gr-Protokoll bei Fehler in $MK1_A$.
$F = \{A\}$, $G = \{B\}$, $H = \{C\}$.

Ein anderes fehlerhaftes Verhalten des Maskierungs-Knotens $MK1_A$ geht aus Bild 6.1.3-4 hervor. Durch fehlerfreie Signaturen in den Nachrichten AB und AC "verspricht" $MK1_A$ den beiden anderen Maskierungs-Knoten, die Empfängerexemplare $P2_A$ und $P2_B$ mit Interprozeßnachrichten zu versorgen, sendet dann nur an $P2_A$. Erst die fehlende Nachricht NpQ an $MK1_B$ ruft im Rahmen des Quittierungs-Protokolls nach Ablauf der Zeitschranken-Überwachung BQZ die NI-Wiederholung BFZ hervor. Diese NI-Wiederholung wird ebenfalls ausgeführt, wenn $P2_B$ anstatt oder zusätzlich zu $P1_A$ einen Fehler aufweist.

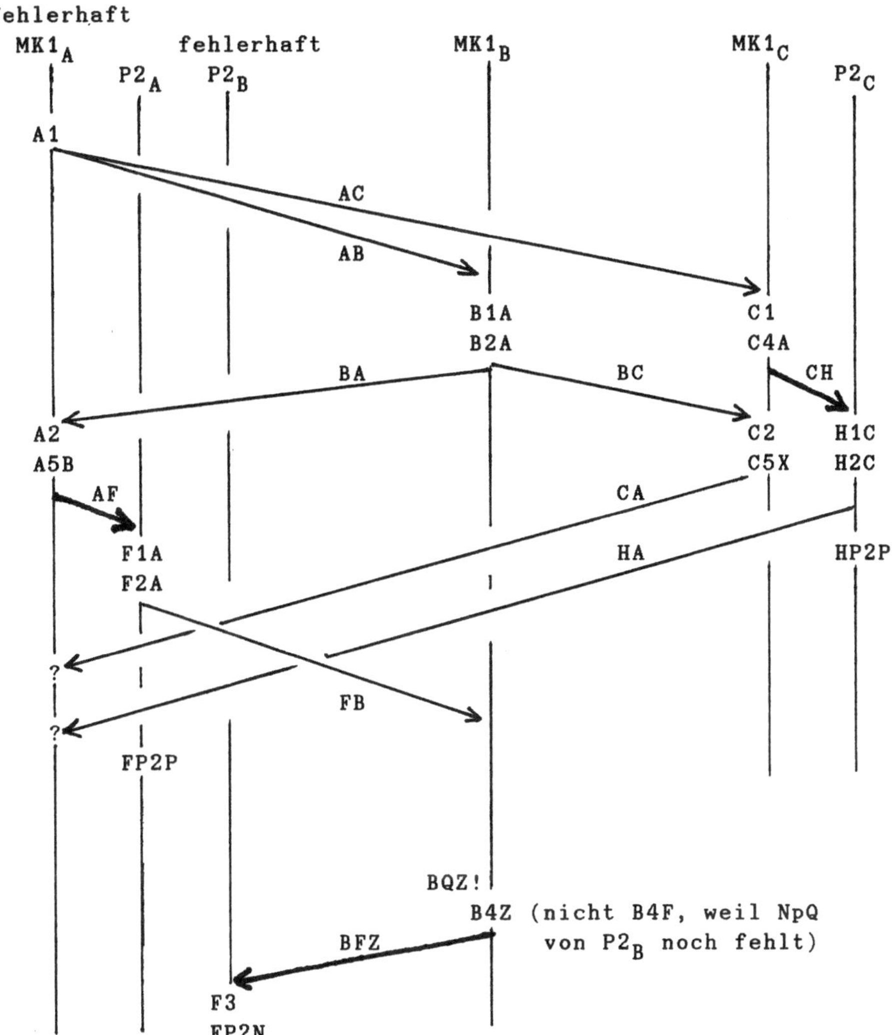

Bild 6.1.3-4 3-Gr-Protokoll bei Fehler in $MK1_A$ und/oder in $P2_B$.
$F = \{A, B\}$, $G = \emptyset$, $H = \{C\}$.

6.2 Quantitative Bewertung

Das in Abschnitt 2.1 vorgegebene Ziel, Fehlertoleranz mit möglichst geringem redundanten Transferaufwand zu erreichen (Zi3), betrifft sowohl die maximalen, als auch die mittleren Werte der Transferaufwands-Summe einer Interprozeßkommunikation (Summe des Transferaufwands aller redundanten Nachrichten einer Interprozeßkommunikation, siehe Abschnitt 4.1). Die bereits genannten Abschätzungen (siehe Abschnitte 4.3.2 bis 4.3.4) begrenzen die maximale Nachrichtenanzahl, aufgeschlüsselt nach den drei Nachrichtenarten NM, NI und NQ. Der Mindestgewinn ist daraus nur bei Vernachlässigung der Nachrichten NM und NQ gegenüber den Interprozeßnachrichten NI ablesbar. Während die Abschätzungen für die gesamte Klasse der m-Protokolle gelten, bleiben bezüglich der mittleren Transferaufwands-Summe noch folgende Fragen offen, die sich nur für konkrete m-Protokolle beantworten lassen; dieser Abschnitt wird sie für das 3-Gr-Protokoll beantworten:

1. Wie hoch ist die Transferaufwands-Summe für alle Nachrichten einer Interprozeßkommunikation, NM, NI und NQ eingeschlossen ? In die Summe fließt als Parameter das Verhältnis ein:

   NI-Transferaufwand : NM-Transferaufwand, abgekürzt $TA_{NI:NM}$.

   Es wird angenommen, daß dieses Verhältnis für alle Sender-Empfänger-Paare konstant ist - auch wenn der Absolutwert des Transferaufwands mit der Sender-Empfänger-Paar-Beziehung variiert. Der Transferaufwand für NQ wird stets dem der ebenfalls "kurzen" Nachrichten NM gleichgesetzt.

2. Wie hoch ist der TA-abhängige Gewinn in einem Mehrrechnersystem für alle Nachrichten mehrerer Interprozeßkommunikationen ? Wiederum sind alle drei Nachrichtenarten NM, NI und NQ mit der Parametrisierung $TA_{NI:NM}$ eingeschlossen. Im Gegensatz zur o.g. ersten Fragestellung bestimmen jedoch nicht nur die Nachrichtenarten, sondern auch die Sender-Empfänger-Paar-Beziehungen eines größeren Mehrrechnersystems den Transferaufwand. Damit hängt das Ergebnis dieser Bewertung von der Rechensystem- und Anwendungsumgebung ab. Hier interessiert besonders der Mittelwert im (wohl häufigeren) fehlerfreien Fall, weil bereits Abschnitt 4.3.4 eine Abschätzung für den schlechtestmöglichen Fehlerfall enthält. Diese Abschätzung berücksichtigt den besonderen Effekt, daß das Fehlermodell Pa2 nur eine begrenzte Anzahl fehlerhafter Rechner in einem Mehrrechnersystem zuläßt und daß der relative Anteil der fehlerhaften Rechner an der Rechner-Gesamtzahl w mit steigendem w abnimmt.

Die Beantwortung beider Fragestellungen soll jeweils die Fehlermaskierung durch verteilte Systeme (FMVS) der empfängerseitigen Fehlermaskierung (EFM) gegenüberstellen. Die Angabe der Transferaufwands-Summe erleichtert einen Vergleich beider Verfahrens-Klassen, wenn die Transferaufwands-Summe von stets konstant neun Interprozeßnachrichten NI bei der empfängerseitigen Fehlermaskierung (EFM) als 100%-Wert angenommen wird. Relativ dazu bezeichnet $TA_{FMVS:EFM}$ die Transferaufwands-Summe über alle drei Nachrichtenarten der Fehlermaskierung durch verteilte Systeme. $TA_{FMVS:EFM}$ bildet die Ordinate in allen Bildern dieses Abschnitts. $TA_{FMVS:EFM} > 1$ bezeichnet einen Verlust, $TA_{FMVS:EFM} < 1$ einen Gewinn gegenüber der herkömmlichen empfängerseitigen Fehlermaskierung.

Erste Bemerkung: Der 100%-Wert der Transferaufwands-Summe ist keine absolute Konstante, sondern hängt von den jeweiligen Sender-Empfänger-Paaren und von $TA_{NI:NM}$ ab. Die Funktion TA bestimmt die erste Abhängigkeit, indem sie den Transferaufwand für neun Interprozeßnachrichten NI der empfängerseitigen Fehlermaskierung festlegt. $TA_{NI:NM}$ geht als Proportionalitätsfaktor ein.
Also ist z.B. $TA_{FMVS:EFM} = 100\%$

$$\Longleftrightarrow \quad TA_{FMVS:EFM} = TA_{NI:NM} \cdot \sum_{X,Y \in \{A,B,C\}} TA\,(P1_X,\ P2_Y).$$

Bei Fehlermaskierung durch verteilte Systeme bleiben fehlerhafte Interprozeßnachrichten in der quantitativen Bewertung unberücksichtigt, weil aufgrund der Signaturabweichung nicht erst der Empfänger, sondern jeder Rechner des Systems sie als fehlerhaft erkennen und ihren Transfer ablehnen kann.

Zweite Bemerkung: Diese quantitative Betrachtung umfaßt nur die Transferaufwands-Summe. Der Rechenzeitbedarf bleibt von einer näheren Untersuchung ausgeschlossen, weil er sich nur bezüglich konkreter Rechensysteme und Auftragslasten angeben läßt. Einerseits kostet die Ausführung des Programms des Maskierungs-Systems zusätzliche Zeit. Andererseits reduziert sich die Rechnerbelastung mit dem Absinken des Transferaufwands für ausgesandte und empfangene Nachrichten. Welcher Effekt überwiegt, läßt sich nur bei vorgegebenen Umgebungsbedingungen feststellen.

Als Bewertungs-Instrument für die hier aufgeworfenen Fragestellungen dient der ***SiRAM***-Simulator [Echt 82], ein Wartenetz-Simulator, der es gestattet, das Fehlermodell Pa2 bis Pa4 einzufügen. Das von SiRAM untersuchte System-Modell weist einen hohen Detaillierungsgrad auf, da es das Verhalten aller Stationen durch Koroutinen-Programmstücke formuliert [Echt 81, EBSV 81]. Die SiRAM-Eingabesprache stimmt mit der Programmiersprache Pascal [JeWi 78] weitgehend überein, so daß das in Abschnitt 6.1.2 angegebene Pseudoprogramm lediglich in ein Pascal-Programm zu überführen war. Für die nebenläufige Koroutinen-Ausführung und den Nachrichtentransfer stellt SiRAM geeignete Prozeduren zur Verfügung [Echt 81]. Zusätzlich zum Pseudoprogramm war nur die in Abschnitt 4.3.2 erwähnte Nachrichten-Sortierung nach Sequenznummern Nr (siehe Bild 4.3.2-2) zu implementieren, damit das 3-Gr-Protokoll nicht nur für einzelne, sondern auch für aufeinanderfolgende Interprozeßnachrichten NI ausgeführt werden kann.

Zur Beantwortung der ersten Fragestellung ist die für Nachrichten NM, NI und NQ gemeinsame Transferaufwands-Summe aufgrund folgender Parametrisierung zu ermitteln:

* Eine konstante Funktion TA schließt Einflüsse der Rechensystem- und Anwendungsumgebung aus. Für alle Sender-Empfänger-Paare beträgt TA = 1. Unter diesen Umständen genügt es, die Kommunikation zwischen zwei Prozessen zu betrachten, wobei im fehlerfreien Fall die Prozeßexemplar-Paare ($P1_A$, $P2_A$), ($P1_B$, $P2_B$) und ($P1_C$, $P2_C$) Interprozeßnachrichten NI für k aufeinanderfolgende Sequenznummern Nr transferieren. k bestimmt den Stichprobenumfang.

* Das Verhältnis $TA_{NI:NM}$ wurde von gleichem Transferaufwand für alle Nachrichten-Arten ($TA_{NI:NM}$ = 1:1) bis zu fast vernachlässigbaren Nachrichten NM und NQ ($TA_{NI:NM}$ = 1000:1) variiert.

* Leider kann ein Simulator nicht vom Fehlermodell Ra8 bzw. SeFehler ausgehen, sondern muß konkrete Arten fehlerhaften Verhaltens [z.B. Svob 79] simulieren. Ebenso wie der Maskierungs-Protokoll-Graph modelliert auch SiRAM Fehler beim Aussenden von Nachrichten.

  Während fehlerfreie Rechner stets korrekt senden, wählt ein Zufallsgenerator mit gleicher Wahrscheinlichkeit eine der folgenden sechs Fehlerarten aus [Echt 84c erläutert dieses Konzept der simulativen Fehlermodellierung durch Fehlerarten-Aufzählung]:

  * nicht senden,
  * fehlerfreie Nachricht doppelt senden,
  * fehlerfreie Nachricht an den falschen Empfänger senden,
  * verfälschte Information senden,
  * verfälschte Nachrichtenart (NI statt NM) senden,
  * verfälschte Information und verfälschte Nachrichtenart senden.

  Bei verdoppeltem Senden modelliert die erste der beiden Nachrichten fehlerfreies Verhalten eines fehlerhaften Absenders - eine Fehlerart (!), die zu schwer aufzudeckenden Inkonsistenzen führen kann, wie z.B. Bild 6.1.3-3 zeigt, und daher besondere Beachtung verdient.

Aus Bild 6.2-1 gehen die vom SiRAM-Simulator bestimmten Transferaufwands-Summen hervor. Gemittelt über den Stichprobenumfang k = 6158 ergeben sich für eine Vertrauenswahrscheinlichkeit α = 99% jeweils die Konfidenzintervalle [Wetz 73]:

$$\left[\mu - z_{(\alpha+1)/2,k} \cdot \frac{\sigma}{\sqrt{k}} , \quad \mu + z_{(\alpha+1)/2,k} \cdot \frac{\sigma}{\sqrt{k}} \right],$$ wobei

μ von SiRAM bestimmter Mittelwert, der den Erwartungswert schätzt,

σ von SiRAM bestimmte Streuung, die die Wurzel der Varianz schätzt,

z zentrales Schwankungsintervall der t-Verteilung, $z_{(x+1)/2,k}$ = 2.58 bei α = 99% und k = 6158.

Die über allen Simulationsläufen festgestellte größte Streuung betrug σ = 12.8%, woraus sich das Konfidenzintervall [μ - 0.42%, μ + 0.42%] ergab. Dieses Intervall ist so klein, daß sich seine graphische Darstellung in Bild 6.2-1 ebenso wie bei den übrigen noch kleineren Konfidenzintervallen verbietet.

Bild 6.2-1 bestätigt, daß die Fehlermaskierung durch verteilte Systeme der empfängerseitigen Fehlermaskierung nicht unter allen Bedingungen überlegen ist, sondern erst bei etwa $TA_{NI:NM}$ > 2:1. Diese Grenze liegt günstiger als die Abschätzung 3:1 aus Abschnitt 4.3.4. Beim ungünstigsten Verhältnis von 1:1 beträgt der Transfer-Mehraufwand je nach Fehlerfall ca. 10% bis 20%. Mit steigendem $TA_{NI:NM}$, d.h. mit zunehmend vernachlässigbaren NM und NQ sinkt $TA_{FMVS:EFM}$ schnell auf etwa 33%, was eine Einsparung von 2/3 der Transferaufwands-Summe gegenüber der empfängerseitigen Fehlermaskierung bedeutet. In Bild 6.2-1 liegt dieser Gewinn-Bereich zwischen den mit EFM und FMVS markierten Linien.

Es fällt auf, daß sich die $TA_{FMVS:EFM}$-Werte für die verschiedenen Fehlerfälle, die in Bild 6.2-1 als Kurvenschar-Parameter aufgetragen sind, kaum unterscheiden. Wohl gelten die in Abschnitt 4.3.4 genannten Maximalwerte für den schlechtestmöglichen Fehlerfall. Im Mittel kann jedoch auch im Fehlerfall mit einer nur unmerklichen Verschlechterung der Transferaufwands-Summe gerechnet werden.

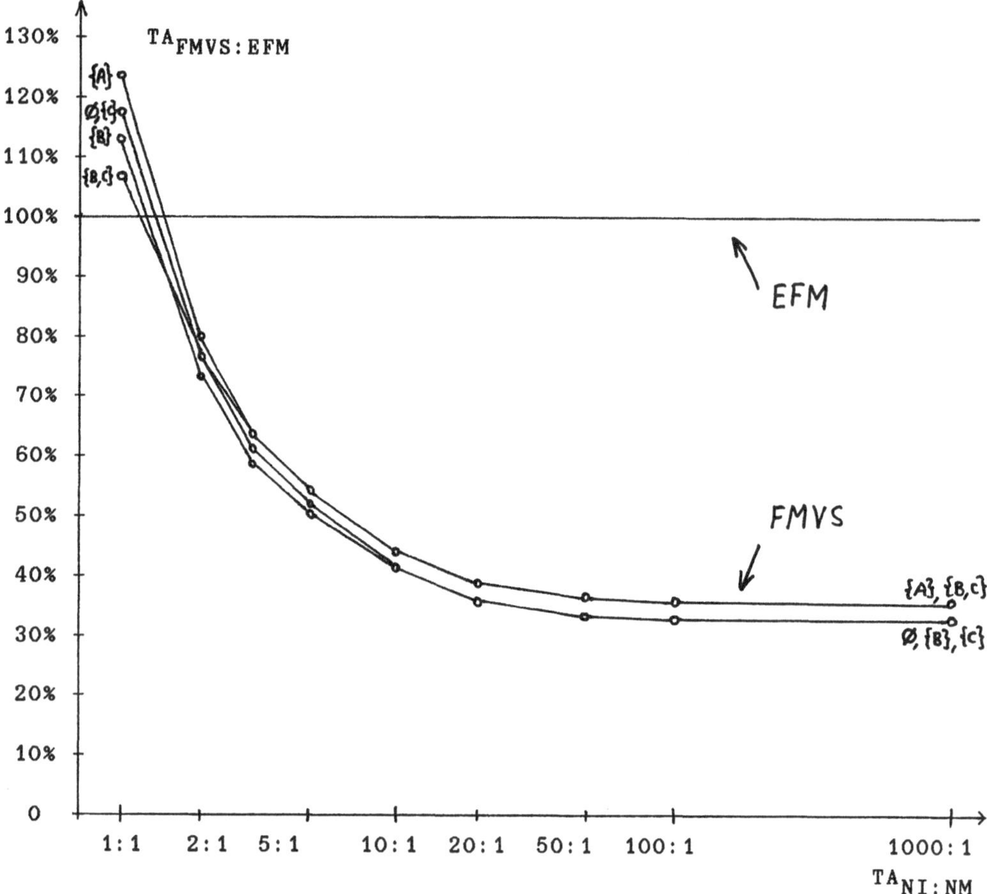

Bild 6.2-1 Transferaufwands-Summe in Abhängigkeit vom Verhältnis $TA_{NI:NM}$ und vom Fehlerfall aus SeFehler bei konstanter Funktion TA für alle Sender-Empfänger-Paare.

Die zur Beantwortung der zweiten Fragestellung notwendige Feststellung des TA-abhängigen Gewinns erzwingt die Vorgabe einer konkreten Funktion TA, wie sie in einem Mehrrechnersystem auftreten kann. Die gewonnenen Aussagen bleiben daher auf diese TA-Funktion, sowie auf die vom Anwendungsprogramm abhängigen Kommunikationsbeziehungen zwischen Prozessen (nicht Prozeßexemplaren !) beschränkt. Hier wird willkürlich eine gruppenstruktur-bedingte Funktion TA herausgegriffen und ihre Auswirkung auf die Transferaufwands-Summe für vollvermaschte und für baumstrukturierte Kommunikationsbeziehungen der Prozesse untersucht.

TA geht von einem innerhalb der Rechner vernachlässigbaren Transferaufwand aus (TA = 0). Innerhalb von Gruppen verursacht ein Parallelbus stets den gleichen Transferaufwand zwischen allen Kommunikationspartnern. Zwischen den Gruppen legt TA ein serielles Ringsystem zugrunde, dessen Transferaufwand von der Anzahl der durchlaufenen Ringstationen proportional abhängt. Pro Station beträgt TA = 2, was die geringere Transferrate eines seriellen Mediums gegenüber einem parallelen ausdrückt. Zusätzlich benötigt der Nachrichtentransfer zwischen Gruppen in der Sender- und in der Empfängergruppe je einen Bus und einen zwischen Bus und Ring geschalteten Buskoppler (TA = 4). Damit lautet TA:

$$TA\ (U_S,\ W_S,\ U_E,\ W_E) = \begin{cases} 0, & \text{falls } U_S = U_E \text{ und } W_S = W_E \\ 1, & \text{falls } U_S = U_E \text{ und } W_S \neq W_E \\ 4 + u - \text{abs}\ (2 \cdot \text{abs}\ (U_S - U_E) - u) & \text{sonst} \end{cases}$$

U_S und W_S bezeichnen die Gruppe bzw. den Rechner des Senders, U_E und W_E die Gruppe bzw. den Rechner des Empfängers. Die Transferaufwands-Summe einer einzelnen Nachricht beträgt:

$$TA\ (U_S,\ W_S,\ U_E,\ W_E) \cdot \begin{cases} 1, & \text{falls Nachrichtenart NM oder NQ} \\ TA_{NI:NM}, & \text{falls Nachrichtenart NI} \end{cases}$$

Die vom Anwendungsprogramm bestimmte Häufigkeit, wie oft zwei bestimmte Prozesse im Verhältnis zu anderen Prozeß-Paaren miteinander kommunizieren, bestimmt natürlich den TA-abhängigen Gewinn. Als zwei der möglichen Anwendungsmodelle wurden

* vollvermaschte Kommunikationsbeziehungen mit gleichhäufigem Nachrichtentransfer zwischen allen Prozessen (Simulationsergebnisse siehe Bild 6.2-2) und

* baumstrukturierte Kommunikationsbeziehungen gewählt, bei denen alle durch einen Binärbaum verbundenen Prozesse gleichhäufig, die übrigen dagegen nie miteinander kommunizieren (Simulationsergebnisse siehe Bild 6.2-3).

Jeder dieser Prozesse wird durch drei redundante Prozeßexemplare und ein zugeordnetes Maskierungs-System realisiert, das bei jeder Interprozeßkommunikation ein 3-Gr-Protokoll ausführt. Alle Untersuchungen erstrecken sich auf unterschiedliche Prozeß-, Rechner- und Gruppenanzahl, die nicht getrennt, sondern gemeinsam als Parameter variiert werden. Die durch Prozeß-Rechner- und Rechner-Gruppen-Zuordnungen bestimmten Konfigurationen sind aus Anhang 3 ersichtlich. Die Rechneranzahl verleiht jeder Konfiguration einen Namen (3R, 6R, ...):

Vollvermaschte Kommunikationsbeziehungen:

3R:	3 Rechner,	2 Gruppen,	2 Prozesse,	insg. 6 Prozeßexemplare,
6R:	6 Rechner,	3 Gruppen,	4 Prozesse,	insg. 12 Prozeßexemplare,
12R:	12 Rechner,	4 Gruppen,	8 Prozesse,	insg. 24 Prozeßexemplare,
24R:	24 Rechner,	6 Gruppen,	16 Prozesse,	insg. 48 Prozeßexemplare,
48R:	48 Rechner,	10 Gruppen,	32 Prozesse,	insg. 96 Prozeßexemplare,

Baumstrukturierte Kommunikationsbeziehungen (Baumtiefe 2, 3 und 4):

5R:	5 Rechner,	2 Gruppen,	3 Prozesse,	insg. 9 Prozeßexemplare,
11R:	11 Rechner,	3 Gruppen,	7 Prozesse,	insg. 21 Prozeßexemplare,
23R:	23 Rechner,	4 Gruppen,	15 Prozesse,	insg. 45 Prozeßexemplare.

Da alle möglichen Kommunikationen gleichhäufig erfolgen, Fehler den Ablauf des m-Protokolls nicht variieren und die Auslastung bzw. Überlastung des Kommunikationssystems unberücksichtigt bleiben soll, genügt es zur Beantwortung der zweiten Fragestellung, wenn sich alle Kommunikationspartner genau eine (nicht-redundante) Interprozeßnachricht in jeder Richtung zusenden. Die Simulation aufeinanderfolgender Sequenznummern Nr und die sich über einen entsprechenden Stichprobenumfang erstreckende Statistik erübrigen sich. Anders ausgedrückt: Gesucht ist ein Last-, jedoch kein Leistungsmodell.

Die Bilder 6.2-2 und 6.2-3 zeigen wiederum eine ungünstige Transferaufwands-Summe $TA_{FMVS:EFM}$ bei $TA_{NI:NM}$ = 1:1. Jedoch sinkt $TA_{FMVS:EFM}$ mit zunehmendem $TA_{NI:NM}$ noch stärker ab als in Bild 6.2-1 dargestellt und erreicht bei $TA_{NI:NM}$ = 100:1 eine Absenkung auf unter 25% bei vollvermaschten und unter 13% bei baumstrukturierten Kommunikationsbeziehungen. Im letztgenannten Fall liegt der gesamte redundante Transferaufwand kaum über dem einer einzigen (!) durchschnittlichen Interprozeßnachricht der empfängerseitgen Fehlermaskierung (1/9 von 9 NI = 100%/9 = 11%).

Die Ursache dieser zusätzlichen Verbesserung ist in den Fähigkeiten der Maskierungs-Systeme zu sehen, das jeweils günstigste von mehreren redundanten Sender-Empfänger-Paaren auszuwählen. Den Rahmen dieser Einsparungsmöglichkeiten setzt der Re-/Konfigurator, indem er einzelne Prozeßexemplare von häufig miteinander kommunizierenden Prozessen TA-günstig, d.h. bei obiger Funktion TA benachbart, anordnet. Diese Wechselwirkung zwischen Re-/Konfigurator und Maskierungs-Systemen unterstreicht erneut die Bedeutung der Unterstützungsmaßnahme Un4 in Abschnitt 4.4.

Aus den Bildern 6.2-2 und 6.2-3 geht der geringe Einfluß der Rechner-/Gruppen-/Prozeßanzahl auf die Transferaufwands-Summe $TA_{FMVS:EFM}$ hervor. Das Ausbleiben eines merklichen TA-Anstiegs bei zunehmender Rechneranzahl spricht für den Einsatz der Fehlermaskierung durch verteilte Systeme bei Mehrrechnersystemen mit hoher Rechneranzahl (siehe Sollbedingung So1 in Abschnitt 2.1).

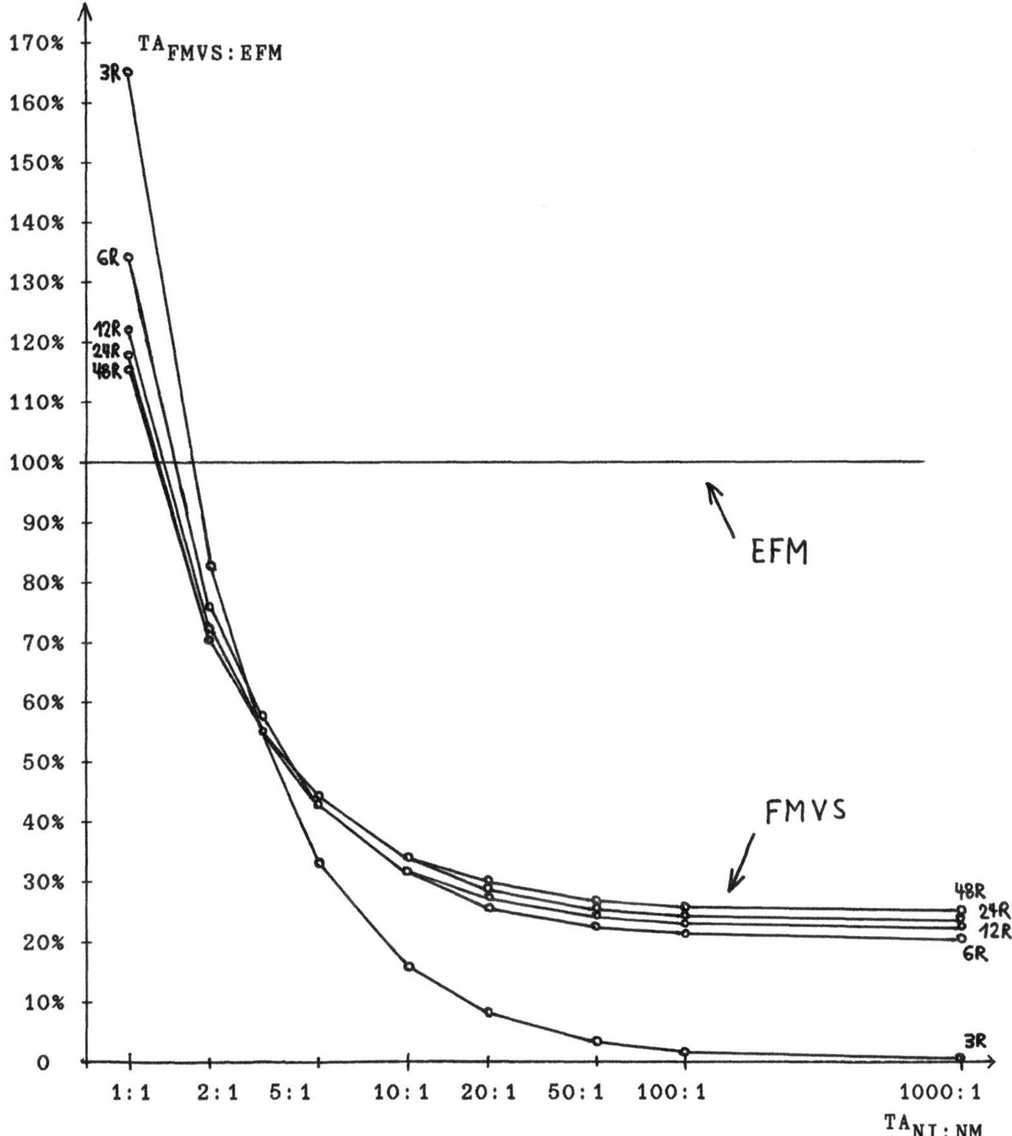

Bild 6.2-2 Transferaufwands-Summe in Abhängigkeit vom Verhältnis $TA_{NI:NM}$ und von der Rechner-/Gruppen-/Prozeßanzahl bei vollvermaschten Kommunikationsbeziehungen der Prozesse.

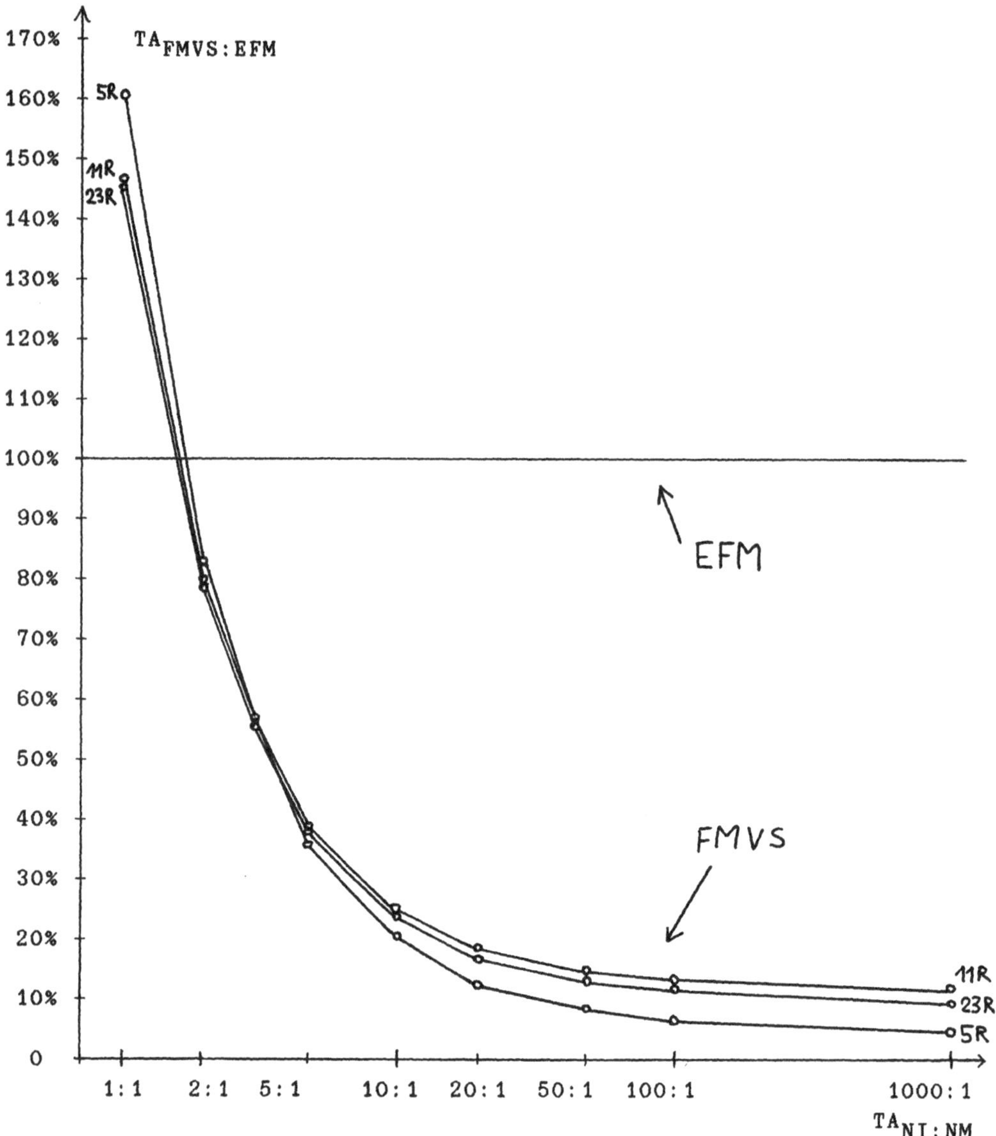

Bild 6.2-3 Transferaufwands-Summe in Abhängigkeit vom Verhältnis $TA_{NI:NM}$ und von der Rechner-/Gruppen-/Prozeßanzahl bei baumstrukturierten Kommunikationsbeziehungen der Prozesse.

7. GRENZFÄLLE DER FEHLERMASKIERUNG DURCH VERTEILTE SYSTEME

Das 3-Gr-Protokoll stellt nur ein Beipiel der bei der Fehlermaskierung durch verteilte Systeme benutzbaren m-Protokolle dar. Die Menge aller m-Protokolle MmP (siehe Abschnitt 5) umfaßt eine Vielzahl verschiedener sinnvoller Protokolle. Unsinnige Protokolle eingeschlossen, existieren sogar unendlich viele m-Protokolle; man denke sich etwa zu jedem $i \in \mathbb{N}$ einen i-fachen NM-Austausch der Maskierungs-Knoten. Den Protokoll-Entwerfer interessieren jedoch nur im Hinblick auf bestimmte Bewertungskriterien optimale Protokolle. Das 3-Gr-Protokoll versucht durch einen Kompromiß, mehreren Kriterien gerecht zu werden:

+ geringe Nachrichtenanzahl der NM, NI und NQ (Pa1, Zi3),

+ schnelle Protokoll-Ausführung (Ra5, Zi4),

+ Tolerierung einer möglichst großen Fehlermenge bei nur m=3 redundanten Prozeßexemplaren (Ra8, Pa2, Pa3).

Als Grenzfälle betrachtet dieser Abschnitt m-Protokolle, die bezüglich eines einzigen Kriteriums möglichst optimal gestaltet sind - unter Vernachlässigung der übrigen Kriterien. Unterabschnitt 7.1 schildert das Streben nach geringer Nachrichtenanzahl; 7.2 geht auf die Tolerierung mehrerer gleichzeitig auftretender symptomgleicher (s>1) und -verschiedener (s=1) Fehler ein. Denkbar sind noch weitere, im folgenden nicht näher untersuchte Optimierungskriterien:

* geringe mittlere und/oder maximale m-Protokoll-Ausführungsdauer,

* Nutzung der Transferaufwands-Vorteile des (i.a. nicht zentralisierten) 1:x-Transfers (broadcasting),

* Anpassung an weitere spezielle Eigenschaften der Rechensystem- und/oder Anwendungsumgebung.

7.1 Verringerung der Nachrichtenanzahl

Die Reduzierung der Transferaufwands-Summe gegenüber dem 3-Gr-Protokoll geht im wesentlichen auf Kosten einer erhöhten maximalen Protokoll-Ausführungsdauer im Fehlerfall. Bei Fehlerfreiheit sind dagegen keine merklichen Geschwindigkeits-Einbußen zu erwarten. Dem als 3-vN-Protokoll bezeichneten m-Protokoll (vN weist auf verringerte Nachrichtenanzahl hin) liegt folgendes Konzept zugrunde:

* Mit (r=1, g=0) sind nur Einfachfehler durch ein 2-von-3-System zu tolerieren (n=2, m=3). Da keine Gruppenfehler auftreten und je drei Prozeßexemplare eines Prozesses drei verschiedenen Rechnern zugeordnet sind, sind gleichzeitig auftretende Fehler in je einem Exemplar des Sender- und des Empfängerprozesses ausgeschlossen. Eine Ausnahme bilden die transferaufwands-minimalen Paare (A,F), (B,G) und (C,H), die zwei Prozeßexemplare bezeichnen können, die dem gleichen Rechner zugeordnet sind und daher gleichzeitig fehlerhaft werden können. Also gilt:

  $$(\text{SeFehler},\ \text{EmFehler}) \in \left\{ \begin{array}{l} (\ \{\emptyset,\ \{A\},\ \{B\},\ \{C\}\},\ \{\emptyset\}\ ), \\ (\ \{\emptyset\},\ \{\{F\},\ \{G\},\ \{H\}\}\ ), \\ (\ \{\{A\}\},\ \{\{F\}\}\ ), \\ (\ \{\{B\}\},\ \{\{G\}\}\ ), \\ (\ \{\{C\}\},\ \{\{H\}\}\ ) \end{array} \right\}$$

  Diese konfigurations-bedingte Einschränkung begünstigt die Verringerung der Nachrichtenanzahl.

* Jeder Maskierungs-Knoten empfängt höchstens eine fehlerfreie Nachricht NM, bevor er eine Interprozeßnachricht NI aussendet.

* Liefert eine Nachricht NM eine fehlerhafte Signatur, so erhält der NM-empfangende Maskierungs-Knoten die fehlerfreie Signatur des dritten Maskierungs-Knotens erst über Nachrichten zur positiven Quittierung NpQ. Abschnitt 4.3.3 beschreibt diese Art des Signaturtransfers im Rahmen des Quittierungs-Protokolls.

* Das stellvertretende NI-Senden für fehlerhafte Maskierungs-Knoten verschiebt sich daher in das Quittierungs-Protokoll. Die Grenze zwischen Maskierungs- und Quittierungs-Protokoll verwischt. Für beide Protokollteile genügt eine gemeinsame Zeitschranken-Überwachung.

Bild 7.1-1 zeigt den Maskierungs-Protokoll-Graphen MPG des 3-vN-Protokolls mit einer Bezeichnungsweise, die mit der 3-Gr-Protokoll-Darstellung in Abschnitt 6.1.1 übereinstimmt. Die Anfangsbuchstaben A, B und C weisen auf Senderexemplare bzw. Maskierungs-Knoten, F, G und H auf Quittierungs-Instanzen bzw. Empfängerexemplare hin. Nachrichten NM = {AB, BC, CA}, NI = {AF, BG1, BG2, CH} ∪ {AG, BH, CF} (letztere sind die ggf. stellvertretend gesandten), NQ = {GA1, GA2, HB, FC} und Aktionen benötigen die gleichen Zeitdauern miD und maD wie die entsprechenden Nachrichten bzw. Aktionen des 3-Gr-Protokolls. Für alle drei Zeitschranken-Überwachungen AZ, BZ und CZ gilt jedoch miD = maD = 550. In Anhang 1 zeigt Beweis 15 die Erfüllung des Kriteriums FMVS und Beweis 16 die Erfüllung von FT. Beispiele des 3-vN-Protokoll-Ablaufs sind in Bild 7.1-2 für den fehlerfreien und in Bild 7.1-3 für den fehlerhaften Fall dargestellt. Beide Bilder geben die entsprechenden Ereignis-Namen des Maskierungs-Protokoll-Graphen an. Aus Bild 7.1-2 geht die "Symmetrie" des 3-vN-Protokolls für alle drei Maskierungs-Knoten hervor. Die in Bild 7.1-3 nicht enthaltenen Fehlerfälle sind deshalb durch zyklisches Vertauschen der Maskierungs-Knoten zu erhalten. Auftretende Fehler können das Senden aller drei Interprozeßnachrichten NI sequentialisieren, was den höheren maximalen Zeitbedarf maxDauer = 665 des 3-vN-Protokolls erklärt (d.h. 165 Zeiteinheiten mehr als zur Ausführung der unbedingt erforderlichen Operationen benötigt werden).

Die Betrachtung der statischen MPG-Struktur läßt den Schluß auf die maximale Nachrichten-Anzahl des 3-vN-Protokolls zu. Stets sind die drei NM-Nachrichten AB, BC und CA zu transferieren. Die vier erstgesandten Interprozeßnachrichten AF, BG1, BG2 und CH haben die Quittierungs-Nachrichten FC, GA1, GA2 bzw. HB zur Folge. Wird BG1 abgesandt, so sperren B2 und B4A das Absenden von BG2. Umgekehrt schließt BG2 über B4H und B2 die Nachricht BG1 aus, so daß nur eines der Paare (BG1, GA1) und (BG2, GA2) tatsächlich transferiert wird. Zu diesen dynamisch 3 NM, 3 NI und 3 NpQ kommen noch die drei Interprozeßnachrichten AG, BH und CF des Quittierungs-Protokolls, von denen aufgrund der Ein-Fehler-Annahme höchstens eine gesandt wird. Die in Bild 4.3.4-1 für die gesamte Klasse der m-Protokolle genannten Höchstwerte von zusammengerechnet 12 NM und NQ, sowie 6 NI reduzieren sich für das 3-vN-Protokoll auf zusammengerechnet 6 NM und NQ (davon 3 NM und 3 NQ), sowie 4 NI.

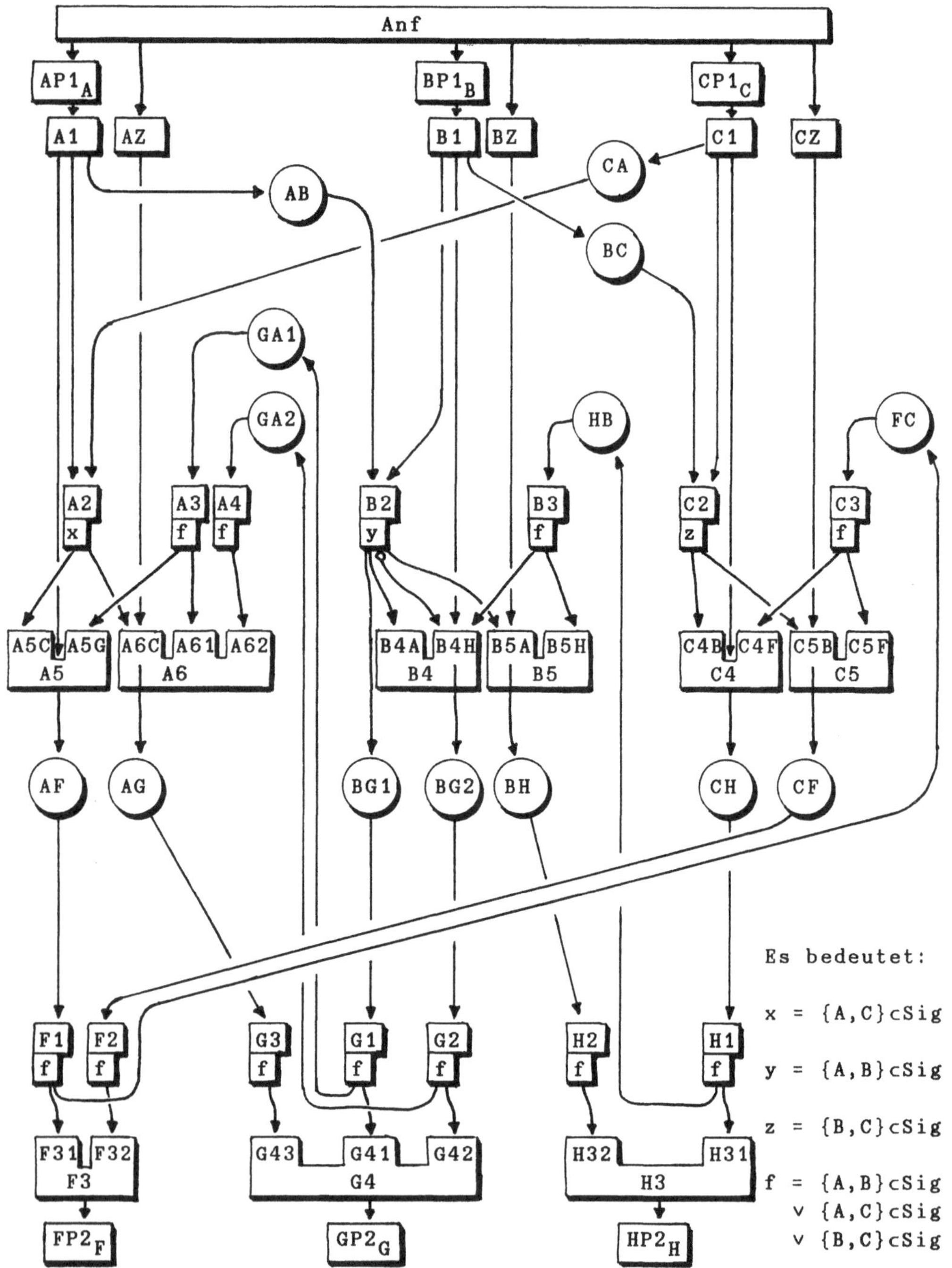

Bild 7.1-1 Maskierungs-Protokoll-Graph des 3-vN-Protokolls.

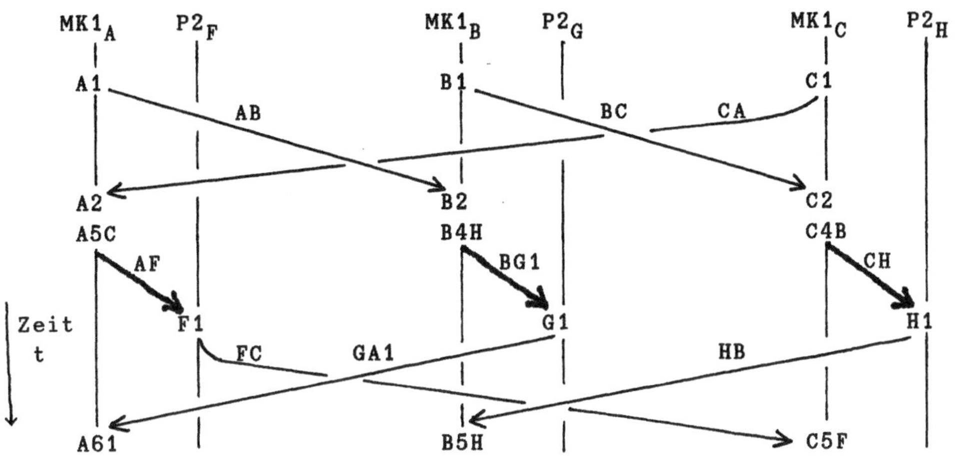

Bild 7.1-2 Ablauf des 3-vN-Protokolls im fehlerfreien Fall.

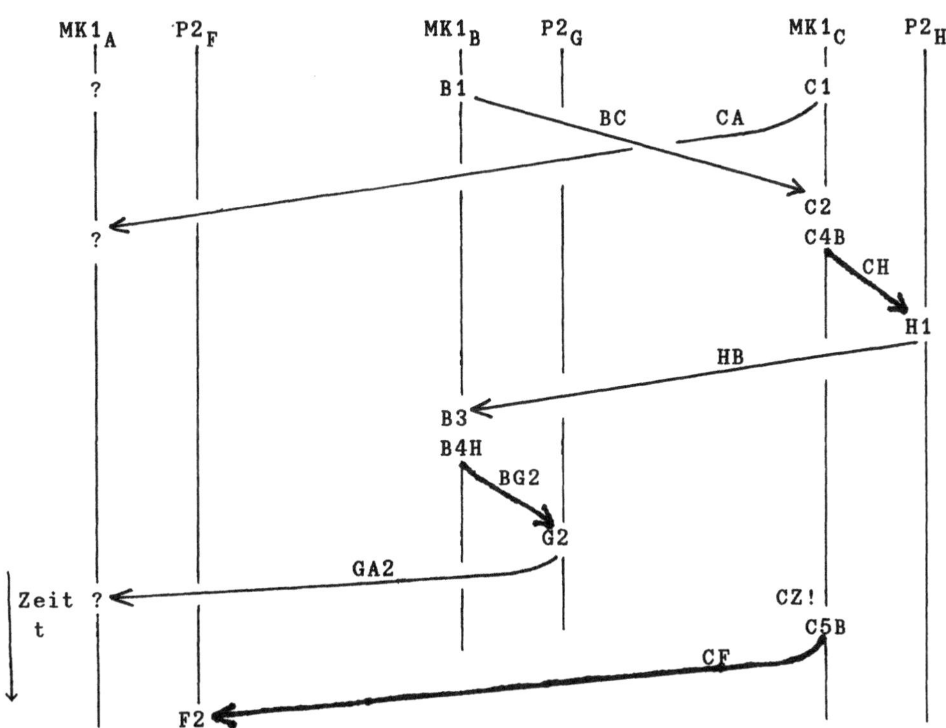

Bild 7.1-3 Ablauf des 3-vN-Protokolls bei Fehler in $MK1_A$.

7.2 Tolerierung von Mehrfachfehlern

m-Protokolle sind prinzipiell in der Lage, bei hinreichend hohem Redundanzaufwand m alle Mehrfachfehler zu tolerieren, die eine beliebig groß vorgegebene Rechneranzahl betreffen. Solche Fehler sind durch (r≥2, g beliebig) oder (r beliebig, g≥1, h≥2) spezifizierbar. Die Kombination (r beliebig, g≥2, h=1) bleibt unberücksichtigt, weil ihre m-Protokolle mit denen für (r≥2, g=1) übereinstimmen. Bereits das 3-Gr-Protokoll war in der Lage, bei (r=1, g=1, h=2) einen Gruppenfehler zu tolerieren, der zwei Rechner betrifft. Bild 7.2-1 zeigt dazu ein Beispiel des Protokoll-Ablaufs.

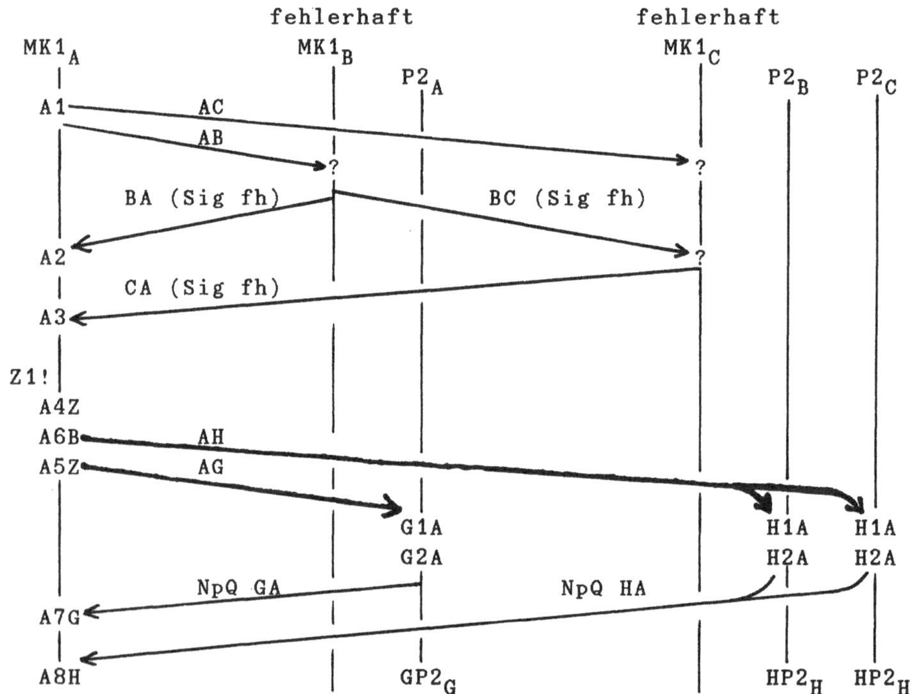

Bild 7.2-1 3-Gr-Protokoll bei Fehler in $MK1_B$ und $MK1_C$.
F = ∅, G = {A}, H = {B, C}.

Um ein m-Protokoll zur Tolerierung nicht gruppenfehler-bedingter, sondern beliebiger symptomverschiedener Doppelfehler zu zeigen, wurde vom 3-vN- zu einem 4-vN-Protokoll übergegangen. Es benutzt die bereits beim 3-vN-Protokoll beschriebenen Konzepte zur Reduzierung der Nachrichtenanzahl und toleriert als 2-von-4-System (n=2, m=4) alle durch (r=2, g=0, s=1) spezifizierten Fehler. Abweichend vom 3-vN-Protokoll erhalten jedoch manche Maskierungs-Knoten schon vor dem Absenden der ersten Interprozeßnachricht NI mehrere Nachrichten NM. Der 4-vN-Protokoll-Ablauf ist als Zeitdiagramm für den fehlerfreien Fall in Bild 7.2-2 dargestellt.

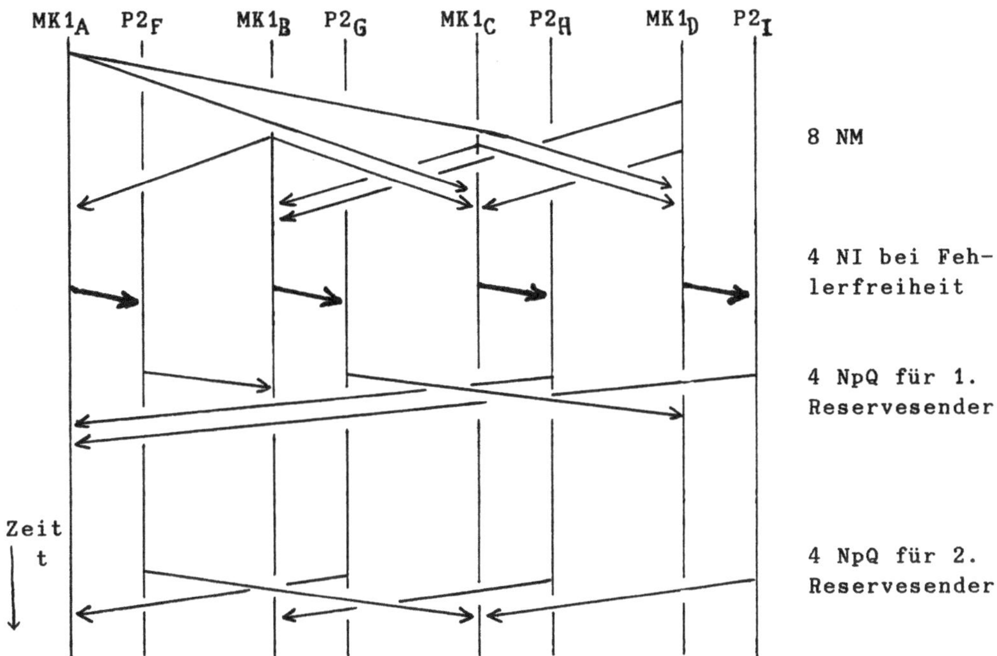

Bild 7.2-2 Ablauf des 4-vN-Protokolls bei Fehlerfreiheit. Bei Fehlern senden die Maskierungs-Knoten zusätzliche Interprozeßnachrichten NI überall dort, wo die Quittierungen NpQ ausbleiben.

Über die Vielzahl verschiedenartiger Fehlerbehandlungen gibt die Tabelle aus Bild 7.2-3 Auskunft. Sie zeigt in der ersten Spalte jeweils einen Fehlerfall aus der Fehlermenge SeFehler und in der zweiten die Indizes der Maskierungs-Knoten, die im Rahmen des Maskierungs-Protokolls fehlerfreie Interprozeßnachrichten NI absenden. Die dritte Spalte gibt an, welche Maskierungs-Knoten erst durch Nachrichten NpQ fehlerfreie Signaturen erhalten. Die vierte und fünfte Spalte benennen den ersten bzw. zweiten NI-Reservesender. Bereits Abschnitt 4.3.3 beschreibt die Notwendigkeit, bei der Mehrfachfehler-Tolerierung $m - n \geq 2$, hier $m - n = 4 - 2 = 2$, fehlerfreie Reservesender bereitzuhalten, weil sowohl die bei einem Empfängerexemplar zuerst eintreffende, als auch die vom ersten

Reservesender stammende NI fehlerhaft sein kann. Erste und zweite Reservesender arbeiten beim 4-vN-Protokoll nur mit Nachrichten NpQ zur positiven Quittierung und mit Zeitschranken-Überwachungen, deren Ablauf einer negativen Quittierung entspricht. Den zweiten Reservesendern sind größere Zeitgrenzen gesetzt, um sie nur bei Mißerfolg der ersten Reservesender zu aktivieren.

Fehler-fall	Erst-sender	Signaturer-halt durch NpQ	Erster Reservesender	Zweiter Reservesender
Ø	A,B,C,D	-	-	-
{A}	B,C,D	-	B (statt A)	-
{B}	C,D	A verspätet	D (statt B)	-
{C}	A,B, D	-	A (statt C)	-
{D}	A,B,C	-	A (statt D)	-
{A,B}	C,D	-	D (statt B)	C (statt A)
{A,C}	B	D verspätet	B (statt A)	B (statt C)
{A,D}	B,C	-	B (statt A)	C (statt D)
{B,C}	D	A verspätet	A (st. C), D (st. B)	-
{B,D}	C	A verspätet	A (statt D)	A (statt B)
{C,D}	A	-	A (st. C), A (st. D)	A (statt B)

Bild 7.2-3 Im Fehlerfall NI-sendende Maskierungs-Knoten des 4-vN-Protokolls. "verspätet" bedeutet, daß der betreffende Maskierungs-Knoten eine fehlerfreie Signatur erst durch eine NpQ erhält und seine NI verspätet, aber nicht vor Ablauf einer Zeitschranken-Überwachung absendet.

Für größere Werte der Rechner- und Gruppenfehleranzahl (r, g) werden in dieser Arbeit keine m-Protokolle angegeben, sondern einige allgemeine Überlegungen angestellt. Jeder Prozeß besteht aus einer Konfiguration von m redundanten Prozeßexemplaren, die in u Gruppen zu $m_1, m_2, \ldots, m_u$ aufgeteilt sind, wobei gilt $m_1 + \ldots + m_u = m$. Die hier betrachtete Gruppenanzahl u läßt die übrigen Prozesse des Mehrrechnersystems unberücksichtigt. Ein Fehler in Gruppe i bewirkt bis zu m_i Rechnerfehler. g Gruppenfehler in beliebigen Gruppen haben insgesamt bis zu r_g Rechnerfehler zur Folge:

$$r_g = \max_{\substack{i_1,\ldots,i_g \in \{1,\ldots,u\} \\ j \neq k \implies i_j \neq i_k}} m_{i_1} + \ldots + m_{i_g}$$

Das durch die Randbedingungen Ra8, Pa2 und Pa3 definierte Fehlermodell beschränkt die Gesamtzahl der fehlerhaften Rechner auf max (r, r_g). Davon sind höchstens min (s, max (r, r_g)) Fehler symptomgleich. Um Fehlerfreiheit feststellen zu können, genügt

Maskierungs-Knoten die (relative) Mehrheit

$n = \min(s, \max(r, r_g)) + 1.$

Die Anzahl aller redundanten Prozeßexemplare übersteigt n um die Gesamtzahl der fehlerhaften Rechner: $m = \max(r, r_g) + n$. Die Konfiguration $m_1 = 1, \ldots, m_u = 1$ liefert also mit $r_g = g$ den geringsten Aufwand der redundanten Verarbeitung:

$m_{min} = \max(r, g) + \min(s, \max(r, g)) + 1.$

Diese 1:1:1: ... :1 Gruppenzuordnung der Prozeßexemplare weist jedoch nicht die größte Überlebenswahrscheinlichkeit auf. Gesucht sind Konfigurationen von nur m_{min} Prozeßexemplaren, die möglichst weniger als m_{min} Gruppen belegen. Die Mindestanzahl der Gruppen, die g Gruppenfehler toleriert, beträgt jedoch g+1, so daß $g+1 \leq u \leq m_{min}$ den Konfigurierungs-Spielraum abgrenzt.

Auf analytischem Weg wird nun für ein 2-von-3-System gezeigt, daß die 2:1-Gruppenzuordnung eine höhere Überlebenswahrscheinlichkeit als eine 1:1:1-Gruppenzuordnung aufweist. Dieser beim 3-Gr-Protokoll genutzte Umstand beruht auf einer Beibehaltung der Fehlertoleranz-Fähigkeit bei gleichzeitiger Senkung der Anzahl redundanter Komponenten, wodurch sich die Fehlermöglichkeiten reduzieren. Voneinander unabhängige Gruppen- und Rechnerfehler mit einer Überlebenswahrscheinlichkeit von $R_U(t)$ der Gruppen und $R_{M,P}(t)$ der Rechner (die je einen Maskierungs-Knoten und ein Prozeßexemplar enthalten) ergeben für die zu vergleichenden Konfigurationen folgende Gesamt-Überlebenswahrscheinlichkeiten:

$$R_{1:1:1}(t) = \sum_{i=2}^{3} \binom{3}{i} \left(R_{M,P}(t) \cdot R_U(t) \right)^{i} \cdot \left(1 - R_{M,P}(t) \cdot R_U(t) \right)^{3-i}$$

$$= 3 \cdot R_{M,P}(t)^2 \cdot R_U(t)^2 - 2 \cdot R_{M,P}(t)^3 \cdot R_U(t)^3$$

$$R_{2:1}(t) = R_{M,P}(t) \cdot R_U(t) + R_{M,P}(t)^2 \cdot R_U(t) - R_{M,P}(t)^3 \cdot R_U(t)^2$$

Bild 7.2-4 erläutert die Formel für $R_{2:1}(t)$ durch das zugehörige Zuverlässigkeits-Blockdiagramm bezüglich der in Bild 6.1.1-1 dargestellten Gruppenstruktur. Beweis 17 in Anhang zeigt, daß für alle $R_U(t) \geq 1/3$ und für beliebige $R_{M,P}(t)$ die 2:1-Gruppenzuordnung eine höhere Überlebenswahrscheinlichkeit besitzt, d.h. $R_{2:1}(t) \geq R_{1:1:1}(t)$. Der gemäß [Aviz 78] definierte Zuverlässigkeitsverbesserungsfaktor $V_G = (1 - R_{1:1:1}(t)) / (1 - R_{2:1}(t))$ ergibt für nicht allzu schlechte $R_{M,P}(t)$- und $R_U(t)$-Werte eine bedeutende Verbesserung (siehe Bild 7.2-5), etwa bei $R_{M,P}(t) > 99\%$ und $R_U(t) > 99\%$ einen Verbesserungsfaktor über 1000.

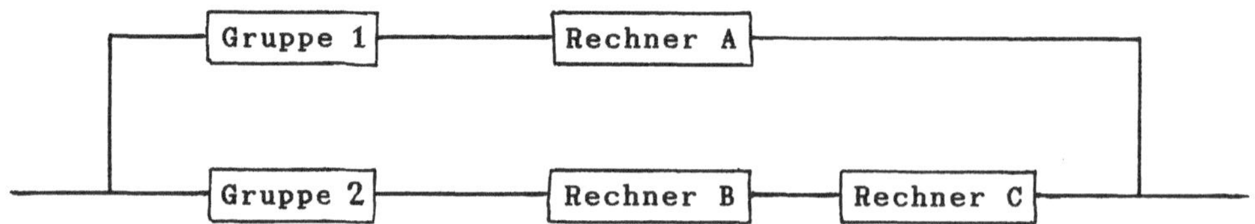

Bild 7.2-4 Zuverlässigkeits-Blockdiagramm der 2:1-Gruppenzuordnung.

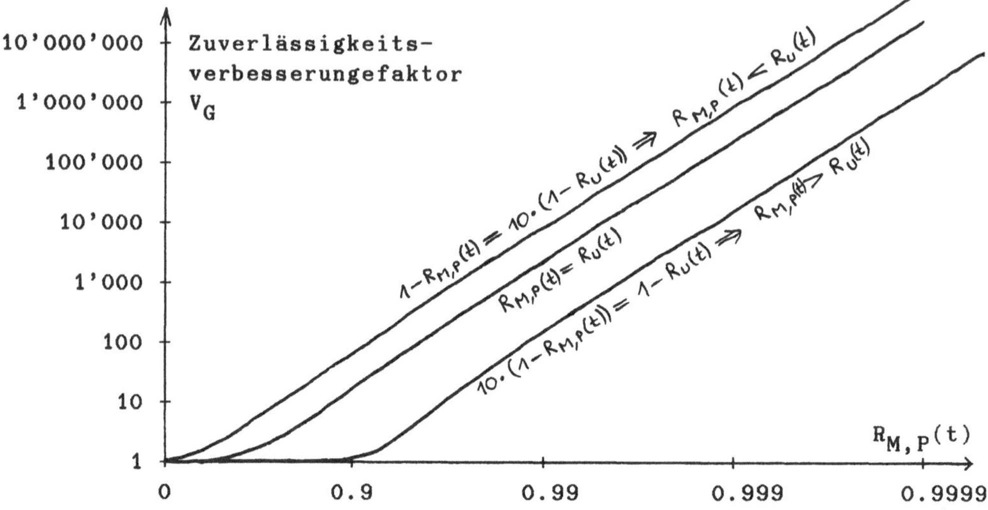

Bild 7.2-5 Zuverlässigkeitsverbesserungsfaktor einer 2:1- gegenüber einer 1:1:1-Gruppenzuordnung.

Mit dem Streben nach möglichst kleiner Gruppenanzahl u innerhalb des durch $g + 1 \leq u \leq m_{min}$ aufgezeigten Spielraums verbindet sich der Wunsch nach einem Algorithmus, der die Minimalzahl der Prozeßexemplare $m = m_{min}$ der Minimalzahl der Gruppen zuordnet. Leider beweist das Gegenbeispiel (r=0, g=2, s=1), daß die minimale Gruppenanzahl von g+1=3 mit m_{min} = max (0,2) + min (1, max (0,2)) + 1 = 4 Prozeßexemplaren nicht erreichbar ist. Vier Prozeßexemplare ließen sich nur in der Weise drei Gruppen zuordnen, daß zwei Prozeßexemplare in der gleichen und die beiden übrigen in zwei davon verschiedenen Gruppen angesiedelt sind. Ist nur eine der letztgenannten Gruppen fehlerfrei, so liegen vier voneinander abweichende Ergebnisse vor, die eine eindeutige Zuordnung der Fehler zu Gruppen ausschließen. Drei Gruppen wären nur um den Preis einer von m=4 auf m=5 erhöhten Prozeßexemplaranzahl zu erreichen. Dann enthalten zwei Gruppen je zwei Prozeßexemplare, die jeden Gruppenfehler wegen s=1 durch Ergebnisabweichung zu erkennen geben. Auch bei fünf voneinander abweichenden Ergebnissen ist dann eine eindeutige Diagnose möglich, weil von $g=2$ auf die Fehlerfreiheit der Gruppe mit nur einem Prozeßexemplar geschlossen werden kann.

Allgemein wird eine Gruppe i als fehlererkennbar bezeichnet, wenn sie mindestens $m_i \geq n$ Prozeßexemplare enthält. Die von solchen Gruppen gelieferten Ergebnisse reichen aus, um Fehler in den Gruppen sicher zu erkennen. Bei hinreichend großem s und kleinem r beträgt aber $n = r_g + 1 > m_i$, was wegen $m_i \geq n > m_i$ fehlererkennbare Gruppen ausschließt. Außerdem verursachen fehlererkennbare Gruppen einen beträchtlichen Redundanzaufwand m, so daß sie nur in Ausnahmefällen angebracht erscheinen. Bild 7.2-6 zeigt für alle $r \in \{0,1,2,3\}$, $g \in \{0,1,2,3\}$ und alle $s \geq 1$ geeignete Konfigurationen mit minimaler Gruppenanzahl u bei minimaler Prozeßexemplaranzahl m. Die Minimalität wurde durch Vergleich aller Konfigurierungsmöglichkeiten festgestellt (je endlich viele). "fe" kennzeichnet alle fehlererkennbaren Gruppen. Bild 7.2-6 zeigt außerdem, daß eine für ($r=0$, $g=x$) geeignete Konfiguration sich ebenfalls für alle $r \leq x$ eignet.

		$s=1$			$s=2$			$s=3$			$s \geq 4$		
g	r	u	m	Konfig.	u	m	Konfig.	u	m	Konfig.	u	m	Konfig.
0	0	1	1	*fe	1	1	*fe	1	1	*fe	1	1	*fe
0	1	1	3	***fe	1	3	***fe	1	3	***fe	1	3	***fe
0	2	1	4	****fe	1	5	*****fe	1	5	*****fe	1	5	*****fe
0	3	1	5	*****fe	1	6	******fe	1	7	*******fe	1	7	*******fe
1	0	2	3	* **fe	3	3	* * *	3	3	* * *	3	3	* * *
1	1	2	3	* **fe	3	3	* * *	3	3	* * *	3	3	* * *
1	2	2	4	**fe **fe	2	5	** ***fe	3	5	* ** **	3	5	* ** **
1	3	2	5	**fe ***fe	2	6	***fe ***fe	2	7	*** ****fe	3	7	* *** ***
2	0	4	4	* * * *	4	5	* * * **	5	5	* * * * *	5	5	* * * * *
2	1	4	4	* * * *	4	5	* * * **	5	5	* * * * *	5	5	* * * * *
2	2	4	4	* * * *	4	5	* * * **	5	5	* * * * *	5	5	* * * * *
2	3	3	5	* **fe **fe	4	6	* * * ***fe	4	7	* * * ****fe	6	7	* * * * * **
3	0	5	5	* * * * *	6	6	* * * * * *	6	7	* * * * * **	7	7	* * * * * * *
3	1	5	5	* * * * *	6	6	* * * * * *	6	7	* * * * * **	7	7	* * * * * * *
3	2	5	5	* * * * *	6	6	* * * * * *	6	7	* * * * * **	7	7	* * * * * * *
3	3	5	5	* * * * *	6	6	* * * * * *	6	7	* * * * * **	7	7	* * * * * * *

Bild 7.2-6 Gruppenzuordnung der Prozeßexemplare. Jeder Stern symbolisiert ein Prozeßexemplar, jeder Zwischenraum den Übergang zu einer anderen Gruppe. Beispielsweise zeigt die eingerahmte Zeile ($g=1$, $r=1$, $s=1$) die Konfiguration des 3-Gr-Protokolls (siehe Bild 6.1-1). Günstige u- und m-Werte erreichen die Konfigurationen (***), (****), (* **), (* * *), (* * * *) und (* ** **).

8. ABSCHLIESSENDE BETRACHTUNG

Diese Arbeit führt die Fehlermaskierung durch verteilte Systeme als neue Klasse von Fehlermaskierungs-Verfahren ein. Sie unterscheidet sich von anderen Verfahren, die ebenfalls statische Redundanz benutzen und Fehler bei der Interprozeßkommunikation maskieren, durch verbesserte Möglichkeiten, den Transferaufwand für redundante Nachrichten und damit die Belastung des Kommunikationssystems zu reduzieren. Abschnitt 4 zeigte, daß ein Reduzierungsgewinn in allen zu tolerierenden Fehlerfällen eintritt, wenn Kurznachrichten NM höchstens ein Drittel des Transferaufwands der Interprozeßnachrichten NI verursachen. Mit zunehmendem Transferaufwands-Unterschied sinkt die Transferaufwands-Summe einer Interprozeßkommunikation bei 2-von-3-Systemen auf ein Drittel des ursprünglichen Aufwands oder noch darunter. Abschnitt 6 stellte für einen Vertreter der neuen Verfahrens-Klasse (das 3-Gr-Protokoll) ein anwendungs- und konfigurations-abhängiges Absinken in den Bereich von 15% bis 25% fest.

8.1 Zusammenfassung

Die angestrebte Reduzierung des redundanten Transferaufwands darf die Vorteile statischer Redundanz nicht mindern - etwa die Tolerierbarkeit beliebiger lokaler Fehler, die schnelle Fehlerbehandlung und die durch Pufferung der ergebnis-tragenden Nachrichten herabgesetzte Synchronisationshäufigkeit der redundanten Prozeßexemplare. Folgende Kausalkette subsummiert das Konzept der Fehlermaskierung durch verteilte Systeme:

a) Zur Entlastung des Kommunikationssystems bieten sich drei Ansätze an:
   - a1) Verkürzung der Nachrichtenlänge,
   - a2) Verringerung der Nachrichtenanzahl (ergibt Mindestgewinn),
   - a3) Auswahl günstiger Sender-Empfänger-Paare (ergibt TA-anhängigen Gewinn).

b) Instanzen zur Auswahl günstiger Sender-Empfänger-Paare (a3) sind vor Beginn des Nachrichtentransfers (senderseitig) einzufügen.

c) Die Anzahl der Interprozeßnachrichten läßt sich soweit verringern (a2), daß jedes Empfängerexemplar nur noch genau eine fehlerfreie Interprozeßnachricht erhält. Die Empfängerexemplare müssen dann durch Absoluttest den Fehlerzustand dieser Interprozeßnachricht zutreffend bewerten können. n-von-m-Systeme erfordern dazu mindestens n übereinstimmende Ergebnisse, die der Interprozeßnachricht beizufügen sind.

d) Die n fehlerfreien Ergebnisse lassen sich auf hinreichend aussagekräftige Signaturen komprimieren, was längere Nachrichten beträchtlich verkürzt (a1).

e) Da die n Signaturen von verschiedenen Prozeßexemplaren stammen müssen, fällt den wegen (b) ohnehin bei den Senderexemplaren vorhandenen Instanzen die Aufgabe zu, durch zusätzlichen Nachrichtenaustausch die notwendigen Signaturen bereitzustellen. Die zusätzlichen Nachrichten sind kurz (a1), da sie nur Signaturen enthalten.

f) Da senderseitige Instanzen n Signaturen für jede Interprozeßnachricht an einem einzigen Ort zusammentragen, sind Signaturen zum Schutz gegen Einfachfehler zu verschlüsseln.

g) Der senderseitige Signaturaustausch ermöglicht den dort angesiedelten Instanzen, selbst Fehler zu maskieren. Solange ein Maskierungs-Knoten nicht n übereinstimmende Signaturen besitzt, verbietet ihm seine noch nicht "erwiesene" Fehlerfreiheit, Interprozeßnachrichten auszusenden. Statt dessen können andere Maskierungs-Knoten, die eine von der Mehrheit abweichende Signatur erkennen, stellvertretend für den unter Fehlerverdacht stehenden Knoten eine Interprozeßnachricht an ein Empfängerexemplar senden. Dadurch verschmelzen die senderseitigen Instanzen zu einer einzigen, die als verteiltes (Sub-) System Fehler maskiert. Sie wird als Maskierungs-System bezeichnet und setzt sich in n-von-m-Systemen aus m Maskierungs-Knoten zusammen.

h) Maskierungs-Knoten können von den Fehlern betroffen sein, die sie maskieren sollen (Herkömmliche Verfahren der statischen Redundanz maskieren daher Fehler nur bei den Empfängerexemplaren). Die in dieser Arbeit aufgeführten Beispiele zeigen jedoch, daß geeignete Maskierungs-Protokolle beliebige Fehler einzelner Maskierungs-Knoten in der Weise tolerieren, daß die übrigen Knoten davon nicht beeinträchtigt werden.

i) Maskierungs-Knoten können Interprozeßnachrichten zwar meistens stellvertretend für fehlerhafte Knoten an die betreffenden Empfängerexemplare senden (g) - jedoch nur, solange sich fehlerhafte Knoten nicht als fehlerfrei zu erkennen geben, dann aber doch fehlerhafte Interprozeßnachrichten absenden. Die Tolerierung derartiger Fehler erzwingt den Übergang von statischer zu dynamischer Redundanz bei der Interprozeßkommunikation. An das Maskierungs- schließt sich ein Quittierungs-Protokoll an.

j) Noch fehlerfreie Maskierungs-Knoten schließen als Reservesender der Interprozeßnachrichten die in (i) erwähnte Lücke, so daß ein m-Protokoll als Zusammenfassung von Maskierungs- und Quittierungs-Protokoll die gesamte Menge der zu tolerierenden Fehler abdeckt.

k) Ebenso wie die Empfängerexemplare können aufgrund der den Interprozeßnachrichten beigefügten Signaturen auch alle auf dem Weg zwischen Sender und Empfänger durchlaufenen Knoten des Kommunikationssystems fehlerhafte Interprozeßnachrichten durch Absoluttest erkennen und ihren Transfer verweigern. Für nachfolgende Knoten verringert sich die Nachrichtenanzahl (a2).

Aus dieser Zusammenfassung gehen die drei wesentlichen Kennzeichen der Fehlermaskierung durch verteilte Systeme hervor:
* Verwendung eines verteilten (Sub-) Systems als Fehlermaskierungs-Instanz,
* senderseitige Fehlermaskierung,
* Übergang von statischer zu dynamischer Redundanz bei der Interprozeßkommunikation.

Das in (a) genannte Hauptziel der Transferaufwands-Reduzierung läßt sich umso besser erreichen, je größer die Unterschiede des Transferaufwands
* zwischen kurzen signatur-enthaltenden Nachrichten und langen Interprozeßnachrichten, sowie
* zwischen verschiedenen Sender-Empfänger-Paaren sind.

Die erstgenannten Unterschiede allein erreichen im Mittel eine Senkung auf bis zu 33% bei 2-von-3-Systemen, die zweitgenannten allein dagegen keine nennenswerte Senkung. Beide Unterschiede zusammen können zu beliebig kleinem Verhältnis zwischen den Transferaufwands-Summen der sender- und der empfängerseitigen Fehlermaskierung führen. Erste simulative Bewertungen schließen zwar eine Verallgemeinerung aus, lassen aber ein Absinken auf etwa 20% erwarten. Beim Übergang von 2-von-3- zu n-von-m-Systemen mit m>3, sowie beim Übergang von einer kleineren zu einer größeren Rechneranzahl verbessert sich der Reduzierungsgewinn selbst im schlechtestmöglichen Fehlerfall. Diese Gewinne bei gleichzeitiger Erhaltung der Fehlertoleranz-Fähigkeit eines statisch redundanten Systems, eröffnen der Fehlermaskierung durch verteilte Systeme Anwendungsbereiche mit folgenden Charakteristika:

* Tolerierung beliebiger lokaler Fehler,

* schnelle Fehlerbehandlung, die zu statischer Redundanz zwingt (z.B. industrielle Produktion, Verkehrswesen, Telekommunikation),

* Mehrrechnersysteme mit größerer Rechneranzahl,

* begrenzt zur Verfügung stehende Kommunikationsmittel,

* Interprozeßnachrichten NI mit größerer Nachrichtenlänge. Bemerkung: Tritt etwa beim Dateitranfer eine besonders hohe Nachrichtenlänge auf (z.B. 100'000 Bytes), dann muß nicht die gesamte Nachricht zur Ausführung des m-Protokolls gepuffert werden; es empfiehlt sich in diesem Fall eine m-Protokoll-Ausführung für einzelne Nachrichtenpakete. Das Maskierungs-System kann sogar von der Nachrichtenzugehörigkeit der Pakete abstrahieren, weil die paket-erzeugenden Prozeßexemplare (sofern fehlerfrei) deterministisch sind.

Der Anwender, der die Fehlermaskierung durch verteilte Systeme einsetzen will, kann z.B. das 3-Gr-Protokoll übernehmen. Er muß jedoch prüfen, ob sein Rechensystem die Voraussetzungen Vo1, ... ,Vo12 erfüllt. Außerdem muß er sein Prozeß- und Rechensystem modellieren und simulativ oder analytisch feststellen (analog zu Abschnitt 6.2), ob die Transferaufwandsfunktion und die zu erwartenden Nachrichtenlängen eine nennenswerte Reduzierung der Transferaufwandssumme bei Anwendung von m-Protokollen erlauben.

8.2 Ausblick

Rechtfertigen die Einsatzanforderungen einen speziellen m-Protokoll-Entwurf, der vom 3-Gr- und 3-vN-Protokoll abweicht, dann sollte der Entwerfer den durch die Kriterien FMVS und FT (siehe Abschnitt 5) umrissenen Spielraum nutzen. Verschiedene an die betreffende Umgebung angepaßte m-Protokoll-Varianten sind in der o.g. Weise vergleichend zu bewerten, um gute Entwurfs-Alternativen herauszufinden. m-Protokolle ließen sich z.B. an

* die physikalische Kommunikationsstrukturen,
* die Routing-Strategien des Kommunikationssystems,
* das Verhältnis der Pufferkapazitäten von Sender, Empfänger und dritten Knoten des Kommunikationssystems,
* 1:x-Transfer-Eigenschaften (multicasting),
* die Kommunikationsbeziehungen und/oder -häufigkeiten der Prozesse,
* die Realzeitanforderungen, ausgedrückt durch die Zeitredundanz, und
* unterschiedliche Längen der Interprozeßnachrichten

anpassen. Darüber hinaus erstreckt sich der Bereich eines sinnvollen Einsatzes von m-Protokollen auf weitere Gebiete, die über das in Abschnitt 8.1 umrissene Feld hinausreichen. Die gute Verträglichkeit mit einer hohen Rechneranzahl läßt die Fehlermaskierung auch für Mehr-Mikrorechnersysteme ohne Realzeitanforderungen geeignet erscheinen, da solche Systeme oft Leistungserhöhungen nur durch Erhöhung der Rechneranzahl erreichen. Zusätzlich entlastet der Reduzierungsgewinn leistungsschwache Mikrorechner von unnötigem Nachrichtentransfer.

Da m-Protokolle jedes Empfängerexemplar mit nur einer einzigen fehlerfreien Interprozeßnachricht erreichen, bietet sich die Fehlermaskierung durch verteilte Systeme außerdem an allen Stellen eines Rechensystems an, an denen sich eine n-von-m-Anordnung zur einfachen Anordnung verengt. Der Übergang von statischer zu dynamischer Redundanz unterstützt weitere Fehlertoleranz-Maßnahmen innerhalb der einfachen Anordnung, da Tests, Plausibilitätsprüfungen und/oder Prüfungen der zurückgeführten Ausgabe über positive oder negative Quittierung entscheiden können. Beispiele solcher Verengungsstellen sind die Ausgabe vom Rechensystem an einen technischen Prozeß oder an einen nicht statisch redundanten Hintergrundspeicher.

Der Nachrichtenaustausch zwischen den Maskierungs-Knoten, sowie den Sender- und Empfängerexemplaren ließe sich für nicht auf Fehlertoleranz ausgerichtete Zielsetzungen mitbenutzen. Empfangen beispielsweise die Empfängerexemplare Nachrichten nicht in deterministischer Reihenfolge, so müssen sie ein zusätzliches Protokoll ausführen, um sich auf eine übereinstimmende Empfangsreihenfolge zu einigen. Zumindest bei sequentialisiertem Transfer der Interprozeßnachrichten besteht die Möglichkeit, daß Empfängerexemplare über die Quittierungs-Nachrichten an die Maskierungs-Knoten und die von diesen nachfolgend ausgesandten Interprozeßnachrichten an ein anderes Empfängerexemplar miteinander kommunizieren.

Schließlich erscheinen auch Verifikationsmethoden sinnvoll, die nicht nur die Korrektheit einzelner m-Protokolle im Sinne des Fehlertoleranz-Kriteriums FT, sondern zusätzliche Protokoll-Eigenschaften nachweisen. Z.B. könnte man versuchen, die Minimalität der Transferaufwands-Summe oder der Ausführungsdauer eines m-Protokolls zu zeigen.

Dieser Ausblick skizziert grob die Vielzahl der Varianten und Anwendungsaspekte der Verfahren zur Fehlermaskierung durch verteilte Systeme. Die Beantwortung dieser Fragestellungen und das Auffinden geeigneter spezieller m-Protokolle bleibt jedoch weiterführenden Untersuchungen vorbehalten. Diese Arbeit konzentriert sich hauptsächlich auf die Einführung der Fehlermaskierung durch verteilte Systeme als neue Verfahrens-Klasse und die Darstellung der für die gesamte Klasse gültigen Eigenschaften der m-Protokolle.

Danksagung

Zum Gelingen dieser Arbeit trug die Betreuung durch Herrn Prof. Dr.-Ing. W. Görke wesentlich bei. Seine Diskussionsbereitschaft, seine wertvollen Anregungen und seine Kritik verpflichten mich zu großem Dank. Darüber hinaus gilt Prof. Görke ein besonderer Dank für seine weitreichende Unterstützung durch Schaffung einer förderlichen Arbeitsumgebung, durch Einbettung meiner Arbeit in weitere Forschungsaktivitäten seines Lehrstuhls und durch Schaffung eines großen Forschungsfreiraums. Herrn Prof. Dr. O. Drobnik danke ich für eine ausführliche Diskussion der gesamten Arbeit, für nützliche Hinweise, die zur Vervollständigung und Abrundung der Arbeit beitrugen, sowie für die Übernahme des Korreferats. Herrn Prof. Dr. Schmid sei für seine Anregungen zur übersichtlichen Gliederung dieser Abhandlung gedankt.

Bei meinen Kollegen bedanke ich mich für gute und enge Zusammenarbeit. Herr Michael Marhöfer gab Hinweise zur Verwendung von Signaturverfahren. Herr Dr. Heiko Krumm war zur ausführlichen Diskussion des Protokoll-Beweiskonzepts bereit und stand bei der Benutzung des CIL-Systems mit Rat und Tat zur Seite. Herr Andreas Pfitzmann verdient für die Prüfung der Argumentation in der gesamten Arbeit besonderen Dank. Seiner kritischen Durchsicht des Manuskripts und einer Vielzahl intensiver Gespräche entsprangen einige punktuelle Verbesserungen, sowie Überlegungen, die als "harte Prüfsteine" für das Konzept der Fehlermaskierung durch verteilte Systeme dienten. Frau Birgit Baum verdanke ich ebenfalls ein detailliertes Korrekturlesen, das Textinkonsistenzen beseitigte.

Für die Erstellung des MoFA-Systems bedanke ich mich bei Frau Novie Soetadji und Herrn Bertold Gengel. Mit Hilfe dieses Systems erbrachten Frau Birgit Baum und Frau Novie Soetadji zwei Protokollbeweise. Herrn Walter Hess sei für die Protokollverifikation mittels CIL gedankt. Herr Armin Steidlinger und Herr Thomas Bentz führten umfangreiche simulative Untersuchungen durch. Der benutzte Simulator SiRAM wurde im Rahmen des DFG-Forschungsprojekts "Mikrorechner-Rekonfiguration" von Herrn Michael Bückle, Herrn Joachim Vobis und Herrn Horst Spandl erstellt. Ihnen und der Deutschen Forschungsgemeinschaft gebührt Dank für die Unterstützung dieses Projekts.

Meine Frau Birgit, meine Tochter Judith und mein Sohn Thomas brachten meiner Arbeit auch in schwierigen Phasen Verständnis und Geduld entgegen, wofür ich ihnen herzlich danke.

Literaturverzeichnis

Ada 83 *) Reference Manual for the Ada Programming Language ANSI/MIL-STD-1815A-1983, February 17, 1983. Lecture Notes in Computer Science 155, Springer-Verlag, Heidelberg, 1983. *) Ada ist ein eingetragenes Warenzeichen des Amerikanischen Verteidigungsministeriums.

Akl 84 Akl, Selim G.: On the Security of Compressed Encodings. Crypto 83, Conf. Proc., Plenum Press, New York, 1984, S. 209-230.

Ande 84 Anderson, T.: Can design faults be tolerated ? Informatik-Fachberichte 84, Springer-Verlag, Heidelberg, 1984, S. 426-433.

AnLS 79 Anderson, T.; Lee, P. A.; Shrivastava, S. K.: System Fault Tolerance. Computing Systems Reliability, T. Anderson and B. Randell (Hrsg.), Cambridge University Press, 1979, S. 153-210.

AnLe 81 Anderson, T.; Lee, P. A.: Fault Tolerance - Principles and Practice. Prentice-Hall, London, 1981.

AnLe 82 Anderson, T.; Lee, P. A.: Fault Tolerance Terminology Proposals. FTCS-12, Conf. Proc., IEEE, 1982, S. 29-33.

AvCh 78 Avizienis, Algirdas; Chen: N-Version Programming: A Fault-Tolerant Approach to Reliability of Software Operation. FTCS-8, Conf. Proc., IEEE, 1978, S. 3-9.

Aviz 78 Avizienis, Algirdas: Fault-Tolerance in Computer Systems. System Reliability and Intergrity, Vol. 2, Infotech International, 1978, S. 39-62.

AvKe 84 Avizienis, Algirdas; Kelly, John P.: Fault Tolerance by Design Diversity: Concepts and Experiments. Computer 17, Nr. 8, IEEE, 1984, S. 67-80.

AyCD 82 Ayache, Jean-Michel; Courtiat, Jean-Pierre; Diaz, Michel: REBUS, a Fault-Tolerant Distributed System for Industrial Real-Time Control. Transactions on Computers C-31, Nr. 7, IEEE, 1982, S. 637-647.

BaOc 84 Baumgarten, B.; Ochsenschläger, P.: Modeling and verification of a checkpoint-restart-protocol. Informatik-Fachberichte 84, Springer-Verlag, Heidelberg, 1984, S. 353-363.

Baue 82 Bauer, Friedrich L.: Kryptologie - Verfahren und Maximen. Informatik Spektrum, Band 5, Heft 2, 1982, S. 74-81.

Bend 83 Bender, Heinz: Korrekte Zugriffe zu verteilten Daten. Dissertation, Informatik-Fachberichte 63, Springer-Verlag, Heidelberg, 1983.

Bent 82 Bentz, Thomas: Konfigurierung von hybridredundanten Prozeß-Systemen für Mehrmikrorechner - vergleichende Bewertung mehrerer Verfahren unter Benutzung des SiRAM-Simulators. Diplomarbeit, Inst. für Informatik IV, Uni. Karlsruhe, 1982.

Beth 81 Beth, Thomas: Das aktuelle Schlagwort - CRC-Codes. Informatik Spektrum, Band 4, Heft 1, 1981, S. 49-50.

Beth 82 Beth, Thomas: Kryptographie als Instrument des Datenschutzes. Informatik

Spektrum, Band 5, Heft 2, 1982, S. 82-96.

BhHu 80 Bhargava, Bharat; Hua, Cecil T.:
The Causal Graph Model for Distributed Database Synchronization Algorithms. Compsac 80, Conf. Proc., IEEE, 1980, S. 444-452.

BKDK 84 Brand, T.; Kästner, H.; Demmelmeier, F.; Koller, G.:
Ein fehlertolerantes UNIX(TM) Prozeßsystem auf der Basis von Zuverlässigkeitsklassen. Informatik-Fachberichte 84, Springer-Verlag, Heidelberg, 1984, S. 52-65.

BMaS 84 Blau, W.; May, K.; Schirmer, C.:
Das fehlertolerante DELTA-System. Informatik-Fachberichte 78, Springer-Verlag, Heidelberg, 1984, S. 247-257.

BoBG 83 Borg, Anita; Baumbach, Jim; Glazer, Sam:
A Message System Supporting Fault Tolerance. Operating Systems Review 17, Nr. 5, ACM, 1983, S. 90-99.

Bore 84 Borel, K.:
Das ausfallgeschützte Mehrprozessorsystem CPS 32. Informatik-Fachberichte 83, Springer-Verlag, 1984, S. 166-169.

Budk 84 Budkowski, S.:
Modelling and validating broadcast-free concurrent systems. Informatik-Fachberichte 84, Springer-Verlag, Heidelberg, 1984, S. 127-138.

BüSc 80 Büren, G.; Schütz, W.:
Mikroprozessor-Selbsttest durch Signatur-Vergleich. Elektronische Rechenanlagen 22, Heft 5, 1980, S. 237-242.

Cart 79 Carter, W. C.:
Hardware Fault Tolerance. Computing Systems Reliability, T. Anderson and B. Randell (Hrsg.), Cambridge University Press, 1979, S. 211-263.

ChaM 84 Chang, Jo-Mei; Maxemchuk, N. F.:
Reliable Broadcast Protocols. Transactions on Computer Systems 2, Nr. 3, ACM, 1984, S. 251-273.

ClNi 82 Clarke, Edmund M.; Nikolaou, Christos N.:
Distributed Reconfiguration Strategies for Fault-Tolerant Multiprocessor Systems. Transactions on Computers C-31, Nr. 8, IEEE, 1982, S. 771-784.

Cris 80 Cristian, Flaviu:
Exception Handling and Software-Fault-Tolerance. FTCS-10, Conf. Proc., IEEE, 1980, S. 97-103.

Cris 82 Cristian, Flaviu:
Exception Handling and Software Fault Tolerance. Transactions on Computers C-31, Nr. 6, IEEE, 1982, S. 531-540.

DalC 79 Dal Cin, Mario:
Fehlertolerante Systeme. Teubner Studienbücher Informatik, Jahrgang 19, 1979.

DalC 84 Dal Cin, Mario:
Das aktuelle Schlagwort - Softwareimplementierte Fehlertoleranz. Informatik Spektrum, Band 7, Heft 2, 1984, S. 108.

Dal* 83 Amman, E.; Brause, R.; Dal Cin, M.; Dilger, E.; Lutz, J.; Risse, T.:
ATTEMPTO: A Fault-Tolerant Multiprocessor Working Station; Design and Concepts. FTCS-13, Conf. Proc., IEEE, 1983, S. 10-13.

DaWa 78 Davies, Daniel; Wakerly, John F.:
Synchronization and Matching in Redundant Systems. Transactions on Computers C-27, Nr. 6, IEEE, 1978, S. 531-539.

DaZi 83 Day, John; Zimmermann, Hubert:
The OSI Reference Model. Proceedings of the IEEE 71, Nr. 12, 1983, S. 1334-1339.

Demm 84 Demmelmeier, F.:
Anwenderwerkzeuge für das fehlertolerante Multimikrocomputersystem FUTURE. Informatik-Fachberichte 84, Springer-Verlag, Heidelberg, 1984, S. 14-26.

DeRi 82 Demmelmeier, F.; Ries, W.:
Implementierung von anwendungsspezifischer Fehlertoleranz für Prozeßautomatisierungssysteme. Informatik-Fachberichte 54, Springer-Verlag, Heidelberg, 1982, S. 299-314.

DiCh 83 Dickson, Gary J.; Chazal, Pierre E.:
Status of the CCITT Description Techniques and Application to Protocol Specification. Proceedings of the IEEE 71, Nr. 12, 1983, S. 1346-1355.

DrKr 83 Drobnik, O.; Krumm, H.:
CIL - Eine Sprache zur Implementierung von Kommunikationsdiensten. Informatik Fachberichte 60, Springer-Verlag, Heidelberg, 1983, S. 301-315.

Drob 81 Drobnik, O.:
Das aktuelle Schlagwort - Verteiltes DV-System. Informatik Spektrum, Band 4, Heft 4, 1981, S.274.

EBSV 81 Echtle, Klaus; Bückle, Michael; Spandl, Horst; Vobis, Joachim:
SiRAM Dokumentation. Inst. für Informatik IV, Uni. Karlsruhe, 1981 (nur bei K. Echtle in begrenzter Stückzahl erhältlich).

Echt 81 Echtle, Klaus:
Modellierung von fehlertoleranten Mehrmikrorechnern. Int. Bericht 13/81, Fak. für Informatik, Uni. Karlsruhe, 1981.

Echt 82 Echtle, Klaus:
Bewertung von Fehlertoleranz-Verfahren für Mehrmikrorechner durch Simulation. Struktur und Betrieb von Rechensystemen, VDE-Verlag, Berlin, 1982, S.371-380.

Echt 83a Echtle, Klaus:
Fehlermaskierung durch verteilte Entscheider-Systeme. Int. Bericht 8/83, Fak. für Informatik, Uni. Karlsruhe, 1983.

Echt 83b Echtle, Klaus:
Rekonfigurierung von hybridredundanten Mehrmikrorechnern. Int. Bericht 9/83, Fak. für Informatik, Uni. Karlsruhe, 1983.

Echt 83c Echtle, Klaus:
Verteilte Fehlermaskierungs-Systeme. Arbeitsbericht Band 16, Nr. 11, IMMD, Uni. Erlangen, 1983, S. 154-164.

Echt 84a Echtle, Klaus:
Fehlermaskierung und Rekonfiguration von diversitären Systemen. DFG-Kolloquium, Karlsruhe, 1984, S. 15-19 (Kurzfassung im Kolloquiums-Tagungsband, bei K. Echtle in begrenzter Stückzahl erhältlich).

Echt 84b Echtle, Klaus:
Fehlermaskierende verteilte Systeme zur Erfüllung hoher Zuverlässigkeitsanforderungen in Prozeßrechner-Netzen. Informatik-Fachberichte 78, Springer-Verlag, Heidelberg, 1984, S. 315-328.

Echt 84c Echtle, Klaus:
Fehlermodellierung bei Simulation und Verifikation von Fehlertoleranz-Algorithmen für verteilte Systeme. Informatik-Fachberichte 83, Springer-Verlag, Heidelberg, 1984, S. 73-88.

Echt 84d Echtle, Klaus:
Bestimmung der Protokoll-Menge für verteilte Fehlermaskierungs-Systeme. Informatik-Fachberichte 84, Springer-Verlag,

Heidelberg, 1984, S. 337-352.

EgBe 84 Eggers, B.; Belli, F.:
Eine Theorie der Analyse und Konstruktion fehlertolerierender Systeme.
Informatik-Fachberichte 84, Springer-Verlag, Heidelberg, 1984, S. 139-149.

EGöM 83 Echtle, Klaus; Görke, Winfried; Marhöfer, Michael:
Zur Begriffsbildung bei der Beschreibung von Fehlertoleranz-Verfahren. Int. Bericht 6/83, Fak. für Informatik, Uni. Karlsruhe, 1983.

EhKe 81 Ehrenberger, W.; Kersken, M.:
Zuverlässigkeitseigenschaften diversitärer Programmsysteme.
Informatik-Fachberichte 39, Springer-Verlag, Heidelberg, 1981, S. 230-239.

EiSh 84 Eifert, James B.; Shen, John Paul:
Processor Monitoring Using Asynchronous Signatured Instruction Streams. FTCS-14, Conf. Proc., IEEE, 1984, S. 394-399.

Endl 82 Endl, H.:
Prozeß-Ein-/Ausgabe für ein fehlertolerantes Multimikrorechnersystem. Informatik Fachberichte 54, Springer-Verlag, Heidelberg, 1982, S. 250-264.

Färb 82 Färber, G.:
Fehlertolerante Rechnersysteme für die Prozeßautomatisierung. Regelungstechnische Praxis, 24. Jahrgang, Heft 5, 1982, S. 160-168.

Froh 77 Frohwerk, Robert A.:
Signature Analysis: A New Digital Field Service Method. Hewlett-Packard Journal, Mai 1977, S. 2-8.

FrWe 82 Frison, S. G.; Wensley, J. H.:
Interactive Consistency and its Impact on the Design of TMR Systems. FTCS-12, Conf. Proc., IEEE, 1982, S. 228-234.

GaJo 79 Garey, M. R.; Johnson, D. S.:
Computers and Intractability - A Guide to the Theory of NP-Completeness. W. H. Freeman & Co, 1979.

GeSt 79 Genrich, H. J.; Starkiewicz-Wiechno, E.:
A Dictionary of some basic Notations of Net Theory. Lecture Notes in Computer Science 84, Springer-Verlag, Heidelberg, 1979, S. 519-531.

Gira 82 Girault, C.:
Proof of Protocols in the Case of Failures. Parallel Processing Systems, An Advanced Course, Cambridge University Press, Cambridge, 1982, S. 121-139.

Glöe 81 Glöe, G.:
Prozeßrechner für Sicherheitsaufgaben in Kernkraftwerken. Informatik-Fachberichte 39, Springer-Verlag, Heidelberg, 1981, S. 270-279.

Görk 69 Görke, W.:
Zuverlässigkeitsprobleme elektronischer Schaltungen. BI-Hochschulskripten 820, 820a, Bibliographisches Institut, Mannheim, 1969.

Görk 79 Görke, W.:
Mikroprozessoren - Zuverlässigkeitsangaben und Testverfahren. Mikroprozessoren und ihre Anwendungen 2, Oldenburg-Verlag, München, 1979, S. 216-230.

Görk 80 Görke, W.:
Mikrorechner: Technologie, Funktion, Entwicklung. Reihe Informatik 26, Bibliographisches Institut, Mannheim, 1980 (2. Auflage).

Görk 84 Görke, W.:
Was ist Fehlertoleranz ? Elektronische Rechenanlagen, 26. Jahrgang, Heft 1, 1984, S. 29-31.

Gold 80 Goldberg, J.:
A Provable Fault-Tolerant Computer for Aircraft Flight Control. Information Processing 80, Conf. Proc., IFIP, 1980, S.151-156.

Grie 81 Gries, David:
The Science of Programming. Abschn. I.6 bis II.12. Springer-Verlag, Heidelberg, 1981.

Gunn 83 Gunningberg, Per:
Voting and Redundancy Management implemented by Protocols in Distributed Systems. FTCS-13, Conf. Proc., IEEE, 1983, S. 182-185.

HaOw 83 Hailpern, Brent T.; Owicki, Susan S.:
Modular Verification of Computer Communication Protocols. Transactions on Communications COM-31, Nr. 1, IEEE, 1983, S. 56-68.

HeLe 83 Heckmaier, J. H.; Leisengang, D.:
Fehlererkennung mit Signaturanalyse. Elektronische Rechenanlagen 25 (1983), Heft 3, S. 109-116.

Hend 83 Hendrie, Gardner:
A hardware solution to part failures totally insulates programs. Electronics, 27. Jan. 1983, McGraw-Hill, 1983, S. 103-105.

HePi 79 Herschel, Rudolf; Pieper, Friedrich:
PASCAL - Systematische Darstellung von PASCAL und CONCURRENT PASCAL für den Anwender. Reihe Datenverarbeitung, Oldenbourg-Verlag, München, 1979.

Hess 85 Hess, Walter:
Verifikation eines Fehlermaskierungs-Protokolls mit Hilfe von CIL. Diplomarbeit, Inst. für Informatik IV, Uni. Karlsruhe, 1985.

Hoar 78 Hoare, C. A. R.:
Communicating Sequential Processes. Communications of the ACM 21, Nr. 8, ACM, 1978, S.666-677.

JeWi 78 Jensen, Kathleen; Wirth, Niklaus:
Pascal - User Manual and Report (2. Auflage). Springer-Verlag, Heidelberg, 1978.

KaRe 84 Kar, Gautam; Reif, John:
Assingning Processes to Processors: a Fault-Tolerant Approach. FTCS-14, Conf. Proc., IEEE, 1984, S. 306-309.

KaSi 80 Kant, Krishna; Silberschatz, Abraham:
Error Recovery in Concurrent Processes. Compsac 80, Conf. Proc., IEEE, 1980, S. 608-614.

KDSH 81 Kapp, Karl-Heinz; Daum, Reiner; Sartori, Erich; Harms, Reinhard:
Sicherheit durch vollständige Diversität. Informatik-Fachberichte 39, Springer-Verlag, Heidelberg, 1981, S. 216-229.

Kim 80 Kim, K. H.:
An Implementation of a Programmer-Transparent Scheme for Coordinating Concurrent Processes in Recovery. Compsac 80, Conf. Proc., IEEE, 1980, S. 615-621.

KMSl 81 Kramer, J.; Magee, J.; Sloman, M.:
Intertask Communication Primitives for Distributed Computer Control Systems. 2nd Int. Conf. on Distr. Systems, Versailles, 1981, S. 404-411.

Kope 82 Kopetz, H.:
The Failure Fault (FF) Model. FTCS-12, Conf. Proc., IEEE,

1982, S. 14-17.

KrDr 82 Krumm, Heiko; Drobnik, Oswald:
CIL - Eine Sprache zur Implementierung von Kommunikationsdiensten für verteilte Datenverarbeitungssysteme. Int. Bericht 18/82, Fak. für Informatik, Uni. Karlsruhe, 1982.

KrDr 83 Krumm, Heiko; Drobnik, Oswald:
Specification, Implementation, and Verification of Communication Services on the Basis of CIL. Protocol Specification, Testing, and Verification III, North-Holland Publishing Company, Amsterdam, 1983, S. 301-316.

KrDr 84 Krumm, Heiko; Drobnik, Oswald:
Interactive Verification of Communication Software on the Basis of CIL. SIGCOM'84, Communication Architectures and Protocols, Computer Communication Review 14, Nr. 2, ACM, 1984, S. 92-99.

KSBu 84 Krishna, C. M.; Shin, Kang G.; Butler, Ricky W.:
Synchronization and Fault-Masking in Redundant Real-Time Systems. FTCS-14, Conf. Proc., IEEE, 1984, S. 152-157.

Lamp 83 Lamport, Leslie:
Reasoning About Nonatomic Operations. 10th Annual ACM Symposium on Principles of Programming Languages, Conf. Proc., ACM, 1983, S. 28-37.

Lamp 84 Lamport, Leslie:
Using Time Instead of Timeout for Fault-Tolerant Distributed Systems. Transaction on Programming Languages and Systems 6, Nr. 2, ACM, 1984, S. 254-280.

LaSP 82 Lamport, Leslie; Shostak, Robert; Pease, Marshall:
The Byzantine Generals Problem. Transactions on Programming Languages and Systems 4, Nr. 3, ACM, 1982, S. 382-401.

Laub 81 Lauber, R.:
Zuverlässigkeit und Sicherheit in der Prozeßautomatisierung. Informatik-Fachberichte 39, Springer-Verlag, Heidelberg, 1981, S. 52-64.

LeBr 82 Leszak, M.; Breitwieser, H.:
A Fault-Tolerant Scheme for Distributed Transaction Commitment. Third Int. Conf. on Distributed Computing Systems, Conf. Proc., IEEE, 1982, S. 64-70.

LeMo 82 Lee, P. A.; Morgan, D. E.:
Fundamental Concepts of Fault Tolerant Computing: Progress Report. FTCS-12, Conf. Proc., IEEE, 1982, S. 34-40

Leve 83 Leveson, Nancy G.:
Software Fault Tolerance: The Case of Forward Recovery. Computers in Aerospace Conference, Conf. Proc., American Institute of Aeronautics and Astronautics, 1983, S. 50-54.

LeWa 83 Leisengang, D.; Wagner, M.:
Signaturanalyse in der Datenverarbeitung. Elektronik 21, 21. 10. 1983, S. 67-72.

Lisk 79 Liskov, B.:
Primitives for Distributed Computing. 7th ACM SIGOPS Symp. on Operating Systems Principles, 1979, S. 33-42.

Lisk 81 Liskov, B.:
On Linguistic Support for Distributed Programs. Symposium on Reliability in Distributed Software and Database Systems, Conf. Proc., IEEE, 1981, S. 53-60.

Lohm 80 Lohmann, H.-J.:
Sicherheit von Mikrocomputern für die Eisenbahnsignaltechnik. Elektronische Rechenanlagen 22, Heft 5, 1980, S. 229-236.

Lüer 83 Lüers, H.:
Mehrmikrorechner-System für redundante Flugführungsaufgaben. Arbeitsbericht 16, Nr. 11, IMMD, Uni. Erlangen, 1983, S. 124-134.

MaCo 79 Mattheyses, R. M.; Conry, S. E.:
Models for Specification and Analysis of Parallel Computing Systems. Conf. on Simulation, Measurement, and Modelling of Computer Systems, Conf. Proc., ACM SIGSIM, 1979, S. 215-224.

Maeh 82 Maehle, Erik:
Fehlertolerantes Verhalten in Multiprozessoren - Untersuchungen zur Diagnose und Rekonfiguration. Dissertation, Arbeitsbericht 15, Nr. 2, IMMD, Uni. Erlangen, 1982.

MaMW 84 Maehle, Erik; Moritzen, Klaus; Wirl, Klaus:
Experimente mit N-Version-Programmierung auf dem DIRMU Multiprozessorsystem. Informatik Fachberichte 83, Springer-Verlag, Heidelberg, 1984, S. 133-142.

Mänc 83 Mäncher, H.:
Die Realisierung dezentraler Voter im fehlertoleranten Automatisierungssystem FIPS. Arbeitsbericht 16, Nr. 11, IMMD, Uni. Erlangen, 1983, S. 100-112.

Mänc 84 Mäncher, H.:
Synchronization tools and a restart method in the fault-tolerant distributed automation system FIPS. Informatik-Fachberichte 84, Springer-Verlag, Heidelberg, 1984, S. 280-291.

McCS 81 McConnel, Stephen R.; Siewiorek, Daniel P.:
Synchronization and Voting. Transactions on Computers C-30, Nr. 2, IEEE, 1981, S. 161-164.

MeBo 76 Metcalfe, R. M.; Boggs, R.:
Ethernet: Distributed Packet Switching for Local Computer Networks. Communications of the ACM 19, Nr. 7, 1976, S. 3-47.

MeRa 78 Merlin, P. M.; Randell, B.:
State Restoration in Distributed Systems. FTCS-8, Conf. Proc., IEEE, 1978, S. 129-134.

Merl 79 Merlin, Philip M.:
Specification and Validation of Protocols. Transactions on Communications Com-27, Nr. 11, IEEE, 1979, S. 1671-1680.

MeSc 82 Melliar-Smith, P. Michael; Schwarts, Richard L.:
Formal Specification and Mechanical Verification of SIFT: A Fault-Tolerant Flight Control System. Transactions on Computers C-31, Nr. 7, IEEE, 1982, S. 616-630.

Neum 56 Neumann, von, J.:
Probabilistic Logics and the synthesis of reliable organisms from unreliable components. Annuals of Mathematics Studies 34, Princeton University Press, 1956 (4. Ausgabe 1965), S. 43-98.

Neum 75 Neumann, K.:
Operations Research Verfahren. Band III. Carl Hanser Verlag, München, 1975, S. 19-187.

Nils 81 Nilsson, Sven A.:
Konzept und Architektur eines fehlertoleranten Mehrmikrorechner-Systems. Dissertation, Reihe Informatik 9, Hochschul-Verlag, Freiburg, 1981.

Noe 79 Noe, J. D.:
Nets in Modeling and Simulation. Lecture Notes in Computer Science 84, Springer-Verlag, Heidelberg 1979, S. 347-368.

NTG 82 Arbeitsgruppe der NTG:
Zuverlässigkeitsbegriffe im Hinblick auf komplexe Software und Hardware (NTG-Empfehlung 3004). Nachrichtentechnische Zeitschrift NTZ 35, Nr. 5, 1982, S. 325-333.

Oust 80 Ousterhout, John K.:
Partitioning and Cooperation in a Distributed Multiprocessor Operating System: Medusa. CMU-CS-80-112, Carnegie-Mellon University, 1980.

Pete 77 Peterson, J. L.:
Petri-Nets. Computing Surveys 9, Nr. 3, ACM, 1977, S. 223-252.

Pet* 83 Peterson, C. B.; Duzett, R. C.; Budde, D. L.; Carson, D. G.; Imel, M. T.; Jasper, C. A.; Johnson, D. B.; Kravitz, R. H.; Ng, C. K.; Wilde, D. K.; Young, J. R.: Two Chips Endow 32-bit Processor with Fault-Tolerant Architecture. Electronics, 7. April 1983, McGraw-Hill, 1983, S. 159-164.

Pfit 82 Pfitzmann, Andreas:
Konfigurierung und Modellierung von Mehrmikrorechnern aus um Zuverlässigkeitsanforderungen erweiterten ADA-Programmen. Int. Bericht 8/82, Fak. für Informatik, Uni. Karlsruhe, 1982.

PfTa 83 Pfleger, S.; Tauber, R.:
Fehlertoleranter Ausbau des Rechner-Verbundsystems eines Geldinstituts durch Intelligenz-Verteilung in Netzknoten. Arbeitsbericht 16, Nr. 11, IMMD, Uni. Erlangen, 1983, S. 135-153.

PoPr 83 Powell, Michael L.; Presotto, David L.:
PUBLISHING: A Reliable Broadcast Communication Mechanism. Operating Systems Review 17, Nr. 5, ACM, 1983, S. 100-109.

PrRe 81 Pradham, Dhiray; Reddy, Sudhakar M.:
A Fault-Tolerant Communication Architecture for Distributed Systems. FTCS-11, Conf. Proc., IEEE, 1981, S. 214-220.

RaLT 78 Randell, B.; Lee, P. A.; Treleaven, P. C.:
Reliability Issues in Computing System Design, Computing Surveys 10, Nr. 2, ACM, 1978, S. 123-135.

Rand 75 Randell, B.:
System Structure for Software Fault Tolerance. Transactions on Software Engineering SE-1, Nr. 2, IEEE, 1975, S. 220-232.

Rand 79a Randell, B.:
Software Fault Tolerance. EURO IFIP 79, Conf, Proc., 1979, S. 721-724.

Rand 79b Randell, B.:
System Reliability and Structuring. Computing Systems Reliability, T. Anderson and B. Randell (Hrsg.), Cambridge University Press, 1979, S. 1-18.

RaVE 79 Razouk, Rami R.; Vernon, Mary; Estrin, Gerald:
Evaluation Methods in SARA - the Graph Model Simulator. Conf. on Simulation, Measurement, and Modelling of Computer Systems, Conf. Proc., ACM SIGSIM, 1979, S. 189-206.

Ris* 84 Risse, Th.; Brause, R.; Dal Cin, M.; Dilger, E.; Lutz, J.:
Entwurf und Struktur einer Betriebssystemschicht zur Implementierung von Fehlertoleranz. Informatik-Fachberichte 84, Springer-Verlag, Heidelberg, 1984, S. 66-76.

Robi 65 Robinson, J. A.:
A Mashine-Oriented Logic Based on the Resolution Principle. Journal of the ACM 12, Nr. 1, ACM, 1965.

Röhr 82 Röhrich, J.:
Das aktuelle Schlagwort - Hierarchische Systeme. Informatik

Spektrum, Band 5, Heft 2, 1982, S. 123-124.

Rohl 73 Rohlfing, Helmut:
Simula - eine Einführung. Hochschultaschenbücher 747, Bibliographisches Institut, Mannheim, 1973.

Rudi 83 Rudin, Harry:
From Protocol Specification towards Automated Performance Prediction. Protocol Specification, Testing, and Verification, III, H. Rudin and C. H. West (Hrsg.), Elsevier Science Publishers B. V. (North-Holland), 1983, S. 257-269.

RuTi 79 Russell, David L.; Tiedeman, Mark J.:
Multiprocessors Recovery using Conversations. FTCS-9, Conf. Proc., IEEE, 1979, S. 106-109.

Schl 80 Schlichter, J.:
Grundstrukturen in fehlertoleranten Systemen und ihre formale Darstellung. Dissertation, TUM-INFO-8014, TU München, 1980.

Schn 84 Schneider, Fred B.:
Byzantine Generals in Action: Implementing Fail-Stop Processors. Transactions on Computer Systems 2, Nr. 2, ACM, 1984, S. 145-154.

Schr 81 Schröck, W.:
Ein Modell zur Konstruktion optimaler Konfigurationen von Rechensystemen. Informatik-Fachberichte 41, Springer-Verlag, Heidelberg, 1981, S. 163-178.

Schr 84 Schröck, W.:
Ein fehlertolerantes lokales Netz mit Schleifenstruktur auf Lichtwellenleiter-Basis. Informatik-Fachberichte 84, Springer-Verlag, Heidelberg, 1984, S. 265-279.

Schw 80 Schweizer, G.:
Was ist "Sicherheit" bei rechnergestützten Automatisierungssystemen ? Elektronische Rechenanlagen 22, Heft 5, 1980, S. 245-249.

Seif 81 Seifert, M.:
Rekonfiguration und Restauration von verteilten Prozeßsystemen in fehlertoleranten verteilten Rechensystemen. Dissertation, Fak. für Informatik, Uni. Karlsruhe, 1981.

Seif 84 Seifert, M.:
Commercial Available Fault-Tolerant Systems. Mitteilungen der GI-NTG-GMR-Fachgruppe Fehlertolerierende Rechensysteme, Nr. 3, E. Schmitter (Hrsg.), S. 7-27.

Soet 84 Soetadji, Novie:
Rechnergestützte Attributierung eines Protokoll-Graphen für fehlermaskierende verteilte Systeme. Diplomarbeit, Inst. für Informatik IV, Uni. Karlsruhe, 1984.

StDo 83 Strong, H. R.; Dolev, D.:
Byzantine Agreement. Compcon 83, Conf. Proc., IEEE, 1983, S. 77-81.

Svob 79 Svoboda, Liba:
Reliability Issues in Distributed Information Processing Systems. FTCS-9, Conf. Proc., IEEE, 1979, S. 9-16.

SwFS 77 Swan, R. J.; Fuller, S. H.; Siewiorek, D. P.:
Cm* - A Modular Multiprocessor. NCC AFIPS, Conf. Proc. 46, 1977, S. 637-663.

SySä 82 Syrbe, Max; Sänger, F.:
Modelle zum Entwurf fehlertolerierender Mehrrechnersysteme und deren Simulation. Informatik-Fachberichte 54, Springer-Verlag, Heidelberg, 1982, S. 143-159.

Syrb 84 Syrbe, Max:
Zuverlässigkeit von Realzeitsystemen: Fehlermanagement.

Informatik-Spektrum, Band 7, Heft 2, Springer-Verlag, Heidelberg, 1984, S. 94-101.

Tand a Tandem:
Tandem T16/8000 System Description manual. Firma Tandem.

Tand b Tandem:
Transaction Monitoring Facility (TMF) Reference Manual. Firma Tandem.

Trau 84 Trauboth, H.:
Zuverlässigkeit von DV-Systemen - eine systemtechnische Aufgabe. Informatik-Fachberichte 78, Springer-Verlag, Heidelberg, 1984, S. 271-295.

VoFG 82 Voges, Udo; Fetsch, Franz; Gmeiner, Lothar:
Use of Microcomputers in a Safety-Oriented Reactor Shut-Down System. Reliability in Electrical and Electronic Components and Systems, North-Holland Publishing Company, 1982, S. 493-497.

Voge 84 Voges, U.:
Der Einsatz von Software-Diversität in Systemen mit hohen Zuverlässigkeitsanforderungen. Informatik-Fachberichte 83, Springer-Verlag, Heidelberg, 1984, S. 155-165.

WeCa 79 Wegman, Mark N.; Carter, Lawrence:
New Classes and Applications of Hash Functions. 20th Annual Symposium on Foundations of Computer Science, Conf. Proc., 1979, S. 175-182.

Wens 83 Wensley, John H.:
An Operating System for a TMR Fault-Tolerant System. FTCS-13, Conf. Proc., IEEE, 1983, S. 452-455.

Wen* 78 Wensley, John H.; Lamport, Leslie; Goldberg, Jack; Green, Milton W.; Levitt, Karl N.; Melliar-Smith, P. M.; Shostak, Robert E.; Weinstock, Charles B.:
SIFT: Design and Analysis of a Fault-Tolerant Computer for Aircraft Control. Proceedings of the IEEE 66, Nr. 10, 1978, S. 1240-1254.

Wett 78 Wettstein, Horst:
Aufbau und Struktur von Betriebssystemen. Carl Hanser Verlag, München, 1978.

Wetz 73 Wetzel, Wolfgang:
Statistische Grundausbildung für Wirtschaftswissenschaftler. II Schließende Statistik. Walter-de-Gruyter-Verlag, Berlin, 1973.

Wirt 82 Wirth, Niklaus:
Programming in Modula-2. Springer-Verlag, Heidelberg, 1982.

Wood 81 Wood, W. Graham:
A Decentralized Recovery Control Protocol. FTCS-11, Conf. Proc., IEEE, 1981, S. 159-164.

Wybr 84 Wybranietz, Dieter:
Die Entwicklung einer neuen Version der Sprache LADY mit dynamischen Eigenschaften. Bericht 10/84, SFB 124, Teilprojekt D1, Fachbereich Informatik, Uni. Kaiserslautern, 1984.

YoSS 83 York, Gary; Siewiorek, Daniel; Segall, Zary:
Software-Voting in Asynchronous NMR Computer Structures. Int. Report CMU CS 83 128, Departement of Electrical Engineering and Departement of Computer Science, Carnegie-Mellon Uni., 1983.

Zaf* 82 Zafiropulo, Pitro; West, Colin H.; Rudin, Harry; Cowan, D. D.; Brand, Daniel:
Protocol Analysis and Synthesis using a State Transition Model. Computer Network Architectures and Protocols, P. E. Green (Hrsg.), Plenum Press, New York, 1982, S. 645-669.

ANHANG 1: BEWEISE

Beweis 1

$$R_{M,3P}(t) > R_P(t)$$

$$\Leftrightarrow R_M(t) \cdot \sum_{i=2}^{3} \binom{3}{i} \cdot (R_P(t))^{i} \cdot (1 - R_P(t))^{3-i} > R_P(t)$$

$$\Leftrightarrow R_M(t) \cdot (3 \cdot R_P(t)^2 \cdot (1 - R_P(t)) + R_P(t)^3) > R_P(t)$$

$$\Leftrightarrow R_M(t) \cdot R_P(t) \cdot (3 - 2 \cdot R_P(t)) > 1 \qquad \square.$$

Beweis 2

Sei $(\sqrt{17} - 1)/4 < R_P(t) < 2 \cdot R_M(t) - 1$ (1)

(1) $\Longrightarrow R_P(t) + (1 - \sqrt{17})/4 > 0$ (2)

Stest gilt: $R_P(t) + (1 + \sqrt{17})/4 > 0$, weil $\forall t \geq 0: R_P(t) \geq 0$ (3)

Stets gilt: $R_P(t) - 1 \leq 0$, weil $\forall t \geq 0: R_P(t) \leq 1$ (4)

(2,3,4) $\Longrightarrow (R_P(t) + (1 - \sqrt{17})/4) \cdot (R_P(t) + (1 + \sqrt{17})/4) \cdot (R_P(t) - 1) \leq 0$

$\Longrightarrow (R_P(t)^2 + 0.5 \cdot R_P(t) - 1) \cdot (R_P(t) - 1) \leq 0$

$\Longrightarrow - R_P(t)^3 + 1.5 \cdot R_P(t)^2 - R_P(t)^2 + 1.5 \cdot R_P(t) \geq 1$

$\Longrightarrow (0.5 \cdot R_P(t) + 0.5) \cdot (3 \cdot R_P(t) - 2 \cdot R_P(t)^2) \geq 1$

$\Longrightarrow 0.5 \cdot (R_P(t) + 1) \cdot R_P(t) \cdot (3 - 2 \cdot R_P(t)) \geq 1$ (5)

(1) $\Longrightarrow R_M(t) > 0.5 \cdot (R_P(t) + 1)$ (6)

(5,6) $\Longrightarrow R_M(t) \cdot R_P(t) \cdot (3 - 2 \cdot R_P(t)) > 1$ $\square$.

Beweis 3

Sei $R_P(t) < 1/2 = 0.5$

$\Longrightarrow 2 \cdot R_P(t) - 1 < 0$ (1)

Stets gilt: $R_P(t) - 1 \leq 0$, weil $\forall t \geq 0: R_P(t) \leq 1$ (2)

(1,2) $\Longrightarrow (2 \cdot R_P(t) - 1) \cdot (R_P(t) - 1) \geq 0$

$\Longrightarrow 2 \cdot R_P(t)^2 - R_P(t) - 2 \cdot R_P(t) + 1 \geq 0$

$\Longrightarrow 3 \cdot R_P(t) - 2 \cdot R_P(t)^2 \leq 1$

$\Longrightarrow R_P(t) \cdot (3 - 2 \cdot R_P(t)) \leq 1$ (3)

Stets gilt: $R_M(t) \leq 1$ (4)

Stets gilt: $R_P(t) \cdot (3 - 2 \cdot R_P(t)) \geq 0,$ weil $\forall t \geq 0: 0 \leq R_P(t) \leq 1$ (5)

(3,4,5) $\Longrightarrow \quad R_M(t) \cdot R_P(t) \cdot (3 - 2 \cdot R_P(t)) \leq 1$

$\Longleftrightarrow \neg\, R_M(t) \cdot R_P(t) \cdot (3 - 2 \cdot R_P(t)) > 1$ $\square$.

Beweis 4

Sei $R_M(t) < R_P(t)$ (1)

Stets gilt: $R_P(t) - 1 \leq 0,$ weil $\forall t \geq 0: R_P(t) \leq 1$ (2)

Stets gilt: $R_P(t) + 0.5 > 0,$ weil $\forall t \geq 0: R_P(t) \geq 0$ (3)

(2,3) $\Longrightarrow (R_P(t) - 1) \cdot (R_P(t) - 1) \cdot (R_P(t) + 0.5) \geq 0$

$\Longrightarrow R_P(t)^3 - 1.5 \cdot R_P(t)^2 + 0.5 \geq 0$

$\Longrightarrow R_P(t) \cdot R_P(t) \cdot (3 - 2 \cdot R_P(t)) \leq 1$ (4)

Stets gilt: $R_P(t) \cdot R_P(t) \cdot (3 - 2 \cdot R_P(t)) \geq 0,$ weil $\forall t \geq 0: 0 \leq R_P(t) \leq 1$ (5)

(1,4,5) $\Longrightarrow \quad R_M(t) \cdot R_P(t) \cdot (3 - 2 \cdot R_P(t)) < 1$

$\Longleftrightarrow \neg\, R_M(t) \cdot R_P(t) \cdot (3 - 2 \cdot R_P(t)) > 1$ $\square$.

Beweis 5

$$R_{3M,3P}(t) > R_{M,3P}(t)$$

$$\Longleftrightarrow \sum_{i=2}^{3} \binom{3}{i} \cdot (R_M(t) \cdot R_P(t))^{i} \cdot (1 - R_M(t) \cdot R_P(t))^{3-i}$$

$$> R_M(t) \cdot \sum_{i=2}^{3} \binom{3}{i} \cdot (R_P(t))^{i} \cdot (1 - R_P(t))^{3-i}$$

$$\Longleftrightarrow 3 \cdot R_M(t)^2 \cdot R_P(t)^2 \cdot (1 - R_M(t) \cdot R_P(t)) + R_M(t)^3 \cdot R_P(t)^3$$

$$> R_M(t) \cdot (3 \cdot R_P(t)^2 \cdot (1 - R_P(t)) + R_P(t)^3)$$

$$\Longleftrightarrow 3 \cdot R_M(t) \cdot (1 - R_M(t) \cdot R_P(t)) + R_M(t)^2 \cdot R_P(t)$$

$$> 3 \cdot (1 - R_P(t)) + R_P(t)$$

$$\Longleftrightarrow 3 \cdot R_M(t) - 2 \cdot R_M(t)^2 \cdot R_P(t) + 2 \cdot R_P(t) > 3$$ $\square$.

Beweis 6

Sei $R_P(t) > (\sqrt{7} - 1)/2 = 0.5\cdot(\sqrt{7} - 1) > 0$ (1)

Sei $R_M(t) > (\sqrt{7} - 1)/2 = 0.5\cdot(\sqrt{7} - 1) > 0$ (2)

Sei $R_M(t) < 1 \implies R_M(t) - 1 < 0$ (3)

Stets gilt: $2\cdot 0.5\cdot(\sqrt{7} - 1)\cdot 0.5\cdot(\sqrt{7} - 1) + 2\cdot 0.5\cdot(\sqrt{7} - 1) - 3 = 0$ (4)

(1,2,4) $\implies 2\cdot R_M(t)\cdot R_P(t) + 2\cdot R_P(t) - 3 > 0$ (5)

(3,5) $\implies (R_M(t) - 1)\cdot(2\cdot R_M(t)\cdot R_P(t) + 2\cdot R_P(t) - 3) < 0$

$\implies 2\cdot R_M(t)^2\cdot R_P(t) + 2\cdot R_M(t)\cdot R_P(t) - 3\cdot R_M(t) - 2\cdot R_M(t)\cdot R_P(t) - 2\cdot R_P(t) + 3 < 0$

$\implies 3\cdot R_M(t) - 2\cdot R_M(t)^2\cdot R_P(t) + 2\cdot R_P(t) > 3$ □.

Beweis 7

Sei $R_P(t) < 3/4$

$\implies 4\cdot R_P(t) - 3 < 0$

$\implies 2\cdot R_P(t) + 2\cdot R_P(t) - 3 < 0$ (1)

Stets gilt: $\forall t \geq 0: R_M(t) \leq 1$ (2)

(1,2) $\implies 2\cdot R_M(t)\cdot R_P(t) + 2\cdot R_P(t) - 3 < 0$ (3)

(2) $\implies R_M(t) - 1 \leq 0$ (4)

(3,4) $\implies (R_M(t) - 1)\cdot(2\cdot R_M(t)\cdot R_P(t) + 2\cdot R_P(t) - 3) \geq 0$

$\implies 2\cdot R_M(t)^2\cdot R_P(t) + 2\cdot R_M(t)\cdot R_P(t) - 3\cdot R_M(t) - 2\cdot R_M(t)\cdot R_P(t) - 2\cdot R_P(t) + 3 \geq 0$

$\implies 3\cdot R_M(t) - 2\cdot R_M(t)^2\cdot R_P(t) + 2\cdot R_P(t) \leq 3$

$\iff \neg\ 3\cdot R_M(t) - 2\cdot R_M(t)^2\cdot R_P(t) + 2\cdot R_P(t) > 3$ □.

Beweis 8

Sei $R_M(t) < 1/2$ (1)

(1) $\implies 2\cdot R_M(t) + 2 - 3 < 0$ (2)

Stets gilt: $\forall t \geq 0: R_P(t) \leq 1$ (3)

(2,3) $\implies R_P(t)\cdot(2\cdot R_M(t) + 2) - 3 < 0$ (4)

(1) $\implies R_M(t) - 1 \leq 0$ (5)

(4,5) $\implies (R_M(t) - 1)\cdot(R_P(t)\cdot(2\cdot R_M(t) + 2) - 3) \geq 0$

$$\Longrightarrow 2 \cdot R_M(t)^2 \cdot R_P(t) + 2 \cdot R_M(t) \cdot R_P(t) - 3 \cdot R_M(t) - 2 \cdot R_M(t) \cdot R_P(t) - 2 \cdot R_P(t) + 3 \geq 0$$

$$\Longrightarrow 3 \cdot R_M(t) - 2 \cdot R_M(t)^2 \cdot R_P(t) + 2 \cdot R_P(t) \leq 3$$

$$\Longleftrightarrow \neg\, 3 \cdot R_M(t) - 2 \cdot R_M(t)^2 \cdot R_P(t) + 2 \cdot R_P(t) > 3 \qquad \square.$$

Beweis 9

Stets gilt: $2^{Ls} \geq 1$, weil $Ls \in \mathbb{N}$

$$\Longrightarrow 2^{Ls} - 2^{Ln} \cdot 2^{Ls} / 2^{Ls} \geq 1 - 2^{Ln}$$

$$\Longrightarrow 2^{Ls} \cdot (1 - 2^{Ln-Ls}) \geq 1 - 2^{Ln}$$

$$\Longrightarrow 2^{Ls} \cdot (2^{Ln-Ls} - 1) \leq 2^{Ln} - 1$$

$$\Longrightarrow (2^{Ln-Ls} - 1) / (2^{Ln} - 1) \leq 1/2^{Ls} \qquad \square.$$

Beweis 10

$$m^2 + x \cdot m < x \cdot m^2$$

$$\Longleftrightarrow m < x \cdot (m - 1)$$

$$\Longleftrightarrow x > m / (m - 1) \qquad \square.$$

Beweis 11

$$m^2 + x \cdot m \cdot (m - n + 1) < x \cdot m^2$$

$$\Longleftrightarrow m < x \cdot (m - m + n - 1)$$

$$\Longleftrightarrow x > m / (n - 1) \qquad \square.$$

Beweis 12

Sei $m \in \mathbb{N},\quad m/2 > 1 \Longrightarrow m \geq 3$ (1)

Sei $n > m/2$ (2)

Sei $x > 3$ (3)

1. Fall: $m=3 \Longrightarrow n \geq 2 \Longrightarrow m/(n - 1) \leq 3/(2 - 1) = 3 < x$ $\square$.

2. Fall: $m=4 \Longrightarrow n \geq 3 \Longrightarrow m/(n - 1) \leq 4/(3 - 1) = 4/3 < 3 < x$ $\square$.

3. Fall: $m=5 \Longrightarrow n \geq 3 \Longrightarrow m/(n - 1) \leq 5/(3 - 1) = 2.5 < 3 < x$ $\square$.

4. Fall: $m \geq 6 \underset{\text{wegen (2)}}{\Longrightarrow} n \geq m/2$

$$\Longrightarrow \frac{m}{n-1} \leq \frac{m}{m/2-1} = \frac{1}{1/2-1/m} \leq \frac{1}{1/2-1/6} = 3 \underset{\text{wegen (3)}}{<} x \qquad \square.$$

Beweis 13 (FMVS der 3-Gr-Protokolls)

NM = {AB, AC, BA, BC, CA, CB} (1)

Vorg (AB) = {A1} ⊂ Mask, Nafo (AB) = {B1A} ⊂ Mask (2)
Vorg (AC) = {A1} ⊂ Mask, Nafo (AC) = {C1} ⊂ Mask (3)
Vorg (BA) = {B2} ⊂ Mask, Nafo (BA) = {A2} ⊂ Mask (4)
Vorg (BC) = {B2} ⊂ Mask, Nafo (BC) = {C2, C3} ⊂ Mask (5)
Vorg (CA) = {C5} ⊂ Mask, Nafo (CA) = {A3} ⊂ Mask (6)
Vorg (CB) = {C3} ⊂ Mask, Nafo (CB) = {B3C} ⊂ Mask (7)

NI = {AF, CF, AG, BG, CG, AH, CH, BFZ, AGZ, BHZ} (8)

Vorg (AF) = {A5} ⊂ Mask, Nafo (AF) = {F1A} ⊂ Quitt,
{$AP1_A$, $AP1_B$} ⊂ alleVorg(AF) ∩ SeProz =:x ==⇒ cardinal(x) ≥ 2 (9)

Vorg (CF) = {C7} ⊂ Mask, Nafo (CF) = {F1C} ⊂ Quitt,
{$AP1_A$, $AP1_C$} ⊂ alleVorg(CF) ∩ SeProz =:x ==⇒ cardinal(x) ≥ 2 (10)

Vorg (AG) = {A5Z} ⊂ Mask, Nafo (AG) = {G1A} ⊂ Quitt,
{$AP1_A$, $AP1_B$} ⊂ alleVorg(AG) ∩ SeProz =:x ==⇒ cardinal(x) ≥ 2 (11)

Vorg (BG) = {B3} ⊂ Mask, Nafo (BG) = {G1B} ⊂ Quitt,
{$AP1_A$, $AP1_B$} ⊂ alleVorg(BG) ∩ SeProz =:x ==⇒ cardinal(x) ≥ 2 (12)

Vorg (CG) = {C6} ⊂ Mask, Nafo (CG) = {G1C} ⊂ Quitt,
{$AP1_A$, $AP1_C$} ⊂ alleVorg(CG) ∩ SeProz =:x ==⇒ cardinal(x) ≥ 2 (13)

Vorg (AH) = {A6} ⊂ Mask, Nafo (AH) = {H1A} ⊂ Quitt,
{$AP1_A$, $AP1_B$} ⊂ alleVorg(AH) ∩ SeProz =:x ==⇒ cardinal(x) ≥ 2 (14)

Vorg (CH) = {C4} ⊂ Mask, Nafo (CH) = {H1C} ⊂ Quitt,
{$AP1_A$, $AP1_C$} ⊂ alleVorg(CH) ∩ SeProz =:x ==⇒ cardinal(x) ≥ 2 (15)

Vorg (BFZ) = {B4Z} ⊂ Mask, Nafo (BFZ) = {F3} ⊂ Quitt,
{$AP1_A$, $AP1_B$} ⊂ alleVorg(BFZ)∩ SeProz =:x ==⇒ cardinal(x) ≥ 2 (16)

Vorg (AGZ) = {A7Z} ⊂ Mask, Nafo (AGZ) = {G3} ⊂ Quitt,
{$AP1_A$, $AP1_B$} ⊂ alleVorg(AGZ)∩ SeProz =:x ==⇒ cardinal(x) ≥ 2 (17)

Vorg (BHZ) = {A8Z} ⊂ Mask, Nafo (BHZ) = {H3} ⊂ Quitt,
{$AP1_A$, $AP1_B$} ⊂ alleVorg(BHZ)∩ SeProz =:x ==⇒ cardianl(x) ≥ 2 (18)

NQ = {FB, GA, HA} (19)

Vorg (FB) = {F2} ⊂ Quitt, Nafo (FB) = {B4F} ⊂ Mask, (20)
Vorg (GA) = {G2} ⊂ Quitt, Nafo (GA) = {A7G} ⊂ Mask, (21)
Vorg (HA) = {H2} ⊂ Quitt, Nafo (HA) = {A8H} ⊂ Mask, (22)

Mask = {A1, ... , A8, B1, ... , B4, C1, ... , C6} (23)

ReZu: A1, ... , A8 --→ A ∈ SeRech (24)
ReZu: B1, ... , B4 --→ B ∈ SeRech (25)
ReZu: C1, ... , C6 --→ C ∈ SeRech (26)

(1), (2), (3), ... (26) ==⇒ FMVS □.

Beweis 14 (FT des 3-Gr-Protokolls)

Beweis 14 und Beweis 16 wurden mit Hilfe des MoFA-Systems [Soet 85] maschinell erstellt. Die Vielzahl der Beweisschritte, deren vollständige Notation bei beiden Beweisen weit über 100 Druckseiten einnimmt, zwingt zu einer abgekürzten Darstellung. Für den fehlerfreien Fall und für Fehler in $MK1_C$ sind im folgenden die Fälle einiger Nachrichten dargestellt:

```
AB'*  =   {AB'.1:  SFe= {{C},Ø}, Sig= {A},      miZ=  1, maZ= 303}

AC'*  =   {AC'.1:  SFe= {{C},Ø}, Sig= {A},      miZ=  1, maZ= 303}

BA'*  =   {BA'.1:  SFe= {{C},Ø}, Sig= {A,B},    miZ=  4, maZ= 319}

BC'*  =   {BC'.1:  SFe= {{C},Ø}, Sig= {A,B},    miZ=  4, maZ= 319}

CA'*  =   {CA'.1:  SFe= {Ø},     Sig= {A,B,C},  miZ=  7, maZ= 335}

CB'*  =   {CB'.1:  SFe= {Ø},     Sig= Ø,        miZ= ∞ , maZ=  ∞ }
```

Für die bei Signatur-Übereinstimmung abgesandte Interprozeßnachrichten AF und CH des Maskierungs-Protokolls gilt:

```
AF'*  =    {AF'.1:  SFe= {Ø,{C}}, Sig= {A,B},    miZ=  7, maZ= 335}
         ∪ {AF'.2:  SFe= {Ø},     Sig= {A,B,C},  miZ= 10, maZ= 335}
         ∪ {AF'.3:  SFe= {{C}},   Sig= {A,C},    miZ=  3, maZ= 335}
         ∪ {AF'.1:  SFe= {{C}},   Sig= {A,B,C},  miZ=  3, maZ= 335}

CH'*  =    {CH'.1:  SFe= {Ø},     Sig= {A,C},    miZ=  4, maZ= 319}
         ∪ {CH'.2:  SFe= {Ø},     Sig= {A,B,C},  miZ=  4, maZ= 319}
```

Bei Fehlern sendet beispielsweise der Maskierungs-Knoten $MK1_A$ eine Interprozeßnachricht AH stellvertretend für $MK1_C$ an $HP2_H$:

```
AH'#  =    {AH'.1:  SFe= {Ø},     Sig= Ø,        miZ= ∞ , maZ=  ∞ }
         ∪ {AH'.2:  SFe= {{C}},   Sig= Ø,        miZ= ∞ , maZ=  ∞ }
         ∪ {AH'.3:  SFe= {{C}},   Sig= {A,B},    miZ=  8, maZ= 357}
```

Das Empfängerexemplar $FP2_F$ sendet eine positive Quittierungs-Nachricht FB an das Maskierungs-System, wenn es eine fehlerfreie Interprozeßnachricht NI erhalten hat:

```
FB'*  =    {FB'.1:  SFe= {Ø},     Sig= {A,B},    miZ= 10, maZ= 441}
         ∪ {FB'.2:  SFe= {Ø},     Sig= {A,B,C},  miZ=  6, maZ= 441}
         ∪ {FB'.3:  SFe= {{C}},   Sig= {A,B},    miZ= 10, maZ= 441}
         ∪ {FB'.4:  SFe= {{C}},   Sig= {A,B},    miZ=  6, maZ= 441}
         ∪ {FB'.5:  SFe= {{C}},   Sig= {A,B,C},  miZ=  6, maZ= 441}
```

Für das Empfängerexemplar $P2_F$ gilt:

```
FP2_F* =   {FP2_F.1: SFe= {Ø},    Sig= {A,B},    miZ= 10, maZ= 441}
         ∪ {FP2_F.2: SFe= {Ø},    Sig= {A,B,C},  miZ= 13, maZ= 441}
         ∪ {FP2_F.3: SFe= {{C}},  Sig= {A,B},    miZ= 10, maZ= 441}
         ∪ {FP2_F.4: SFe= {{C}},  Sig= {A,C},    miZ=  6, maZ= 441}
         ∪ {FP2_F.5: SFe= {{C}},  Sig= {A,B,C},  miZ=  6, maZ= 441}
```

Der größte Wert für maZ beträgt bei den drei Empfängerexemplaren 581, wenn alle Fehlerfälle betrachtet werden (maxDauer = 581).

Beweis 15 (FMVS des 3-vN-Protokolls)

```
NM = {AB, BC, CA}                                                    (1)

Vorg (AB)  = {A1} ⊂ Mask,       Nafo (AB)  = {B2} ⊂ Mask             (2)
Vorg (BC)  = {B1} ⊂ Mask,       Nafo (BC)  = {C2} ⊂ Mask             (3)
Vorg (CA)  = {C1} ⊂ Mask,       Nafo (CA)  = {A2} ⊂ Mask             (4)

NI = {AF, AG, BG1, BG2, BH, CH, CF}                                  (5)

Vorg (AF)  = {A6}  ⊂ Mask,      Nafo (AF)  = {F1} ⊂ Quitt,
{AP1_A, CP1_C} ⊂ alleVorg(AF) ∩ SeProz =:x  ==> cardinal(x) ≥ 2      (6)
Vorg (AG)  = {A7C} ⊂ Mask,      Nafo (AF)  = {G3} ⊂ Quitt,
{AP1_A, CP1_C} ⊂ alleVorg(AG) ∩ SeProz =:x  ==> cardinal(x) ≥ 2      (7)
Vorg (BG1) = {B2}  ⊂ Mask,      Nafo (BG1) = {G1} ⊂ Quitt,
{AP1_A, BP1_B} ⊂ alleVorg(BG1)∩ SeProz =:x  ==> cardinal(x) ≥ 2      (8)
Vorg (BG2) = {B4H} ⊂ Mask,      Nafo (BG2) = {G2} ⊂ Quitt,
{AP1_A, BP1_B} ⊂ alleVorg(BG2)∩ SeProz =:x  ==> cardinal(x) ≥ 2      (9)
Vorg (BH)  = {B5A} ⊂ Mask,      Nafo (BH)  = {H2} ⊂ Quitt,
{AP1_A, BP1_B} ⊂ alleVorg(BH) ∩ SeProz =:x  ==> cardinal(x) ≥ 2     (10)
Vorg (CH)  = {C4}  ⊂ Mask,      Nafo (CH)  = {H1} ⊂ Quitt,
{BP1_B, CP1_C} ⊂ alleVorg(CH) ∩ SeProz =:x  ==> cardinal(x) ≥ 2     (11)
Vorg (CF)  = {C5B} ⊂ Mask,      Nafo (F2)  = {F2} ⊂ Quitt,
{BP1_B, CP1_C} ⊂ alleVorg(CF) ∩ SeProz =:x  ==> cardinal(x) ≥ 2     (12)

NQ = {GA1, GA2, HB, FC}                                             (13)

Vorg (GA1) = {G1} ⊂ Quitt,      Nafo (GA1) = {A3} ⊂ Mask            (14)
Vorg (GA2) = {G2} ⊂ Quitt,      Nafo (GA2) = {A4} ⊂ Mask            (15)
Vorg (HB)  = {H1} ⊂ Quitt,      Nafo (HB)  = {B3} ⊂ Mask            (16)
Vorg (FC)  = {F1} ⊂ Quitt,      Nafo (FC)  = {C3} ⊂ Mask            (17)

Mask = {A1, ... , A62, B1, ... ,B5H, C1, ... , C5F}                 (18)

ReZu: A1, A2, A3, A4, A5C, A5G, A5, .... , A62 --> A ∈ SeRech       (19)
ReZu: B1, B2, B3, B4A, B4H, B4, B5A, B5H, B5   --> B ∈ SeRech       (20)
ReZu: C1, C2, C3, C4B, C4F, C4, C5B, C5F, C5   --> C ∈ SeRech       (21)

(1), (2), (3), ... (21) ==> FMVS                                     □.
```

Beweis 16 (FT des 3-vN-Protokolls)

Für die drei Nachrichten zur Maskierung AB, BC und CA sind folgende Fälle des Protokollablaufs möglich:

```
AB* = {AB. 1:     SFe= {{A}},         Sig= ∅,         miZ= 0, maZ= o }
    ∪ {AB. 2:     SFe= {{A}},         Sig= {A},       miZ= 0, maZ= ∞ }
    ∪ {AB. 3:     SFe= {∅,{B},{C}},   Sig= {A},       miZ= 2, maZ=313}
```

(BC* und CA* analog)

Für die Interprozeßnachrichten NI des Maskierungs-Protokolls gilt:

```
AF* = {AF. 1,...: SFe= {{A}},     Sig= ...,                miZ= 0, maZ= ∞ }
    ∪ {AF. 7,...: SFe= {∅,{B}},   Sig= {A,B}od.{A,C},      miZ= 5, maZ=419}
    ∪ {AF.11,...: SFe= {{C}},     Sig= {A,B}od.{A,C},      miZ= 9, maZ=535}

BG1*= {BG1. 1,..: SFe= {{A}},           Sig= ...,          miZ=∞ , maZ= ∞ }
    ∪ {BG1. 4,..: SFe= {∅,{A},{B}},     Sig= {A,B},        miZ= 3, maZ=417}
    ∪ {BG1. 6,..: SFe= {{B}},           Sig= ...,          miZ= 0, maZ= ∞ }

BG2*= {BG2. 1,..: SFe= {∅,{A}}, Sig= {B,C,evtl.A},         miZ=∞ , maZ= ∞ }
    ∪ {BG2.10,..: SFe= {{A}},   Sig= {B,C,evtl.A},         miZ=10, maZ=538}
    ∪ {BG2.30,..: SFe= {{B}},   Sig= ...,                  miZ= 0, maZ= ∞ }
    ∪ {BG2.38,..: SFe= {{C}},   Sig= {B,evtl.A,C},         miZ=∞ , maZ= ∞ }
    ∪ {BG2.51,..: SFe= {{C}},   Sig= {A,B,evtl.C},         miZ= 5, maZ=419}
    ∪ {BG2.53,..: SFe= {∅},     Sig= {B,C,evtl.A},         miZ=10, maZ=419}

CH* = {CH. 1,...: SFe= {∅,{A}}, Sig= {B,C,evtl.A},         miZ= 5, maZ=419}
    ∪ (CH. 9,...: SFe= {∅,{A}}, Sig= {A,C},                miZ= 5, maZ=419}
    ∪ {CH.11,...: SFe= {{B}},   Sig= {A,C,evtl.B},         miZ=10, maZ=538}
    ∪ {CH.21,...: SFe= {{B}},   Sig= {B,C},                miZ= 4, maZ=538}
    ∪ {CH.26,...: SFe= {{C}},   Sig= ...,                  miZ= 0, maZ= ∞ }
```

Der Nachrichtentransfer des Quittierungs-Protokolls wird nur für das erste Empfängerexemplar $FP2_F$ veranschaulicht. Bei negativer Quittierung durch die Nachricht FC sendet C eine wiederholte Interprozeßnachricht CF.

```
FC* = {FC. 1,...: SFe= {{A}},   Sig= ...,                  miZ=∞ , maZ= ∞ ,
                                             neg_F1 ∈ Weg               }
    ∪ {FC.11,...: SFe= {∅,{A},{B},{C}}, Sig=...,           miZ= 0, maZ= ∞ }
    ∪ {FC.35,...: SFe= {{A}},   Sig={A,B}od.{A,C},         miZ= 2, maZ=552,
                                             pos_F1 ∈ Weg               }
    ∪ {FC.37,...: SFe= {∅,{B},{C}}, Sig={A,B}od.{A,C},
                             miZ= 6, maZ= 432, pos_F1 ∈ Weg             }

CF* = {CF. 1,...: SFe=SeFehler, Sig= {B,C},                miZ=∞ , maZ= ∞ ,
                                             pos_F1 ∈ Weg               }
    ∪ {CF. 9,...: SFe= {{A}},   Sig= {B,C},                miZ=558,maZ=659,
                                             neg_F1 ∈ Weg               }
    ∪ {CF.12,...: SFe= {{B}},   Sig= {C},                  miZ=∞ , maZ= ∞ ,
                                             pos_F1 ∈ Weg               }
    ∪ {CF.17,...: SFe= {{C}},   Sig= ...,                  miZ= 0, maZ= ∞ }
```

Für die drei Empfängerexemplare $P2_F$, $P2_G$ und $P2_H$ gilt:

$$\begin{aligned} FP2_F{*} = \ & \{FP2_F.1\text{: } SFe = \{\emptyset,\{A\},\{B\},\{C\}\},\ Sig = \{A,B\},\ miZ = 2,\ maZ = 545\} \\ \cup\ & \{FP2_F.2\text{: } SFe = \{\emptyset,\{A\},\{C\}\},\ Sig = \{B,C\},\ miZ = 2,\ maZ = 665\} \\ \cup\ & \{FP2_F.3\text{: } SFe = \{\emptyset,\{A\},\{B\},\{C\}\},\ Sig = \{A,C\},\ miZ = 2,\ maZ = 545\} \end{aligned}$$

$$\begin{aligned} GP2_G{*} = \ & \{GP2_G.1\text{: } SFe = \{\{A\},\{B\}\},\ Sig = \{A,C\},\ miZ = 2,\ maZ = 665\} \\ \cup\ & \{GP2_G.2\text{: } SFe = \{\emptyset,\{A\},\{B\},\{C\}\},\ Sig = \{A,B\},\ miZ = 3,\ maZ = 548\} \\ \cup\ & \{GP2_G.3\text{: } SFe = \{\emptyset,\{A\},\{B\},\{C\}\},\ Sig = \{B,C\},\ miZ = 3,\ maZ = 548\} \\ \cup\ & \{GP2_G.4\text{: } SFe = \{\emptyset,\{A\},\{B\},\{C\}\},\ Sig = \{A,B,C\},\ miZ = 3,\ maZ = 548\} \end{aligned}$$

$$\begin{aligned} HP2_H{*} = \ & \{HP2_H.1\text{: } SFe = \{\emptyset,\{A\},\{B\},\{C\}\},\ Sig = \{A,C\},\ miZ = 2,\ maZ = 545\} \\ \cup\ & \{HP2_H.2\text{: } SFe = \{\emptyset,\{A\},\{B\},\{C\}\},\ Sig = \{B,C\},\ miZ = 2,\ maZ = 545\} \\ \cup\ & \{HP2_H.3\text{: } SFe = \{\{B\},\{C\}\},\ Sig = \{A,B\},\ miZ = 2,\ maZ = 665\} \\ \cup\ & \{HP2_H.4\text{: } SFe = \{\emptyset,\{A\},\{B\},\{C\}\},\ Sig = \{A,B,C\},\ miZ = 2,\ maZ = 545\} \end{aligned}$$

Der größte Wert für maZ beträgt bei den drei Empfängerexemplaren 665. (maxDauer = 665).

Beweis 17

Sei $\quad R_U(t) \geq 1/3$

$$\Longrightarrow\ 3 \cdot R_U(t)^2 \cdot R_{M,P}(t)^2$$
$$\geq R_U(t) \cdot R_{M,P}(t)^2, \qquad \text{weil } \forall t \geq 0\text{: } R_U(t) \geq 0,\ R_{M,P}(t) \geq 0$$

$$\Longrightarrow\ 1 - R_U(t) \cdot R_{M,P}(t)^2$$
$$\geq 1 - 3 \cdot R_U(t)^2 \cdot R_{M,P}(t)^2$$

$$\Longrightarrow\ 1 - R_U(t) \cdot R_{M,P}(t)^2$$
$$\geq R_U(t) \cdot R_{M,P}(t) - 3 \cdot R_U(t)^2 \cdot R_{M,P}(t)^2,$$
$$\text{weil } \forall t \geq 0\text{: } R_U(t) \leq 1,\ R_{M,P}(t) \leq 1$$

$$\Longrightarrow\ 1 + R_U(t) \cdot R_{M,P}(t) - R_U(t) \cdot R_{M,P}(t)^2$$
$$\geq 2 \cdot R_U(t) \cdot R_{M,P}(t) - 3 \cdot R_U(t)^2 \cdot R_{M,P}(t)^2$$

$$\Longrightarrow\ 1 + R_{M,P}(t) - R_U(t) \cdot R_{M,P}(t)^2$$
$$\geq 2 \cdot R_U(t) \cdot R_{M,P}(t) - 3 \cdot R_U(t)^2 \cdot R_{M,P}(t)^2,$$
$$\text{weil } \forall t \geq 0\text{: } R_U(t) \leq 1$$

$$\Longrightarrow\ R_U(t) \cdot R_{M,P}(t) + R_U(t) \cdot R_{M,P}(t)^2 - R_U(t)^2 \cdot R_{M,P}(t)^3$$
$$\geq 2 \cdot R_U(t)^2 \cdot R_{M,P}(t)^2 - 3 \cdot R_U(t)^3 \cdot R_{M,P}(t)^3,$$
$$\text{weil } \forall t \geq 0\text{: } R_U(t) \cdot R_{M,P}(t) \geq 0$$

$$\Longrightarrow\ R_{2:1}(t) \geq R_{1:1:1}(t) \qquad \square.$$

ANHANG 2: KONSTRUKTE DER BENUTZTEN PSEUDO-PROGRAMMIERSPRACHE

Sprachkonstrukte

SEND_Art a, b, ... —> x, y, ...

Sende eine Nachricht der Art "Art" mit den Daten "a, b, ..." an alle Empfänger "x, y, ...".

RECEIVE_Art a, b, ... <-- x, y, ...

Empfange die Nachricht der Art "Art", die entweder von "x" oder von "y" oder ... abgesendet wurde und zuerst beim Empfänger eintrifft. Die übertragenen Daten sind in die Variablen "a, b, ..." zu übernehmen.

```
CASE RECEIVE_Art1 a, b, ... <-- x, y, ...
     RECEIVE_Art2 c, d, ... <-- z, ...
     .....
OF
x:   Anweisungen, falls Nachricht von x empfangen
y:   Anweisungen, falls Nachricht von y empfangen
...  .....
z:   Anweisungen, falls Nachricht von z empfangen
...  .....
ESAC
```

Eigenschaften des Kommunikationssystems

Jede durch RECEIVE erwartete Nachricht wird höchstens einmal empfangen, auch wenn sie fehlerbedingt mehrfach gesendet wurde. Als fehlerhaft erkennbare NI können überall im Kommunikationssystem abgewiesen werden.

Vereinbarungen der globalen Prozeßkonfiguration

A, B, C	Senderrechner, zugeordnete Senderexemplare $P1_A$, $P1_B$, $P1_C$;
F, G, H	Empfängerrechner, zugeordnete Empfängerexemplare $P2_A$, $P2_B$, $P2_C$;
$P1_A$, $P1_B$, $P1_C$	Senderexemplare (Exemplare des Prozesses P1) * liefern Ergebnis ErgA und zugehörige verschlüsselte Signatur SigA * stellen die Zeitschranken ZM_A, ZQ_A, ZM_B, ZQ_B und Z_C ein;

$MK1_A$, $MK1_B$, $MK1_C$ Maskierungs-Knoten des Prozesses P1
* benutzen zur Signaturentschlüsselung mit anschließendem Signaturvergleich den Operator ==
* benutzen zur Senderauswahl die Prozedur alleP2_[X,...], welche die Menge aller Empfängerexemplare liefert, für die X,... den geringsten Transferaufwand verursacht;

$P2_A$, $P2_B$, $P2_C$ Empfängerexemplare (Exemplare des Prozesses P2)
* beinhalten Quittierungs-Instanzen;

Nachrichten-Vereinbarungen

NI	P1... --> MK1... MK1... --> P2...	Interprozeßnachrichten transferieren Ergebnis und zwei verschiedene Signaturen;
NM	MK1... --> MK1...	Nachrichten zur Maskierung transferieren eine oder zwei Signaturen;
NpQ	P2... --> MK1...	Nachrichten zur positiven Quittierung transferieren keine weitere Information;
ZSchr	P1... --> Z...	Zeitschranken-Einstellung einer Uhr Z... transferiert die Zeitdauer einer Zeitschranken-Überwachung;
Unt	Z... --> MK1...	Unterbrechungs-Meldung transferiert keine weitere Information;
UntS	Z... --> MK1...	Unterbrechungs-Meldung mit Signatur transferiert die Signatur einer Uhr;

Zusätzlich transferieren alle Nachrichten die Absenderangabe und die Sequenznummer Nr;

Verschlüsselung der Signaturen

Alle Signaturen liegen ausschließlich in verschlüsselter Form vor. $P1_A$, $P1_B$ und $P1_C$ verschlüsseln mit den Faktoren SVF_A, SVF_B bzw. SVF_C. Jede Signatur besteht aus dem Tupel:

(Verschlüsselte Signatur, Ort der Signaturerzeugung).

Überall im System sind die zur Entschlüsselung notwendigen Quotienten SEQ_{AB}, SEQ_{BA}, SEQ_{BC}, SEQ_{CB}, SEQ_{AC} und SEQ_{CA} bekannt.

ANHANG 3: BEWERTETE KONFIGURATIONEN

Jede Zeile stellt die Zuordnung der drei redundanten Prozeßexemplare (A, B und C) eines Prozesses zu Rechnern dar. Die durch punktierte Linien in den Spalten symbolisierten Rechner sind zu Gruppen zusammengefaßt (siehe jeweils unterste Zeile). Konfigurationen mit vollvermaschten Kommunikationsbeziehungen sind entsprechend der Rechneranzahl mit 3R, 6R, 12R, 24R, 48R, solche mit baumartigen Kommunikationsbeziehungen mit 5R,11R und 23R bezeichnet.

3R:

Prozeß 1	A	B	C
Prozeß 2	A	B	C
Rechner	1	1	2
Gruppe	1	2	

6R:

Prozeß 1	:	:	A	B	:	C
Prozeß 2	:	A	:	:	B	C
Prozeß 3	A	:	:	B	C	:
Prozeß 4	A	B	C	:	:	:
Rechner	1	1	2	1	2	3
Gruppe	1	2		3		

12R:

Prozeß 1	:	:	:	B	C	:	:	A	:	:	:	:
Prozeß 2	A	:	:	:	:	:	:	:	:	:	B	C
Prozeß 3	:	:	A	:	:	:	:	:	B	C	:	:
Prozeß 4	:	A	:	:	:	B	C	:	:	:	:	:
Prozeß 5	B	C	:	:	A	:	:	:	:	:	:	:
Prozeß 6	:	:	B	C	:	A	:	:	:	:	:	:
Prozeß 7	:	:	:	:	:	:	A	:	B	:	:	C
Prozeß 8	:	:	:	:	:	:	:	A	:	B	C	:
Rechner	1	2	1	2	3	1	2	3	1	2	3	4
Gruppe	1		2			3			4			

24R:

Pr. 1	A	:	:	:	:	:	:	:	:	B	C	:	:	:	:	:	:	:	:	:	:	:	:	:
Pr. 2	:	A	:	:	:	B	C	:	:	:	:	:	:	:	:	:	:	:	:	:	:	:	:	:
Pr. 3	:	:	B	C	:	:	:	A	:	:	:	:	:	:	:	:	:	:	:	:	:	:	:	:
Pr. 4	:	:	:	:	:	:	:	:	A	:	:	:	:	:	:	:	B	C	:	:	:	:	:	:
Pr. 5	:	:	:	:	A	:	:	:	:	:	:	:	:	:	:	:	:	:	:	B	C	:	:	:
Pr. 6	:	:	:	:	:	:	:	:	:	:	:	A	:	:	:	:	:	:	B	:	:	C	:	:
Pr. 7	:	:	:	:	:	:	:	:	:	:	:	:	A	B	C	:	:	:	:	:	:	:	:	:
Pr. 8	:	:	:	:	:	:	:	:	:	:	:	:	:	:	:	A	:	:	:	:	:	:	B	C
Pr. 9	:	:	:	:	:	B	C	:	:	:	:	:	:	:	:	:	:	:	A	:	:	:	:	:
Pr.10	:	:	:	:	:	:	:	:	:	B	C	:	:	:	:	:	:	:	:	A	:	:	:	:
Pr.11	:	:	B	C	:	:	:	:	:	:	:	:	:	:	:	:	:	:	:	:	A	:	:	:
Pr.12	B	C	:	:	:	:	:	:	:	:	:	:	:	A	:	:	:	:	:	:	:	:	:	:
Pr.13	:	:	:	:	A	:	:	B	C	:	:	:	:	:	:	:	:	:	:	:	:	:	:	:
Pr.14	:	:	:	:	:	:	:	:	:	:	:	B	C	:	A	:	:	:	:	:	:	:	:	:
Pr.15	:	:	:	:	:	:	:	:	:	:	:	:	:	:	:	B	C	:	:	:	:	A	:	:
Pr.16	:	:	:	:	:	:	:	:	:	:	:	:	:	:	:	:	:	A	:	:	:	:	B	C
Rechner	1	2	1	2	3	1	2	3	4	1	2	3	4	1	2	3	4	5	1	2	3	4	5	6
Gruppe	1		2			3				4				5					6					

48R:

Gruppe	1		2			3				4					5					6				
Rechner	1	2	1	2	3	1	2	3	4	1	2	3	4	5	1	2	3	4	5	1	2	3	4	5
Pr. 1	A	:	:	:	:	:	:	:	:	:	:	:	:	:	:	:	:	:	:	B	C	:	:	:
Pr. 2	:	A	:	:	:	:	:	:	:	:	:	:	:	:	:	:	:	:	:	:	:	B	C	:
Pr. 3	:	:	:	:	:	:	:	:	:	:	:	:	:	:	:	:	:	:	:	:	:	:	:	A
Pr. 4	:	:	B	C	:	:	:	:	:	:	:	:	:	:	:	:	:	:	:	:	:	:	:	:
Pr. 5	:	:	:	:	A	:	:	:	:	:	:	:	:	:	:	:	:	:	:	:	:	:	:	:
Pr. 8	:	:	:	:	:	:	:	:	:	:	:	:	:	:	A	:	:	:	:	:	:	:	:	:
Pr. 9	:	:	:	:	:	A	:	:	:	:	:	:	:	:	:	:	:	:	:	:	:	:	:	:
Pr.10	:	:	:	:	:	:	A	:	:	:	:	:	:	:	:	:	:	:	:	:	:	:	:	:
Pr.11	:	:	:	:	:	:	:	:	:	B	C	:	:	:	:	:	:	:	:	:	:	:	:	:
Pr.12	:	:	:	:	:	:	:	B	C	:	:	:	:	:	:	:	:	:	:	:	:	:	:	:
Pr.13	:	:	:	:	:	:	:	:	:	:	:	A	:	:	:	:	:	:	:	:	:	:	:	:
Pr.14	:	:	:	:	:	:	:	:	:	:	:	:	B	C	:	:	:	:	:	:	:	:	:	:
Pr.15	:	:	:	:	:	:	:	:	:	:	:	:	:	:	:	B	C	:	:	:	:	:	:	:
Pr.16	:	:	:	:	:	:	:	:	:	:	:	:	:	:	:	:	:	B	C	:	:	:	:	:
Pr.17	A	:	:	:	:	:	:	:	:	:	:	:	:	:	:	:	:	:	:	:	:	:	:	:
Pr.18	:	A	B	C	:	:	:	:	:	:	:	:	:	:	:	:	:	:	:	:	:	:	:	:
Pr.19	:	:	:	:	A	B	C	:	:	:	:	:	:	:	:	:	:	:	:	:	:	:	:	:
Pr.20	:	:	:	:	:	:	:	B	C	A	:	:	:	:	:	:	:	:	:	:	:	:	:	:
Pr.21	:	:	:	:	:	:	:	:	:	:	:	:	B	C	A	:	:	:	:	:	:	:	:	:
Pr.22	:	:	:	:	:	:	:	:	:	:	:	:	:	:	:	:	:	B	C	A	:	:	:	:
Pr.23	:	:	:	:	:	:	:	:	:	:	:	:	:	:	:	:	:	:	:	:	:	:	B	C
Pr.27	:	:	:	:	:	:	:	:	:	:	B	C	:	:	:	A	:	:	:	:	:	:	:	:
Pr.28	:	:	:	:	:	:	:	:	:	:	:	:	:	:	:	:	A	:	:	:	B	C	:	:

(48R Fortsetzung)

Gruppe	7					8					9						10							
Rechner	1	2	3	4	5	1	2	3	4	5	1	2	3	4	5	6	1	2	3	4	5	6	7	8
Pr. 3	:	:	:	:	:	:	:	:	:	:	:	:	:	:	:	:	B	C	:	:	:	:	:	:
Pr. 4	A	:	:	:	:	:	:	:	:	:	:	:	:	:	:	:	:	:	:	:	:	:	:	:
Pr. 5	:	B	C	:	:	:	:	:	:	:	:	:	:	:	:	:	:	:	:	:	:	:	:	:
Pr. 6	:	:	:	A	:	:	:	:	:	:	:	:	:	:	:	:	:	:	B	C	:	:	:	:
Pr. 7	:	:	:	:	A	:	:	:	:	:	:	:	:	:	:	:	:	:	:	:	B	C	:	:
Pr. 8	:	:	:	:	:	:	:	:	:	:	:	:	:	:	:	:	:	:	:	:	:	:	B	C
Pr. 9	:	:	:	:	:	B	C	:	:	:	:	:	:	:	:	:	:	:	:	:	:	:	:	:
Pr.10	:	:	:	:	:	:	:	B	C	:	:	:	:	:	:	:	:	:	:	:	:	:	:	:
Pr.11	:	:	:	:	:	:	:	:	:	A	:	:	:	:	:	:	:	:	:	:	:	:	:	:
Pr.12	:	:	:	:	:	:	:	:	:	:	A	:	:	:	:	:	:	:	:	:	:	:	:	:
Pr.13	:	:	:	:	:	:	:	:	:	:	:	B	C	:	:	:	:	:	:	:	:	:	:	:
Pr.14	:	:	:	:	:	:	:	:	:	:	:	:	:	A	:	:	:	:	:	:	:	:	:	:
Pr.15	:	:	:	:	:	:	:	:	:	:	:	:	:	:	A	:	:	:	:	:	:	:	:	:
Pr.16	:	:	:	:	:	:	:	:	:	:	:	:	:	:	:	A	:	:	:	:	:	:	:	:
Pr.17	:	:	:	:	:	:	:	:	:	:	:	:	:	:	:	:	:	:	:	:	:	:	B	C
Pr.23	A	:	:	:	:	:	:	:	:	:	:	:	:	:	:	:	:	:	:	:	:	:	:	:
Pr.24	:	:	:	B	C	A	:	:	:	:	:	:	:	:	:	:	:	:	:	:	:	:	:	:
Pr.25	:	:	:	:	:	:	:	:	:	A	B	C	:	:	:	:	:	:	:	:	:	:	:	:
Pr.26	:	:	:	:	:	:	:	:	:	:	:	:	:	:	:	A	B	C	:	:	:	:	:	:
Pr.29	:	:	A	:	:	:	:	B	C	:	:	:	:	:	:	:	:	:	:	:	:	:	:	:
Pr.30	:	A	:	:	:	:	:	:	:	:	:	:	B	C	:	:	:	:	:	:	:	:	:	:
Pr.31	:	:	:	:	:	:	:	:	:	:	:	:	:	:	A	:	:	:	B	C	:	:	:	:
Pr.32	:	:	:	:	:	:	A	:	:	:	:	:	:	:	:	:	:	:	:	:	B	C	:	:

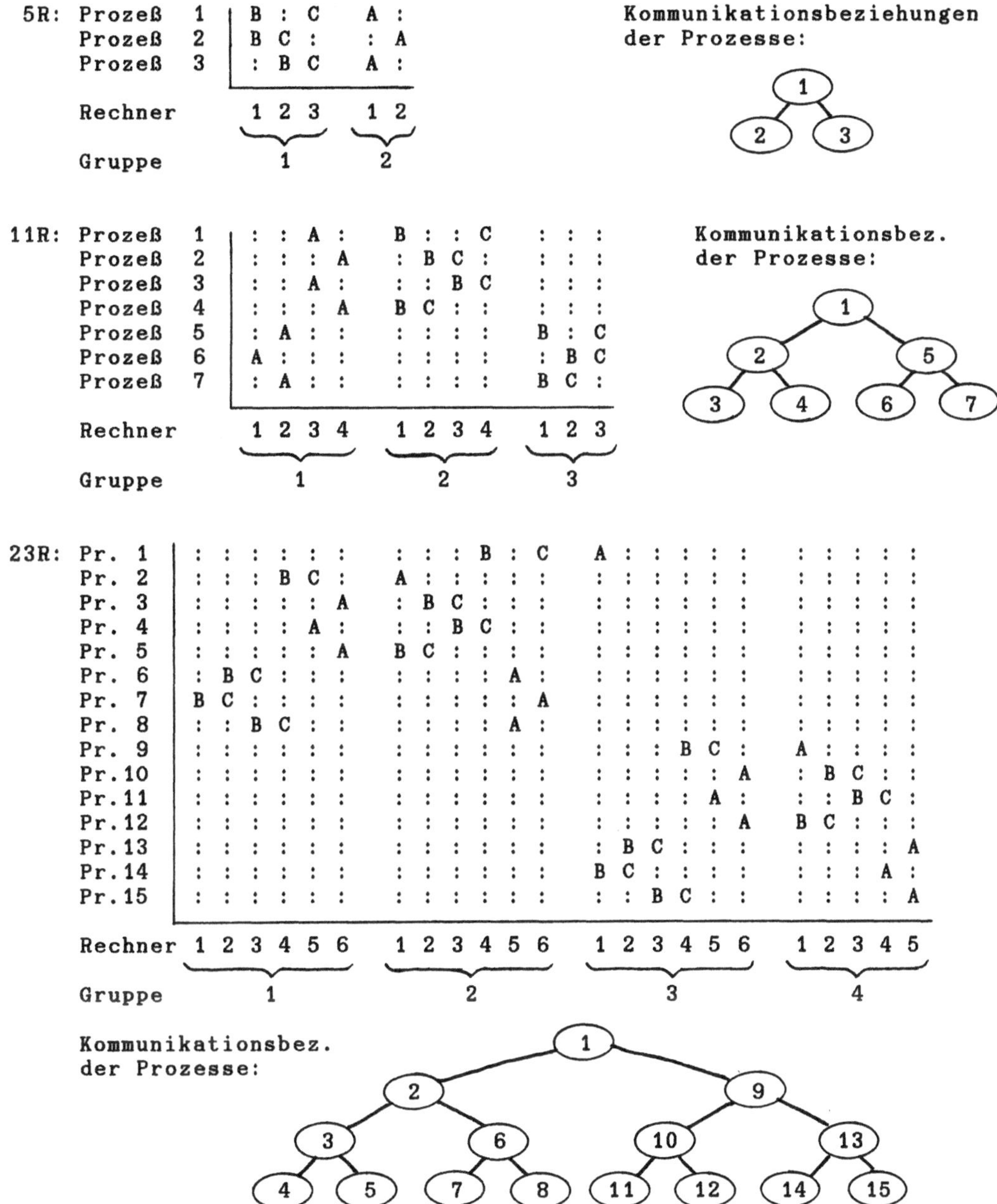
5R: Prozeß 1 | B : C   A :
Prozeß 2 | B C :   : A
Prozeß 3 | : B C   A :
Rechner 1 2 3   1 2
Gruppe 1   2
Kommunikationsbeziehungen der Prozesse:
1
2
3
11R: Prozeß 1 | : : A :   B : : C   : : :
Prozeß 2 | : : : A   : B C :   : : :
Prozeß 3 | : : A :   : : B C   : : :
Prozeß 4 | : : : A   B C : :   : : :
Prozeß 5 | : A : :   : : : :   B : C
Prozeß 6 | A : : :   : : : :   : B C
Prozeß 7 | : A : :   : : : :   B C :
Rechner 1 2 3 4   1 2 3 4   1 2 3
Gruppe 1   2   3
Kommunikationsbez. der Prozesse:
1
2
5
3
4
6
7
23R: Pr. 1 | : : : : : :   : : : B : C   A : : : : :   : : : : :
Pr. 2 | : : : B C :   A : : : : :   : : : : : :   : : : : :
Pr. 3 | : : : : : A   : B C : : :   : : : : : :   : : : : :
Pr. 4 | : : : : A :   : : B C : :   : : : : : :   : : : : :
Pr. 5 | : : : : : A   B C : : : :   : : : : : :   : : : : :
Pr. 6 | : B C : : :   : : : : A :   : : : : : :   : : : : :
Pr. 7 | B C : : : :   : : : : : A   : : : : : :   : : : : :
Pr. 8 | : : B C : :   : : : : A :   : : : : : :   : : : : :
Pr. 9 | : : : : : :   : : : : : :   : : : B C :   A : : : :
Pr.10 | : : : : : :   : : : : : :   : : : : : A   : B C : :
Pr.11 | : : : : : :   : : : : : :   : : : : A :   : : B C :
Pr.12 | : : : : : :   : : : : : :   : : : : : A   B C : : :
Pr.13 | : : : : : :   : : : : : :   : B C : : :   : : : : A
Pr.14 | : : : : : :   : : : : : :   B C : : : :   : : : A :
Pr.15 | : : : : : :   : : : : : :   : : B C : :   : : : : A
Rechner 1 2 3 4 5 6   1 2 3 4 5 6   1 2 3 4 5 6   1 2 3 4 5
Gruppe 1   2   3   4
Kommunikationsbez. der Prozesse:
1
2
9
3
6
10
13
4
5
7
8
11
12
14
15

ANHANG 4: TABELLE DER BENUTZTEN BEGRIFFE

Die zur Beschreibung von Fehlertoleranz-Verfahren benutzten Begriffe sind weitgehend aus [EGöM 83] entnommen [in Anlehnung an LeMo 82, AnLe 82, Kope 82]. Zusätzlich benutzt bzw. prägt diese Arbeit folgende Begriffe (Unterbegriffe sind eingerückt):

Begriff	kurze Erklärung (keine Definition)	Erläuterung auf Seite
<u>Prozeßsysteme</u>		
m-fach-n-von-m-aus-p-System	hybridredundantes n-von-m-System	26,30,31
Prozeß	Ein Prozeß besteht aus	3
Prozeßexemplar	m redundanten Prozeßexemplaren.	3
Senderrechner	Rechner, dem ein Senderexemplar zugeordnet ist.	62
Senderprozeß	Absende-Prozeß einer Interprozeßnachricht. Ein Senderprozeß besteht	49
Senderexemplar	aus m Senderexemplaren.	4
Ergebnis	wird von Senderexemplaren erzeugt.	79
Interprozeßnachricht = NI	transferiert ein Ergebnis vom Sender- zum Empfängerexemplar.	60
Maskierungsnachricht = NM	transferiert eine Signatur zwischen Maskierungs-Knoten.	60
Quittierungsnachricht = NQ	quittiert Interprozeßnachrichten-Empfang an einen Maskierungs-Knot.	61
Empfängerrechner	Rechner, dem ein Empfängerexempl. zugeordnet ist.	62
Empfängerprozeß	Empfänger-Prozeß einer Interprozeßnachricht. Ein Empfängerprozeß besteht aus m	49
Empfängerexemplar	redundanten Empfängerexemplaren.	4
<u>Fehlertoleranz-Verfahren</u>		
Fehlertoleranz-Instanz	führt einen Fehlertoleranz-Algorithmus aus.	12
Fehlermaskierungs-Instanz	trifft eine n-von-m-Mehrheitsentscheidung.	50
Maskierungs-System	besteht aus m Maskierungs-Knoten, die je einem Senderexemplar zugeordnet sind.	59
Maskierungs-Knoten	kooperieren zwecks Fehlermaskierung und Senderauswahl.	59
Senderauswahl	bestimmt Paare (Sender-, Empfängerexemplar) mit möglichst geringem Nachr.-Transferaufwand.	49,84

Bewertung und Klassifikation

Begriff	Erläuterung	Seite
Zielrichtung	Zielfunktion bei der Verfahrens-Optimierung.	9
Sollbedingung	Bedingung, die erfüllt sein soll, jedoch nicht erfüllt sein muß.	9
Merkmal	charakterisiert Fehlermaskierungs-Verfahren durch Ebene, Vergleich, Synchronisierung und Kommunikationssystem.	33
Klasse	Übliche Fehlermask.-Verfahren:	41
Hardwareverfahren	Fehlermaskierungs-Instanz durch Hardware implementiert,	42
Strukturabhängige Verfahren	Hardwareverbindungen entsprechen den redundanten Verbindungen zwischen Prozessen,	43
Parallele Verfahren	globale Zeitscheiben,	43
Nebenläufige Verfahren	keine globalen Zeitscheiben.	45

Fehlermaskierung

Begriff	Erläuterung	Seite
	Problem,	
Anhalteproblem	Prozeßexempl. im gleichen Zustand zwecks Fehlermaskierung anzuhalt.,	44
Zeitgrenzenproblem	Zeitschranken der Prozeßexemplare aufeinander abzustimmen,	46
Reihenfolgeproblem	Übereinstimmung der Nachrichten-empfangs-Reihenfolge in den Prozeßexemplaren zu gewährleisten,	46
Fehlerbehebungsproblem	zeitlich auseinandergelaufene Prozeßexemplare bei der Rekonfigurierung in einen konsistenten Zustand zu bringen.	47
Empfängerseitige Fehlermask.	Fehlermaskierung, die nach dem Absenden von NI ausgeführt wird.	52
Senderseitige Fehlermaskierung	Fehlermaskierung, die vor dem Absenden von NI ausgeführt wird.	52
Fehlermaskierung durch verteilte Systeme	Senderseitige Fehlermask. durch eine Instanz, die als verteiltes (Sub-)System implementiert ist.	50
m-Protokoll	Maskierungs- und Quittierungs-Protokoll bei Fehlermaskierung durch verteilte Systeme.	62
3-Gr-Protokoll	konkretes 3-Protokoll, das Gruppenfehler toleriert (m=3).	149
3-vN-Protokoll	konkretes 3-Protokoll mit verminderter Nachrichtenanzahl.	186
4-vN-Protokoll	konkretes 4-Protokoll mit verminderter Nachrichtenanzahl.	190
Senderauswahlproblem	Problem, den NI-Sender auszuwählen, der minimalen Transferaufwand verursacht.	49
Reservesender	NI-Sender, der für einen bestimmten Empfänger wiederholte NI sendet, wenn die erstgesandte NI fehlerhaft war.	92

Mindestgewinn	Reduzierung des Transferaufwands bei beliebiger Transferaufwands-funktion.	67
TA-abhängiger Gewinn	Reduzierung des Transferaufwands bei vorgegebener Transferaufwands-funktion	67

Hilfsfunktionen

1:x-Transfer	engl: multicasting / broadcasting	40
Zeitschranke	engl: timeout.	80

Modellierung durch den Maskierungs-Protokoll-Graphen

Aktion	Protokoll-Aktion, z.B. Senden oder Empfangen.	115
Ereignis	Beendigung einer Aktions-Ausführung bzw. eines Nachrichten-transfers.	115
Attributierung (-sfunktion)	Aussagen über das Auftreten von Ereignissen eines MPG.	115

ANHANG 5: TABELLE DER BENUTZTEN ABKÜRZUNGEN

		Erläuterung auf Seite
... *	Menge von Fällen	123
... #	Anzahl von Fällen	123
==	Abfrage auf Signatur-Übereinstimmung	161
432	Fehlermaskierungs-Verfahren: Intel iAPX 432	34
3R, 6R, 12R, ...	bewertete Konfiguration	182
A	Senderrechner	146
A1, A2, AP1, A...	Aktionen des Senderrechners A	
AB, AC	NM eines konkreten m-Protokolls	
AE..., AG..., AH...	NI eines konkreten m-Protokolls	
Aktion	Protokoll-Aktion, z.B. Senden oder Empfangen	117
Anf	Anfangs-Aktion des Maskierungs-Protokoll-Gr.	117
Attempto	Fehlermaskierungs-Verfahren: Attempto-System	34
Attr	Attribut SFe, EFe, Sig, Em, miZ, maZ od. Weg	123
AZ, AQZ	Zeitschranken-Überwachung von $MK1_A$	
a	Freie Variable für Ereignisse	
abs	Betragsfunktion	
alleP2_	Auswahl aller TA-günstigen Empfängerexempl.	161
alleVorg	Menge der indirekten Vorgänger-Ereignisse	118
α	Vertrauenswahrscheinlichkeit	179
B	Senderrechner	146
B1, B2, BP1, B...	Aktionen des Senderrechners B	
BA, BC	NM eines konkreten m-Protokolls	
BF..., BG..., BH...	NI eines konkreten m-Protokolls	
Bed_a	Bedingungsfunktion der Aktion a	120
BeF_a	Bedingungsformel der Aktion a	120
BeG_a	Gültigkeitsfunktion der Aktion a	120
BZ, BQZ	Zeitschranken-Überwachung von $MK1_B$	
b	Freie Variable für Ereignisse	
C	Senderrechner	146
C1, C2, CP1, C...	Aktionen des Senderrechners C	
CA, CB	NM eines konkreten m-Protokolls	
CF..., CG..., CH...	NI eines konkreten m-Protokolls	
CZ	Zeitschranken-Überwachung von $MK1_C$	
c	Freie Variable für Ereignisse	
cardinal	Anzahl der Elemente einer Menge	
D	Senderrechner	192
D1, D2, DP1, D...	Aktionen des Senderrechners D	
E	Ebene (Merkmal der Fehlermaskierung)	33
EFe	Empfängerrechner-Fehler eines Falles des MPG	124
EFM	Kriterium der empfängerseitigen Fehlermask.	144
Em	Menge von Empfängerexemplaren, die NI erhalt.	124
EmFehler	Fehler der Empfängerrechner	121
EmProz	Aktionen der Empfängerexemplare	117
EmRech	Rechner der Empfängerexemplare	118
Empf	Empfängeradresse	93
Ereign	Knoten des Maskierungs-Protokoll-Graphen MPG	117
Erg	Ergebnis = Inhalt einer Interprozeßnachr. NI	93
e	Eulersche Zahl 2.718...	
F	Empfängerrechner	146
F1, F2, FP2, F...	Aktionen des Empfängerrechners F	
FB, FC	NpQ eines konkreten m-Protokolls	

FMVS	Kriterium der Fehlermask. durch vert. Syst.	143
FT	Fehlertoleranz-Kriterium	142
Future	Fehlermaskierungs-Verfahren: Future-System	34
f	freie Variable für Funktionen	
fe	fehlererkennbar	195
ff	ist fehlerfrei	124
fh	ist fehlerhaft	124
G	Empfängerrechner	146
G1, G2, GP2, G...	Aktionen des Empfängerrechners G	
GA...	NpQ eines konkreten m-Protokolls	
Gunn	Fehlermaskierungs-Verfahren nach [Gunn 83]	34
g	Anzahl der zu tolerierenden Gruppenfehler	21
gemZw	gemeinsamer Zweig einer Verzweigung	119
H	Empfängerrechner	146
H1, H2, HP2, H...	Aktionen des Empfängerrechners H	
HA, HB	NpQ eines konkreten m-Protokolls	
h	Höchstanzahl der Rechner in einer Gruppe	21
i	freie Variable für ganze Zahlen	
J	freie Variable für Rechner	
j	freie Variable für ganze Zahlen	
K	Kommunikationssyst.(Merkmal der Fehlermask.)	34
k	freie Variable für ganze Zahlen	
Ln	Länge einer Interprozeßnachricht NI in Bit	75
Ls	Länge einer Signatur in Bit	75
l	freie Variable für ganze Zahlen	
λ	Ausfallrate	31
M	Fehlermaskierungs-Instanz	
M1, M2, Mq	Fehlermask.-Instanz des Prozesses P1, P2, Pq	25
$M1_A$, $M1_B$, $M1_C$	Redundante Fehlermask.-Instanzen des Proz. P1	25
$M2_A$, $M2_B$, $M2_C$	Redundante Fehlermask.-Instanzen des Proz. P2	25
Mask	Aktionen des Maskierungs-Systems	117
Mira	Fehlermaskierungs-Verfahren: Mira-System	34
MK, $MK1_A$, ...	Maskierungs-Knoten	59
MmP	Menge der zulässigen m-Protokolle	110
MoFA	MPG-Attributierungs- und Verifikationssystem "Modellierung von Fehlertoleranz-Algorithmen"	128
MPG	Maskierungs-Protokoll-Graph	126
Mq	Fehlermaskierungs-Instanz des Prozesses Pq	27
Mq_A, Mq_B, Mq_C	Redundante Fehlermask.-Instanzen des Proz. Pq	27
MS	Maskierungs-System	59
m	siehe: n-von-m-System	25
m_1, m_2, ... m_u	Anzahl der Prozeßexemplare einer Gruppe	192
maD	maximale (relative) Zeitdauer	123
max	Maximum von reellen Zahlen	
maxDauer	maximale Dauer eines Fehlermask.-Protokolls	142
maZ	maximaler (absolut.) Zeitpunkt eines Ereign.	125
miD	minimale (relative) Zeitdauer	123
min	Minimum von reellen Zahlen	
miZ	minimaler (absolut.) Zeitpunkt eines Ereign.	125
m_{min}	Mindestanzahl der redundanten Prozeßexempl.	193
μ	Mittelwert	179
N	Nachricht	
Nachr	Menge der zu transferierenden Nachrichten	117
Nafo	Menge der Nachfolger-Ereignisse	118
NI	Nachricht zur Interprozeßkommunikation	60,117
NM	Nachricht zur Maskierung	60,117
NnQ	Nachricht zur negativen Quittierung	61
NpQ	Nachricht zur positiven Quittierung	61
NQ	Nachricht zur Quittierung (pos.oder neg.)	61,117

Nr	Sequenznummer einer Interprozeßnachricht NI	54
n	siehe: n-von-m-System	25
neg_a	Komplement von BeF_a ist erfüllt	120
P	Prozeß	
P1, P2, P3, Pq	Prozesse P1, P2, P3, Pq	3
$P1_A$, $P1_B$, $P1_C$, ...	Redundante Exemplare des Prozesses P1	3
$P2_A$, $P2_B$, $P2_C$, ...	Redundante Exemplare des Prozesses P2	3
$P3_A$, $P3_B$, $P3_C$, ...	Redundante Exemplare des Prozesses P3	3
Pa, Pa1, Pa2, ...	Parameter	9
P_E	Empfängerexemplar (eines Empfängerprozesses)	14
Per1, Per2	Peripheriegeräte Per1, Per2	17
$Per1_A$, $Per1_B$	Redundante Exemplare des Peripherieger. Per1	17
Pfeile	gerichtete Kanten des MPG	117
Pq	Prozeß Pq	26
Pq_A, Pq_B, Pq_C, ...	Redundante Exemplare des Prozesses Pq	27
P_S	Senderexemplar (eines Senderprozesses)	14
p	siehe: n-von-m-aus-p-System	24
pos_a	BeF_a ist erfüllt	120
Q	Menge von Prozessen	26
$Q1_A$, $Q1_B$, $Q1_C$	redundante Quittungsempfänger	35
Quitt	Aktionen der Quittierungs-Instanzen	117
q	Prozeßanzahl eines Prozeßsystems	27
R	Überlebenswahrscheinlichkeit	
R1, R2, ...	Regeln zur Attributierung des MPG	128
$R_{1:1:1}$	Überleb. der 1:1:1-Gruppenzuordnung	193
$R_{2:1}$	Überleb. der 2:1-Gruppenzuordnung	193
$R_{3M,3P}$	Überleb. eines 3-fach-2-von-3-Prozeßsystems	26
$R_{3M,3P,3S3}$	zusätzlich: alle Sign. des 3-Prot. korrekt	78
$R_{3M,3P5}$	Überleb. eines 3-fach-2-von-3-aus-5-Prozeßsy.	31
$R_{5M,5P}$	Überleb. eines 5-fach-3-von-5-Prozeßsystems	31
$R_{5M,5P,5S5}$	zusätzlich: alle Sign. des 5-Prot. korrekt	78
R_A	Wahrscheinlichk. der richtigen Adressierung	92
Ra, Ra1, Ra2, ...	Randbedingungen	9
R_B	Wahrscheinl. der richtigen Befehlsausführung	92
Rech	Menge der Rechner einer Interprozeßkommunik.	118
ReZu	Rechnerzuordnung der Prozeßexemplare	118
R_G	Wahrsch. des Nicht-Erratens (Geheim-Faktor)	92
R_M	Überleb. einer Fehlermaskierungs-Instanz	26
$R_{M,3P}$	Überleb. eines 2-von-3-Prozeßsystems	26
$R_{M,mP}$	Überleb. eines n-von-m-Prozeßsystems	26
$R_{M,P}$	Überleb. von Fehlermask.-In. und Prozeßexem.	31
$R_{M,P,Sm}$	zusätzlich: ausgesandte Signaturen korrekt	77
$R_{mM,mP}$	Überleb. eines m-fach-n-von-m-Prozeßsystems	26
$R_{mM,mP,mSm}$	zusätzlich: alle Sign. des m-Prot. korrekt	77
R_{mP}	Überleb. von m redundanten Prozeßexemplaren	26
R_P	Überleb. eines Prozeßexemplars	26
R_S	Wahrsch., daß Signaturinform.=Fehleraussage	76
R_U	Überlebenswahrscheinlichkeit einer Gruppe	193
r	Anzahl der zu tolerierenden Rechnerfehler	21
r_g	max.Anz. gruppenfehler-bedingter Rechnerfehl.	192
S	Synchronisierung (Merkmal der Fehlermask.)	34
SE, SE_A, ...	Schlüssel zur Entschlüsselung	89
SEQ, SEQ_{XY}, ...	Quotienten zur Entschlüsselung	91
SeFehler	Fehler der Senderrechner	121
SeProz	Aktionen der Senderexemplare	117
SeRech	Rechner der Senderexemplare	118
SFe	Senderrechner-Fehler eines Falles des MPG	124
SIFT	Fehlermaskierungs-Verfahren: SIFT-System	34
Sig, Sig_A, ...	Signatur	124

Sig_Erzeuger	Senderexemplar, das Signatur erzeugt	93
SiRAM	Simulator: "Simulationsmodell zur Untersuchung von Rekonfigurations-Algorithmen für Mehrrechnersysteme"	177
So, So1, So2, ...	Sollbedingungen	9
Stratus	Fehlermaskierungs-Verfahren: Stratus-System	34
SV, SV_A, ...	Schlüssel zur Verschlüsselung	89
SVF, SVF_X	Faktoren zur Verschlüsselung	91
s	maximale Anzahl symptomgleicher Fehler	22
σ	Streuung	179
T	Rekonfigurierungsdauer	31
TA	Transferaufwandsfunktion	14
$TA_{NI:NM}$	Verhältnis NI-Transferaufwand : NM-Transf.	176
$TA_{FMVS:EFM}$	TA-Reduzierung der Fehlerm. durch vert. Syst.	177
t, t1, t2, t...	Freie Variable für die Zeit	
U	Gruppe (Menge von Rechnern)	21
U_E	Gruppe eines Empfängerexemplars	14
Un, Un1, Un2, ...	Unterstützungen	9
Un7"	Annahme, daß Un7 gewährt werde	114
U_S	Gruppe eines Senderexemplars	14
u	Gruppenanzahl eines Mehrrechnersystems	21
V	Vergleich (Merkmal der Fehlermaskierung)	33
Verzweig	Menge der Verzweigungen eines MPG	119
V_G	Verbess. der Überleb. bei 2:1-Gruppenzuordn.	193
V_M	Verbess. der Fehlermask.-Instanz-Überlebens.	27
Vo, Vo1, Vo2, ...	Voraussetzungen	9
Vo1', Vo2', ...	Folgerungen aus Vo1, Vo2,...,auch: Vo2/3',...	112
Vo1", Vo2", ...	Folg. aus Vo1, Vo2, .. mit zusätzl. Annahmen	112
Vorg	Menge der Vorgänger-Ereignisse	118
V_P	Verbesserung der Prozeßexemplar-Überlebens.	27
v	Freie Variable für Verzweigungen	
W	Menge aller Rechner eines Mehrrechnersystems	21
W_E	Rechner eines Empfängerexemplars	14
Weg	Attr., das den im MPG passierten Weg angibt	125
Werte	Wertebereich einer Attributierungsfunktion	123
W_S	Rechner eines Senderexemplars	14
w	Rechneranzahl eines Mehrrechnersystems	21
X, x, Y, y,	beliebige freie Variable	
YoSS	Fehlermaskierungs-Verfahren nach [YoSS 83]	34
Z	Zeitschranken-Überwachung	
Z1	Zeitschranken-Überwachung von $MK1_A$	
z	beliebige freie Variable	
Zi, Zi1, Zi2, ...	Zielrichtungen	9
Zi3"	Annahme, daß Zi3 hinreichend erfüllt sei	113
Zweige	Menge der Zweige einer Verzweigung	119

Band 78: Architektur und Betrieb von Rechensystemen. 8. GI-NTG-Fachtagung, Karlsruhe, März 1984. Herausgegeben von H. Wettstein. IX, 391 Seiten. 1984.

Band 79: Programmierumgebungen: Entwicklungswerkzeuge und Programmiersprachen. Herausgegeben von W. Sammer und W. Remmele. VIII, 236 Seiten. 1984.

Band 80: Neue Informationstechnologien und Verwaltung. Proceedings, 1983. Herausgegeben von R. Traunmüller, H. Fiedler, K. Grimmer und H. Reinermann. XI, 402 Seiten. 1984.

Band 81: Koordinaten von Informationen. Proceedings, 1983. Herausgegeben von R. Kuhlen. VI, 366 Seiten. 1984.

Band 82: A. Bode, Mikroarchitekturen und Mikroprogrammierung: Formale Beschreibung und Optimierung, 6, 7-227 Seiten. 1984.

Band 83: Software-Fehlertoleranz und -Zuverlässigkeit. Herausgegeben von F. Belli, S. Pfleger und M. Seifert. VII, 297 Seiten. 1984.

Band 84: Fehlertolerierende Rechensysteme. 2. GI/NTG/GMR-Fachtagung, Bonn 1984. Herausgegeben von K.-E. Großpietsch und M. Dal Cin. X, 433 Seiten. 1984.

Band 85: Simulationstechnik. Proceedings, 1984. Herausgegeben von F. Breitenecker und W. Kleinert. XII, 676 Seiten. 1984.

Band 86: Prozeßrechner 1984. 4. GI/GMR/KfK-Fachtagung, Karlsruhe, September 1984. Herausgegeben von H. Trauboth und A. Jaeschke. XII, 710 Seiten. 1984.

Band 87: Musterkennung 1984. Proceedings, 1984. Herausgegeben von W. Kropatsch. IX, 351 Seiten. 1984.

Band 88: GI-14. Jahrestagung. Braunschweig. Oktober 1984. Proceedings. Herausgegeben von H.-D. Ehrich. IX, 451 Seiten. 1984.

Band 89: Fachgespräche auf der 14. GI-Jahrestagung. Braunschweig, Oktober 1984. Herausgegeben von H.-D. Ehrich. V, 267 Seiten. 1984.

Band 90: Informatik als Herausforderung an Schule und Ausbildung. GI-Fachtagung, Berlin, Oktober 1984. Herausgegeben von W. Arlt und K. Haefner. X, 416 Seiten. 1984.

Band 91: H. Stoyan, Maschinen-unabhängige Code-Erzeugung als semantikerhaltende beweisbare Programmtransformation. IV, 365 Seiten. 1984.

Band 92: Offene Multifunktionale Büroarbeitsplätze. Proceedings, 1984. Herausgegeben von F. Krückeberg, S. Schindler und O. Spaniol. VI, 335 Seiten. 1985.

Band 93: Künstliche Intelligenz. Frühjahrsschule Dassel, März 1984. Herausgegeben von C. Habel. VII, 320 Seiten. 1985.

Band 94: Datenbank-Systeme für Büro, Technik und Wirtschaft. Proceedings, 1985. Herausgegeben von A. Blaser und P. Pistor. X, 519 Seiten. 1985.

Band 95: Kommunikation in Verteilten Systemen I. GI-NTG-Fachtagung, Karlsruhe, März 1985. Herausgegeben von D. Heger, G. Krüger, O. Spaniol und W. Zorn. IX, 691 Seiten. 1985.

Band 96: Organisation und Betrieb der Informationsverarbeitung. Proceedings, 1985. Herausgegeben von W. Dirlewanger. XI, 261 Seiten. 1985.

Band 97: H. Willmer, Systematische Software- Qualitätssicherung anhand von Qualitäts- und Produktmodellen. VII, 162 Seiten. 1985.

Band 98: Öffentliche Verwaltung und Informationstechnik. Neue Möglichkeiten, neue Probleme, neue Perspektiven. Proceedings, 1984. Herausgegeben von H. Reinermann, H. Fiedler, K. Grimmer, K. Lenk und R. Traunmüller. X, 396 Seiten. 1985.

Band 99: K. Küspert, Fehlererkennung und Fehlerbehandlung in Speicherungsstrukturen von Datenbanksystemen. IX, 294 Seiten. 1985.

Band 100: W. Lamersdorf, Semantische Repräsentation komplexer Objektstrukturen. IX, 187 Seiten. 1985.

Band 101: J. Koch, Relationale Anfragen. VIII, 147 Seiten. 1985.

Band 102: H.-J. Appelrath, Von Datenbanken zu Expertensystemen. VI, 159 Seiten. 1985.

Band 103: GWAI-84. 8th German Workshop on Artificial Intelligence. Wingst/Stade, October 1984. Edited by J. Laubsch. VIII, 282 Seiten. 1985.

Band 104: G. Sagerer, Darstellung und Nutzung von Expertenwissen für ein Bildanalysesystem. XIII, 270 Seiten. 1985.

Band 105: G. E. Maier, Exceptionbehandlung und Synchronisation. IV, 359 Seiten. 1985.

Band 106: Österreichische Artificial Intelligence Tagung. Wien, September 1985. Herausgegeben von H. Trost und J. Retti. VIII, 211 Seiten. 1985.

Band 107: Mustererkennung 1985. Proceedings, 1985. Herausgegeben von H. Niemann. XIII, 338 Seiten. 1985.

Band 108: GI/OCG/ÖGJ-Jahrestagung 1985. Wien, September 1985. Herausgegeben von H. R. Hansen. XVII, 1086 Seiten. 1985.

Band 109: Simulationstechnik. Proceedings, 1985. Herausgegeben von D. P. F. Möller. XIV, 539 Seiten. 1985.

Band 110: Messung, Modellierung und Bewertung von Rechensystemen. 3. GI/NTG-Fachtagung, Dortmund, Oktober 1985. Herausgegeben von H. Beilner. X, 389 Seiten. 1985.

Band 111: Kommunikation in Verteilten Systemen II. GI/NTG-Fachtagung, Karlsruhe, März 1985. Herausgegeben von D. Heger, G. Krüger, O. Spaniol und W. Zorn. XII, 236 Seiten. 1985.

Band 112: Wissensbasierte Systeme. GI-Kongreß 1985. Herausgegeben von W. Brauer und B. Radig. XVI, 402 Seiten, 1985.

Band 113: Datenschutz und Datensicherung im Wandel der Informationstechnologien. 1. GI-Fachtagung, München, Oktober 1985. Proceedings, 1985. Herausgegeben von P. P. Spies. VIII, 257 Seiten. 1985.

Band 114: Sprachverarbeitung in Information und Dokumentation. Proceedings, 1985. Herausgegeben von B. Endres-Niggemeyer und J. Krause. VIII, 234 Seiten. 1985.

Band 115: A. Kobsa, Benutzermodellierung in Dialogsystemen. XV, 204 Seiten. 1985.

Band 116: Recent Trends in Data Type Specification. Edited by H.-J. Kreowski. VII, 253 pages. 1985.

Band 117: J. Röhrich, Parallele Systeme. XI, 152 Seiten. 1986.

Band 118: GWAI-85. 9th German Workshop on Artificial Intelligence. Dassel/Solling, September 1985. Edited by H. Stoyan. X, 471 pages. 1986.

Band 119: Graphik in Dokumenten. GI-Fachgespräch, Bremen, März 1986. Herausgegeben von F. Nake. X, 154 Seiten. 1986.

Band 120: Kognitive Aspekte der Mensch-Computer-Interaktion. Herausgegeben von G. Dirlich, C. Freska, U. Schwatlo und K. Wimmer. VIII, 190 Seiten. 1986.

Band 121: K. Echtle, Fehlermaskierung durch verteilte Systeme. X, 232 Seiten. 1986.